LA DIETA DEL
EQUILIBRIO
ESENCIAL

Títulos de temas relacionados de Hay House

(760) 431-7695 o (800) 654-5126 • (760) 431-6948 (fax) o (800) 650-5115 (fax)

Hay House USA: **www.hayhouse.com**®

LA DIETA DEL
EQUILIBRIO
ESENCIAL

4 semanas para acelerar su metabolismo
y perder peso para siempre

MARCELLE PICK, MSN, OB/GYN NP

cofundadora de Mujeres para Mujeres

con GENEVIEVE MORGAN

HAY HOUSE, INC.
Carlsbad, California • New York City
London • Sydney • Johannesburg
Vancouver • Hong Kong • New Delhi

Derechos de Autor © 2009 por Marcelle Pick

Publicado y distribuido en los Estados Unidos por: Hay House, Inc., P.O. Box 5100, Carlsbad, CA 92018-5100 USA • (760) 431-7695 ó (800) 654-5126 • (760) 431-6948 (fax) ó (800) 650-5115 (fax) • www.hayhouse.com®

Diseño: Tricia Breidenthal
Traducción al español: Oscar Gomezese y el equipo de Mincor (**www.mincor.net**)

Título del original en inglés: *THE CORE BALANCE DIET: 4 Weeks to Boost Your Metabolism and Lose Weight for Good*

ISBN: 978-1-4019-2204-7

Impresión #1: Noviembre 2009

Impreso en los Estados Unidos

Una advertencia al lector consciente: *Ningún libro puede reemplazar los consejos y las recomendaciones de un médico. Si se encuentra bajo el cuidado de un profesional de la salud o un médico, si está tomando medicinas recetadas o padece una enfermedad crónica como la diabetes, por favor, consulte con su médico antes de empezar con este programa. La mayoría de mis pacientes ha incorporado sin problemas La dieta del equilibrio esencial dentro de su rutina personal de salud, pero siempre es prudente discutir cualquier cambio en la dieta o estilo de vida con un médico, de preferencia uno que entienda tanto los métodos tradicionales como los alternativos, enfoque que llamamos "medicina integral". Si está embarazada, o lactando, no es el momento adecuado para iniciar un programa de pérdida de peso.*

Para mis hijos: Joshua, Micah
y Katya, y en honor a su futuro.

Contenido

Prefacio

En un momento de mi vida, llegué a tener un sobrepeso de 18 kilos y, hasta hace poco, todavía tenía de 7 a 10 obstinados kilos de más. Desde mi adolescencia hasta después de los cincuenta, estuve en una constante lucha con mi peso alimentada por la confusión y la falta de confianza en mí misma. Mi niñez transcurrió en el desierto australiano, donde nunca me preocupé por mi cuerpo. Allí corría, jugaba y trabajaba feliz; estaba saludable, fuerte, y comía con regularidad lo que se cocinaba en casa con los alimentos que mis padres podían cultivar, conseguir o comprar. Cuando cumplí 10 años, nos mudamos a los Estados Unidos y fue allí cuando, por primera vez en mi vida, tomé conciencia de mi cuerpo. En el colegio, las compañeras se burlaban de mí por ser más robusta que ellas (aunque no tenía casi sobrepeso) y empecé a obsesionarme con mi talla. Nuestra dieta cambió cuando empezamos a integrarnos a la cultura estadounidense, aunque mi madre seguía cocinando para nosotros todos los días. Nunca tuve sobrepeso cuando niña, pero tampoco fui delgada. Dios, ¡cuánto deseaba ser delgada!

Eran los años sesenta y todos los íconos culturales, como Twiggy, parecían esqueletos. Durante mi paso por la secundaria, me enganché en las típicas escaramuzas que las mujeres libramos para perder peso: me maté de hambre, comí sólo toronja por una semana, intercalé todas las dietas que estaban de moda, y siempre estuve activa y motivada; pero, sin importar qué tanto me esforzara, nunca llegué a estar verdaderamente delgada. Entre los veinte y los treinta, cuando empecé mi propia familia, los kilos extras se apoderaron de mí y gasté una enorme cantidad de energía tratando de perderlos. Me suscribí a Weight Watchers (club para perder peso), medía cada onza de comida y me desesperaba con la agonizante lentitud de perder un cuarto de kilo cada semana. Me quedaba estupefacta cuando otras personas de mi grupo, que estaban siguiendo el mismo programa, ¡perdían de 1 a 3 kilos en el mismo período! Me tomó un año perder 7 kilos, los que recuperé cuando volví a comer de manera normal.

Si en esa época hubiera sabido lo que sé ahora, habría sospechado de inmediato que algunos problemas subyacentes se interponían en mi camino hacia la pérdida de peso.

Pero no lo sabía y entonces, simplemente comía menos, iba al gimnasio temprano en las mañanas o me culpaba por no tener la suficiente disciplina para perder peso. El lado positivo de esta experiencia, fue empezar a sintonizarme con mi dieta y aprender más sobre la importancia de la nutrición óptima y la alimentación orgánica. También empecé a explorar la medicina integral y luego, la funcional. Mi peso era estable (aunque pesaba más de lo que quería), estaba saludable y llena de energía. Fue por esa época, que tres compañeras y yo, empezamos Mujeres para Mujeres, una de las primeras clínicas médicas en los Estados Unidos especializada en la práctica de la sanación integral de mujeres por mujeres, con la misión de cambiar y mejorar la salud de la mujer.

Las cosas funcionaron bien durante una década. Mi familia y la clínica médica estaban progresando, tenía un grupo de amigos que me brindaban apoyo y amor, y estaba viviendo mi sueño, a pesar de los 7 kilos extras. Continuaba frustrada ante mi incapacidad de perder peso. Sentía que estaba haciendo todo lo correcto, pero nada funcionaba por mucho tiempo. Y de pronto, acercándome a los cincuenta, las cosas se descontrolaron. Mi cuerpo empezó a rebelarse. Mi madre, (con quien siempre tuve una complicada relación, con asuntos no resueltos), enfermó gravemente y murió. Al mismo tiempo, empecé a experimentar cambios hormonales característicos de la premenopausia y agregué 9 inexplicables kilos a mi peso, aunque no había hecho ningún cambio en mi dieta o rutina de ejercicios. A pesar de lo traumático que fue haber subido de peso de forma súbita, recuerdo esa época y pienso en ella como una especie de bendición, porque al final, me obligó a mirar más allá de la anticuada "dieta" y prestar atención a lo que yo, como individuo único, en realidad debía hacer. Fue una forma de despertar y tomar conciencia.

Como médica que ha atendido a mujeres por casi 30 años, he sido testigo cercano de la transformación milagrosa que puede ocurrir cuando, finalmente, una mujer empieza a ocuparse de sí misma en todos los niveles. Muchas de las dietas y lineamientos del estilo de vida que explico aquí, han sido extraídos de décadas de experiencia médica y de algunos destellos de lucidez con pacientes reales. En estas páginas leerá algunas de sus historias y compartirá sus éxitos. Durante todos esos años, me esforcé por ser un buen ejemplo de mis propias enseñanzas, y logré diseñar los conceptos de apoyo físico establecidos en *La dieta del equilibrio esencial*. Practicando esos conceptos yo misma, logré mantenerme en buen estado y, eventualmente, perder el peso que aumenté en la menopausia, pero seguí luchando con esos obstinados e indeseables 7 kilos que me molestaron desde joven.

El cambio radical por fin llegó hace un par de años, cuando empecé a investigar mi pasado a fondo, en especial la relación con mis padres y el legado recibido. Comprometida con ese trabajo empecé a sentir a nivel emocional, cuál era la nueva dirección que en verdad debía tomar. Por esto, debo agradecer al Proceso de la Quadrinidad y a mis profesores en el Instituto Hoffman (sobre el que les informaré más cuando hablemos sobre el trabajo emocional). Fue allí donde finalmente pude integrar todos los aspectos de mi verdadero ser, convirtiéndome en uno completo y equilibrado (en mi esencia); y, casi por arte de magia, el obstinado y resistente sobrepeso, que me había molestado durante todos estos años, desapareció y nunca más volvió. De esa manera, coloqué la última pieza para terminar mi propio rompecabezas, y de ahí es que ha surgido este libro. Ésta fue mi travesía, y ahora usted está a punto de empezar la suya. Y ésta será verdaderamente suya, sin parecerse a la de nadie más. Me siento muy contenta de poder ofrecer mi historia como una prueba de que las ideas contenidas en este libro son válidas y efectivas, si usted las sigue con seriedad y energía. Funcionaron para mí, han funcionado para centenares de mujeres y pueden funcionar para usted.

Marcelle Pick
Yarmouth, Maine
Julio 1, 2008

Introducción

¿Por qué es tan difícil perder peso? Y, ¿por qué a menudo es más difícil para las mujeres, en especial cuando se aproximan o atraviesan la menopausia? La mayoría de las mujeres que conozco lo intenta de todas las maneras posibles: cuentan calorías, eliminan la grasa de sus dietas, reducen los carbohidratos, comen sólo ciertas combinaciones de alimentos, hacen más ejercicio, e inclusive, se ayudan con medicamentos tales como ephedra, dexatrim y ma huang para acelerar su metabolismo. Pero no logran bajar de peso.

Rara vez tengo una nueva paciente que haya sido capaz de perder peso con una dieta y mantenerse así. Esa es la triste realidad, aunque sé que muchas de ustedes no desean escucharla. Más del 95 por ciento de las personas que hacen dieta con regularidad, vuelven al peso que tenían cuando la comenzaron o aumentan de peso un año después, y esto no quiere decir que sean flojas o no tengan fuerza de voluntad. La mayoría de las pacientes que atiendo tiene un deseo enorme de perder peso, pero no logra hacerlo a pesar de los esfuerzos. Se matan de hambre con la dieta de 1,000 calorías por día, van al gimnasio con religiosidad y sólo consiguen mantener el peso con el que no están contentas. Aquellas que han logrado perder los indeseados kilos, inevitablemente experimentan la "aversión a la báscula" aun cuando se alimenten de forma adecuada. No sólo es una frustración tremenda, también es dañino para la salud a largo plazo: el exceso de peso es un factor de riesgo comprobado de enfermedades crónicas, incluyendo: diabetes, artritis, obesidad, depresión, infertilidad, hipertensión y problemas cardíacos.

Como médica de mujeres, he sido testigo de la forma en que somos aleccionadas por la publicidad y la industria de la moda, para pensar en la pérdida de peso como un objetivo final, que justifica *los* medios. Lo hemos establecido como una meta que desafía la necesidad natural de comer, haciendo que perdamos la sintonía de nuestros instintos físicos y la salud emocional, cuando la verdadera respuesta depende de que nos sintonicemos internamente. El peso no es un misterio, pero *no se puede* reducir a la simple ecuación de: comer menos + hacer más ejercicio = pérdida de peso. Esto puede funcionar en un laboratorio, pero no en la vida real con mujeres reales. Si fuera tan simple, seríamos una nación de delgaditas. Pero no lo somos. Somos una nación de individuos, y perder peso de manera permanente es un proceso individual.

Por lo tanto, me gustaría que pensara en su peso con relación a *usted*, su estatura, estructura y musculatura individual. Uno de los indicadores más importantes de qué tan saludable es su peso, es cuánto peso ha ganado desde sus veintitantos años. Otro, es la relación proporcional cintura-cadera. Me gusta ver algo de definición en la cintura de las mujeres a cualquier edad: en un mundo perfecto, la cadera debería medir aproximadamente 25 centímetros más que la cintura. Por ejemplo, si su cintura mide 76 centímetros o menos, la medida de una cadera saludable sería de 101 centímetros. Si la medida de su cintura, en proporción, aumenta más que la de su cadera y la diferencia entre ellas es menor de 25 centímetros, los riesgos de salud se elevan. (Otro indicador es el índice de peso saludable con relación a la altura o BMI [por sus siglas en inglés], que se puede calcular con facilidad o consultar en una gráfica; ver apéndices). Pero existe una forma aún más simple de contemplarlo: si tiene 14 kilos o más de sobrepeso, o tiene de 5 a 10 kilos más que cuando tenía 18 años, o su abdomen parece tener vida propia, se siente aletargada, temperamental y enferma la mayor parte del tiempo, hay una buena posibilidad de que algo esté mal con su bioquímica o que haya perdido lo que llamo su equilibrio esencial, y en este caso, no hay fuerza de voluntad que pueda ayudarla a perder peso hasta que recupere ese equilibrio.

¿Qué es el equilibrio esencial?

Recuerde cuándo fue la última vez que se sintió bien al abrir sus ojos en la mañana, hasta el momento en que los volvió a cerrar para dormir. No estoy hablando de ausencia de achaques, molestias y problemas, sino de sentir que la vida es buena, que le puede hacer frente, que tiene la energía, el vigor y el optimismo, para lidiar con cualquier cosa que el día o el futuro, le deparen. Se siente contenta con su apariencia, y hasta su cabello se ve fantástico. Está en la cima del mundo.

Con sinceridad, espero que haya tenido esta experiencia en algún momento de su vida. Si es así, tiene una idea de su potencial. Si no, puede anticipar lo que le espera en el futuro.

Cuando su bioquímica y metabolismo están trabajando en perfecto orden, su fisiología esencial y su salud emocional están equilibradas, su cuerpo tiene el peso óptimo natural y una biomasa que se sustenta a sí misma y que es increíblemente eficiente. Se siente llena de energía, clara y en forma. Su estado de ánimo es estupendo y se libra de los virus con facilidad.

Su apetito es normal, sin antojos o excesos, y se siente muy bien en su piel (y en su ropa). Tiene una sensación de ligereza que persiste, sin importar cuánto esté pesando en realidad.

Esta es la meta de La dieta del equilibrio esencial. De hecho, mi plan para la pérdida de peso es crear *bienestar* físico y emocional, desde su interior. Con bienestar quiero decir: sentirse muy bien, en cuerpo, mente y espíritu. La pérdida de peso real y permanente sólo puede lograrse si usted está bien. Punto. Y estar bien es la suma de muchas partes que se superponen e interactúan entre sí de manera equilibrada y saludable, o viceversa. Es un rompecabezas compuesto de las piezas de su propia historia personal, tanto fisiológica como emocional, que la hacen la persona única que es. Puede ser que tenga la habilidad de engañar a su cuerpo (y a su mente) para perder peso por un corto período de tiempo, sometiéndolo al hambre o siguiendo una dieta de moda, pero hasta que no pueda restaurar su equilibrio esencial, el sobrepeso *no* desaparecerá.

La dieta del equilibrio esencial es un programa que tiene el bienestar como meta y perder peso es un efecto secundario maravilloso. He escrito este libro para ayudarla a conseguirlo, no importa lo que diga la báscula o cómo se siente en este momento. Puedo decir, con toda confianza, que logrará la meta porque lo he visto una y otra vez con mis pacientes. Y lo mismo pasará con usted.

¿Quién se beneficiará de La dieta del equilibrio esencial?

La respuesta es corta: cualquiera. Toda mujer que esté luchando por perder peso, encontrará en estas páginas la solución que, ¡por fin!, eliminará esos kilos de más, haciéndolos desaparecer por completo. Aun si la pérdida de peso no es su mayor preocupación, hay muchas otras maneras en que una mujer puede beneficiarse de La dieta del equilibrio esencial. Si se está preguntando si este libro le servirá, disponga de un minuto para escuchar a su cuerpo y responda con sinceridad las siguientes preguntas:

Por favor marque la casilla correspondiente

Afirmación	Sí	No
No estoy satisfecha con mi apariencia o la forma como me siento		
Estoy haciendo una dieta y no estoy perdiendo peso		
Pierdo peso, sólo para volver a recuperarlo		
No puedo perder el peso ganado durante el embarazo (o la menopausia)		
Con frecuencia tengo fuertes antojos de comida		
Con frecuencia me siento enferma después de comer y no sé por qué		
Tengo tendencia a sufrir de resfriados/gripe/virus/lesiones		
Tengo toda la grasa concentrada en la cintura		
Me siento olvidadiza y confusa casi todo el tiempo		
Tengo muchos problemas de salud y dolores crónicos		
El sobrepeso es normal en mi familia		
Estoy exhausta, irritable o infeliz la mayor parte del tiempo		

Si contestó afirmativamente a cualquiera de las preguntas anteriores, La dieta del equilibrio esencial le ayudará.

La primera cosa que vamos a hacer juntas es felicitarla por su honestidad al expresar cómo se siente en realidad. La mayoría de las mujeres que veo en mi práctica adopta una postura de valor, como lo hacemos todas para poder realizar lo necesario. Vivimos los días en forma mecánica, ignorando lo que nuestros cuerpos están tratando de decirnos con desesperación. El costo de funcionar de esa manera es alto y, con frecuencia, el precio que pagamos se manifiesta en el bienestar diario y en nuestra salud a largo plazo. Muchas mujeres exitosas, en apariencia felices y seguras de sí mismas, llegan a mi oficina y se derrumban cuando hacen lo que usted acaba de hacer: contestar esas preguntas con honestidad. Colapsan ante el alivio de haber sido capaces de confesarse ansiosas, enfermas, gordas, hormonales, deprimidas, exhaustas, confusas, adoloridas, furiosas, o ¡todo lo anterior la mayor parte del tiempo! Pero sé (y mis pacientes de Mujeres para Mujeres lo aprenden con rapidez) que usted no tiene por qué sentirse de esa forma nunca más.

Adentrarse en la conversación

Soy una profesional de la medicina funcional y he creado el programa del equilibrio esencial, basado en los principios de la misma, reconociendo a cada persona como única, considerando la salud no sólo como ausencia de enfermedad y demostrando que podemos usar la sabiduría de nuestro cuerpo para sanar. La medicina funcional es un modelo integrador que se enfoca en el cuidado del paciente más que en el de la enfermedad, y usa la investigación de varias disciplinas para tratar problemas de salud complejos y crónicos. A pesar de que mi especialidad es la obstetricia y ginecología, como facultativa funcional tengo la responsabilidad de entender el cuerpo en su totalidad. Igual que muchos profesionales en tradiciones integrales que se remontan a varios milenios, observo la totalidad del paciente individual: su biología, su vida emocional y su historia, e intervengo en varios niveles usando los métodos disponibles más apropiados, empezando con los menos invasivos y con alternativas naturales para promover una salud y equilibrio perdurables.

Mi práctica está basada en el principio de que las funciones del cuerpo humano están organizadas como una red de sistemas interconectados, en lugar de sistemas individuales funcionando con autonomía. Entonces, cuando hablo sobre su "fisiología esencial", me refiero a todos los órganos y sistemas de su cuerpo, junto con la extensión fluctuante de químicos y hormonas que ellos producen y controlan: el metabolismo, el apetito, el sueño, el estado de ánimo, el dolor, la inmunidad, el desarrollo de los huesos, la desintoxicación, y otro gran número de funciones. Los seres humanos estamos siempre adaptándonos, no sólo como una especie que evoluciona de manera constante, sino como individuos: cada minuto del día, nuestros cuerpos examinan minuciosamente nuestros ambientes internos y externos y responden con ajustes infinitesimales a nuestra bioquímica. Obsérvelo como una conversación de proporciones míticas, que conecta su mente a su cuerpo, su cuerpo a su espíritu, y al final, su dieta, estilo de vida, pensamientos y sentimientos, a los componentes bioquímicos, que se comunican con su ADN y determinan el estado, a largo plazo, de su salud celular.

Empecé a comprender este fenómeno durante los controversiales días del suplemento dietético Phen-Fen. Muchas de mis pacientes, que nunca pudieron dejar de comer compulsivamente, ni pudieron perder peso, empezaron a perderlo cuando tomaron Phen-Fen. Ahora bien, no recomiendo de ninguna manera su uso ya que ha sido calificado como en extremo peligroso para el corazón y, en consecuencia, retirado del mercado. Pero antes de que eso sucediera, fue usado con éxito en el tratamiento de algunos pacientes obesos, y la forma como funcionaba fue reveladora. Los químicos contenidos en el Phen-Fen: fenfluramine y phentermine, actúan sobre importantes químicos del cerebro: el *fen* incrementa los niveles de serotonina y la sensación de saciedad y satisfacción; el *phen* es un supresor del apetito basado en una anfetamina, que activa los mismos neurotransmisores involucrados en la respuesta fisiológica instintiva del estrés, provocando un cortocircuito en la señales del hambre. Muchas de las pacientes que traté habían hecho dietas toda su vida, restringido calorías, practicado ejercicio con regularidad y seguían teniendo un sobrepeso entre 9 y 14 kilos, hasta que tomaron Phen-Fen. Comprendí que todo encajaba. Me di cuenta de que, para muchas personas, perder peso no tenía relación con las calorías, sino con algo más profundo y personal, en este caso con el nivel de neurotransmisores de esas pacientes. Entonces me propuse buscar los equilibrios (o desequilibrios) específicos en la fisiología esencial de pacientes individuales y ver cómo podía regularlos de forma natural a través de la nutrición y el estilo de vida. Desarrollé mis protocolos de tratamiento, y este libro, a partir de esta experiencia.

No soy la única que ha transitado este camino. El campo de la nutrigenética, que estudia cómo los nutrientes y el estilo de vida que escogemos, interactúan con los genes e influyen en la actividad celular, está evidenciando que sus células responden a cualquier cosa que entre en su cuerpo, ya sea que la ingiera, la beba, la respire, se bañe o tenga contacto con ella. [1] Esto se debe a que los nutrientes y químicos en la comida y en el ambiente son ingeridos y clasificados por su sistema para que sirvan ya sea como base para su bioquímica o como químicos activos por sí mismos. Esta es la razón por la que los científicos siempre dicen: "Usted es lo que come". Más aún, existe una evidencia en aumento que señala que sus sentimientos activan en su cuerpo reacciones bioquímicas específicas, influyendo fuertemente en sus conversaciones internas. Esto equivale a decir que usted también es lo que piensa y siente.

Peso tóxico

¿Qué significa esto para su cintura? En términos prácticos, alimentos y suplementos con alto poder nutritivo y bajas calorías, sueño adecuado, actividad y desintoxicación saludable (incluyendo exhalación, transpiración y excreción), habilitan la conversación entre su bioquímica y sus células. Por el contrario, calorías con bajo contenido nutricional, estrés prolongado, falta de ejercicio, cargas emocionales y muchas toxinas en el cuerpo, desorganizan y confunden la conversación. Con el tiempo, esta confusión hace perder el equilibrio esencial y la desorganización empieza a originar problemas evidentes, uno de los cuales es que aumenta de peso y no logra perderlo.

Todos los seres humanos tenemos en común lo siguiente: cuando el cuerpo es amenazado o no funciona bien, lo comunica a través de sus síntomas físicos. Uno de los síntomas comunes más irritantes es el obstinado aumento de peso, que no se elimina sin importar lo que haga. De hecho, aumentar de peso como síntoma de que el cuerpo está fuera de su equilibrio esencial es tan común, que he acuñado mi propio término para eso: peso tóxico. Usted aumenta de peso tóxico cuando su cuerpo y su mente están sobrecargados, y nunca perderá ese peso de manera permanente hasta que logre liberarse de esa carga.

Según le demostrará La dieta del equilibrio esencial, su cuerpo está estructurado para aislarse del estrés mediante el aumento de peso, almacenando reservas de nutrientes para ser usadas en los tiempos difíciles: un vestigio genético de nuestros ancestros cazadores del paleolítico.[2] Esta es una realidad biológica que impacta a hombres y mujeres, pero que, debido a las diferencias en nuestras fisiologías, tiende a afectar más a las mujeres. Y no hay fuerza de voluntad que pueda rebatirlo. El peso extra no es un pecado, es un síntoma, una señal de desequilibrio esencial, una herida que debe sanarse antes de que el cuerpo se pueda sentir lo suficientemente seguro para liberarse de esas reservas. Al eliminar el desequilibrio, el cuerpo empieza a funcionar de manera más eficiente, recupera su equilibrio y elimina el peso.

Nuestro trabajo durante el siguiente mes será comprender cuáles son los factores en su dieta, su vida y sus antecedentes emocionales que están originando el aumento de peso tóxico. A través de los años, he identificado seis desequilibrios bioquímicos importantes que impiden seriamente la pérdida de peso:

- Desequilibrio digestivo
- Desequilibrio hormonal
- Desequilibrio suprarrenal
- Desequilibrio neurotransmisor
- Desequilibrio inflamatorio
- Desequilibrio de desintoxicación

Todos estos desequilibrios crean poderosos obstáculos para la pérdida de peso, sin importar cuán pocas calorías consuma. Esto se debe a que esos desequilibrios tienen efectos dañinos en su metabolismo (tasa de conversión del alimento en energía disponible). Es probable que haya oído hablar mucho acerca del metabolismo y cómo acelerarlo, porque altas tasas de metabolismo permiten quemar más calorías de manera más eficiente: uno de los principales objetivos cuando trata de perder peso. Pero mi meta es enseñarle primero cómo sanar su metabolismo estabilizando su desequilibrio esencial. ¡No tiene sentido alguno obligar a una corredora lesionada a correr más rápido; pues sólo logrará hacerse daño y tendrá que abandonar la competencia!

Los desequilibrios esenciales que he identificado, con frecuencia se traslapan, lo que quiere decir que puede haber más de uno afectándola al mismo tiempo. Pero no deje que esto la desaliente: he descubierto que cuando empieza a restaurar el equilibrio en un área, los otros desequilibrios son más fáciles de corregir, y algunas veces, incluso lo hacen por sí solos. La dieta del equilibrio esencial le ayudará a identificar el desequilibrio que más la esté impactando en este momento y le brindará el plan de alimentación y acción personalizado, diseñado para sanarlo.

Durante el siguiente mes, trabajaremos en despejar el desorden que está desestabilizando su conversación interna y en restaurar el soporte en las áreas que están sobrecargadas, para así eliminar los obstáculos más obvios en su pérdida de peso. Al mismo tiempo, empezaremos a explorar los patrones emocionales que pueden estar impidiendo la liberación del peso de protección. Nos tomaremos un mes de clase dedicado a usted: qué la hace sentir bien, qué la estresa, qué la inspira, qué la inhibe. Aprenderá cómo su salud física y emocional a largo plazo depende de la habilidad de su cuerpo para manejar el estrés que la afecta personalmente. Esto es, en realidad, a lo que nos referimos cuando hablamos de bienestar: ¿cómo hacer frente a las cosas negativas?; ¿cuáles son sus cargas?; ¿dónde encontrar apoyo?

Sus respuestas definirán las piezas de su propio rompecabezas de salud; le explicarán por qué si usted come y hace las mismas cosas que su mejor amiga, ella no aumenta ni un kilo mientras usted aumenta ¡tres! El peso y la pérdida de peso son diferentes para cada persona, y también difieren en las diferentes etapas de su vida. Es por eso que las dietas comunes no funcionan. La dieta del equilibrio esencial es distinta porque no la considera un experimento de laboratorio, sino una maravillosa mujer que está en constante cambio y adaptación, y que necesita ¡comer! Debido a todo eso, siempre tendrá el potencial de buscar diferentes alternativas que resulten en un futuro mejor y más saludable. Esto no significa que vaya a eliminar las cargas y amenazas de su vida —el estrés es parte de los seres humanos— pero aprenderá a brindarse el apoyo adecuado para mantenerse delgada y flexible aun en los peores momentos. Créalo o no, su cuerpo ya posee casi todo lo necesario para sanarse. Sólo necesita proporcionarle un pequeño estímulo en la dirección correcta.

Si hay algo que La dieta del equilibrio esencial puede hacer por usted, espero que sea convencerla de que debe bajarse del carrusel de las dietas. Ha llegado el momento de deshacerse del ciclo continuo de las dietas. Puede dejar de tratar a su cuerpo como si fuera un mal novio (ése que amaría sólo si cambiara), está a punto de empezar una relación totalmente nueva consigo misma. Pronto (en sólo un mes) estará avanzando rápidamente hacia ese cuerpo, delgado y en forma, que la acompañará hasta la vejez. De hecho, al leer estas líneas, acaba de dar su primer paso.

Cómo funciona el programa

La dieta del equilibrio esencial es una estrategia, con base médica, para el bienestar y la pérdida de peso, con éxito comprobado por cientos de pacientes en mi clínica y por las inscritas en mi servicio de salud en línea: el programa personal. El método está dividido en cuatro etapas que le ayudarán a establecer sus necesidades; calmar el estrés en su sistema; ordenar su dieta, estilo de vida y emociones; y luego, identificar y sanar los principales desequilibrios medulares que se interponen en su objetivo inmediato de perder peso.

Primera etapa: sintonizándose. A medida que diseñemos las bases del trabajo para su recorrido de un mes hacia el equilibrio, aprenderá sobre los principios científicos que respaldan el método del equilibrio esencial y las razones por las cuales funciona. Explicaré, con brevedad, las partes fundamentales respecto a su fisiología esencial, los componentes claves de su alimentación, y la forma en que el cuerpo físico y las emociones están conectados. Examinaremos los cuatro ángulos de la salud que constituyen los cimientos firmes sobre los que se construye una vida de hábitos saludables.

Segunda etapa: plan básico del equilibrio esencial. Aquí aprenderá la alimentación básica y el plan de acción que constituyen el soporte principal del método del equilibrio esencial. Este es el plan que seguirá durante los primeros 14 días del programa. Sus lineamientos, las mismas recomendaciones que doy a mis pacientes, están diseñados para eliminar los desórdenes más agresivos y molestos de su dieta y estilo de vida. Después de dos semanas, estará lo suficientemente satisfecha con los resultados y le será más fácil continuar con el plan por el resto del mes. Si no obtiene los resultados deseados, puede avanzar a la Tercera etapa.

Tercera etapa: plan personalizado del equilibrio esencial. Esta etapa se concentra en los desequilibrios esenciales individuales, que están dificultando la posibilidad de perder peso, y le impiden tener los resultados que está buscando. Responderá mi prueba del desequilibrio esencial, para descubrir cuál de los seis principales desequilibrios la está afectando de manera significativa, en este momento. Enseguida, encontrará un plan de acción y alimentación personalizado, que deberá seguir por los siguientes 14 días del programa, complementado con sugerencias de suplementos nutricionales, actividad física, exámenes de diagnóstico adicionales que podría necesitar, así como guías de compras fáciles de usar, sugerencias de menú y recetas que le ayudarán a adaptar el plan de alimentación a su estilo de vida.

Cuarta etapa: equilibrio esencial vitalicio. Aquí encontrará la clave para mantener su peso deseado: la integración de su ser físico con su vida interior. En esta etapa, exploraremos cómo celebrar la sabiduría natural de su cuerpo, y la capacidad de sanación de su corazón, a cualquier edad. Descubrirá la poderosa influencia que su salud emocional tiene sobre la pérdida de peso a largo plazo y sobre su bienestar; aprenderá cómo cambiar los patrones de autosabotaje emocional y se le aconsejará sobre cómo encontrar ayuda profesional, si desea profundizar sobre el tema. Esta etapa del programa también le ayudará a verse y sentirse mejor, sin importar lo que diga la báscula.

Algunas ideas para considerar

Muchas de mis pacientes, agobiadas con información conflictiva sobre dieta y salud, y todas las cosas que deben limitar o evitar, llegan a mi consultorio rendidas preguntando: "¿Qué puedo comer?". Bueno, mientras esté en este programa, en verdad, y quiero decir, de verdad, deseo que coma con frecuencia, y bien. El alimento es una medicina, y en mi práctica, considero la nutrición y la hidratación como la primera línea de defensa para sanar los desequilibrios esenciales y remover los obstáculos para la pérdida de peso. Dependiendo de su desequilibrio esencial, se le podrá pedir que restrinja ciertas comidas por un período de tiempo, pero nunca se sentirá privada de algo o hambrienta, ¡porque en verdad sí que comerá!

Las comidas y refrigerios que he diseñado para usted son deliciosos, la dejarán satisfecha y son flexibles; puede adaptarlos fácilmente si está cocinando para su familia o si no le gusta cocinar; y la mayoría de las recetas pueden ser preparadas en 30 minutos o menos. El plan de menú está basado en alimentos naturales de calidad, en combinaciones que siguen muy de cerca la dieta más saludable del mundo: la mediterránea.[3]

Es posible que durante el siguiente mes, pruebe nuevos alimentos o que coma más de lo que acostumbra (o quizás menos). Recuerde, estamos tratando de eliminar el estrés, no de aumentarlo, por lo tanto, me gustaría que se enfocara menos en la cantidad de comida que está ingiriendo (o la cantidad de carbohidratos y grasa), y se enfocara más en la calidad y variedad. Por esta razón, no he incluido el detalle del número de calorías o nutrientes en mis recetas, aunque sí he puesto cuidado en esto al momento de elaborarlas. La *fuerza de voluntad* no es una palabra que me gusta usar, ni una cualidad que admire, cuando se trata de mujeres y comida. Por lo tanto, use toda esa fuerza de voluntad de esas antiguas y fallidas dietas, y canalícela buscando un poco de tiempo para usted misma, elemento clave del cuidado personal del programa. Durante el siguiente mes, permítase ir más allá de los comportamientos preestablecidos, como pensamientos ilusorios (*comeré sólo 750 calorías al día por una semana*), o ecuaciones simples (*si voy al gimnasio y hago una hora en la máquina elíptica todos los días, recuperaré mi figura*), y en su lugar siga el enfoque combinado integral que se describe en estas páginas. Si realiza esto durante un mes, le prometo que estará en camino a lograr una figura esbelta y a estar saludable para toda la vida.

La dieta del equilibrio esencial está diseñada para ayudarle a perder peso de manera segura y permanente. Una proporción segura de pérdida de peso, en la cual pierde grasa y no músculo ni agua, es bajar de medio kilo a un kilo por semana. (Algunas mujeres pueden bajar un poco más o un poco menos con el programa). Debido a que muchas toxinas están almacenadas en el tejido adiposo y son liberadas en su flujo sanguíneo, a medida que su cuerpo metaboliza la grasa, no recomiendo tratar de bajar más de un kilo por semana; de esa manera, su hígado tendrá tiempo suficiente para desintoxicar el sistema. Mientras pierde grasa y se desinflama, también aumentará músculo, por lo tanto, puede sentir sus pantalones un poco más sueltos, aun si la báscula no indica cambios dramáticos.

Durante el siguiente mes, debe pesarse dos veces a la semana, a la misma hora del día cada vez. Recuerde que el peso de una mujer puede aumentar o disminuir hasta dos kilos y medio en un día, dependiendo de la época del mes. Por lo tanto, use la báscula con criterio, sólo para mantenerse motivada y responsable. Si empieza a obsesionarse con los números, o se regaña, ¡deje la báscula a un lado! En su lugar, apóyese en la cinta métrica, la forma como le queda la ropa y cómo se siente. Al final del mes, puede experimentar un cambio notable en su energía, bienestar y estado de ánimo; y bajar una talla en el proceso ¡sin tener que vivir sólo de lechuga!

Las cinco metas

Su objetivo para el siguiente mes se puede resumir en lo que llamo las cinco metas, las cuales describen los cambios positivos que ocurrirán, si sigue lo recomendado en las directrices de este libro. Durante ese mes, aprenderá a:

1. Sintonizarse con su más sabio maestro: su cuerpo.

2. Reducir el estrés físico y emocional, porque ambos le dificultan a su cuerpo sentir la seguridad necesaria para liberar el sobrepeso.

3. Complacerse con alimentos deliciosos y suplementos que le aseguren que está obteniendo una óptima nutrición para restaurar el equilibrio y la salud fisiológica, ayudándole a perder peso.

4. Eliminar pensamientos y acciones negativas que conducen al autosabotaje.

5. Cuidarse en todos los niveles: cuerpo, mente y espíritu.

Para el final del próximo mes, estará en camino a sentirse ¡maravillosa, realizada, en excelente forma, atractiva y fantástica! (Cinco metas más, como si fueran pocas).

Espero que haya recobrado las esperanzas, sabiendo que la verdad respecto a perder peso no es tan simple como le han hecho creer. Pero es factible, infinitamente factible. Y todo empieza con un mes de dedicación.

Ahora debe preguntarse: ¿cree que estar saludable y en forma por el resto de su vida vale un mes de su tiempo?

Espero que lo crea, porque, ciertamente, yo sí.

Entonces, ¡empecemos ahora mismo!

Sintonizándose

Capítulo uno

SU ACTO DE EQUILIBRIO

Puede ser que alguna vez se haya sentido como una malabarista en la pista central de un circo. Hace lo mejor para mantener el equilibrio, usa todos los recursos disponibles, y administra sus responsabilidades como si fueran platos girando en el aire. Si usted es como muchas de mis pacientes de Mujeres para Mujeres, seguro que estará corriendo de un lado a otro, tomando una comida aquí, un café, una siesta o un pastelillo allá, lo que sea que tenga que hacer para mantenerla en actividad, esperando todo el tiempo, que su rutina de malabarismo, no termine en un gran desastre.

Toda mujer tiene su propio juego de platos en el aire y su propia manera de manejarlos, se podría decir que es su acto de equilibrio personal. Hasta que deja de funcionar. Las mujeres hoy en día asumen muchas responsabilidades y consiguen el éxito en todas ellas: criar una familia, desarrollar su carrera, cuidar de los ancianos, manejar sus negocios, hacer voluntariado y administrar hogares cada vez más complejos. Al mismo tiempo, la revolución informática ha llevado nuestra sociedad hacia la vía rápida, manteniéndonos conectadas 24 horas, 7 días a la semana, y dejándonos sólo un escaso y precioso tiempo de descanso. En el siglo XXI todo el mundo tiene dificultad para mantener sus platos en el aire.

Como especie, parece que también estamos luchando para mantener nuestro equilibrio. Aunque la medicina moderna ha vencido la mayoría de las enfermedades infecciosas graves que en algún momento fueran nuestra mayor amenaza, las condiciones crónicas están en aumento: obesidad, diabetes, depresión, enfermedades cardiacas, cáncer, trastornos de la ansiedad, alergias, síndromes de dolor crónico, desórdenes inmunológicos, autismo y enfermedad de Alzheimer, para nombrar unas pocas. Yo sé que muchas de ustedes deben tener una íntima relación con estas preocupaciones. Si usted es como yo, es fácil sentirse agobiada por las estadísticas y las malas noticias.

Pero aquí están las buenas noticias: las estadísticas son promedios de la población. Pueden representar tendencias, pero sólo nos dicen una parte de la historia, y no necesariamente su historia. Sólo usted puede hacerlo, y su historia no tiene por qué ser igual a la de nadie más; no importa a qué grupo genético pertenece, qué diagnóstico le han dado, o cuánto peso ha aumentado.

El poder está en usted

¿Desea saber la verdadera razón por la cual es tan difícil perder peso, y por qué, cuando lo perdemos, la mayoría de nosotras lo vuelve a aumentar en un par de años? Es porque seguimos tratando de resolver el problema con soluciones simplistas y universales. Pero no se puede arreglar el problema de un individuo con una solución universal. El desarrollo de un cuerpo saludable y delgado depende de qué tan bien su cuerpo enfrente las exigencias impuestas. Esto es muy personal: lo que funciona para usted, quizás no lo haga para su amiga. Lo importante es que entienda lo que funciona para usted. Escribí *La dieta del equilibrio esencial* para ayudarla a comprender lo que su cuerpo necesita para prosperar, tanto física como emocionalmente.

Un cuerpo equilibrado y en buen funcionamiento, mantendrá de forma natural el peso normal, sin requerir demostraciones épicas de disciplina y abstención. Pero la mayoría de los planes de dieta conocidos hoy en día, todavía pregona la anacrónica y demasiado simplificada ecuación: calorías ingeridas = calorías quemadas. En otras palabras, para perder peso debe disminuir su consumo de calorías e incrementar su producción de energía. Esto puede haber funcionado en el pasado, cuando su cuerpo era joven y su metabolismo iba a toda marcha, pero con seguridad no lo hará muy bien ahora. Usted puede ser una de muchas mujeres, en su mediana edad, a quienes he visto ingiriendo muy pocas calorías, pero siguen aumentando de peso. Hay algunas mujeres que comen demasiado, no me malinterprete, pero en mi experiencia, hay muchas más que no lo hacen, y no logran ver la más pequeña variación en la báscula.

En la reducida atmósfera de un laboratorio (esto es, donde las cosas se reducen a la más simple de las ecuaciones), si un sujeto sometido a una prueba, quema el mismo número de calorías que ingirió, el balance es cero; o sea, no queda ninguna caloría para almacenar en los tejidos musculares o células adiposas, entonces ¡presto! No hay aumento de peso. Esta ha sido la regla de oro de la pérdida de peso durante el tiempo que llevo practicando la medicina; y ha significado que más y más mujeres infelices de las que puedo contar, terminen arrastrándose al gimnasio a las 5 de la mañana, sin mencionar la ridícula pérdida de tiempo contando calorías. Ahora bien, es cierto que si, en forma regular, ingiere más calorías de las que su metabolismo puede quemar, la cantidad extra será almacenada como grasa y aumentará de peso. Pero todas las personas tienen diferentes metabolismos que queman en proporciones diferentes, y algunas pueden estar genéticamente predispuestas a quemar un nutriente u otro de manera más eficiente.

No siempre una caloría representa una caloría

Algunos de ustedes habrán visto la película *¡Súper engórdame!,* en la cual su joven director Morgan Spurlock, comió sus tres comidas durante 30 días en McDonald´s, mantuvo su actividad física al mínimo y nunca rechazó una oferta de "agrandar" su combo. Al final del experimento, Spurlock había aumentado más de 9 kilos y su colesterol se había disparado, contrario a su estado de ánimo, que cayó vertiginosamente. Más serio aún, estuvo a punto de sufrir daño hepático en sólo un mes (como le he venido diciendo, ¡muchas cosas pueden pasar en un mes!). La experiencia de Spurlock inspiró a otro investigador, llamado Fredrik Nystrom de la universidad de Linkoping, en Suecia, a dirigir por su cuenta un experimento similar, usando un grupo de 18 universitarios voluntarios.[1] A estos estudiantes se les pidió que duplicaran su consumo regular de calorías, entre 5,000 a 6,000 por día, en comida chatarra, evitando tanto como fuera posible la actividad física.

Basados en la película, y en nuestras ideas actuales con relación al control de peso, usted pensaría que todos los voluntarios, después de duplicar su ingesta calórica y reducir la quema de las mismas, estaban camino hacia la obesidad, como el caso de Spurlock. ¡Pero esto no fue lo que sucedió! Cada uno de ellos aumentó algo de peso. Algunos casi tanto como Spurlock, otros, sólo un par de kilos, y al menos en el caso de una persona, la mitad de su peso adicional se convirtió en músculo. Todavía más sorprendente, muchos de los sujetos no experimentaron cambios en sus niveles de colesterol (de hecho, en uno de los estudiantes disminuyeron), y ninguno de ellos tuvo problemas hepáticos. Lo que Nystrom descubrió, es lo que les he venido diciendo: ¡todos respondemos de manera diferente!

La conclusión es que lo que la mayoría de los estudios científicos nos dicen respecto a que lo que se ingiere debe ser igual a lo que se elimina (o que "una caloría es una caloría"), no se ajusta al metabolismo individual de la persona, y no toma en consideración otros factores físicos y emocionales, que pueden crear obstáculos para la pérdida de peso. La verdad es en realidad bastante simple: una caloría representa una caloría, es una caloría...

hasta que entra por su boca. Lo que pasa después, la forma en que su cuerpo la quema, la almacena, o la elimina, es singular en su caso y específica al estado en que se encuentre. La fisiología de una mujer no es estática; es reflejo de su bioquímica, su nutrición y todas las cosas que está haciendo, pensando y sintiendo, consciente o inconscientemente, en un momento particular de su vida. Aprender la forma en que estos factores funcionan en conjunto, es como tratar de armar un rompecabezas.

Me gustaría contarle sobre un experimento fascinante realizado en el año 2007 por una investigadora de la Universidad de Harvard, Ellen Langer, quien hizo un estudio con 84 amas de llaves de hoteles, para medir el impacto de sus pensamientos, respecto a la cantidad de ejercicio que realizaban , y cómo esta percepción influía en su masa corporal.[2] Langer encontró que, aunque el día de trabajo implicaba una actividad física constante, el 67 por ciento de las mujeres entrevistadas creían no estar haciendo suficiente ejercicio, y sus cuerpos lo confirmaban con sobrepeso. Después de medirles la grasa corporal, la relación cintura-cadera, la presión arterial, el peso y el índice de masa corporal, descubrió que sus tipos de cuerpo correspondían con sus percepciones de cuánto ejercicio hacían. Posteriormente, Langer dividió el grupo de mujeres en dos; su equipo separó a un grupo y les enseñó cuántas calorías quemaban durante su trabajo, explicándoles que su actividad diaria cumplía con las definiciones de un estilo de vida activa, de acuerdo con las pautas de las autoridades de salud pública de los Estados Unidos. Al otro grupo no se le proporcionó información.

Adivine qué pasó.

Después de un mes, Langer y su equipo volvieron a tomarles las medidas y encontraron que, en el grupo que había recibido educación, se observaba una disminución en la presión arterial sistólica (el número más alto en la lectura de presión arterial, que interpreta cuán fuerte funciona el corazón bajo estrés), en el peso, en la relación cintura-cadera y una disminución del 10 por ciento en la presión arterial general, que incluye el número más bajo o lectura diastólica, indicadora de cuán fuerte trabaja el corazón en descanso. (Un número bajo de presión diastólica es un buen indicador de salud física). Ahora bien, es posible que la educación recibida cambiara de alguna manera la forma en que estas mujeres realizaron su trabajo, pero ninguna de las estudiadas, ni los gerentes, informaron diferencias significativas en el mismo, más bien, la diferencia estuvo en la forma como ellas percibían su actividad. Esto es, en realidad, la misma respuesta al placebo que los investigadores médicos encuentran cuando hacen estudios con medicamentos: la mitad de las veces, el placebo es tan efectivo como el medicamento.

Lo que esto nos dice en realidad, es que sus pensamientos son extremadamente poderosos y se manifiestan en su realidad física. En cierto modo, aunque esto pueda o no ser comprobado de manera empírica (y está siendo comprobado), es un hecho conocido que somos un sólo cuerpo, y que éste no se desconecta a nivel del cuello. ¿De qué otra manera podríamos describir las cosas que nos pasan, tales como: "alucinaciones", "retortijones de estómago por algo estresante" y "dolor de corazón por desengaños"?

Su cuerpo y su mente

En 1970, la doctora Candace Pert comprobó, mediante su revolucionario trabajo con endorfinas, que las emociones y los pensamientos se traducen en moléculas bioquímicas medibles en el cuerpo y viceversa. Su libro *The molecules of emotion* demuestra que el cuerpo y la mente son uno solo. Otra película que usted debe haber visto: *¿What the Bleep Do We Know? (¿¡Y tú, qué sabes!?)*, explora con más profundidad este tópico, mostrando de qué manera la teoría cuántica está siendo usada para comprobar conceptos cuerpo-mente a través de la física biológica. En este campo de estudio, los científicos están trabajando en construir simulaciones de neuronas y circuitos cerebrales para aprender, con experiencias basadas en estrategias de procesamiento de información. En otras palabras, hay evidencia sólida respecto a la forma en que el cerebro y las células ADN aprenden de las experiencias conscientes (como el entrenamiento con pesas o el aprendizaje de instrumentos musicales); o, más sorprendente aún, de las experiencias inconscientes (como la reacción inmunológica de bajo nivel, traumas, o patrones de pensamiento negativo). Pioneros de la salud, como Louise Hay y el médico Deepak Chopra, han sido instrumentales al explicar cómo esta clase de respuestas o "sanaciones cuánticas", le brindan a nuestra fisiología y funciones cerebrales una plasticidad que nunca habíamos imaginado. Lo que esto significa para usted, es que el potencial de regeneración física y emocional está a su alcance.

El estrés constante le puede enseñar a nuestras células a reaccionar de cierta manera y condicionarlas a seguirlo haciendo de ese modo, al estilo Pavlov, aprendiendo algunos "comportamientos" y olvidando otros. Una vez que las células están condicionadas, lo cual puede ocurrir con lentitud con el transcurso del tiempo, o con rapidez, debido a un trauma impactante (como en el caso del trastorno por estrés postraumático), comienza un ciclo en el que las experiencias y los pensamientos activan algunos bioquímicos, que se dirigen a ciertas células y hacen que actúen de manera anormal; todo esto, a su vez, influye en la actividad celular enviando mensajes equivocados al cerebro. El ejemplo más extremo de tal condicionamiento es la drogadicción; pero las células también pueden llegar a ser condicionadas a muchos otros estados anormales como son las alergias, ansiedad excesiva, bajo grado de dolor y crecimiento excesivo de bacterias. Cuando las células se acondicionan a aceptar estos estados internos como normales, puede ser que la mujer continúe con su vida normal, pero, a largo plazo, no se sentirá bien. Es interesante observar cómo las experiencias de vida negativas también pueden condicionar ciertas respuestas extremas, por ejemplo: si una mujer ha sido abusada sexualmente, puede experimentar dolor vaginal durante las relaciones sexuales o durante su examen anual y, aunque no haya causa física conocida, no por eso deja de ser real. En un menor grado, cargar las experiencias diarias con negatividad influye en la actividad bioquímica, lo que con el tiempo puede condicionar las células a comportarse de manera anormal. Un ejemplo es la culpa y el conflicto que muchas mujeres sienten cuando comen. Desde el punto de vista físico, comer es una actividad relajante (ver en las páginas 38–39 una explicación de lo que ocurre cuando usted come), pero nuestra cultura ha cargado la comida con tal cantidad de connotaciones negativas, que comer se ha vuelto un acto muy estresante para algunas mujeres. ¿Cuántas veces ha pensado: *no debería estar comiendo esto* o *soy tan mala*, cuando come un bocado? Este pensamiento, ¡eventualmente se convierte en realidad! Con el tiempo, la comida deja de aliviar su cuerpo y se vuelve una amenaza. La simple verdad es que su cuerpo y su mente están intrínsecamente ligados a un nivel celular, de la misma forma que su salud física y mental. Aprender cómo trabajan en conjunto, es como tratar de armar las piezas de un rompecabezas.

Todos los días puedo observar cómo trabajan las cualidades sinergéticas entre cuerpo y mente en mis pacientes. Son incontables las mujeres que vienen a mi oficina después de pasar años en tratamientos médicos convencionales, y se sorprenden al saber que los pensamientos y sentimientos afectan a todo el cuerpo. Siempre es un placer para mí, presentarles el poder de la mente, y lo rápido que ese poder se manifiesta en el cuerpo. Para demostrarlo, le pido a la paciente que se ponga de pie con un brazo extendido y piense en un recuerdo feliz, algo encantador; mientras tanto, presiono hacia abajo, ligeramente, su brazo extendido. A menudo, su brazo cede un poco, si es que lo hace. Luego le pido que piense en un recuerdo triste o en un evento doloroso. Presiono hacia abajo nuevamente, con la misma fuerza, y su brazo, casi siempre, cae a su costado. La conexión es así de clara y de inmediata.

El antiguo concepto de cuerpo-mente-espíritu, que inspira todas las modalidades de sanación orientales, está progresando poco a poco en el occidente (aunque mil años tarde). En términos sencillos, la conexión mente-cuerpo reconoce la imposibilidad de separar el cuerpo de los pensamientos y las emociones, el cuerpo es un espejo de nuestro estado psicológico. Algunas personas pueden encontrar estas afirmaciones poco convencionales, pero hay médicos occidentales que han estado comprobando de manera cuantificable esta conexión por décadas, aunque la oposición de la medicina tradicional en este país, sólo ha ido cediendo poco a poco. Por ejemplo, en 1964, el doctor Thomas Holmes y el científico Richard Rahe crearon la escala Holmes-Rahe para medir el estrés[3]. Esta escala, que todavía es una prueba estándar, categoriza más de 40 eventos estresantes, desde la muerte del cónyuge hasta el valor de la hipoteca, y calcula ¡qué tanto, cada uno de estos eventos, puede aumentar las posibilidades de desarrollar una enfermedad física relacionada! Aunque la mayoría de los médicos convencionales puede estar renuente a admitir las profundas implicaciones de esta conexión, hace mucho tiempo es aceptado que el estrés diario contribuye al riesgo de padecer una enfermedad crónica.

En 1970, el doctor Herbert Benson, pionero en el campo de la medicina del comportamiento, de la escuela de medicina de la universidad de Harvard, contribuyó a la conexión del cuerpo y la mente con su exitoso libro *The Relaxation Response*.[4] Con el uso del electrocardiograma, comprobó que el corazón responde, de manera cuantificable y predecible a los impulsos transmitidos por el sistema nervioso a las neuronas relacionadas con la emoción. Este descubrimiento animó a otros a realizar una búsqueda más profunda de la relación entre los factores psicológicos y las enfermedades crónicas. A partir de allí, emergieron múltiples terapias efectivas para el tratamiento de problemas físicos, usando la mente, como la técnica de retroalimentación biológica, la visualización guiada y la terapia de hipnosis.

Cuarenta años más tarde, las imágenes por resonancia magnética (MRI por sus siglas en inglés) y la tomografía por emisión de positrones (PET por sus siglas en inglés) han ofrecido evidencia adicional de que ciertas secciones del cerebro se iluminan, o activan la liberación de diferentes bioquímicos, en respuesta a pensamientos y emociones.[5] Y de acuerdo a lo que conocemos según el trabajo de Candace Pert, estos agentes llevan información a través de las receptores celulares a lo largo de todo el cuerpo, para iniciar el cambio a nivel celular. Resumiendo, ella demostró que el cuerpo es lo que llamamos conciencia. Nosotras experimentamos esto instintivamente: cualquiera que se haya sonrojado de vergüenza, se haya puesto pálida por el miedo, sentido que sus rodillas temblaban de los nervios o que su corazón dado un brinco de sobresalto, temblado de ira, o tenido un orgasmo mientras dormía, ha vivido en carne propia la conexión mente-cuerpo. Estas respuestas son la prueba real de que sus pensamientos, recuerdos y emociones se manifiestan en el área física y bioquímica.

Piezas del rompecabezas

Supongamos que en realidad vamos a unir las piezas del rompecabezas. Cuando empezamos, tenemos la idea de cómo va a lucir una vez terminado; tal como la fotografía en la tapa de la caja. Necesitamos un espacio libre para colocar las piezas de una manera organizada, cara arriba para ver lo que son. Después, empezamos en alguna parte. La mayoría de nosotros comienza por las cuatro esquinas, luego completa los bordes, antes de llenar el centro. De esta manera tenemos un sentido del tamaño, y la forma del conjunto. A medida que va emergiendo la figura, estamos en capacidad de colocar las piezas más difíciles y entender dónde estamos. En algunas ocasiones, debemos trabajar cada sección por separado; otras veces, nos tenemos que poner de pie para observar el conjunto desde la distancia. De cualquier manera, siempre trabajamos con el cuadro terminado en mente.

Restaurar el bienestar y perder peso en la dieta del equilibrio esencial, no es tan diferente. Su rompecabezas de salud tiene cuatro esquinas, cuatro elementos esenciales de su ser, que son partícipes de su conversación interna. Estos son: su cuerpo físico, todo lo que le concierne desde su ADN hasta su nutrición; sus instintos, incluyendo sus impulsos espirituales y sus reacciones al dolor y al placer; sus emociones, todos sus sentimientos, estados de ánimo y recuerdos; y su intelecto, su ser pensante. Si no trabaja todas las esquinas de su rompecabezas, la figura nunca va a estar completa. Por lo tanto, a medida que avancemos en el mes, trate de mantener las cuatro esquinas de su salud en mente, aun cuando estemos enfocadas en una sola.

Cada síntoma cuenta una historia

¿Alguna vez se ha despertado con la garganta rasposa y la nariz goteando y piensa: *¡oh, no, he pescado un resfriado!?* En esta situación es muy fácil hacer la conexión entre el síntoma físico y la posible causa. El resfriado común y sus señales, son algo muy familiar, por lo tanto, usted sabe lo que debe hacer. ¿Y qué pasaría si le digo que el exceso de peso no es tan diferente?

Desde el punto de vista científico, es verdad. La inexplicable acumulación de peso, en especial en la mediana edad, puede ser una indicación física de un cuerpo bajo estrés prolongado; estrés que derrumba su equilibrio, demandando más apoyo del que le ha suministrado. Y por apoyo me refiero a: nutrientes, actividad física, sueño, aire fresco, sol, recreación, relajación y cuidado personal. Es un síntoma, tanto como el goteo de la nariz es el síntoma del sistema inmunológico luchando contra un virus. Así es. El peso obtenido que permanece con obstinación, no es el resultado de ser perezosa o mala. No es un demonio acechándola inevitablemente, tratando de atraparla en la mediana edad sin importar lo que haga. Es una reacción biológica de un cuerpo fuera de su equilibrio esencial. Comprometerse con una dieta drástica o ejercicios exagerados, privar su cuerpo de nutrientes, o entrar y salir de dietas extremas, sólo aumentará el estrés desbalanceándola aún más.

Toda mujer que viene a mi consultorio tiene un conjunto de factores diferentes, internos y externos, que funcionan en su mente y en su cuerpo en todo momento. ¿Recuerda los platos girando en el aire? Esos son los factores externos, el estrés que producen las fuentes externas. Algunos son obvios, como su carga de trabajo o la cantidad de ejercicio que realiza. Otros, menos obvios, como los químicos del ambiente o la falta de nutrientes en su dieta. La forma como su mente y su cuerpo procesan esos factores es por completo personal. Pero una cosa es segura: cuando usted se exige más de lo que puede dar, se evidenciará en su cuerpo.

Una forma inconfundible de dejárselo saber es lo que he llamado: la "maldición de la barriga colgante". Esa grasa extra del vientre, que cuelga sobre el talle de sus pantalones, es conocida de manera formal como tejido visceral abdominal (VAT por sus siglas en inglés). El VAT es bastante activo hormonalmente y, aunque tiende a ser más común entre las mujeres maduras, puede desencadenar una rebelión en su bioquímica a cualquier edad: crea sus propias hormonas (en particular la hormona leptina de la "saciedad" y pequeñas cantidades de estrógeno), que anulan las señales hormonales normales y sabotean sus controles del apetito, presionando más a su hígado y corazón.[6] Cuanta más grasa tenga en su vientre (en especial si la relación cintura-cadera es muy alta, es decir si hay menos de 25 centímetros de diferencia entre las dos medidas) más intensamente tendrá que trabajar para controlar la rebelión y restaurar las líneas normales de comunicación bioquímica. Además, estará en riesgo de desarrollar el síndrome metabólico (ver página 132), un ciclo en extremo vicioso. Sus células adiposas, a diferencia del resto de su cuerpo, no tienen ningún interés en ayudarla: los investigadores han encontrado suficiente evidencia para concluir que el VAT es un "único y patógeno depósito de grasa".[6] Traducción: "basurero insólito causante de enfermedades". Bueno, al menos ya lo sabemos.

Entonces, ¿cómo es que el estrés se traduce en un indeseable aumento de peso? El estrés agota el sistema inmunológico, lo cual se convierte en un incubador de gran cantidad de enfermedades y aceleramiento del envejecimiento. Desde el punto de vista científico, el estrés tiene un efecto nocivo en el diminuto reloj que hay dentro de cada una de nuestras células llamado telómero.[8] Los telómeros se achican cada vez que una célula se separa, envejeciendo la célula (y por lo tanto a usted). Una enzima llamada

A medida que avancemos, mencionaré con frecuencia la relación cintura-cadera. Esta medida es la diferencia entre la circunferencia de su cintura y la de su cadera, y un firme indicador de la salud del corazón. Para encontrar la suya, simplemente mida la parte más ancha de sus caderas, luego su cintura natural, y compare los dos números. Deberá haber una diferencia de 25 centímetros o más. Recuerde que, sin importar el tamaño de la cadera, una cintura con más de 90 centímetros en las mujeres (en especial si sus caderas no son proporcionalmente anchas), está vinculada con un alto riesgo de síndrome metabólico y de enfermedad cardiovascular, a medida que envejecemos.

telomerasa, mantiene los inmunocitos jóvenes y activos, protegiendo sus telómeros. El cortisol, la hormona que se libera cuando estamos bajo estrés, suprime la capacidad de los inmunocitos de producir telomerasa, incrementando de esta manera el índice de envejecimiento de los inmunocitos y debilitando las defensas del cuerpo. Mientras más estrés, mayores serán los niveles de cortisona y más bajos los niveles de telomerasa. Si el estrés es continuo, una de las maneras que tiene su cuerpo de compensar, es cambiando el mecanismo metabólico a posición de autoprotección (característica que se origina en un pasado de festines y hambrunas). Como quien acumula una pila de madera, anticipando el frío invierno, el cuerpo se protege a sí mismo del prolongado estrés, haciendo acopio de una gran cantidad de energía potencial en forma de grasa, en vez de quemarla. Este peso adicional protector y aislante, tiene la función de resguardarla en tiempos difíciles.

En mi opinión, nuestra bioquímica no ha evolucionado con la suficiente rapidez para manejar la sobrecarga de una era post-industrial, tecnológicamente saturada, con una alimentación altamente procesada y demasiado refinada. Es muy posible que en los próximos diez mil años, nuestros sistemas evolucionen permitiéndonos metabolizar todo el azúcar procesado y los componentes artificiales de nuestra comida y medio ambiente, sin ganar grasa corporal, pero eso no ha sucedido todavía. Mientras tanto, estamos pagando el precio. Somos una especie en extremo adaptable y resistente, con cerebros capaces de calibrar la bioquímica para sobrevivir bajo las más terribles condiciones (piense en las hambrunas, el dolor y el abuso crónicos), pero nunca sin sufrir consecuencias a largo plazo.[9]

Por lo tanto, si en este momento está aumentando de peso sin causa directa, esto es, que no se puede atribuir a un reciente o significativo cambio de dieta, hábitos, medicamentos, o salud; o peso que no pierde a pesar de estar comiendo bien y ejercitándose, es una señal de que su cuerpo ha empezado a acumular reservas para los tiempos estresantes.[10] Esta es una respuesta natural y particular de las mujeres, quienes están diseñadas para necesitar más de esta "reserva", ya que ellas tienen la responsabilidad de llevar y nutrir otras vidas además de la propia. En nuestra época, no tenemos que cazar, arar, ni pelear por cada bocado, pero sí enfrentamos algunos factores estresantes bastante complicados. (Dé una mirada a mi lista de posibles factores estresantes en las páginas 26–27. Le aseguro que puede agregar algunos de su propia cosecha).

Estrés es una palabra muy pequeña para definir la enorme variedad de eventos que significan algo diferente en cada mujer. En términos médicos, sin embargo, el estrés es simple. Es cualquier acción o emoción que activa una respuesta del sistema nervioso simpático. El sistema nervioso simpático comprende el cerebro y el sistema digestivo, es parte de su sistema nervioso central, y administra las funciones alternas de su cuerpo; es la mujer detrás del escenario, orquestando todo, protegiendo su supervivencia al nivel más primitivo e iniciando una respuesta de "pelear o huir" frente al peligro.

El estrés puede ser real (un automóvil embistiéndolo) o percibido (una película con un automóvil que está embistiéndolo). Puede ser sutil, en forma de cargas pesadas sobre sus sistemas fisiológicos, como en el caso de una enfermedad o lesión, o la falta de sueño o nutrientes adecuados. Y después está el estrés emocional. Este puede ser obvio, como en el caso de relaciones abusivas o demandantes, sobrecarga de trabajo o crisis de vida; o puede ser subyacente, partiendo de problemas latentes que se han originado en traumas infantiles casi olvidados. Puede ser que el estrés emocional no active una respuesta instantánea de supervivencia, pero con el transcurso del tiempo, también derrumbará su equilibrio esencial.[11] Cada vez con más frecuencia, la evidencia científica demuestra que el estrés crónico, real o percibido, físico o emocional, cobra un tremendo precio al cuerpo, bloqueando el sistema inmunológico, acumulando kilos a modo de protección e incluso acelerando el proceso de envejecimiento.

Un mensaje desde su cuerpo

Con el objetivo de contrarrestar todo este estrés, y permitir que su cuerpo se sienta seguro para dejar ir el peso tóxico, debe escuchar las señales de su cuerpo y responder a ellas con el apoyo adecuado. Recuerde que restaurar su equilibrio esencial, significa entrar en una relación totalmente nueva con su cuerpo, una relación basada en el diálogo. Su cuerpo tiene un lenguaje primitivo (el lenguaje de los síntomas físicos), y su bienestar depende de su capacidad para entender lo que le está diciendo.

Uno por uno, o a veces, todos al mismo tiempo, los platos tambaleantes pueden sufrir esa aparatosa caída que tanto tememos, entonces su cuerpo se rebelará si no puede procesar el estrés al que involuntariamente lo está sometiendo. Piense en esto como la ley de la oferta y la demanda, el eterno acto de equilibrio. Usted tiene una cantidad variable de recursos que pueden responder a cierta cantidad de demanda. Si incrementa la demanda sin hacerlo con la oferta, perderá el equilibrio. La parte engañosa es que su cerebro tratará de conseguirle tiempo extra, convenciéndola de buscar formas de apoyo fáciles y de baja calidad, como café latte y chocolates. Pero depender de estos proveedores de energía rápida y fácil es como pagar sus cuentas con la tarjeta de crédito: en algún momento deberá pagar las deudas y si no tiene suficiente dinero en el banco, estará en un verdadero problema.

La buena noticia es que usted tiene un aliado interno: su cuerpo. Cuando la demanda empieza a superar la oferta, su cuerpo envía señales de alarma en forma de síntomas físicos. Estos síntomas pueden variar desde insomnio, empeoramiento del síndrome premenstrual o de la menopausia, hasta dificultades digestivas y desórdenes del estado de ánimo y la piel; es diferente para cada mujer. Pero para la mayoría de las mujeres, la primera señal de lucha es ese síntoma fácil de observar: aumento de peso que perdura. No importa lo que hagan, siempre seguirán aumentando de peso, o no podrán perderlo. Muchas mujeres responden poniendo más demanda y más

Factores estresantes comunes

- Alergias
- Contaminación: interior, exterior o acústica
- Químicos: en comida, aire, agua potable o productos personales
- Enfermedades crónicas
- Crecer en un hogar disfuncional
- Menos de ocho horas de sueño por noche
- Vivir en una zona urbana
- Más de 20 minutos de traslado diario al trabajo o la escuela
- Estar haciendo dieta (o hacerla con frecuencia)
- Exceso de azúcar, sal o productos animales
- Alimentos procesados y ácidos grasos trans
- Exceso de alcohol (más de una copa, tres veces a la semana)
- Nicotina
- Sobrecarga de trabajo, trabajar sin descansos, o hacer múltiples oficios
- Exceso de cafeína (más de 2 ó 3 tazas diarias)
- Drogas (farmacéuticas o ilegales)
- Infecciones, virus o parásitos
- Lesiones, dolor crónico o cirugías delicadas
- Depresión

estrés sobre el cuerpo con dietas de moda, exceso de ejercicio, o el uso de más cafeína o nicotina, sin agregar ningún apoyo adicional. Por lo tanto, no debería sorprendernos que el cuerpo reaccione manteniendo el peso o agregando más.

Puede ser que usted no piense en su cuerpo como un aliado, cuando observa que los números en la báscula van aumentando. Pero escuche el punto de vista de su cuerpo por un segundo: durante todos estos años, sólo ha estado haciendo su trabajo de la única forma en que sabe hacerlo. Para su cuerpo, esos kilos extra son algo muy bueno. ¡Es lo que necesita para mantenerla de pie frente al estrés! Después de todo, su cuerpo no está determinando los estándares con referencia a la próxima *Miss Universo* ni buscando en las páginas de *Vogue* (es su mente la que hace esto). Está operando sobre una antigua estructura de instrucciones codificadas en su ADN, provenientes de nuestros días de cazadores primitivos. La está aislando (quizás más literalmente de lo que parece) de los peligros reales y percibidos. Cuando usted esté lista para realizar el cambio, su cuerpo le será tan leal como siempre.

Factores estresantes comunes, cont.

- Historia de traumas, o abusos físicos o emocionales
- Tensión en el trabajo o en una relación
- Cambios hormonales (síndrome premenstrual, menopausia o premenopausia)
- Cuidar de niños y ancianos
- Aburrimiento
- Insomnio
- Muerte de un ser querido
- Divorcio o separación
- Ansiedad, culpabilidad o temor

Capítulo dos

SU FISIOLOGÍA ESENCIAL

Cada sistema biológico importante en su cuerpo es una pieza de su rompecabezas de salud, y todos estos sistemas funcionan en conjunto influyendo en su equilibrio esencial. Más adelante en este libro, abordaremos los seis principales desequilibrios que afectan estos sistemas de una u otra manera. La parte positiva es que, cuando se arregla uno de ellos, los demás se benefician.

No tiene que convertirse en médica para entender las señales de su cuerpo y tratar sus desequilibrios esenciales, pero sí ayuda tener un conocimiento básico. Cuando se trata de perder peso, los sistemas descritos en las siguientes páginas son los principales protagonistas.

Los sistemas de su cuerpo

Sus sistemas digestivo y excretor

El sistema digestivo incluye: la lengua, las glándulas salivares y sus enzimas, el esófago, el estómago y sus enzimas, el intestino delgado, el intestino grueso (o colon), la vesícula biliar, el páncreas y el hígado. Éste es su primer punto de defensa cuando se trata de salud y peso, y puede deteriorarse en cualquier parte de su considerable extensión.

Su sistema digestivo trabaja junto con el sistema inmunológico, y su capacidad para desintoxicarse. La mayor parte de su inmunidad se origina en el tejido linfático que rodea sus intestinos. Estos tejidos son los que inician síntomas como alergias a la comida, diarrea, náuseas u otros. Pero no tiene que experimentar una alergia fuerte para tener una reacción inmunológica de bajo nivel.

El tracto intestinal es la ruta principal de entrada de sustancias dañinas como: bacterias, alérgenos, metales pesados, moho, hongos, químicos, ácidos grasos, que pasan sobre las defensas de su intestino, y se convierten en alergias o intolerancia a los alimentos no diagnosticados. Muchas de mis pacientes que han estado luchando contra el aumento de peso, en realidad presentan uno o más problemas relacionados con la digestión: intolerancia a los alimentos, acidez estomacal, sobreproducción de hongos, parásitos, desequilibrio de las enzimas digestivas y bacterias intestinales, o hígado y sistema inmunológico sobrecargado.

Su sistema endocrino

Este sistema incluye el hipotálamo, las glándulas pituitaria y pineal, las glándulas tiroides y paratiroides, las glándulas suprarrenales y el páncreas, y sus ovarios y células adiposas, y por supuesto, todas las hormonas que estas glándulas producen. Las hormonas son los mensajeros químicos de su cuerpo; y cuando trabajan en su cerebro se llaman neurotransmisores. Las hormonas sexuales y las de adrenalina son grasas solubles derivadas del colesterol. Otras hormonas son formadas por diferentes cadenas de aminoácidos llamadas péptidos, y son consideradas como los fundamentos básicos de la vida.

Las hormonas son muy impresionables y tienen el mayor impacto sobre la forma como se siente diariamente. (Cualquier mujer que haya sufrido del síndrome premenstrual o síntomas de la menopausia conoce el poder de las hormonas). Adicionalmente, ellas conectan cada sistema del cuerpo con el cerebro y cada órgano con los demás. Muchos factores externos influyen en sus hormonas: la edad, la dieta, los químicos en el medio ambiente y la forma como maneja el estrés; por consiguiente, es adecuado decir que ellas son las que causan la distinción entre sentirse en equilibrio o fuera de control.

Su sistema nervioso

El sistema nervioso comprende: el cerebro, la columna vertebral y sus nervios periféricos, las neuronas, las sinapsis que las conectan y sus neurotransmisores. A medida que avancemos, con frecuencia nos referiremos al sistema nervioso central (SNC), el cual está separado del sistema nervioso periférico (SNP). Los nervios periféricos son los que toman la información del exterior, tal como la vista, el oído, el olfato, el gusto y el tacto, y dan la señal a los actos voluntarios, por ejemplo: levantar la mano. El sistema nervioso autónomo es parte del sistema nervioso central, y se relaciona con estímulos menos conscientes, tal como la cantidad de luz en una habitación. Esto es organizado por el cerebro, específicamente el hipotálamo el cual nos puede acelerar o calmar. (Veremos más sobre esta poderosa glándula en páginas posteriores). Las reacciones del sistema simpático nos preparan para la acción, acelerando los latidos del corazón, restringiendo el flujo sanguíneo y dilatando las pupilas. Las reacciones del parasimpático permiten al cuerpo volver a la normalidad mediante la desaceleración de los latidos del corazón, el incremento del flujo sanguíneo y la activación de los movimientos peristálticos del tracto intestinal. Como veremos, una de las herramientas más importantes para sanar los desequilibrios esenciales, involucra aprender a activar la respuesta parasimpática y neutralizar el estrés.

Su sistema neurológico endocrino

Este es el sistema que conecta su cerebro con sus hormonas. Las hormonas y los neurotransmisores son los mismos mensajeros químicos; aunque sus nombres difieren de manera confusa, dependiendo de dónde realicen su trabajo. Una hormona es llamada neurotransmisora cuando transmite mensajes entre las neuronas por medio de la sinapsis en el sistema nervioso central. Por ejemplo, supongamos que resbala con una cáscara de banano y cae al suelo frente a mucha gente: la vergüenza que experimenta en su mente es acompañada por una hormona que induce el enrojecimiento de las mejillas, eleva los latidos del corazón y genera un aumento de adrenalina (como cuando dice: *¡Trágame tierra!).* Ese es el sistema neurológico endocrino funcionando. Es muy importante para su respuesta al estrés, su sistema inmunológico y en consecuencia, para su equilibrio esencial. La doctora Candance Pert, fue una de las primeras científicas en hacer la conexión bioquímica entre su sistema endocrino, su sistema inmunológico y sus emociones (un campo médico llamado: psiconeuroinmunología). Su trabajo con endorfinas, (mensajeros químicos reductores del dolor que llamamos "conductores de felicidad") ayudó a comprobar que todos los sistemas del cuerpo están conectados a través de nuestras hormonas.

Su sistema inmunológico

Su sistema inmunológico incluye el timo, la médula espinal, el bazo, la linfa y los tejidos linfáticos relacionados, lo mismo que los glóbulos blancos y los linfocitos B y T. También forman parte de este sistema los componentes bioquímicos involucrados en el ciclo de inflamación y curación: los mensajeros inflamatorios (prostaglandinas, citokinas e histaminas) y las hormonas anti-inflamatorias, como los esteroides.

El sistema inmunológico la defiende de lesiones, lo mismo que de virus, bacterias y otros agentes patógenos. Es como un tejido de gran cohesión, una red a lo largo de su sistema digestivo, que supervisa otros sistemas y habilita su cuerpo para responder con rapidez ante una amenaza. Cuando tiene un resfriado, come algo a lo que es alérgica, o se disloca el tobillo, su sistema inmunológico se coloca su *uniforme antidisturbios*. Una infección, alergia o herida activa una cadena de eventos llamada la cascada inflamatoria, acompañada por señales reveladoras, como fiebre, dolor o hinchazón. Un sistema inmunológico sano es aquel que responde a cualquier trastorno, y se retira cuando el peligro es neutralizado.

Su sistema de desintoxicación

Formado por su hígado, piel, pulmones, riñones y vasos, nódulos y fluidos linfáticos, este sistema es el equipo de limpieza de su cuerpo: limpia y filtra las toxinas y desechos de las células eliminándolos mediante excreciones, sean estas a través de respiración, sudor, orina o heces. Su piel es el mayor órgano de desintoxicación, trabajando con la misma intensidad junto con el hígado y el bazo: los riñones filtran la sangre, mientras el hígado y el bazo limpian la sangre y el fluido linfático del exceso de hormonas, neurotransmisores, células muertas o deterioradas, bacterias y toxinas del cuerpo.

El sistema linfático, a menudo subestimado, constituye el departamento de limpieza de su cuerpo: limpia el desorden hecho por los demás sistemas. Considerado ampliamente como la hermana menor del sistema circulatorio, no tiene músculos dedicados en forma exclusiva (como el corazón) para bombear fluido linfático, aunque cada célula de su cuerpo es bañada sin interrupción en el mismo, circula a través de una inmensa red de vasos capilares y conductos, impulsados por el movimiento y la respiración. Similar a un río de fluidos, el sistema linfático barre los desperdicios de la orilla de las células y los filtra a través de receptáculos apropiados (sus conductos y nodos linfáticos, bazo e hígado) para eliminarlos. Si su fluido linfático deja de circular, usted morirá intoxicada en cuestión de horas.

Su sistema circulatorio

El sistema circulatorio está constituido por vasos que contienen y controlan el flujo de la sangre alrededor de su cuerpo, su corazón, arterias, vasos capilares y venas, lo mismo que los músculos que ayudan en el flujo. Una circulación saludable es crucial para estabilizar la temperatura del cuerpo y su pH; para transportar los nutrientes, componentes bioquímicos, leucocitos y oxígeno a lo largo de su cuerpo; remover los subproductos del metabolismo, tales como: exceso de hormonas, toxinas, y células muertas o dañadas; y para combatir las enfermedades.

Su sistema locomotriz

Este sistema, que es especialmente importante para la mujer a medida que envejece, incluye la estructura y el alineamiento de los huesos y del tejido muscular. Cultivar el desarrollo de huesos fuertes y sanos, y mantener músculos sin grasa, es una parte importante para una vejez sana. Los huesos y músculos se regeneran de manera constante (de un 5 a 10 por ciento por año) y por esa razón, el proceso de construcción de un músculo y hueso está intrínsecamente ligado a su digestión y capacidad de absorción. Los músculos requieren proteínas, entre muchos otros nutrientes. Los huesos sanos almacenan alrededor del 99 por ciento del calcio presente en el cuerpo, 85 por ciento del fósforo y 50 por ciento del total de sodio y magnesio del cuerpo. Para distribuir todos los beneficios del calcio se requiere de un gran trabajo en equipo por parte de la digestión, incluyendo la presencia de ácidos estomacales, todo un alfabeto de vitaminas, magnesio, otros minerales esenciales, y un aparato digestivo en buen funcionamiento. El pH de su sangre y el balance hormonal también participan. Un desequilibrio en cualquiera de ellos puede impedir el proceso regenerativo. Los huesos y músculos se fortalecen con el uso. El ejercicio y estrés físico forman de manera natural nuevos músculos y huesos, aun en una edad avanzada. Las lesiones de la columna vertebral, desalineación de los huesos y otros problemas locomotrices pueden activar el sistema inmunológico, restringir los órganos digestivos e impedir la buena circulación y desintoxicación.

Para cuando tenga 35 años o más, y ciertamente, cuando esté aproximándose a la menopausia, es frecuente que uno o más de estos sistemas se sobrecargue, confunda o desequilibre, causando una alteración en las líneas de comunicación que le permiten a su cuerpo crear y almacenar energía en forma eficiente; en otras palabras, su metabolismo.

Su metabolismo de 250,000 años de edad

Durante la mayor parte de la historia de la humanidad (lo que es relativamente muy poco tiempo, en términos de evolución), el alimento era muy difícil de conseguir. Caminábamos o corríamos para llegar a cualquier parte; luchábamos rastreando y matando, o encontrando y almacenando el sustento suficiente para sobrevivir; y nos convertimos en expertos acumulando nutrientes en forma de tejido adiposo que nos sostuviera en los tiempos difíciles y nos diera energía para las largas horas de esfuerzo físico.[1] Nuestro ADN ha cambiado poco desde aquellos días; sólo una pequeña fracción de los genes que constituyen el genoma humano evidencia cambio evolutivo en los últimos 5 a 15 milenios.[2] Cuando reflexionamos sobre lo mucho que nuestra dieta, hábitos y medio ambiente, han cambiado en sólo los últimos 250 años, es difícil creer que conservemos virtualmente los mismos cuerpos que tuvieron nuestros ancestros cuando vagaban por la tierra hace 250,000 años.

Este ADN organiza los procesos químicos en su cuerpo para permitirle digerir la comida y producir energía; el conjunto de estos procesos es conocido como metabolismo. Cuando se trata de producir energía, su metabolismo tiene tres modos básicos: quemarla de inmediato; almacenarla en sus músculos en forma de glucógeno, para uso a corto plazo; y almacenarla en forma de grasa, para uso a largo plazo. En este mundo moderno y desarrollado, necesitamos mucho menos almacenamiento de largo plazo, de lo que requeríamos en el pasado, para enfrentar tiempos de escasez; sin embargo, está en nuestros genes (y en nuestros pantalones vaqueros).[3]

Avivando el fuego

Su metabolismo funciona como la calefacción de una casa, quemando combustible en forma de alimento y oxígeno, para producir energía y liberar calor como derivado, en un proceso conocido como termogénesis (generación de calor). Usted realiza procesos termogenéticos todo el tiempo, por el simple hecho de respirar, comer, beber y moverse, porque su metabolismo siempre convierte las calorías en energía. El acto de comer incrementa su metabolismo y algunos alimentos lo hacen más que otros, debido a que requieren más energía para ser digeridos, como es el caso de alimentos con alto contenido de fibra. Al contrario, dejar de comer, produce una disminución en su metabolismo, de tal manera, que el combustible disponible pueda ser quemado con más lentitud. Esa es la razón por la cual privarse de comida es siempre contraproducente: cuando usted no come, su cerebro envía señales para reducir su metabolismo, preparando su cuerpo para la inanición. Sus células reciben el mensaje de almacenar calorías en lugar de quemarlas, y su metabolismo empieza a trabajar a baja velocidad.

Cómo se convierte el alimento en energía

La mayoría de los alimentos que usted ingiere se descompone en tres formas de nutrientes, los cuales son usados por sus células como combustible: glucosa, ácidos grasos y aminoácidos. La glucosa, es azúcar en la sangre resultante del almidón de los alimentos, fuente primaria de energía directa para sus células, y puede atravesar las membranas celulares, sin necesidad de un proceso digestivo, para ser usada de inmediato como energía. Los ácidos grasos, derivados de la grasa que usted come, entran en su sistema como triglicéridos, muy grandes para ser utilizados en forma directa por las células. Estos ácidos se descomponen posteriormente en "ácidos grasos libres" (lípidos) para atravesar la membrana celular, y ser usados para energía. Los aminoácidos, que provienen del consumo de proteína, no sólo suministran energía, sino que son los cimientos de la proteína en la sangre y la base de los péptidos.

Estas moléculas de combustible viajan por la sangre y a través del hígado, donde son almacenadas para uso posterior, descomponiéndolas aún más para ser transportadas a las células, o capturadas en el intestino grueso para su eliminación. Las moléculas almacenadas pueden ser convertidas en glucógeno, que puede ser usado rápidamente en el futuro cercano, o almacenadas profundamente en forma de grasa, lo que equivale a una póliza de seguro de su cuerpo contra una futura inanición.

Una vez dentro de la célula, las moléculas del alimento son transformadas en energía accesible por sus mitocondrias. Las mitocondrias son estructuras microscópicas presentes en cada una de sus células, con su propio e independiente ADN, heredado de su madre. Éstas funcionan como pequeños motores de combustión de un automóvil, convirtiendo el alimento en combustible ante la presencia del oxígeno. El índice metabólico es la proporción mediante la cual sus células crean energía. La rapidez de este índice, depende de la cantidad de mitocondrias presentes dentro de una célula, y la eficiencia con la que queman el oxígeno y las moléculas del alimento.[4]

Su metabolismo tiene prioridades y la primera de ellas es el cerebro (después de todo, es el órgano maestro), de tal manera que su cuerpo siempre tratará de tener lista suficiente provisión de alimento para éste: glucosa y oxígeno. El oxígeno llega al cerebro a través del sistema respiratorio; la glucosa proviene principalmente de los azúcares y carbohidratos en su dieta y es fácilmente metabolizada. El apetito y todas sus señales (gruñidos estomacales, retortijones de hambre, antojos) son regulados por una cantidad de hormonas del apetito, que proveen el mecanismo mediante el cual su cuerpo se asegura de obtener un suministro continuo de glucosa. La proteína y la grasa, que alimentan todos los demás sistemas, son también importantes, pero el metabolismo siempre protegerá el cerebro primero, aun a expensas de otros órganos y tejidos.

Si esto continúa por un periodo largo de tiempo, como sucede con muchas mujeres que han estado haciendo dietas desde su adolescencia, puede ser difícil para el metabolismo volver a funcionar a alta velocidad, pero se puede lograr.[5] Aunque está claro que el simple hecho de reducir calorías no es la respuesta. Piénselo: si quiere hacer una fogata intensa y luminosa, ¿dejaría de ponerle combustible al fuego? O, por el contrario, ¿se aseguraría de tener la mejor madera, en cantidades abundantes, y estaría atizando el fuego con regularidad? Su cuerpo no es diferente. Necesita abundante combustible de calidad para operar al máximo. Es por eso que, en el programa de equilibrio esencial, usted comerá bien y en forma abundante.

El índice metabólico es diferente para cada persona, y como vimos en el capítulo uno, tiene mucho que ver con la herencia. Si hay problemas de obesidad en su familia, usted tendrá que lidiar con una disposición genética al modo de "almacenamiento", aunque esto no significa que esté atrapada en el mismo. Varios investigadores y nutricionistas han descrito cómo diferentes grupos de población están estructurados para metabolizar ciertos nutrientes (proteína, carbohidratos) de manera más eficiente que otros, en sutiles variaciones de la hipótesis de la "evolución de los genes", que sugiere que distintas variedades de genes, que manejan el metabolismo, evolucionaron con el tiempo en las diferentes poblaciones para enfrentar con éxito los déficit nutricionales a largo plazo.[6] Aunque estoy de acuerdo con que es importante investigar cualquier peculiaridad genética o herencias familiares que puedan influenciar su salud individual en general, llevo esta premisa aún más lejos: cuando se trata de metabolismo, no es la población, es *personal*. La naturaleza puede haberle favorecido, pero la nutrición (en forma de alimentación óptima, actividad saludable y cuidado personal) puede cambiar las reglas del juego.[7] Si su metabolismo está lesionado (un efecto secundario común del desequilibrio esencial) puede haber una confusión en la conversación del almacenamiento de calorías, que dificulta aún más la pérdida de peso. Identificar y sanar el desequilibrio esencial ayuda a abrir de nuevo las líneas adecuadas de comunicación y a recuperar la salud metabólica. No importa lo que le hayan dicho, usted puede sanar su metabolismo; puede mejorar su estado de ánimo y energía; y transformar su cuerpo, todo esto mediante la eliminación de interferencias en la conversación. Lo sé, porque mis pacientes me demuestran esta verdad todos los días. Lo sé, por experiencia propia. Y lo sé, porque el cuerpo me ha mostrado el lugar donde todas esas líneas de comunicación se encuentran.

El hipotálamo: el centro de la conversación

El hipotálamo es una sorprendente y complicada pieza de tejido, que forma parte del cerebro límbico. El sistema límbico es un vestigio de nuestro pasado mamífero, que reside en las profundidades del cráneo (entre sus oídos), y apoya las funciones del instinto, la conducta, la emoción y la memoria de largo plazo. El sistema límbico y la corteza cerebral (las partes "pensantes" más grandes del cerebro), colaboran en el procesamiento de las emociones, a través de las estructuras llamadas el tálamo y la amígdala, la parte del cerebro responsable de activar el temor. El hipotálamo, que se sitúa justo debajo del tálamo y sobre el tronco cerebral, conecta el sistema nervioso con el sistema endocrino a través de la glándula pituitaria, convirtiéndolo en el controlador del sistema neurológico endocrino, el conductor de su bioquímica y amo del equilibrio esencial.[8] Monitorea conductas vitales y funciones hormonales, incluyendo el apetito, la sed, la libido, la fertilidad, el ritmo circadiano, la respuesta al estrés, la función de la tiroides, la respuesta inmunológica y varias funciones autónomas como la respiración y la presión arterial; además, influye en las hormonas que contribuyen a los sentimientos de ira, depresión, afecto maternal y gozo.[9]

Me gusta pensar en el hipotálamo como una estación de trasbordo en el cruce de dos sistemas mayores, registrando información y calibrando su respuesta física, todo al más básico nivel reflexivo. Es su parte primitiva, solamente capaz de registrar una necesidad (comida, bebida, sueño, calor, sexo) y llamar a las hormonas apropiadas para distribuir la información hacia sus células. Pero es de suma importancia la forma en que sus células se han condicionado a responder. A toda hora y en todo momento, su cerebro y sus células están conversando entre ellas, por medio del hipotálamo y su bioquímica. Si usted comprende que siempre está enviando mensajes a su cuerpo de esa manera, con lo que come, piensa, o hace, entenderá que es posible cambiar los mensajes cuando quiera.

Desde 1940, estudio tras estudio ha demostrado que un hipotálamo disfuncional ocasiona cambios extremos en la homeostasis interna, perjudicando la capacidad del cuerpo para equilibrar la conversión de energía calórica y deteriorando el metabolismo en todos los frentes.[10] Dependiendo de la región del hipotálamo afectada, el resultado puede ser hambre extrema con su correspondiente aumento de peso, o al contrario, pérdida de apetito e inanición. De hecho, muchas mujeres piensan que tienen una tiroides poco activa, cuando en realidad es el hipotálamo que está trabajando poco o demasiado. Sin embargo, en todas las discusiones concernientes a dieta y pérdida de peso, es muy poca la atención que se presta a la importancia del hipotálamo y a la forma cómo se relaciona con su impulso de comer una bolsa de papas fritas, cuando está estresada.

El hipotálamo y la galleta

Cuando se trata del apetito y de comer (dos importantes factores para aumentar o perder peso), el hipotálamo representa un rol poderoso que comienza en el momento en que olemos la comida. Como ejemplo, piense en unas galletas con trocitos de chocolate que están siendo horneadas. Digamos que son las 10 en punto de la mañana y usted no ha comido nada desde las 7. Asumiendo que su metabolismo está bien, y que todos sus sistemas se están comunicando, la hormona pancreática glucínea mantiene estable el contenido de azúcar en la sangre, mediante la estimulación del hígado que fabrica glucosa de los restos de grasa o carbohidratos del desayuno. Cuando su nariz percibe el olor de la galletita, el hipotálamo lo registra y hace una llamada a los órganos específicos: ¡hay comida cerca! Dependiendo de sus hábitos y asociaciones con el olor a galletitas de chocolate (este es el momento en que el intelecto y la historia emocional entran en juego), la llamada será suave o fuerte, tan fuerte como el ¡monstruo comegalletas! Los niveles de glucínea empiezan a descender, instruyendo al páncreas para qué secrete más de su hormona hermana, la insulina, la cual regula el nivel de absorción de glucosa de la corriente sanguínea, por parte de las células. Esto es importante: el hipotálamo puede activar la elevación de insulina, anticipando el golpe de glucosa, antes de que la comida llegue a su boca.[11] Por lo tanto, el hipotálamo traduce el mensaje sensorial e inicia una reacción bioquímica, aún antes de que la actividad física tenga lugar.

El olor de la galleta también activa las enzimas digestivas en su saliva, lo mismo que la hormona estomacal ghrelin, y usted siente gruñidos y retortijones de hambre. Al mismo tiempo, un impulso está siendo transmitido a la corteza cerebral, que coordina la acción, y entonces, usted se encamina a buscar la fuente del olor. Con la galleta en la mano, la muerde y los centros de placer en su cerebro se iluminan en anticipación a la acometida de glucosa. Su sinapsis libera serotonina, mientras los niveles de cortisona y adrenalina (la hormona del estrés) decaen. Su respiración se desacelera, su presión arterial baja un poco y sus músculos se relajan, todas estas son funciones del sistema nervioso parasimpático, coordinadas por el muy importante eje HPS, o hipotálamo-pituitaria-suprarrenal (esto lo puede explorar en más detalle en los apéndices).

A medida que ocurre la digestión, las moléculas de la galleta son transportadas dentro de la sangre para ser usadas como energía; o hacia el intestino grueso y la vejiga para ser excretadas como desperdicio. Sus células absorben el combustible del flujo sanguíneo y las mitocondrias empiezan a trabajar para convertirlo en energía. Cualquier nutriente sobrante es transportado a sus células de grasa. Cuando las células adiposas, a falta de una palabra mejor, están "llenas", secretan la hormona de la saciedad o leptina, que le informa a su hipotálamo que transmita el mensaje de "no más" a su cerebro. Usted deja de comer y vuelve a lo que estaba haciendo, antes de oler las galletas; y su metabolismo continúa quemando junto con usted, hasta que su cuerpo procesa los contenidos del estómago y cualquier provisión disponible de glucosa. Luego, el ciclo total se repite. Para algunas, aun una sola galleta incrementa su deseo de azúcar. Si usted padece de desequilibrio esencial, esto puede llevarla a un festín que no tiene final.[12]

Como lo habrá notado por esta descripción, cuando come, su cuerpo cambia a un estado más relajado. Esto quiere decir que el acto de comer contrarresta el estrés. Esa es la razón por la que es tan grande el placer y tiene el potencial de convertirse en adicción para la mayoría de nosotras. Desde luego que su cuerpo sólo se puede relajar cuando come, si usted limita otros estímulos que debe procesar al mismo tiempo. Atragantarse con el desayuno mientras conduce hacia el trabajo, almorzar en su escritorio o cenar mirando su serie de crímenes favorita, puede contrarrestar el efecto tranquilizador en el sistema nervioso.

Adaptarse al equilibrio

Un hipotálamo lozano es aquel que funciona bien, recibiendo y enviando señales sin interferencia o confusión. Dentro de los diferentes niveles de su ser emocional, el hipotálamo (hablando en metáfora) es como el bebé siempre presente en el interior de su cascarón maduro: la parte reflexiva dependiente que debe ser criada por la corteza cerebral. Igual que un recién nacido, el hipotálamo puede sobrevivir con lo mínimo, pero necesita cuidados para desarrollarse.

En libro tras libro, el hipotálamo es citado como la glándula maestra, pero hay muy pocas recomendaciones sobre cómo apoyarlo y mantener su función, o sobre la forma de restructurar sus impulsos e influenciar su bioquímica con el simple hecho de cambiar las señales enviadas. Esto se debe, en gran parte, a que el hipotálamo sigue siendo un misterio para los científicos. Personalmente, creo que usted puede "entrenar" su hipotálamo para iniciar respuestas saludables, cambiando lo que hace y lo que piensa. A nivel psicológico, esto significa aprender a discernir sus propias necesidades emocionales y satisfacerlas, aspecto que abordaremos en la cuarta etapa del programa del equilibrio esencial. A nivel físico, significa devolverle el equilibrio a su cuerpo, lo que empezaremos a realizar en breve en la segunda etapa.

Capítulo tres

USTED ES LO QUE COME

En el último capítulo, comparamos su metabolismo con un calentador que debe ser abastecido con el mejor combustible disponible, con el fin de que siga produciendo calor. Entonces, la pregunta es: ¿qué es con exactitud lo que usa para alimentar el fuego? En este capítulo, examinaremos con detenimiento lo que contienen los alimentos que come, y cómo funcionan, una vez que entran en su cuerpo.

Es probable que esté familiarizada con el término *nutrientes*, pero puede ser que esté confundida respecto a su verdadero significado; entonces, permítame darle una rápida visión general. Ante todo, los nutrientes son ¡alimento! Algunas veces, en medio de la gran cantidad de información nutricional que recibimos a través de la televisión, radio y revistas, olvidamos que la naturaleza nos provee de casi todo lo que el cuerpo necesita para estar en forma y saludable. Consumir los nutrientes activos adecuados, en suficiente cantidad, es la primera línea de defensa cuando se trata de lograr el equilibrio esencial (seguido muy de cerca por el agua fresca, el sol y el descanso). Los nutrientes se dividen en dos grupos: macronutrientes y micronutrientes, los que la naturaleza, en su sabiduría, ha reunido de manera conveniente en un perfecto sistema de entrega: comida balanceada.

Macronutrientes

Los macronutrientes son las sustancias que debe consumir todos los días en canti- dades relativamente grandes: proteína, grasa y carbohidratos. Voy a incluir la fibra en este grupo, a pesar de no ser un nutriente (estrictamente hablando) y de no ser digerible. Si su cuerpo fuera una casa, los macronutrientes serían los materiales principales de la construcción: vigas, cemento, material aislante, plomería, cableado, pisos y paredes.

Proteína

La proteína es el material del que está constituido nuestro tejido. Construye y repara nuestros cuerpos: huesos, músculo, cabello, uñas, células, enzimas, hormonas, neurotransmisores. Por lo tanto, es literalmente esencial para la vida.

Si usted no obtiene suficiente proteína, un riesgo frecuente en las dietas de bajas calorías, su cuerpo la empezará a extraer de sus músculos. Esto reduce la masa muscular y hace más lento su metabolismo, puesto que las células musculares convierten la comida en energía de manera más eficiente que las células grasas. Ingerir proteínas en lugar de carbohidratos, por otro lado, tiene el efecto adicional de estimular la síntesis de los músculos y la descomposición de la grasa. La forma en que esto sucede es: cuando la proteína entra en el flujo sanguíneo, en particular cuando el nivel de glucosa en la sangre es bajo, se produce un proceso llamado lipólisis en las células adiposas. En la lipólisis, los ácidos grasos libres son liberados dentro de la corriente sanguínea, para ser transportados a los músculos y otros tejidos que necesitan energía. Pero no lo olvide, usted todavía necesitará carbohidratos, sólo que en menor cantidad.

Las más convenientes y sólidas fuentes de proteína son: la carne, el pescado, las aves, los productos lácteos, las nueces, legumbres y el tofu, pero también puede obtener proteína completa de ciertos granos sofisticados como quínoa, o mezclando dos proteínas incompletas, tales como el arroz y los frijoles. Como alternativa, también puede agregar a las bebidas y batidos: soya, suero de leche o proteínas de arroz pulverizadas, disponibles en las tiendas de productos naturales. El cuerpo debe tener una ración diaria de proteína de alrededor de 60 a 70 gramos, para la mayoría de las mujeres. El principio general es que usted necesita 1 gramo de proteína por cada kilo de peso corporal, pero este cálculo no toma en consideración sus necesidades personales o nivel de actividad (¡que es de lo que se trata este libro!). He encontrado que mis pacientes han tenido éxito usando la siguiente guía como base, ajustándola de acuerdo con su propio peso.

Requerimientos de proteína para una mujer de 59 kilos, con base en su nivel de actividad:

- Sedentaria (menos de 3 horas de actividad física a la semana): 60 gramos diarios
- Moderada (3–6 horas de actividad física semanal): 70 gramos diarios
- Activa (más de 6 horas de actividad física semanal): 80 gramos diarios
- Atleta (entrenando 4 o más días a la semana): 90 a 100 gramos diarios

¿Cuánta proteína es demasiada? Si se da cuenta de que su aliento es amargo, o está sedienta por largos períodos de tiempo (48 horas o más), puede ser que esté comiendo demasiada proteína y no suficientes carbohidratos naturales y polisacáridos. El mal aliento es un efecto secundario de un proceso metabólico llamado quetosis, mediante el cual el hígado descompone la grasa en ácidos grasos y cetonas, para ser usados por el cerebro como substituto de la glucosa. Un poco de quetosis es un efecto deseado para ayudarle a deshacerse del peso tóxico, pero cuando es demasiado (suficiente para cambiar su aliento y aumentar la sed), es una señal de que su cerebro ha cambiado al modo de inanición. Otras señales de demasiada proteína son: dolores de estómago, pérdida de peso demasiado rápido, insomnio, irritabilidad, y repentinos ataques de dolores artríticos o en las coyunturas. Una manera de asegurar que su dieta permanezca balanceada es: comer siempre polisacáridos, como vegetales o granos naturales, con su proteína.

Carbohidratos

Muchos, pocos o ningún carbohidrato. ¡No es para sorprenderse si está confundida sobre lo que más le conviene! Me gusta llamar carbo-controlados a mis planes nutricionales, lo que significa disminuir los carbohidratos dejando la suficiente flexibilidad, en base a las necesidades individuales. Si usted está batallando con peso tóxico, reducir el consumo diario de carbohidratos mejorará de manera significativa la forma como se siente.

Es cierto que el cuerpo subsiste principalmente de proteína y grasa (como lo hacen algunos indígenas, por ejemplo los Masai en África), pero no lo recomiendo. Los carbohidratos son la principal fuente de glucosa en su cuerpo, el combustible para su cerebro. Son descompuestos con facilidad para proveer una fuente de relativa rapidez de energía y un incremento de la serotonina, que es el neurotransmisor que produce la sensación de bienestar en el cuerpo. El problema con los carbohidratos en la actualidad es que la mayoría de nosotras los obtiene de fuentes equivocadas: de azúcar y granos refinados, en lugar de granos integrales, frutas y vegetales. Comer azúcar y granos refinados origina una elevación repentina en la glucosa y la insulina (y la serotonina) seguido de una caída brusca de la glucosa sanguínea y la serotonina, lo cual activa el deseo vehemente de otra dosis.

A su cerebro le encanta cuando usted sólo consume carbohidratos y azúcar, porque son fuentes de glucosa baratas y fáciles (y con frecuencia muy sabrosas), y por eso, tiene problemas para enviarle la señal de detenerse. A diferencia de las proteínas o grasas, usted puede comer demasiados carbohidratos antes de que su cerebro se dé cuenta de que está llena. Piénselo: ¿cuántos tazones de cereal puede comer en una sola comida? y ¿cuántas papas fritas? Ahora piense, cuántos huevos cocidos o cucharadas de aceite vegetal puede

El azúcar es como la heroína de la naturaleza: activa los mismos centros del placer en el cerebro y nos deja siempre queriendo más. A diferencia de la heroína, el azúcar no es adictiva en cantidades razonables, pero nuestra cultura ¡está enloquecida con el azúcar! Sodas, dulces, cereales para el desayuno, salsa para la pasta y aun la mostaza, todos contienen azúcar o un primo más poderoso del azúcar: el jarabe de maíz alto en fructuosa. El consumo excesivo de azúcar es la explicación de muchos de los desequilibrios esenciales, porque ataca sorpresivamente a sus niveles de insulina, lleva sus neurotransmisores a una carrera incontrolada, y activa el sistema inmunológico. Cambiar su consumo de azúcar por alternativas más seguras, servirá para restaurar su equilibrio esencial.

comer al mismo tiempo. Los fabricantes de alimentos han empleado décadas, transformando alimentos saludables en provocativos sistemas de entrega de carbohidratos simples, que ellos saben muy bien que ¡la mantendrán regresando por más!

Los carbohidratos refinados fueron una buena idea cuando, por primera vez, los romanos empezaron con la costumbre de refinar granos en harina para transportarlos a través del Imperio. Era una alternativa eficiente para alimentar multitudes (requiriendo menos mano de obra que cazar o rebuscar comida), y mejoraba la nutrición en general facilitando las calorías necesarias. En otras palabras, ayudaba a evitar que la gente muriera de hambre y todavía es así, en ciertas partes del mundo. Pero en el mundo industrial, donde hay abundancia de comida y exceso de carbohidratos refinados, se ha desatado una especie de frenesí por la glucosa. Esto es debido a que la refinación despoja los granos y azúcares naturales de sus cubiertas masticables y densamente nutritivas, dejando nada más una cadena simple de carbohidratos que el cuerpo absorbe directamente como glucosa. El consumo diario y excesivo de carbohidratos simples, sin la suficiente proteína o fibra, causa estragos en el metabolismo, afectando seriamente el balance de insulina y glucínea, y toda la actividad celular subsiguiente, un desequilibrio que puede tener implicaciones profundas, incluyendo el aumento de producción de cortisona, en el tejido abdominal visceral (VAT por sus siglas en inglés), inflamación y desequilibrio hormonal.

Usted podrá salir de esta autodestructiva montaña rusa en los primeros 14 días del programa de equilibrio esencial, limitando los carbohidratos derivados de fuentes complejas a 66 gramos diarios.

Como los polisacáridos son una fuente primaria de energía y abundantes en la naturaleza, no es necesario obtenerlos de productos empacados. Se encuentran en: vegetales,

Usted es lo que come

frutas, legumbres y granos. Es mejor consumirlos junto con proteínas o grasa porque, de esa manera, quedará satisfecha por más tiempo. La proteína y la grasa se metabolizan más despacio y, en consecuencia, tienen una especie de efecto de liberación gradual sobre los carbohidratos, ayudando a mantener estable la glucosa en la sangre. Entonces, ¡no se preocupe y ponga crema agria en sus papas o mantequilla en sus judías verdes!

¿El *qué* glucémico?

Usted habrá escuchado muchos términos describiendo los diferentes carbo-hidratos y es posible que los encuentre un poco confusos. El índice glucémico (GI por sus siglas en inglés), el contenido glucémico (GL por sus siglas en inglés) y los carbohidratos netos. ¿Qué significan y qué tanto debemos conocerlos? En pocas palabras, el índice glucémico mide qué tan rápido se transforma un carbohidrato en glucosa, causando un incremento en el nivel de insulina (el azúcar blanco refinado es el más rápido, con el más alto GI: 100). Con el tiempo, comer alimentos con alto GI mantiene los niveles de insulina elevados y desestabiliza otras conversaciones hormonales cruzadas, estimulando al cuerpo para almacenar grasa. El contenido glucémico, por otro lado, toma en cuenta la cantidad de carbohidratos en una porción de alimento, siendo entonces una medida más práctica, con relación a qué tan alto puede incrementarse la insulina con esa porción específica de comida. Por ejemplo, el arroz tiene un alto GI (81) pero moderado GL (28). Los carbohidratos netos consideran el contenido de carbohidrato y glucosa de un alimento, junto con su contenido de proteína y fibra, los que desaceleran la absorción de la glucosa. El contenido de carbohidratos netos de una porción de arroz y frijoles sería 20: 32 gra-mos de carbohidratos menos 12 gramos de fibra. Lo que esto significa es que usted no tiene que evitar todos los carbohidratos, pero debe ponerle atención al GL y a los carbohidratos netos de ciertas comidas. Los polisacáridos naturales son bajos en carbohidratos netos, comparados con los alimentos refinados o procesados, porque hay muchos otros nutrientes involucrados (¡por eso es que son poli o complejos!). Si usted está comiendo un refrigerio azucarado, postre o bebida, trate de comer algo de proteína al mismo tiempo, una práctica que disminuirá los carbohidratos netos del postre y reducirá el correspondiente incremento de insulina. En los apéndices, encontrará un gráfico con los valores del índice y contenido glucémicos para algu-nos de los alimentos más comunes.

Grasa

Nos encanta comerla, pero odiamos verla en el espejo. La grasa, así como la glucosa y la proteína, es parte esencial de la dieta. De hecho, si no hay glucosa disponible, el cuerpo descompone la grasa mediante la quetosis, almacenándola como combustible de reserva para el cerebro. La grasa es crucial para mantener las membranas de las células, el tejido cerebral y los conductos nerviosos, incrementa la inmunidad, mantiene las reservas de energía, estabiliza el azúcar en la sangre y controla el hambre. La digestión descompone la grasa en ácidos grasos y lípidos, uno de los cuales, el colesterol, es la base fundamental de nuestras hormonas sexuales.

Hay un par de ácidos grasos que no podemos sintetizar: omega 3 (ácido linoleico) y omega 6 (ácido alfalinoleico), llamados ácidos grasos esenciales (EFA por sus siglas en inglés). Están vinculados con la disminución de inflamaciones, de la hipertensión, del colesterol LDL y con mejoras en el estado de ánimo, proceso de conocimiento y balance hormonal. Más importante que los mismos EFA, son los componentes en los que se dividen, muchos de los cuales sirven como precursores de todas nuestras hormonas importantes. Puesto que no los producimos, necesitamos obtenerlos de nuestra dieta. La proporción entre ellos es importante: en nuestra dieta occidental existe la tendencia a obtener demasiado omega 6, el cual está en muchos de los aceites vegetales más comunes como: soya, cártamo y maíz, comparado con nuestro consumo de omega 3, que es abundante en la grasa de pescados de agua dulce y en prímulas, linaza y cáñamo. (En los apéndices puede leer más sobre los EFA).

Cuando las células tienen fácil acceso a la glucosa en la sangre, dependen menos de la energía de largo plazo almacenada en la grasa. En lugar de estar fluyendo dentro y fuera de las células de grasa, los ácidos grasos se acumulan como triglicéridos, formando un tejido llamado: tejido adiposo blanco o grasa corporal. La clase de grasa que odiamos. Cuando una célula de grasa está llena y usted todavía tiene energía extra para almacenar, su cuerpo fabrica otra, y así sucesivamente hasta que no puede subir la cremallera de su falda. Pero, debemos darnos cuenta de algo muy importante: la glucosa extra es la que la hace engordar rápidamente, no la grasa extra en la dieta. La grasa tiene más calorías por gramo que las proteínas o los carbohidratos, pero se metaboliza de manera diferente. Además, usted no puede comer tanto de una sola vez como lo hace con los carbohidratos; entonces, a menudo, termina ingiriendo menos calorías (y no es que estemos contando las calorías).

¿Significa esto, que puede salir ahora mismo y ordenar una hamburguesa triple con tocino y papas fritas? No, porque la grasa de la que estoy hablando es grasa saludable, grasa real, contenida en productos lácteos orgánicos, pescado, vegetales, nueces y semillas y sus aceites. Dependiendo de la estructura de la molécula de grasa, ésta es monoinsaturada, polinsaturada o saturada. Cualquiera de estas tres clases se puede comer con moderación. Estas grasas saludables, presentes en la naturaleza, están compuestas de largas cadenas de moléculas de carbono unidas. La grasa se convierte en poco saludable y dañina cuando se rompe la unión, lo que ocurre durante la cocción, asado, procesos artificiales, o almacenamiento inadecuado. La próxima vez que esté en un restaurante de comida rápida, ¡aspire y sentirá el olor rancio de la grasa dañada!

Es probable que haya oído hablar de los peligros relacionados con las grasas trans, aceites artificialmente hidrogenados, con el objetivo principal de extender la fecha de vencimiento de los productos comestibles. Para fabricar estas sustancias, se bombea hidrógeno extra dentro de los aceites polinsaturados, para saturar sus moléculas de carbono. La margarina, los sustitutos de la mantequilla y cualquier alimento que contenga aceites hidrogenados o parcialmente hidrogenados, contienen grasas trans aunque esto no sea indicado en la etiqueta. (El gobierno permite que los productos con menos de 0.5 por ciento de grasas trans por porción, sean rotulados como libres de grasas trans. Obviamente, el problema es que la mayoría de la gente come más de una porción).

Las autoridades de salud de los Estados Unidos, no han podido determinar un límite saludable al consumo de grasas trans, porque hasta pequeñas cantidades parecen ser dañinas. Los investigadores han llegado a un acuerdo casi universal para identificar a las grasas trans y la grasa deteriorada, antes que las grasas saturadas, como las culpables de la arteriosclerosis y colesterol alto, en la mayoría de los individuos saludables. Los estudios señalan que si no comiéramos esas grasas, se evitarían más de 30,000 muertes anuales por enfermedades cardiovasculares.

Fibra

La fibra, puesto de manera simple, es forraje: lo que su madre le dijo que comiera. Realmente, no está considerada como un macronutriente clásico, pero me parece tan importante que la he clasificado como tal.

De hecho, la fibra es un nutriente neutro; es la parte no digerible de vegetales y granos que funciona como un equipo de limpieza para su tracto intestinal. Absorbe el colesterol extra, aumenta el volumen y suaviza las heces, acorta el tiempo de tránsito a través del intestino y limita la potencial exposición a toxinas.

La fibra puede ser soluble o insoluble. Las solubles, tales como la inulina, fructans, xanthan gum, celulosa, guar gum, fructooligosaccharides y oligo o polisacáridos, se encuentran en granos, vegetales, nueces, semillas y algunas frutas. Se aglutinan con ácidos grasos y experimentan una especie de fermentación, que alimenta la flora digestiva en sus intestinos y ayuda a desacelerar el metabolismo de la conversión de carbohidratos en glucosa. La fibra insoluble, tal como el salvado, la cáscara de las frutas, semillas, nueces y trigo integral, expande su tracto intestinal, haciéndola sentir satisfecha por más tiempo. También promueve evacuaciones intestinales regulares y ayuda a eliminar las toxinas del intestino.

La mayoría de nosotras tiene muy poca fibra en su dieta, un problema fácil de solucionar llenando su plato con vegetales en cada comida, incluyendo el desayuno. Sólo para estar segura que ingiera suficiente fibra, he incluido un batido de fibra, fácil de elaborar, como parte del plan de alimentación del equilibrio esencial.

Micronutrientes

Los macronutrientes bien pueden ser las paredes de la casa, pero los micronutrientes, aunque en menor cantidad, son también indispensables. Son vitaminas y minerales, incluyendo antioxidantes, para proteger y mantener su cuerpo. Sin ellos, su "casa" podría sufrir serios daños y envejecer demasiado rápido.

Vitaminas esenciales

Estas piezas claves son las siempre ocupadas hormiguitas del proceso metabólico. Son numerosas y sus funciones están al borde de lo milagroso: desde proteger la vista hasta limpiar las células y reparar el ADN.

Las vitaminas trabajan duro con la ayuda de las enzimas, para activar (catalizar) las funciones del cuerpo. Como coenzimas regulan el metabolismo y ayudan en múltiples procesos bioquímicos que liberan la energía del alimento. La mayoría son solubles en agua y, en consecuencia, cualquier exceso es eliminado por la orina. Las que son solubles en grasa (vitaminas A, D, E, y K) son almacenadas en tejido y pueden volverse tóxicas en niveles altos. Por esta razón, no recomiendo autorecetarse grandes dosis de vitaminas solubles en grasa, más allá de lo recomendado en el programa del equilibrio esencial. Recomiendo una multivitamina diaria de alta potencia y un suplemento EFA, durante los primeros 14 días del programa. Continuará esto durante un mes, a menos que su plan personalizado del equilibrio esencial requiera de algo diferente en los siguientes 14 días.

Hay varias subcategorías de vitaminas. Las bioflavonoides, algunas veces llamadas vitamina P, no son verdaderas vitaminas, pero sí son esenciales para la absorción de la vitamina C. Las carotenoides/carotinas, son una subclase de la vitamina A, son antioxidantes que se cree ayudan a prevenir el cáncer, igual que la vitamina D. El beta-caroteno y el licopeno, son dos conocidas carotinas; sin embargo, hay hasta 600 e incluso más por descubrir todavía. Finalmente, la coenzima Q10 es una sustancia parecida a la vitamina, que tiene una estructura semejante a la vitamina E; es un poderoso antioxidante y asistente de las mitocondrias.

Minerales esenciales

Los minerales son necesarios para proteger la composición de los fluidos corporales, la sangre y los huesos, el mantenimiento de una función nerviosa saludable y el tono muscular. También sirven como coenzimas y dependen de la actividad enzimática para funcionar. Para la activación completa de las vitaminas, se requieren suficientes minerales, por eso un compuesto multivitamínico acreditado incluirá también un gran número de minerales.

Los minerales esenciales son: boro, calcio, cromo, cobre, germanio, yodo, hierro, magnesio, manganeso, molibdeno, fósforo, potasio, selenio, silicio, sodio, sulfuro, vanadio y zinc. Todos ellos se encuentran en nuestros alimentos, pero es todavía común ver a muchas personas sufriendo de ciertas deficiencias de minerales.

Los minerales se almacenan en los huesos y los tejidos, y es posible (aunque muy raro) desarrollar toxicidad mineral, si ingiere cantidades masivas. No recomiendo autorecetarse altas dosis de minerales, más allá de lo recomendado en el plan del equilibrio esencial. Si tiene dudas sobre terapias con minerales, hable con un médico integral o naturópata.

Los primeros 14 días: Plan básico del equilibrio esencial

Capítulo cuatro

EL INICIO

Cuando se trata de emprender una nueva travesía, el primer paso es a menudo el más difícil, así que trataré de facilitarle las próximas dos semanas. No tendrá que hacer ningún cambio radical, a menos que acostumbre comer fuera todos los días o en restaurantes de comida rápida. Mejorará sus hábitos y nutrición de manera lenta y sutil. En particular, comerá más alimentos sanos, integrales y no procesados. Obtendrá sus carbohidratos más que todo de vegetales, frutas y granos enteros, no de granos refinados ni de panes o pasteles.

Con frecuencia, cuando por primera vez les digo a mis pacientes que tendrán que cambiar su dieta, el pánico se apodera de ellas. Más de una rompe a llorar, de sólo pensar en renunciar a los panecillos de la mañana y a su dosis diaria de chocolate. Si esa es la forma como se está sintiendo, respire profundo y luego considere lo siguiente: ¿si pudiera ayudar a su compañero a perder peso o proteger la salud de sus hijos, cambiando lo que ellos comen durante un mes, no trataría de hacerlo? Entonces, ¿no merece usted la misma clase de atención?

Lo único que le pido, es hacer lo mejor posible durante un mes. En mi experiencia, una vez que las pacientes superan el primer impacto y empiezan a seguir La dieta del equilibrio esencial, se sienten y lucen tan bien que ya no pueden imaginar seguir comiendo de otra manera. Para muchas mujeres, eliminar los carbohidratos refinados y el azúcar, y estar pendientes de su consumo total de carbohidratos, es suficiente para restaurar el equilibrio esencial. No se preocupe: le prometo que volverá a comer su postre favorito... pero no este mes. Cuando al final, en su nuevo estado de equilibrio, usted y ese postre que no puede dejar se vuelvan a encontrar, se sorprenderá, ¡porque se sentirá muy diferente al respecto!

En los próximos 14 días, eliminará mucho de ese desorden que la distrae de su dieta y estilo de vida; la clase de desorden que entorpece las señales de su cuerpo, confunde su conversación interna y crea peso tóxico. El desorden, por definición, significa rodearse de cosas que puede gustarle tener a su alrededor, pero que en realidad no necesita. El desorden en su dieta y estilo de vida es ese bocadillo que toma sin pensar; los hábitos y estimulantes a los que acude cuando está agobiada; las diversas maneras en que mantiene su hipotálamo y el sistema nervioso central en alerta crítica, mientras su intelecto está lejos de prestar atención a lo que en realidad ocurre en su interior.

Al final de este capítulo, encontrará mis Mandamientos del equilibrio esencial, que son claves para lograr que este programa funcione para usted. En los siguientes dos capítulos, se encuentran mis guías para el plan básico de alimentación y el de buena salud del equilibrio esencial con todo lo que necesita saber respecto a qué comer, qué hacer y cómo cuidar de la mejor manera de usted y su cuerpo durante las siguientes dos semanas. No me gustan los conceptos absolutos y, por lo tanto, sólo le pido que trabaje con estas guías lo mejor que pueda, teniendo en cuenta que, mientras más diligente sea para seguirlas, ¡con mayor rapidez verá los resultados!

La organización del plan básico de alimentación es la misma que uso en cada uno de mis planes personalizados; para que pueda acostumbrarse al formato, excepto que aquí, donde todo va a ser presentado por primera vez, he dividido los planes de nutrición y de acción en dos partes para que no sean tan complicados. En cada plan encontrará convenientes "recetas de Marcelle", que destacan los puntos principales, una lista de alimentos que puede comer hasta quedar satisfecha (así como alimentos que es mejor evitar), pautas para los suplementos que apoyarán su curación y un menú planificado para 14 días. También, "un día en la vida" le explicará en detalle lo que puede esperar de su día, cuando esté siguiendo uno de los planes particulares. A todo lo largo del plan, he esparcido información y consejos prácticos para ayudarla en el camino. El plan básico de alimentación es el elemento fundamental de La dieta del equilibrio esencial. Fue diseñado para enseñarle hábitos de alimentación y estilo de vida saludables, que la sustentarán por el resto de su vida. También tiene la intención de proveer sólidos cimientos de salud sobre los cuales, más adelante en este libro, se construirá el plan personalizado.

Antes de empezar

La mayoría de mis pacientes han incorporado fácilmente el programa del equilibrio esencial en sus rutinas de cuidado personal, pero siempre es buena idea discutir cualquier cambio en la dieta o estilo de vida con un médico, de preferencia un facultativo que ejerza la medicina integral y entienda los métodos tradicionales y alternativos. Esto es de especial importancia si está tomando algún medicamento o está siendo tratada por alguna enfermedad crónica. Si está embarazada y lactando, le pido que, mientras tanto, deje de leer y ponga este libro en su biblioteca. El embarazo y la lactancia son etapas en las que necesita abundante nutrición para usted y su bebé, y también donde ambos deben cuidarse de manera especial. No es el momento para perder peso. Tendrá mucho tiempo para volver a estudiar La dieta del equilibrio esencial cuando haya dejado de lactar. A continuación, algunos elementos relacionados con su salud para tomar en consideración antes de empezar el programa.

Medicinas recetadas

Es posible que esté tomando una o más medicinas, recetadas o no, como parte de su rutina diaria. La experiencia me ha demostrado que ciertas medicinas pueden contribuir a un desequilibrio esencial y, en consecuencia, a la posibilidad de ganar peso tóxico; obviamente que su médico las recetó porque piensa que usted se sentirá mejor tomándolas. Entonces, no deje de hacerlo sin consultarlo(a).

La mayoría de mis pacientes no desean tomar una pastilla por mucho tiempo, pero nadie les dice cómo dejarla o qué más pueden hacer. Una de las tonterías de nuestra cultura, saturada de medicinas, es que nunca se llega al final; las personas empiezan a tomar una medicina y siguen haciéndolo por siempre. Uno de los objetivos de este programa es devolverle su salud de forma natural, de manera tal que su cuerpo se desarrolle con sus propios químicos (no versiones sintéticas), y él mismo le ayude a eliminar la necesidad de los medicamentos que hoy toma. Todas las medidas que prescribo en el curso del siguiente mes son seguras para una mujer promedio y en buen estado de salud, esté o no tomando medicinas recetadas. Si tiene dudas, no deje de preguntarle a su médico; muéstrele este libro y discuta con él o ella su contenido. En Mujeres para Mujeres, siempre estamos dispuestas a trabajar con los médicos de las pacientes, y hasta el momento no hemos visto reacciones adversas o peligrosas a la combinación de medicinas recetadas con los planes del equilibrio esencial.

Triglicéridos

En el último capítulo, hablamos sobre la grasa saludable como parte esencial de su estructura nutricional. Una observación importante: el consumo de grasas saludables aumenta el nivel de triglicéridos en la sangre y, en consecuencia, si usted sabe que tiene niveles altos de triglicéridos, tendrá que monitorear el consumo de grasas saturadas, cuidando la cantidad de grasas animales y de productos lácteos de alto contenido graso. En mi consulta, considero que una cantidad menor a 100 miligramos es un nivel saludable de triglicéridos. Es usual que otros profesionales le digan que 150 miligramos es lo correcto, así que si su número oscila entre estos dos rangos, es probable que esté bien. Lo que no me gustaría es ver una tendencia creciente si su nivel actual está en los 100 miligramos o si un número alto de triglicéridos está acompañado de colesterol alto e inflamación. Si puede multiplicar su número de HDL por 4 ó 5 y todavía obtener su número de triglicéridos, quiere decir que tiene resistencia a la insulina hasta que se pruebe lo contrario. (Si desea más información sobre la resistencia a la insulina y el síndrome metabólico, lea el Plan personalizado del desequilibrio hormonal). Pero, aun si sus exámenes de laboratorio muestran un nivel alto de triglicéridos, una dieta adecuada puede ayudar a controlar la situación. Tuve una paciente que bajó sus triglicéridos de 450 a 104 con La dieta del equilibrio esencial, al mismo tiempo que su colesterol bajaba de 350 a 180. Me gusta ver los niveles de colesterol por debajo de los 200; si sus exámenes están arrojando índices altos, le recomiendo chequear sus triglicéridos con un examen de sangre cada 3 ó 4 meses como precaución.

Si usted fuma

Más adelante, en este capítulo, encontrará una lista de las cosas que debe evitar mientras esté bajo el plan del equilibrio esencial. Denominé esta lista Los diez peores tóxicos, y la nicotina está dentro de ella. Si está interesada en sentirse bien y en forma, debe hacer el esfuerzo de dejar de fumar. Pero no ahora.

Hacer demasiados cambios, de acuerdo con mi experiencia, sólo lleva a menoscabar la confianza y el compromiso. No trate de hacerlo todo al mismo tiempo, en su lugar y a medida que avance en el mes, marque una fecha en su calendario (seis semanas o dos meses a partir de este momento), para dejar de fumar. Para esa época, estará en mejores condiciones de hacerlo con éxito: varias pacientes lo han logrado, con poco esfuerzo, después de seguir las guías del plan de nutrición y estilo de vida del plan del equilibrio esencial. En el transcurso del mes, aprenderá muchas y nuevas maneras de brindarle apoyo a su cuerpo, mente y espíritu, convirtiendo la necesidad de nicotina en un asunto del pasado.

Puede sentirse nerviosa con la idea de dejar de fumar, pensando que puede hacerla aumentar de peso. A corto plazo, esto es cierto porque la nicotina es un estimulante del eje hipotalámico, pituitario y suprarrenal (HPA por sus siglas en inglés) y un poderoso supresor del apetito. Sin embargo, a largo plazo, la nicotina la consume internamente, dañando sus células y tensionando todos los sistemas de su cuerpo. He visto a mujeres sentirse mucho mejor y más livianas después de sanar sus desequilibrios esenciales y perder peso tóxico, de tal manera, que ¡les fue posible dejar de fumar, sin ganar peso!

Una nota sobre los suplementos

He diseñado el plan de alimentación del equilibrio esencial para que pueda brindarle a su cuerpo la nutrición que necesita, casi siempre en forma de comida deliciosa y real. Sin embargo, aun cuando esté comiendo bien, puede ser que no logre obtener los suficientes nutrientes activos para sanar sus desequilibrios esenciales. Debido a la desafortunada degradación de los suelos, los cultivos industriales, el empaque y el transporte, los valores nutricionales inherentes a los alimentos naturales, pueden terminar agotándose.[1] De acuerdo con abundante investigación, nuestros alimentos tienen aproximadamente un 25 por ciento menos de valor nutricional que el que tenían en 1977; y esto es antes de que se suban al camión, se empaquen en la bolsa plástica o se almacenen en el refrigerador.[2] Verduras recién cortadas, vegetales y frutas frescas empiezan a perder su valor nutritivo en el momento de ser cosechados. Piense en lo rápido que los productos naturales se deterioran. ¿Ha comido una lechuga después de estar en el refrigerador por dos o tres semanas? En realidad, esto lo hacemos con frecuencia. El transporte a larga distancia en camiones refrigerados, significa que las verduras que usted compra hoy, pueden haber sido cosechadas y congeladas hace más de dos semanas, y puede ser que muchos de sus valores nutritivos se hayan perdido. Lo mismo pasa con la lechuga en bolsa, hasta en las variedades orgánicas. Dependiendo del proceso industrial, la lechuga es cosechada anticipadamente, congelada, lavada a presión, empacada en plástico y sellada al vacío, algunas veces con gases inertes, para prevenir la oxidación que provoca su deterioro. Además, no nos es posible saber qué otras cosas hay en la bolsa. El proceso es parte de los secretos competitivos, y a las compañías no les gusta revelar sus métodos. En el año 2006, la compañía Dole retiró del mercado su lechuga empacada después de un misterioso brote de E. coli y hasta ahora, nadie ha podido explicar cómo fue que la bacteria se introdujo en las bolsas. Los cultivos industriales y los medios de transporte modernos permiten que podamos comer frambuesas en el invierno, pero todavía no se ha encontrado la manera de conservar el valor nutricional de la fruta recién cosechada. Esta triste verdad es ahora aceptada con creces, al punto de que en el año 2002 la Asociación Médica Americana, cambió su posición con relación a los suplementos y ahora, recomienda que todo adulto saludable tome una multivitamina diaria.[3]

En consecuencia, además de todos los deliciosos alimentos que estará comiendo, le voy a pedir que tome algunos poderosos suplementos con nutrientes farmacológicos, que le permitirán obtener los nutrientes faltantes en su dieta. Un elemento importante en su régimen de suplementos, será un probiótico: lo contrario de un antibiótico; este suplemento estimula el desarrollo de microorganismos beneficiosos ayudándole a fortalecer o reconstruir la flora natural necesaria para una buena salud. (Aprenderá más sobre los probióticos cuando discutamos el programa especial de equilibrio esencial para los problemas digestivos; también puede leer más sobre esto en los apéndices). Además, recomiendo tomar todos los días una multivitamina de alta potencia cuando se encuentre en el plan del equilibrio esencial básico (segunda etapa) y continuar haciéndolo durante su plan personalizado (tercera etapa), con una excepción: cuando esté trabajando con un desequilibrio esencial específico y usando la dosis completa de un alimento medicinal.

En diferentes partes de la tercera etapa, usaré el término *alimento medicinal.* Los alimentos medicinales son combinaciones especiales de nutrientes, recetados por médicos (aunque no se requiere receta para adquirirlos), para manejar ciertas condiciones crónicas como: el desequilibrio hormonal, dolor en las articulaciones e inflamación, y dar apoyo mientras la paciente está experimentando una desintoxicación médica. En mi consulta, uso los alimentos médicos porque son una poderosa influencia en la curación de los desequilibrios esenciales. Debido a que la FDA (control de drogas y alimentos de los Estados Unidos) prefiere que el uso de los alimentos médicos esté bajo la guía de un profesional médico, el común de la gente no tiene conocimiento sobre ellos. En los apéndices, he incluido la fórmula básica para los alimentos médicos que uso en la clínica, aunque la mayoría de las mujeres que conozco no desean tomar una gran cantidad de suplementos individuales. Por esta razón, prefiero usar alimentos médicos premezclados y empacados. Si es de su interés, usted y su médico pueden leer más sobre esto en mi página de Internet.

Por el momento, y quizás durante el mes completo, seguirá tomando la multivitamina diaria a menos que decida usar un alimento medicinal (o algo parecido). También recomiendo tomar una dosis diaria de calcio (alrededor de 800 miligramos) y de magnesio (alrededor de 400 miligramos); las mujeres mayores de 50 años deben tomar 1200 y 600 miligramos, respectivamente. Puede tomar el calcio y el magnesio separados o mezclados para mejor absorción (el magnesio ayuda a la absorción del calcio). Otra recomendación es un suplemento de ácido graso esencial que contenga alrededor de 600 miligramos combinados de ácido eicosapentaenoic (EPA) y ácido docosahexaenoic (DHA) de aceite de pescado. Se puede tomar en forma líquida o en pastillas, lo cual es preferido por la mayoría de pacientes que no crecieron con su dosis diaria de aceite de hígado de bacalao. Más adelante, si sus exámenes muestran inflamación, será necesario incrementar la dosis. Si usted es vegetariana o no come pescado, puede obtener el suplemento EFA elaborado de

---

linaza, borraja o aceite de onagra vespertina, aunque debe estar consciente de que la linaza es omega-3 y las otras son omega-6. Como nuestra meta es incrementar la proporción de omega-3 sobre omega-6, entonces, trate de encontrar un compuesto EFA vegetariano que cumpla con esto.

Su multivitamina diaria debe contener estos nutrientes, con las siguientes dosis aproximadas:

- Vitamina A: 10,000 IUs, 85% betacaroteno
- Complejo de vitamina B, incluyendo:
    - B1 (tiamina), 50 a 70 mgs
    - B2 (riboflavina), 25 a 35 mgs
    - B3 (niacina), 120 a 140 mgs
    - B5 (ácido pantoténico), 225 a 270 mgs
    - B6 (piroxidina), 25 a 35 mgs
    - B12 (cianocobalamina), 60 a 70 mgs
- Biotina, 100 a 200 mcgs
- Colina, 100 mgs
- Folato (ácido fólico), 500 mcgs
- Vitamina C (ácido ascórbico), mínimo 800 mgs
- Vitamina D, mínimo 400 IUs
- Vitamina E, mínimo 200 IUs
- Vitamina K, 35 a 45 mcgs
- Minerales esenciales
    - Yodo, 100 mcgs
    - Zinc, 10 a 15 mgs
    - Selenio, 100 a 135 mcgs
    - Cobre, 1 a 2 mgs
    - Manganeso, 10 a 15 mgs
    - Cromo, 100 a 135 mcgs
    - Molibdeno, 100 mcgs
    - Boro, 3 a 4 mgs
    - Vanadio, 20 a 25 mcgs

Debe estar consciente de que la FDA no ha aprobado el uso de suplementos y hierbas para el tratamiento de enfermedades. Hay mucha evidencia, empírica, circunstancial y tradicional, que respalda el uso de hierbas y nutrientes para curar, pero la naturaleza de estas sustancias hace muy difícil y costoso investigarlas bajo el mismo método usado por la medicina occidental para las drogas sintéticas: el estudio controlado de la prueba placebo doble ciego. Sin embargo, a medida que el interés sobre tratamientos naturales sigue creciendo, han aumentado los fondos disponibles y se está llevando a cabo más investigaciones sobre los efectos sinérgicos de nutrientes y hierbas, por consiguiente, manténgase al tanto.

Por décadas he usado suplementos y alimentos medicinales, tanto en lo personal como en lo profesional, y nunca he visto una reacción adversa. Sin embargo, me preocupa la variación de los niveles de ingredientes efectivos en las diferentes marcas que existen en el mercado, y debido a esto, le recomiendo comprar la mejor marca de suplementos que pueda, empacada de tal forma que le sea fácil recordar cuándo debe tomarla. Asegúrese de conocer la marca, la compañía y dónde fabrica sus suplementos. Esto es importante, porque una vez que sepa que la compañía es buena probando sus productos, o, como decimos en el mundo de la medicina, analizándolos, usted podrá confiar en que el producto contiene todos los ingredientes prometidos. Quizás sea más caro, pero también será más efectivo porque no lo han rellenado con ingredientes inactivos (el peor desperdicio de dinero).

Los diez peores tóxicos

Como ya lo he dicho, no me gustan los conceptos absolutos, pero hay algunas cosas en el mundo que me gustaría que evitara durante los próximos 28 días. Sé que es difícil. Si tiene un desliz, no significa que sea mala, ¡los malos son los químicos! Haga lo mejor que pueda y tenga a mano algunas tabletas de carbón activado para tomarlo como antídoto. El carbón activado lo encuentra en las tiendas de productos naturales; si lo toma tan pronto como se sienta mal, éste se aleará con las toxinas en su sistema digestivo y las escoltará hasta su colon para eliminarlas, reduciendo de esta manera efectos colaterales no deseados, como: hinchazón, náusea, dolor de cabeza y gases. Tengo la esperanza de que mis directrices la ayuden a atravesar esas zonas peligrosas en su vida, sin necesidad de recurrir a estas medidas de emergencia.

Los diez peores tóxicos

1. Drogas ilegales y narcóticos

2. Tabaco y nicotina

3. Ácidos grasos trans

4. Azúcares o edulcorantes artificiales: sucralosa (Splenda), aspartame, acesulfame-K, sacarina, mannitol y sorbitol

5. Azúcar refinada: sacarosa, fructosa, maltosa, dextrosa, maltodextrina, poli dextrosa, jarabe de maíz, y jarabe de maíz con alto contenido de fructosa.

6. Aditivos químicos: colorantes artificiales, emulsionantes, aglutinantes, nitratos, glutamato monosódico (MSG), y conservantes

7. Alcohol

8. Medicinas sin receta médica: analgésicos, antihistamínicos, jarabes para la tos, medicinas para el resfrío, etc.

9. Cafeína

10. Demasiadas medicinas recetadas

En el supermercado, aléjese de estos peligros tanto como pueda. Los químicos en esta lista impedirán la sanación de su metabolismo, disminuirán su habilidad para metabolizar grasa y hormonas, colapsarán el equilibrio de azúcar en la sangre y socavarán su inmunidad, aumentando la inflamación. Resumiendo, estos son la mayor fuente de peso tóxico que está bajo su control. En la página opuesta, se encuentra la lista donde han sido ordenados de acuerdo a su toxicidad, de mayor a menor.

Los mandamientos para el éxito del equilibrio esencial

Cuando esté lista para empezar con el Plan básico del equilibrio esencial, le aseguro que tendrá muchas cosas en qué pensar. Le he brindado bastante información sobre su cuerpo, los nutrientes que necesita y las formas para eliminar el desorden que está interrumpiendo su conversación interna. Y le brindaré mucho más a medida que avancemos. A continuación, está mi lista de los puntos más importantes para tomar en cuenta: los lineamientos para los aspectos claves del programa del equilibrio esencial y el apoyo a los esfuerzos que estará realizando.

- Consulte con su médico antes de comenzar el programa.

- Lea las etiquetas de los productos alimenticios y no compre lo que usted no pueda pronunciar (encontrará más detalles, sobre cómo aprender a leer las etiquetas en los apéndices).

- Procure comer alimentos que parezcan lo que son (pescados, no barritas de pescado; papas, no papas fritas).

- Practique la ley del vencimiento: si la fecha de vencimiento es menor de tres días, no lo compre.

- Evite las grasas deterioradas, incluyendo las grasas trans.

- Evite la comida procesada y empacada.

- Esté alerta a conservadores artificiales, colorantes, pesticidas y otros químicos artificiales.

- Coma despacio, saboreando cada bocado.

- Desconéctese de la televisión, el computador, los teléfonos, la radio y los equipos de música portátiles, especialmente antes de ir a dormir.

- Evite los edulcorantes artificiales tanto como pueda; intente una alternativa natural como: estevia o néctar de agave.

- No descontinúe abruptamente su prescripción médica (o sin discutirlo antes con su médico).

- Recuerde que pasos pequeños y constantes la llevarán más lejos.

Ante todo, sea paciente y buena con usted misma. No se castigue, si no puede arreglárselas para hacer todo a la vez. Tómese su tiempo y haga los cambios sin prisa. A medida que avancemos hacia las siguientes dos semanas, ensaye la regla 85-15: 85 por ciento del tiempo, sea tan estricta como pueda y el 15 por ciento restante, despreocúpese. Pero tenga en cuenta que mientras más estricta sea, más rápido verá los resultados.

Al final de las dos semanas, encontrará que ha perdido peso (lenta y de forma segura, espero) y que su energía, estado de ánimo y elasticidad están mucho mejor. Si es así, continúe con este plan por el tiempo que quiera, rotando las comidas. Esta parte del programa tiene la intención de ayudarla a comer adecuadamente por el resto de su vida, por lo tanto, no hay ningún límite sobre el término de tiempo para seguirla. Si no está viendo el progreso que espera en estas dos primeras semanas, haga mi prueba del desequilibrio esencial durante la mañana del día 14. Entonces podremos investigar si hay un desequilibrio esencial específico que se esté interponiendo en su camino.

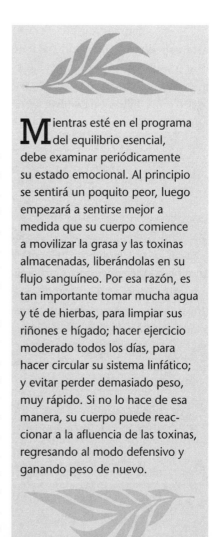

Mientras esté en el programa del equilibrio esencial, debe examinar periódicamente su estado emocional. Al principio se sentirá un poquito peor, luego empezará a sentirse mejor a medida que su cuerpo comience a movilizar la grasa y las toxinas almacenadas, liberándolas en su flujo sanguíneo. Por esa razón, es tan importante tomar mucha agua y té de hierbas, para limpiar sus riñones e hígado; hacer ejercicio moderado todos los días, para hacer circular su sistema linfático; y evitar perder demasiado peso, muy rápido. Si no lo hace de esa manera, su cuerpo puede reaccionar a la afluencia de las toxinas, regresando al modo defensivo y ganando peso de nuevo.

Mientras se encuentre en el Plan básico del equilibrio esencial, y empiece a restaurar el equilibrio de su cuerpo, por favor lea la cuarta etapa y empiece a pensar sobre lo que está pasando en las otras esquinas de su rompecabezas de salud, su ser intelectual, emocional e instintivo. En los siguientes 14 días del programa, podrá ensayar algunas de las técnicas sugeridas para explorar los diferentes niveles y sanar su ser integral.

Capítulo cinco

PLAN BÁSICO DE ALIMENTACIÓN DEL EQUILIBRIO ESENCIAL

La mayoría de los profesionales han renunciado a asesorar a las mujeres en el cambio de sus dietas, porque toma demasiado tiempo y es mucho más fácil escribir una receta. Pero he sido testigo de los efectos beneficiosos que puede ofrecer una buena nutrición y cambios positivos en el estilo de vida, los cuales son más baratos y con efectos más duraderos que una receta. La comida es una potente medicina por sí misma y si usted combina una buena nutrición, con una rutina moderada de ejercicio diario y suplementos seguros podrá lograr enormes mejoras en su salud que reducirán unos cuantos centímetros de su cintura.

Las indicaciones que le doy en este capítulo son las mismas que entrego a todas mis pacientes. Están diseñadas para eliminar el desorden de su dieta, estabilizar el azúcar en la sangre y las hormonas, y acallar los "ruidos" extraños en su conversación interna, de tal manera que empiece a escuchar los síntomas esenciales de una forma más clara. Para algunas mujeres, este plan puede ser todo lo que necesiten para que sus cuerpos se sientan seguros y dejen ir el peso tóxico.

Entonces, ¡ha llegado el momento de ver cómo es que va a comer todos estos deliciosos alimentos!

Receta de Marcelle para
LA NUTRICIÓN DEL EQUILIBRIO ESENCIAL:

1. Coma todos los días tres comidas balanceadas y dos refrigerios.

2. Coma suficiente proteína con cada comida, en especial en el desayuno.

3. Empiece el día con una taza de agua caliente, limón y una pizca de pimienta de cayena, para estimular la secreción de bilis de su hígado y acelerar la digestión.

4. Coma en el transcurso de la siguiente hora después de haberse despertado; y deje de comer a más tardar a las 7 de la noche, si puede.

5. Mastique con detenimiento para que la saliva tenga la posibilidad de hacer su trabajo.

6. Coma tanto como desee de mi lista de verduras y vegetales sin almidón (página 75) ¡sin límite!

7. Restrinja los productos lácteos a cuatro porciones diarias y escoja leche cruda o ligeramente pasteurizada, o leche de cabra, yogures, quesos y otros productos orgánicos (leche entera o con un contenido de 2 por ciento de grasa, a menos que esté cuidando el consumo de grasas saturadas ¡si tiene altos los triglicéridos o el colesterol!).

8. Coma grasas saludables, en particular alimentos ricos en omega-3, como: pescado de aguas profundas, sardinas en aceite, linaza, borraja y aceite de cáñamo, aceite de onagra vespertina, semillas de sésamo y aceite de germen de trigo.

9. Elimine toda la comida "blanca": azúcar refinada, harinas y cereales.

10. Póngale color a su mundo: verde oscuro, rojo profundo, púrpura, naranja y azul, porque los alimentos coloridos tienen una concentración más alta de nutrientes y enzimas.

11. Recuerde hidratarse: tome por lo menos 8 vasos de 8 onzas de agua filtrada, o de té de hierbas sin cafeína al día.

12. Limite la cafeína a una o dos tasas al día, de preferencia té verde.

13. Evite las bebidas gaseosas y jugos en polvo; en su lugar beba té de hierbas, o agua carbonatada con limón o lima.

14. Preste atención al tamaño de la porción.

Comiendo para el equilibrio esencial básico

Es mejor obtener la mayoría de los nutrientes, comiendo y disfrutando de alimentos reales que puedan ser: cultivados, cazados o abastecidos, sin químicos agregados. Esto quiere decir que en mi programa, cocinará quizás más de lo acostumbrado. Como sé que es una persona ocupada, voy a tratar de brindarle sugerencias para facilitar la preparación de los alimentos. También le recomendaré algunas marcas de comida preparada (en los apéndices) que me parecen buenas, en particular cuando se trata de productos especializados y alimentos sin gluten. Si obtiene la mayoría de sus nutrientes de comidas y refrigerios reales, me parece aceptable que coma barras nutritivas de alta calidad de vez en cuando. Pero éstas no deben reemplazar las comidas reales. Cuando se salta una comida real y olvida tomar agua, está privando a su cuerpo de los materiales de trabajo necesarios para funcionar.

Cada comida del Plan básico del equilibrio esencial está bien balanceada: alrededor de 30 por ciento de proteína, 30 por ciento de grasas saludables y 40 por ciento de polisacáridos, la mayoría provenientes de vegetales y granos compuestos (con alto contenido de fibra). Debe comer estos alimentos combinados porque tienen efectos sinérgicos, que recién ahora los investigadores están empezando a descubrir. Por ejemplo: parece que las grasas intensifican la capacidad del cuerpo de extraer los antioxidantes de los vegetales; la proteína que es digerida en forma más lenta que los carbohidratos funciona disminuyendo la precipitación de glucosa en la sangre; y la fibra ayuda a absorber las toxinas y los "no digeribles", tales como: rellenos, aditivos sin valor nutricional y químicos no reconocidos por el cuerpo para su fácil eliminación. De nuevo, me gustaría hacer la analogía con una casa: piense en su ADN como el arquitecto, el cerebro como el constructor, sus bioquímicos y células como los obreros, y los nutrientes, incluyendo vitaminas y minerales, como los materiales de construcción. Si quiere tener una casa hermosa y sólida, debe construirla con los mejores materiales, ensamblándolos de la mejor manera posible.

Puede seguir un menú establecido (al final de este capítulo, encontrará mi Plan de menú básico) o a lo mejor prefiere configurar cada comida a medida que avance. Si le sobra algo de tiempo, por ejemplo los fines de semana, puede duplicar una receta y congelarla; de esa manera, tendrá a la mano una comida rápida y saludable cuando no tenga tiempo para cocinar.

Menú del plan básico del equilibrio esencial

El menú del plan básico del equilibrio esencial le proporcionará tres comidas balanceadas y dos refrigerios diarios para las próximas dos semanas. Cada comida ha sido diseñada para asegurarle una óptima nutrición, mientras su metabolismo empieza a recuperarse. Esta es la primera etapa de su programa de 28 días y le ayudará a limpiar una enorme cantidad de desórdenes en su dieta, o sea: la razón por la que usted sufre de peso tóxico.

En todas las comidas del menú básico, he calculado la proporción correcta de nutrientes para usted. (Si decide diseñar sus propias comidas, puede hacer los cálculos sin mucha dificultad). Puede seguir el plan del menú de manera exacta o sustituir una comida similar por otra (por ejemplo: un desayuno por otro desayuno). Como muchas mujeres necesitan una cantidad significativa de proteína para ayudarles a sanar su metabolismo, los menús son adecuados para toda la familia y diseñados para omnívoros. La mayoría de los vegetarianos y vegetarianos estrictos pueden adaptar estas recetas para satisfacer sus requisitos individuales. Cada plato marcado con un asterisco tiene su receta incluida en este libro. (Las recetas empiezan en la página 275).

En el último capítulo expliqué, que para evitar las subidas y bajadas drásticas de azúcar en la sangre, debía limitar el consumo de carbohidratos a 66 gramos diarios, esto es: 16 gramos por comida y 9 gramos por refrigerio. Durante los siguientes 14 días me gustaría que tratara de comer sus 66 gramos de polisacáridos diarios, en especial de vegetales frescos, legumbres y frutas, con pequeñas porciones de carbohidratos basados en granos integrales. Para que esto no sea complicado, sólo tiene que seguir el Plan del menú básico y evitar todo lo horneado, incluyendo el pan, avena "instantánea", cereales deshidratados y en barra, y toda la comida chatarra, incluyendo dulces y papas fritas.

Alimentos para el equilibrio esencial

En las siguientes dos páginas, encontrará listas de alimentos que puede comer en abundancia; alimentos que puede comer con moderación; y los que le pido que limite o evite por completo. También, una lista de los suplementos recomendados para los próximos 14 días, junto con algunas hierbas y condimentos que le ayudarán a maximizar los beneficios de una buena nutrición.

Alimentos que puede comer en abundancia

- Verduras de hojas verdes

- Vegetales sin almidón

- Proteína magra: pavo, pollo, pato, búfalo, tofu, proteína de soya, proteína de arroz, proteína de suero

- Huevos

- Fríjoles y legumbres

- Arroz silvestre e integral

- Granos compuestos: trigo integral, alforfón o trigo negro, avena, groats (granos comprimidos), centeno, escanda, amaranto, quínoa, mijo, cebada

- Bayas

- Manzanas, peras y melón

- Nueces y mantequilla de maní

- Aceites monoinsaturados (ver página 73)

Alimentos que puede comer con moderación

- Pescado (debido a sus altos niveles de mercurio, no más de una vez a la semana; y por la misma razón, los pescados pequeños tales como: la tilapia, el lenguado y róbalo, son preferibles a los grandes como el atún o el pez espada)

- Carnes magras: res, cerdo, cordero (si es posible orgánico)

- Lácteos: quesos duros, queso blanco grumoso (cottage), ricota, yogur, crema y crema agria

- Aceites poliinsaturados (ver página 73)

- Grasas saturadas: mantequilla, grasa y piel animal y de aves, aceite de coco y de palma (ver página 73); mantenga estos al mínimo si tiene problemas de corazón, colesterol o triglicéridos altos.

- Vegetales con almidón: alcachofas, maíz, habas, tubérculos (con excepción del apio e hinojo, los cuales puede comer en abundancia)
- Cítricos
- Celtic sea salt (marca registrada de sal marina)
- Jarabe de maple, jarabe de arroz integral, miel, estevia
- Pan y galletas integrales, preferible sin gluten
- Productos de algas marinas (para el yodo)

Alimentos que debe limitar o evitar

- Jarabe de maíz alto en fructuosa
- Ácidos grasos trans, grasas deterioradas y rancias
- Aceites parcialmente hidrogenados
- Edulcorantes artificiales
- Químicos y conservantes artificiales: butilhidroxianisol, butilhidroxitolueno, glutamato monosódico, colorantes, etc.
- Productos lácteos procesados (mezcla de leche y crema de leche, leche descremada y semi-descremada)
- Carnes enlatadas, ahumadas y en conserva
- Productos horneados: bizcochos, galletas, pasteles, tortas, panqueques, waffles, etc.
- Dulces y chocolates
- Galletas de granos refinados
- Alimentos fritos (papas fritas y papas a la francesa)
- Alcohol
- Cafeína
- Azúcar refinada, harina blanca, arroz blanco

Suplementos diarios, hierbas y condimentos

- Multivitamina de alta calidad con calcio y magnesio

- Ácidos grados esenciales

- Un probiótico con Lactobacillus acidopholus y L. bifidus en billones (tomar con agua de 5 a 15 minutos antes de comer)

- Algas marinas

- Condimentos termógenos (jengibre, cayena, mostaza, canela, cúrcuma) para sazonar las comidas

Una buena taza de café o té negro

Haber visto el café en la lista de alimentos a limitar o evitar le pudo haber provocado algo más que un silencio momentáneo. Muchas de nosotras encontramos difícil dejar el café y el té negro por razones más complejas que la simple estimulación que nos proporciona. Una parte importante de la rutina matinal de muchas mujeres es esa "taza caliente" que nos relaja, calienta y nos hace sentir confortables. Y no es necesario dejarlo. Está bien tomar una taza de café en la mañana, mientras esté en el Plan del equilibrio esencial, pero siempre es una opción saludable dejar la cafeína por un tiempo. Si necesita más de una taza, ¡intente cambiar lo que pone en ella! Otras alternativas deliciosas para beber despacio en la mañana son: té de hierbas, café descafeinado, agua caliente con limón; o incluso: caldo de pollo, carne o vegetales, bajos en sodio.

Si ve que en realidad es difícil dejar de tomar café y té negro, ¡no se estrese! Intente alternar las tazas de café con cafeína y té, con variedades descafeinadas, o haga su café de la mañana mitad con cafeína y mitad descafeinado, incrementando paulatinamente la porción de descafeinado hasta que pueda prescindir de la cafeína por completo. Siempre compre la variedad arábiga de buena calidad (más baja en cafeína que las variedades robustas), saboree su taza; y de esa manera, puede ser que sólo necesite una taza.

A medida que vaya dejando la cafeína, experimente con té de hierbas. No sólo son deliciosos, sino también la ayudarán a mantenerse hidratada. Muchos vienen listos en bolsitas de té, también puede comprar las hojas y hacer su propia infusión. Vea la lista en la página 70 con sugerencias. Si está bajo prescripción médica, es diabética, está embarazada o está dando de lactar, no ingiera hierbas o té de hierbas sin antes discutirlo con su médico.

Té de hierbas por buenas razones

- Para energizar y estimular la digestión: canela, jengibre, té verde, hinojo, genciana, centella asiática, hierba limón, menta, frambuesa, salvia, zarzaparrilla, olmo de la India, hierba mate.

- Para desintoxicar: alfalfa, anís, diente de león, alholva, ginkgo, regaliz, ortiga, perejil, trébol rojo.

- Para estimular el sistema inmunológico: corteza de abedul, equinácea, saúco, hierba santa, ajo, sello dorado, marrubio, hisopo, malvavisco, palo de arco.

- Para calmar y relajarse: borraja, manzanilla, dong quai, lúpulo, kava kava, kudzu, pasiflora, hierba de San Juan, valeriana.

Para hacer una deliciosa infusión, precaliente una jarra de té para 8 tazas y un tazón con agua caliente. Llene una tetera con agua fría y caliéntela hasta que empiece a hervir. Vacíe la jarra de té y ponga de 2 a 3 cucharadas de hierbas o flores (al gusto). Llénela con el agua recién hervida. Déjela reposar de 3 a 4 minutos. Desocupe el tazón y vierta en él la infusión, usando un colador de té. Sirva con limón.

Cómo abastecerse

Permanecer en el programa es mucho más fácil si tiene una despensa y un refrigerador bien abastecidos con los productos del Equilibrio esencial: si tiene buenos alimentos disponibles en el momento de preparar una comida al final de un día difícil, no sentirá la tentación de comer algo rápido y de mala calidad. A continuación, algunas guías de compras, así como artículos básicos para tener a mano y ayudarla en su propósito.

Siempre que sea posible, trate de comprar alimentos orgánicos frescos de su localidad y lávelos muy bien antes de consumirlos. Si no hay nada más disponible, los vegetales y frutas enlatados o congelados también pueden ser adecuados, pero debe verificar en la etiqueta el contenido de aditivos, sal (sodio) y azúcar extras. Sé que comprar alimentos orgánicos puede ser costoso; por eso, si tiene que escoger, es mejor comprar alimentos en los que se hayan usado pesticidas de origen orgánico. Los alimentos bajos en pesticidas, pueden provenir de fuentes convencionales, pero siempre trate de comprar los productos de la región, así ayudará a los granjeros de su comunidad y ahorrará la energía que se requiere para el transporte internacional. Vea la lista detallada en esta página.

Prefiero comprar aves, pescado, huevos y carnes orgánicos, para evitar el consumo adicional de antibióticos y hormonas que se acumulan en los tejidos animales. Siempre que sea posible, compre carne de animales alimentados con pasto porque la evidencia indica que generan menos ácidos inflamatorios en la sangre, que la proveniente de animales alimentados con granos.[1] La carne orgánica proviene de vacas que se alimentan pastando de manera natural, y no de aquellas alimentadas con granos en un establo y que han sido inyectadas con gran cantidad de hormonas y antibióticos. Es más costosa, pero como estará comiendo con moderación, gastará su dinero en calidad y no en cantidad.

Tan a menudo como pueda, compre en los pasillos externos del supermercado donde pueda encontrar alimentos verdaderos. No ceda a la tentación de ir por los pasillos de en medio con el carrito llenándolo con cajas de comida falsa. Lea las etiquetas y no compre nada que tenga más de diez ingredientes, o cualquiera que no pueda pronunciar. Practique la "ley del vencimiento": si se puede mantener por más de tres días en el estante, déjelo y piense en cosas hechas por la naturaleza, no por el hombre.

¿Tienen que ser orgánicos?

Trate de comprar orgánico:

- Manzanas
- Bananas
- Pimientos
- Apio
- Cerezas
- Uvas
- Lechuga
- Nectarinas
- Melocotones
- Peras
- Papas
- Espinaca
- Fresas

Puede comprar convencional:

- Aguacate o palta
- Brócoli
- Repollo
- Maíz (congelado)
- Berenjena
- Kiwi
- Cebolla
- Arveja dulce (congelada)

Cómo leer una etiqueta

Me gustaría que se volviera una ¡experta en lectura de etiquetas! Si tiene hijos, debe enseñarles a ellos también. Sepa que la verdad está en la letra pequeña, no en los grandes caracteres en el frente de la caja (eso es mercadeo). No se deje engañar por términos vagos como *natural, puro y enriquecido,* e incluso *orgánico, cultivado orgánicamente, libre de pesticidas, todo natural, y sin ingredientes artificiales.* Confíe únicamente en las etiquetas que dicen: cultivo orgánico certificado. Estas son las únicas palabras que indican que el alimento fue cultivado sin fertilizantes y pesticidas químicos: en suelo libre de estas sustancias.[2]

De acuerdo con el Departamento de Agricultura de los Estados Unidos (USDA por sus siglas en inglés), todas las etiquetas de alimentos deben listar sus ingredientes de acuerdo al peso, de mayor a menor. El ingrediente que se encuentra en mayor cantidad debe listarse en primer lugar. Algunas veces las etiquetas pueden ser confusas a propósito; no compre alimentos con etiquetas engañosas:

Etiqueta ambigua. Aceite vegetal y *hecho de grasas saludables* suena más saludable que *manteca* o *grasa de tocino,* pero la mayoría de las mantecas son elaboradas con aceites hidrogenados, que son grasas trans mucho peores que la manteca animal. Busque etiquetas más explícitas tales como *libre de grasas trans.* También debe estar atenta a la afirmación engañosa de *no contiene grasas trans.* A los fabricantes se les ha permitido hacer esta afirmación si hay menos de 0.5 gramos de grasas trans por porción. Muchas de nosotras comemos más de una porción por día, entonces el medio gramo se va sumando.

- *Natural. Hecho de (o hecho con) ingredientes naturales* puede ser un gran elemento de distracción. La mayoría de los alimentos procesados empiezan con ingredientes naturales; pero, lo que les sucede en el proceso industrial, es lo que debe preocuparle. Por ejemplo, muchos de los cereales azucarados alardean de estar *hechos con granos integrales,* pero, ¿a quién le importa, si el hecho es que también contienen mucha azúcar?

Compre orgánico certificado cuando pueda, o en una tienda confiable de productos naturales o en mercados agrícolas locales. Vea en los apéndices una lista de marcas de productos empacados saludables, que he usado con buenos resultados.

La despensa del equilibrio esencial

Algunos de estos productos pueden ser nuevos para usted. Experimente con ellos y luego deje a mano sus favoritos.

- Harinas integrales (para ser usadas con moderación): amaranto, arrurruz, arroz integral, alforfón, maíz, harina de maíz, papa, soya, triticale, trigo integral (durum)

- Condimentos: vinagre de manzana, balsámico y otros vinagres (si no tiene problemas digestivos), amino ácido líquido Bragg, mostaza natural, aceitunas, salsas caseras, salsa (sin azúcar), salsa de maní (sin azúcar), tamari bajo en sodio (si el trigo no le hace daño), tahina, sal marina sin yodo, Celtic sea salt, sal de algas, pimienta negra

- Algas marinas (secas): dulse, hijiki, kelp, wakame, kombu, nori

- Edulcorante: miel orgánica, jarabe de maple orgánico grado A, melaza residual, jarabe de arroz integral, compota de manzana sin endulzar, estevia, xylitol, néctar de agave

- Grasas y aceites (para mantener en la nevera):
  - Saturados: mantequilla, y aceites de coco y semilla de uva
  - Monoinsaturados (compre sólo variedades extraídas en frío): aceites de almendra, aguacate, canola, cártamo de alto oleico y aceites de girasol, aceituna, y maní
  - Poliinsaturados: aceites de maíz, semillas de algodón, ajonjolí, girasol, salmón, linaza, borraja, onagra vespertina, bacalao, semilla de uva y germen de trigo

- Condimentos:
  - Frescos: albahaca, eneldo, estragón, romero, cebolleta, cilantro, tomillo, acedera, perejil
  - Secos: albahaca, eneldo, romero, tomillo, perejil, comino, canela, nuez moscada, cúrcuma, cardamomo, pimienta, sal de ajo, hojas de laurel, páprika, garam masala
  - Jugos (para ser usados con moderación; almacenados en la nevera): cereza sin azúcar, zanahoria, grosellas sin azúcar, tomate, naranja, vegetales mixtos, manzana y granada

---

Aceites saludables

Algunas cosas importantes que debe saber sobre cocción y almacenamiento de grasas y aceites: se pueden volver rancios si se dejan en los gabinetes o sobre la mesa. Un aceite rancio es grasa deteriorada y muy mala para su salud. Descarte todos los aceites que huelan rancio: súrtase de aceites frescos y guárdelos en la nevera. Mientras más saturado sea el aceite, más consistente se volverá en la nevera.

También sea cuidadosa cuando cocina con grasas. Las grasas monoinsaturadas nunca deben ser calentadas, pues esto altera su estructura química y también pueden dañarse. Con relación a las grasas poliinsaturadas y saturadas, todo se reduce a la cantidad de calor que resisten. El aceite de oliva es el más seguro cuando se cocina con temperaturas medias. La mantequilla, que en esencia es una grasa saturada, contiene algo de grasa poliinsaturada, por lo tanto, les recomiendo a mis pacientes usarla a baja temperatura. Y, ¿para altas temperaturas? El aceite de semillas de uva. Puede tolerar altas temperaturas sin deteriorarse.

¿Qué tanto debe comer?

Aunque he afirmado que el conteo de calorías no es importante y que es mejor comer más proteína y grasa, y no preocuparse por las calorías en ellas, de todas maneras, debe ser razonable con el tamaño de las porciones. Coma despacio, tomándose el tiempo para masticar y tragar, hasta que su cerebro registre el contenido del estómago. Esto toma alrededor 20 minutos. Por lo tanto, ¡deje de comer antes de sentirse llena! Una manera de medir la porción adecuada de alimento es ahuecando ambas manos en forma de tazón, ese es, de manera aproximada, el tamaño de su estómago. Coma esa cantidad de alimentos y espere 20 minutos. Si todavía queda con hambre, sírvase más. Su estómago puede estirarse para recibir mucha comida a la vez, pero comer demasiado impacta su metabolismo y dispara su insulina. Nuestra meta es tranquilizar su cuerpo, no mantenerlo en altas revoluciones.

A continuación, una lista detallada de alimentos que podrá comer con moderación o en abundancia. Úsela como una guía de porciones y como referencia para su lista de compras. (Toda la información sobre contenido de carbohidratos por porción está basada en lo publicado por: The Nutrition Almanac, 5a. edición, Lavon J. Dunne; McGraw-Hill, 2002).

Vegetales de hojas verdes

(coma la cantidad que desee)

Arúgula	Endibia	Perejil
Hojas de remolacha	Lechuga Escarola	Lechuga romana
Achicoria	Lechuga redonda	Acedera
Cebolleta	Col rizada	Espinaca
Repollo	Lechuga de hojas sueltas	Acelga suiza
Diente de león	Hojas de la mostaza	Berro

Vegetales sin almidón

(coma la cantidad que desee)

Espárragos	Apio	Col fermentada cruda
Aguacate	Pepino	Chalote
Lentejas verdes	Berenjena	Guisante chino
Brócoli	Hinojo	Espinaca
Col de Bruselas	Ajo	Calabaza
Col china	Judías verdes	Tomates/tomates
Repollo chino	Champiñones	cherry
Coliflor	Pimientos	Calabacín

Proteína magra

(porción de 4 onzas: más o menos el tamaño de su palma)
Aves (cortes magros, de preferencia carne blanca)

Pollo	Ganso	Pichón
Pato	Avestruz	Pavo
Huevos	Codorniz	

Carne

Bisonte	Tocino, salchicha y	Animales salvajes
Res, alimentada con pasto	jamón sin nitrato	Cerdo
Cordero	Venado	

Mariscos y pescados

(no más de una vez por semana, debido a los altos niveles de mercurio)

Almeja
Bacalao
Cangrejo
Rodaballo
Salmón del Pacífico
  no cultivado
Macarela

Mejillón
Róbalo
Ostras
Sardinas
Langosta
Camarones
Lenguado

Tilapia
Trucha
Lenguado (pez
  mantequilla) no
  cultivado
Merluza o abadejo

Soya

Miso
Tofu

Tempeh

Proteína de soya

Lácteos

(porciones variadas)

Cheddar y otros
  quesos duros (1 onza)
Kéfir natural sin
  endulzar (1 taza)
Provolone (1 onza)

Yogur estilo griego (1 taza)
Cottage cheese (1 taza)
Feta (2.5 centímetros)
Queso de cabra (1 onza)

Ricota (1 onza)
Mozzarella (1 onza)
Yogur natural
  (1 taza)

Nueces y semillas

(las porciones son aproximadas: 1 a 2 onzas de nueces,
alrededor de un puñado; 1 a 2 cucharadas de mantequilla de nueces)

Bellotas
Almendras
Nueces de Brasil
Marañon
Coco (fresco, rallado)
Avellana

Nueces de nogal
Macadamia
Maní
Nuez lisa
Piñones
Pistacho

Semillas de zapallo
Ajonjolí
Girasol
Nueces

Granos/Legumbres

(porción cocida de 16 gramos de carbohidratos)

Adzuki (fríjol japonés)
  (¼ taza)
Maíz machacado (½ taza)
Poroto o alubia (⅓ taza)
Lentejas (⅓ taza)
Garbanzos (⅓ taza)

Fríjoles (⅓ taza)
Fríjoles negros (½ taza)
Fríjoles blancos (⅓ taza)
Fríjoles pintos (⅓ taza)
Guisantes (⅓ taza)
Habas verdes (⅓ taza)

Fríjoles Mung
  (⅓ taza)
Habas (½ taza)
Judías verdes
  (⅓ taza)
Judías amarillas
  (⅓ taza)

Vegetales con almidón

(porción cocida de 16 gramos de carbohidratos)

Zapallo verde (½ cucúrbita)
Alcachofa (1)
Nabo (1 taza)
Batata o ñame (½
  de tamaño mediano)
Quimbombó (1 taza)
Chirivía (⅔ taza)

Arveja o guisante (½ taza)
Alcachofa Jerusalén (½ taza)
Remolacha (1 taza)
Zapallito coreano (⅔ taza)
Zapallo (1 taza)
Nabo (1 taza)
Zapallo de invierno (½ taza)

Papas, ½ de tamaño
  mediano (horneada)
Jícama (⅔ taza)
Puerro (1 taza)
Zanahoria (1 taza)
Maíz (½ taza)

Frutas

(por su contenido de azúcar de menor a mayor)
(porción de 16 gramos de carbohidratos)

Moras (¾ taza)
Arándanos (½ taza)
Pera (½)
Kiwi (1)
Limones (3)
Limas (2)
Fresa (1¼ tazas)
Manzana (1 pequeña)
Damasco o albaricoque (2)
Banana (½ pequeña)

Cerezas (1 puñado)
Melón verde (1 tajada
  de 5 cms)
Piña fresca (¾ taza)
Ciruelas (2)
Granadas (½ fruta)
Mango (½)
Nectarina (1)
Naranja (1 pequeña)
Melón (1 tajada de
  5 centímetros)

Melocotón
  (1 mediano)
Baya negra (¾ taza)
Toronja (½ taza)
Frambuesa
  (1 taza)
Ruibarbo (8 tallos)
Mandarinas
  (2 pequeñas)
Papaya (1 taza)

Granos integrales y cereales

(porción cocida de 16 gramos de carbohidratos)

Cebada (⅓ taza)
Arroz integral (⅓ taza)
Trigo negro integral (⅓ taza)
Trigo Bulgur (⅓ taza)
Sémola de maíz (½ taza)
Arroz silvestre/arroz
  negro (½ taza)

Cuscús (⅓ taza)
Alforfón (⅓ taza)
Mijo o millo (⅓ taza)
Avena (⅔ taza)
Polenta (⅓ taza)
Pasta de arroz integral
  (½ taza)

Quínoa (⅓ taza)
Centeno (¼ taza)
Salvado seco (½ taza)
Germen de Trigo
  seco (⅓ taza)

Postres

Como ya he mencionado, la forma más fácil y rápida para empezar a perder esos kilos tóxicos es eliminar todos los productos horneados (pan, comida chatarra, galletas, bizcochos, pasteles, tortas, waffles, panecillos, masa de pizza, etc.) y toda el azúcar y gluten extra de su dieta. Si tiene sensibilidad al gluten, comer productos que lo contengan (la mayoría de los productos horneados) puede provocar un círculo vicioso de antojos. Sin embargo, aceptando que la vida es como es, sé que va a sentirse tentada de vez en cuando. ¡No tiene nada de malo sentir la tentación! Reconozca el antojo, acéptelo, y luego pregúntese si hay algo que pueda reemplazarlo. (Algunas sugerencias para calmar antojos específicos, sin ceder a ellos, están en la siguiente página).

El deseo de azúcar y cosas dulces, según la medicina china, es una necesidad de energía maternal, no en vano el dulce nos proporciona consuelo. Usted podrá desprenderse del azúcar si aprende cómo nutrirse usted misma y a otros en forma más saludable. Mientras tanto, si no puede dejar de comer postre, aquí tiene un par de alternativas aceptables. Trate de limitar estos gustos a dos veces en la semana durante los siguientes 14 días. Si es de las personas que no puede parar una vez que empieza, ni siquiera mire esas sugerencias. Vaya directamente a la prueba de desequilibrio esencial en la página 99, para entender qué es lo que la hace comer en forma compulsiva.

- Una tajada pequeña de pastel de fruta fresca con crema batida sin azúcar

- 2 onzas de chocolate amargo (más de 65 por ciento de cacao)

Cuando nos atacan los antojos

Mi plan básico de alimentación está diseñado para mantener su metabolismo funcionando y su estómago satisfecho, pero si está muy hambrienta, prepare una olla grande de caldo de potasio o sopa de miso (receta en la página 282) y tómelo poco a poco durante el día hasta que se encuentre satisfecha. Si constantemente tiene antojos de ciertos alimentos, pruebe estos destructores de antojos.

Si su antojo es...	Pruebe...
Dulce y cremoso	Guacamole (página 279) o una cucharada de mantequilla de maní saludable
Azúcar	400 miligramos de cromo antes de las comidas
Alimentos salados	Té de regaliz con ginseng
Alcohol	Ponga 1000 miligramos de L-glutamina a sus suplementos diarios o tome té de kudzu
Café	Beba una taza de agua caliente, jugo de limón, y espolvoréelo con pimienta de cayena o tome una taza de sopa de miso

Llénese con fibra

Pruebe tomar este batido en la mañana antes del desayuno o en lugar de su merienda de la tarde, día de por medio; esto le dará excelentes resultados para calmar su hambre y limpiar su colon.

Batido de fibra para la dieta esencial

1 cucharada de polvo de cáscara de psyllium, sin gluten

⅓ taza de yogur entero natural (me gusta el yogur griego Fage) o al 2 por ciento, si está cuidando el consumo de grasa saturada debido a su alto colesterol o triglicéridos.

3 cucharadas de jugo de naranja o granada

6 onzas de agua fría

4 cubos de hielo

Opcional: endulce con estevia o con ⅛ de cucharadita de miel, o agregue una cucharada de suero o proteína de arroz en polvo.

Coloque todos los ingredientes en la licuadora. Licúe en máxima velocidad por 5 segundos o hasta que esté suave. Viértalo en un vaso. ¡Disfrute!

*Las recetas empiezan en la página 275.

Menú básico
DÍA UNO

DESAYUNO

Frittata de tomate
y espárragos*
½ taza de grosellas

MERIENDA MATINAL

Rollo tropical de prosciutto*

ALMUERZO

Ensalada dulce de pollo*
½ taza fresa o frutilla

MERIENDA DE LA TARDE

Tapenade de aceituna*
con media taza de
vegetales picados

CENA

Pollo cremoso con cilantro*
Arvejas chinas crocantes*
⅓ taza de arroz silvestre

Menú básico
DÍA DOS

DESAYUNO

2 huevos, al gusto
Pasteles de calabacín*
⅓ taza de grosellas

MERIENDA MATINAL

1 manzana pequeña, picada
y untada con 1 cucharada de
mantequilla de marañón

ALMUERZO

Ensalada de pollo diferente a
la de mamá* sobre una taza de
vegetales verdes mixtos

MERIENDA DE LA TARDE

2 Bolas de queso con perejil*
1 torta de arroz sin azúcar
ó 4 galletas de arroz

CENA

Popurrí de chuletas de cerdo*
⅓ taza arroz silvestre

Menú básico
DÍA TRES

DESAYUNO

Tortilla de huevos de
alcachofa sin queso*
½ tasa de frambuesas

MERIENDA MATINAL

Salsa de aguacate y pera*
con ½ taza pepino
picado o calabacín

ALMUERZO

La mejor sopa china de huevo*
1 taza de hojas verdes mixtas,
con una cucharadita de aceite
de oliva y el jugo de ½ limón

MERIENDA DE LA TARDE

½ nectarina rellena con 2
cucharadas de queso ricota
y espolvoreada con canela
o nuez moscada

CENA

Pechuga de pollo horneada
o asada a la parrilla, sal
y pimienta al gusto
Espárragos con energía*
½ batata con ½ cucharada de
mantequilla, espolvoreada
con canela si lo desea

Menú básico
DÍA CUATRO

DESAYUNO

2 Pastelillos de salmón*
½ taza de fresas picadas

MERIENDA MATINAL

½ taza de melón cantalupo
1 onza de queso rebanado

ALMUERZO

Ensalada de pollo al curry*
sobre 1 taza de hojas
verdes mixtas

MERIENDA DE LA TARDE

2 tallos de apio, cada uno
relleno con una cucharada de
hummus limonado*

CENA

Pescado Criollo*
¼ taza de arroz silvestre
1 taza de hojas verdes mixtas,
con 1 cucharadita de aceite de
oliva y vinagre balsámico

Menú básico
DÍA CINCO

DESAYUNO

Huevos revueltos cremosos*
2 rebanadas de tocino sin nitrato
½ taza de grosellas

MERIENDA MATINAL

Tapenade de aceitunas* con ½
taza de vegetales rebanados

ALMUERZO

2 pastelillos de salmón*
sobrantes
1 taza de hojas verdes mixtas,
con 1 cucharadita de aceite de
oliva y el jugo de ½ limón
Coliflor con queso horneada*

MERIENDA DE LA TARDE

Bolas de melón a la menta*
2 cucharadas de almendras

CENA

Cordero al romero*
Judías verdes crocantes*
¼ taza de arroz silvestre

Menú básico
DÍA SEIS

DESAYUNO

Tortilla de huevos cremosa
con salmón*
½ taza de frambuesas

MERIENDA MATINAL

1 manzana pequeña horneada
y espolvoreada con canela
y 2 cucharadas de nuez
lisa triturada

ALMUERZO

Ensalada de pollo al curry* sobre
1 taza de hojas verdes mixtas
½ panecillo sin gluten

MERIENDA DE LA TARDE

Salsa de aguacate y pera*
con ½ taza pepino
o calabacín rebanado

CENA

Bistec horneado o a la parrilla
Sopa de espárragos*
½ batata con ½ cucharada de
mantequilla, espolvoreada con
canela si lo desea
2 tazas de espinacas al vapor

Menú básico
DÍA SIETE

DESAYUNO

Huevos picantes fiesta*
¼ taza de grosellas con 1
cucharada de crema de leche,
endulzados con estevia al gusto

MERIENDA MATINAL

½ taza de fresas rebanadas
1 cucharada de nueces

ALMUERZO

Restos de bistec horneado
o asado sobre 1 taza de
hojas verdes mixtas
Sopa de espárragos*
½ panecillo sin gluten

MERIENDA DE LA TARDE

Tapenade de aceituna* con ½
taza de vegetales rebanados

CENA

Filete de pescado almendrado*
Mezcla de Edamame*
¼ taza arroz silvestre
1 taza hojas verdes mixtas
con 1 cucharadita de aceite de
oliva y vinagre balsámico

Menú básico
DÍA OCHO

DESAYUNO

½ taza de queso blanco
grumoso (cottage)
2 Pastelillos caseros de pavo*
½ taza de grosellas

MERIENDA MATINAL

½ pera horneada espolvoreada
con canela o nuez moscada
y 1 cucharada de nueces
lisas trituradas

ALMUERZO

Ensalada de espinaca*

MERIENDA DE LA TARDE

2 Bolas de queso con perejil*
1 pastel de arroz sin endulzar
o 4 galletas de arroz

CENA

Pollo a la cazadora*
⅓ taza de arroz integral
1 taza hojas verdes mixtas
con 1 cucharadita de aceite de
oliva y vinagre balsámico

Menú básico
DÍA NUEVE

DESAYUNO

Frittata de ricota y puerro*
¼ taza de grosellas

MERIENDA MATINAL

1 manzana pequeña, rebanada
y untada con 1 cucharada de
mantequilla de marañón

ALMUERZO

Sobrantes del filete de
pescado almendrado*
½ taza de espinaca al vapor
¼ taza arroz silvestre

MERIENDA DE LA TARDE

Rollo tropical de prosciutto*

CENA

Pechugas de pollo con
relleno griego*
½ taza de brócoli al vapor
¼ taza arroz silvestre

Menú básico
DÍA DIEZ

DESAYUNO

Pastel de cangrejo y
queso suizo*
⅓ taza de frambuesas

MERIENDA MATINAL

2 bolas de queso con perejil*
1 torta de arroz sin endulzar o
4 galletas de arroz

ALMUERZO

Sobrantes de pechugas
de pollo con relleno griego*
sobre 2 tazas de espinaca
cruda con una cucharada
de almendras picadas
½ taza de fresas rebanadas

MERIENDA DE LA TARDE

2 tallos de apio, cada uno
relleno con una cucharada de
hummus limonado*

CENA

Bistec bañado en salsa dulce*
½ taza de brócoli al vapor
¼ taza arroz silvestre

Menú básico
DÍA ONCE

DESAYUNO

2 huevos al gusto
Pasteles de calabacín*

MERIENDA MATINAL

1 onza de queso en tiras
1 cucharada de almendras

ALMUERZO

2 tazas de lechuga romana
cubiertas con los sobrantes del
bistec bañado en salsa dulce*

MERIENDA DE LA TARDE

1 manzana pequeña horneada
y espolvoreada con canela
y 2 cucharadas de nuez lisa
triturada

CENA

Costillitas de cordero glaseadas*
Cintas de calabacín*
¼ taza arroz silvestre

Menú básico
DÍA DOCE

DESAYUNO
1 Pastelillo de salmón*
½ taza de yogur entero o al 2%
½ taza de grosellas

MERIENDA MATINAL
2 Bolas de queso con perejil*
1 torta de arroz sin dulce o 4
galletas de arroz

ALMUERZO
Ensalada de huevo original*
sobre una taza de hojas
verdes mixtas

MERIENDA DE LA TARDE
Salsa de aguacate y pera* con
½ taza de pepino pepino o
calabacín rebanado

CENA
Pimientos rojos rellenos*
1 taza de hojas verdes mixtas,
con 1 cucharadita de aceite de
oliva y el jugo de ½ limón

Menú básico
DÍA TRECE

DESAYUNO
Deliciosa quiche de
mariscos sin harina*
½ taza de frambuesa

MERIENDA MATINAL
Hummus limonado* con
½ taza de vegetales rebanados

ALMUERZO
Sobrantes de los
pimientos rojos rellenos*
½ taza de fresas con
1 cucharada de crema de leche,
endulzada con estevia al gusto

MERIENDA DE LA TARDE
½ nectarina rellena con
2 cucharadas de queso ricota
y espolvoreada con canela o
nuez moscada

CENA
Pechugas de pollo horneadas
o a la parrilla con sal y
pimienta al gusto
Tomates sabrosos*
⅓ taza arroz silvestre

Menú básico
DÍA CATORCE

DESAYUNO
Huevos revueltos con espinaca*
½ taza de fresas con una
cucharada de crema de leche
endulzada con estevia al gusto

MERIENDA MATINAL
1 manzana pequeña, rebanada
y untada con una cucharada de
mantequilla de marañón

ALMUERZO
Gazpacho*
Pollo fácil a la Florentina*
½ taza de melón

MERIENDA DE LA TARDE
2 Bolas de queso con perejil*
1 torta de arroz sin endulzar o
4 galletas de arroz

CENA
Hamburguesa horneada
o a la parrilla
Confeti de vegetales*
¼ taza arroz silvestre

Capítulo seis

PLAN BÁSICO DE BIENESTAR DEL EQUILIBRIO ESENCIAL

La comida es medicinal, y el Plan básico de alimentación del equilibrio esencial que acaba de leer, es un componente crucial en la curación durante estos primeros 14 días. Pero comer bien es sólo una parte en el proceso de obtener un equilibrio esencial saludable. Sus acciones también cuentan. Recuerde, cualquier cosa que haga se convierte en una voz partícipe de su conversación interna y contribuye al cambio. Parte de su plan básico es cambiar sus rutinas diarias para permitirle lograr una sinergia con los cambios en la dieta y convertirlas en el mejor apoyo posible. Los hábitos (que ahora sabemos que pueden ser definidos como: la forma en que condiciona a sus células) pueden ser muy difíciles de cambiar, por eso es que, la mayoría de los profesionales médicos tradicionales, evitan aconsejar a sus pacientes sobre su estilo de vida. Pero los cambios en el estilo de vida son en extremo efectivos para asegurar que la pérdida de peso sea permanente y no sólo una desviación temporal en la cronología de la báscula. Todo está relacionado con pequeños pasos que llevan a grandes cambios. No haga demasiados cambios a la vez. Comprométase, haga lo que pueda, y cuando tenga éxito, prémiese con halagos y cuidado personal. Tenga en cuenta que, una vez que hace algo con regularidad por dos o tres semanas, ¡se convierte en un hábito!

Receta de Marcelle para
EL BIENESTAR FÍSICO ESENCIAL

1. Si no hace ejercicio, empiece con un programa moderado tres o cuatro veces por semana.

2. Si ya tiene una rutina de ejercicio, puede incorporar un entrenamiento de alta intensidad y resistencia con pesas en la mitad de sus sesiones.

3. Prográmese para ir a la cama de tal manera, que pueda dormir de siete a nueve horas por noche y mantenga la rutina durante el siguiente mes.

4. ¡Respire!

5. Salga y juegue.

6. Incluya dentro de su rutina diaria un momento para su cuidado personal; hágalo con amor y consideración, y deje tiempo para ello todos los días.

¿Por qué hacer ejercicio?

Como especie, estamos destinados a ser activos. Nuestros antepasados caminaban, corrían, excavaban y araban para comer. Hoy en día, la comida se consigue mucho más fácil en el mundo industrial por lo que debemos encontrar otra razón para estar activos.

A medida que envejecemos, perdemos tejido muscular sin grasa y nuestro metabolismo natural empieza a desacelerarse. El músculo sin grasa es más activo metabólicamente que la grasa y almacena menos toxinas, entonces mientras más músculo sin grasa tengamos, mejor estaremos. ¿Y cuál es la mejor forma de combatir un metabolismo estancado y la pérdida de tejido sin grasa? Ejercicio. Esto no significa que tenga que volverse una fanática, pero sí debe incorporar la actividad física en su rutina diaria. La cantidad indicada y el tipo de ejercicio dependerán, como todo lo demás en el programa de equilibrio esencial, de sus características individuales y perfil metabólico.

En forma resumida, el ejercicio funciona de la siguiente manera: su cuerpo almacena energía con dos propósitos, como reserva de grasa a largo plazo y como suministro de glucógeno a corto plazo. El glucógeno es glucosa almacenada en los músculos con una disponibilidad aproximada de 12 horas. El ejercicio regular, tanto aeróbico como anaeróbico, agota estas reservas a una tasa más rápida, cuando está haciendo ejercicio y continúa haciéndolo horas después, forzando al cuerpo a extraer de las reservas de grasa. En una dieta con calorías restringidas, usted bien puede rebajar de 2 a 5 kilos con rapidez, pero será básicamente pérdida de glucógeno (o sea músculo), no grasa. Una vez que vuelva a comer de manera regular, esos kilos se ganarán tan rápido como se perdieron. Una dieta alta en carbohidratos simples significa que su cuerpo siempre tiene lista una provisión de glucosa y casi nunca tendrá que recurrir a quemar grasa. Una dieta balanceada que incluya más proteína, grasa y fibra estimula al cuerpo a quemar grasa y crear músculo. Puede que no vea la drástica y rápida disminución de peso que resulta de perder músculo y estresar su metabolismo absteniéndose de comer; pero tampoco volverá a aumentar esos kilos perdidos. En su lugar, los estará perdiendo poco a poco, pero de manera constante, aumentará su masa muscular y se asegurará de que su metabolismo se abastezca correctamente y obtenga la energía del lugar adecuado, ¡de esas molestas reservas de grasa!

La fuerza muscular depende de unos huesos saludables y de la absorción de nutrientes (incluyendo un nutriente con frecuencia olvidado: el oxígeno, que absorbemos tanto del aire como del agua), así como de una demanda regular de trabajo. Los ejercicios cardiovasculares o aeróbicos (los que aceleran el ritmo de su corazón), incrementan la tasa de absorción del oxígeno, estimulan la descomposición de la grasa y ayudan a su cuerpo a la eliminación de toxinas a través del sudor y la orina. El ejercicio anaeróbico (cuando durante el esfuerzo hay ausencia de oxígeno, como levantar pesas o ejercitar con intensidad), ayuda a producir tejido muscular fuerte, estimula el cuerpo a resistir la acumulación de toxinas en los músculos y, al mismo tiempo, mejora su capacidad para eliminarlas (un importante aliado en la pérdida de peso tóxico). Por eso, mientras esté en mi programa, es importante que realice las dos clases de ejercicio. La resistencia con pesas es de especial importancia para la mujer mayor de 40, como una forma de combatir la pérdida de hueso y la osteoporosis. Los huesos reaccionan a la tensión volviéndose más gruesos, y levantar pesas es una forma segura de "tensar" sus huesos. Pero, de nuevo, no se enloquezca. Demasiado ejercicio es en sí mismo otra forma de estrés. Use las siguientes guías, experimente y decida cuál es la que mejor se adapta a su caso.

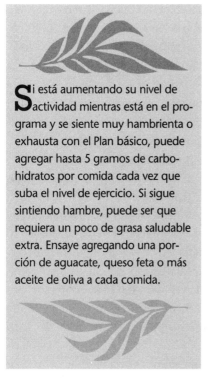

Si está aumentando su nivel de actividad mientras está en el programa y se siente muy hambrienta o exhausta con el Plan básico, puede agregar hasta 5 gramos de carbohidratos por comida cada vez que suba el nivel de ejercicio. Si sigue sintiendo hambre, puede ser que requiera un poco de grasa saludable extra. Ensaye agregando una porción de aguacate, queso feta o más aceite de oliva a cada comida.

Si recién está empezando a hacer ejercicio

Trate de caminar 10,000 pasos diarios, 5 o más veces a la semana. Lleve un podómetro para contar sus pasos. ¡Es más fácil de lo que cree! También puede ordenar una máquina "de ráfagas e impulsos" (burst) (ver página 367), es una simple máquina escaladora que le ayudará a mejorar rápidamente su estado físico, y sólo tiene que usarla ocho minutos al día. Es compacta, fácil de usar y la puede llevar a cualquier parte.

Si hace ejercicio con moderación

Continúe caminando, 30 ó 40 minutos al día, tres o cuatro veces a la semana, o use una máquina de "ráfagas de impulsos" (burst). Agregue dos sesiones de levantamiento de pesas a la semana: de 20 minutos cada una. Si no está segura cómo empezar, llame a un gimnasio en su vecindario y pregunte por un entrenador personal. Muchos gimnasios ofrecen ahora consultas gratis que la ayudarán a empezar. También puede comprar un DVD o grabar un programa de ejercicios en la televisión, comprar sus propias pesas y seguir las instrucciones.

Si es un poco más activa

Cambie dos días de caminata por otra actividad aeróbica, como: bicicleta, natación, carreras, baloncesto, patinaje, excursionismo, remo, fútbol o tenis. Mantenga el ejercicio de pesas dos veces a la semana, agregando peso y repeticiones a medida que se fortalezca.

Si ya hace ejercicio activamente

Incorpore el ejercicio de intervalos cortos con alta intensidad en su rutina aeróbica, bien sea usando la máquina de ráfagas de impulsos (burst) o exigiéndose más, por periodos cortos de tiempo, en cualquiera de sus actividades. Por ejemplo, si camina, trate de correr por un minuto, después camine por tres minutos, vuelva a correr y continúe así. Si hace ejercicio en una máquina, como por ejemplo una escaladora, aumente la intensidad por dos minutos cada cinco minutos. Continúe con el entrenamiento de pesas dos veces a la semana. En uno de los días de "descanso", tome una clase de estiramiento como: yoga, Pilates o "body rolling". Debe estar activa por lo menos 5 ó 6 días a la semana.

¿Por qué dormir?

En la vida moderna, llena de actividad impostergable, el valor de una buena noche de sueño se ha subestimado; pero si está luchando contra el peso tóxico, el sueño es un imperativo. Hay una relación de causa-efecto entre el sueño interrumpido o de corta duración y la obesidad, y parece que esto es más predominante en las mujeres que en los hombres. Existen muchos factores que contribuyen a esa relación, pero la más importante, en mi opinión, es que durante el sueño el cuerpo hace su trabajo de mantenimiento. Cuando estamos despiertas y activas, el cuerpo está preparado para reaccionar ante cualquier cosa que pongamos en su camino. Durante el sueño, nuestras células tienen el tiempo para sanar y desintoxicar, abastecerse y recargarse para el día siguiente.

La melatonina es el sedante natural del cuerpo y su nivel aumenta cuando el sol se oculta y nos preparamos para dormir. El hipotálamo, envía una señal para aumentar el nivel de hormonas glucíneas, que ayudan en la absorción de la glucosa de las células hacia el flujo sanguíneo. Esto mantiene estable el nivel de azúcar en la sangre durante la noche y asegura que las células tengan la suficiente provisión de energía para hacer su trabajo de mantenimiento, sin activar las hormonas del hambre. Cuando se acerca la mañana, el hipotálamo registra la luz y la melatonina y la glucínea se desvanecen. Entonces, la adrenalina y la cortisona se incrementan ligeramente, despertándonos frescas y hambrientas.

Ese es el ritmo bioquímico natural que permite un metabolismo saludable, tanto en vigilia como en el sueño. De hecho, una buena noche de sueño es quizás lo mejor que puede hacer para ayudar en la eliminación del peso tóxico y es ¡fácil y placentera! Sin embargo, tenemos la tendencia a hacer las cosas difíciles con cantidad de aparatos electrónicos y luces artificiales. Si tiene problemas para lograr de siete a nueve horas de sueño, ensaye una mejor rutina nocturna creando un programa estricto antes de ir a la cama, haciendo las mismas cosas, a la misma hora, todas las noches. Desconéctese un par de horas antes de acostarse. Apague la televisión, el computador, la radio y baje la intensidad de las luces; o apague las luces y use velas (pero asegúrese de apagarlas antes de dormir).

Mantenga su habitación fresca y su ropa de dormir confortable y holgada. Para mantener su habitación oscura si vive en la ciudad, compre cortinas especiales para bloquear la luz. Déjele saber a su cerebro que la noche ha llegado y que es hora de empezar a activar la cascada hormonal del anochecer; y la ausencia de luz, a la postre, la llevará a una buena noche de sueño.

Otra cosa importante: como parte de una buena rutina nocturna establezca una hora para ir a la cama y no la cambie. Algunas mujeres encuentran que leer es demasiado estimulante. Si este es su caso, deje el libro o el diario una hora antes de ir a la cama y tome un baño caliente, o respire, o simplemente quédese calmada y quieta.

¿Por qué respirar?

Un sorprendente número de mis pacientes muestra altos niveles irregulares de dióxido de carbono en su sangre, aun cuando los otros exámenes de sangre resulten normales. De hecho, es probable que yo haya visto más resultados anormales de dióxido de carbono que en los exámenes regulares de glucosa, riñones o hígado. Aunque esto no es grave, me indica que mis pacientes no están respirando con profundidad; es decir, no inhalan suficiente oxígeno, ni exhalan suficiente dióxido de carbono. Con frecuencia hago esta anotación en el control de los pacientes: "le hace falta respirar". No la inhalación superficial que hacemos de manera automática, sino una profunda y significativa inhalación, o "respiración de vientre".

Respirar con profundidad es la vía más rápida para enviar un mensaje de calma a su hipotálamo y para activar su sistema nervioso parasimpático, a través de lo que algunos médicos llaman: la respuesta de relajación. El sistema nervioso parasimpático, que es estimulado en momentos de estrés y ansiedad, controla su respuesta de pelear o huir, incluyendo subidas de cortisona y adrenalina que pueden ser perjudiciales cuando persisten mucho tiempo. Cuando está excitada, asustada o nerviosa, su respiración es rápida y superficial. Sus músculos se contraen y siente el pecho y los pulmones apretados. Cuando está calmada y relajada, su diafragma se reblandece y puede respirar despacio y profundamente.

La respiración sirve como una forma de bombeo del sistema linfático, tal como el corazón lo hace con el sistema circulatorio. Para poder funcionar, las células dependen de un complejo intercambio entre los sistemas circulatorio y linfático. El flujo sanguíneo lleva nutrientes y grandes cantidades de oxígeno hacia los vasos capilares, mientras que un sistema linfático saludable elimina las toxinas destructivas. Una respiración adecuada es la que modera este intercambio. Pero, a diferencia de su sistema circulatorio, el linfático no tiene una forma automática de bombeo, depende del acto de respirar y de los movimientos del cuerpo para poder transportar el fluido con desechos. En realidad, la expansión y contracción del diafragma estimulan su sistema linfático y masajean sus órganos internos, ayudándole al cuerpo a eliminar toxinas y dejar más espacio en las células para un intercambio óptimo de oxígeno.

La respiración profunda también nos brinda mucho de los beneficios del ejercicio, incluyendo la asistencia en la pérdida de peso. Sin embargo, no es un sustituto, pero sí un excelente primer paso para las mujeres que están empezando su plan de ejercicios. La respiración profunda aumenta los beneficios obtenidos de cualquier forma de ejercicio. Una medida básica de la condición física es la capacidad cardiovascular, o sea, cuánto oxígeno nuestro corazón y pulmones pueden enviar a las células. Cuando las células musculares entran en acción, deben tener energía para quemar y necesitan que los desechos de ese metabolismo, sean eliminados. La buena noticia es que la respiración profunda, por sí misma, eleva la capacidad cardiovascular.

Para ayudarla a obtener los beneficios de la respiración, ensaye estos ejercicios.

Respiración profunda sencilla

Su respiración empieza con una exhalación completa: éste es el punto básico a recordar. Sé que parece contrario a la lógica, pero es cierto. No puede hacer una inhalación profunda, hasta que no haya vaciado por completo sus pulmones.

Ahora, trate lo siguiente: sentada, en posición confortable y con sus manos sobre las rodillas, relaje los hombros y cierre los ojos. Luego, exhale con lentitud a través de la nariz y cuente hasta cinco. Tensando los músculos abdominales, contraiga el diafragma para ayudar a vaciar los pulmones. Cuando se esté quedando sin aliento, haga una pausa contando hasta dos y después inhale con lentitud hasta la cuenta de 5. Expanda su abdomen a medida que entra el aire. Repita el proceso de cinco a diez veces. Piense en su diafragma, como el sistema de bombeo; y en su respiración, como el impulso que lo activa.

Si su mente empieza a divagar durante el ejercicio, no se preocupe. Vuelva a concentrarse en el conteo. Algunas de mis pacientes encuentran útil pensar en una palabra y concentrarse en ella. En la meditación budista esa palabra se llama mantra. Yo uso como mantra dos palabras en Sánscrito: *Ham Sa* ("yo soy eso"), que encuentro muy útiles para concentrarme en la respiración. Inhalo con la palabra *Ham* y exhalo con *Sa*. A medida que sea más consciente, le será más fácil respirar con profundidad sin tener que poner mucha atención.

El fuelle o respiración de fuego

Muchas de las formas de yoga empiezan con técnicas de respiración, o *pranayama*. *Prana* significa "aliento" o "fuerza vital" en Sánscrito. La respiración de fuego es un ejercicio de yoga que estimula la energía cuando la necesita, tonificando el abdomen y masajeando los órganos internos y el sistema linfático. Aunque no es una respiración profunda, la respiración de fuego activa los pulmones, el cuello, el pecho y el abdomen de tal manera, que la respiración más profunda se vuelve natural.

De nuevo, siéntese en posición confortable. Con la boca cerrada, inhale y exhale a través de la nariz, tan rápido como le sea posible. Piense que está inflando un globo o un flotador para la piscina. Trate de mantener la inhalación y exhalación iguales. Hágalo por un máximo de 10 segundos la primera vez. Cuando se acostumbre a la técnica, puede extender el ejercicio a un minuto.

El aliento de vida

Trate lo siguiente cada vez que se sienta aturdida o aletargada, la reanimará y refrescará: parada, con sus pies alineados con el ancho de la cadera y sus brazos colgando a los lados. Tome una inhalación rápida a través de la nariz, al tiempo que levanta sus brazos por encima de la cabeza (como celebrando un "gol"). Sin parar o exhalar, inhale un poco más y abra los brazos; luego, todavía sin exhalar, inhale de nuevo y levante los brazos sobre su cabeza. Exhale por la boca ruidosamente, mientras se inclina y deja que sus manos toquen el suelo. Haga esto con rapidez, tres a cinco veces consecutivas.

¿Por qué jugar?

Aunque subestimada, la diversión es un poderoso mecanismo de curación. Cuando se involucra en una actividad placentera, los bioquímicos que mejoran la calidad de vida se activan; como la serotina (el neurotransmisor de la "felicidad") y la DHEA (dehidroepiandrosterona), también conocida como la hormona del placer, que es un esteroide natural, precursor de sus hormonas sexuales. Cuando la actividad es al sol, al aire libre, su cuerpo elabora vitamina D, un valioso nutriente que apoya el sistema inmunológico, entre otras funciones. Estos químicos que la hacen sentir bien, pueden convertirse en parte de un ciclo autónomo, si los activa con regularidad (¡el cuerpo siempre está aprendiendo!). Pero la conexión entre el juego y su ser jovial, menos comprometido y las cosas que le gusta hacer son igual de importantes para su salud a largo plazo. Bien sea poniéndose los patines para el hielo, caminando, riéndose con una amiga, jugando a la lleva con sus niños o aprendiendo algo nuevo, asegúrese de dejar tiempo para jugar o divertirse cada semana. ¿Cuáles son los requisitos para divertirse? No sentir la obligación de hacerlo, sentir que es ¡algo que quiere hacer! Entonces, adelante, diviértase.

¿Por qué tener un ritual de cuidado personal?

El Plan básico del equilibrio esencial es su primer paso para empezar a cuidar su ser completo: cuerpo, intelecto, instintos y emociones. A medida que pase el mes, observará que, además de eliminar de su cuerpo las toxinas físicas, alguna "basura" emocional aparecerá. Puede ser en forma de charla mental o un guión de pensamientos negativos que se reproduce en su cabeza, tema sobre el que hablaremos de manera extensa en la cuarta etapa. Tomarse 30 minutos, todos los días, para calmar y nutrir con paz y amor la mente, es tan importante para perder peso tóxico, como todo lo demás que he explicado.

Cada mujer tiene una perspectiva diferente sobre lo que considera un ritual gratificante de cuidado personal. Por ejemplo, a una de mis pacientes le gusta acicalar su gato. A continuación les brindo algunas ideas:

- Llevar un diario
- Encender velas
- Meditar
- Hacer té, tomándolo despacio y en silencio
- Un baño o masaje con aceites esenciales
- Respirar con profundidad
- Una caminata lenta y tranquila
- Orar

Realice su ritual a la misma hora todos los días. En mi caso, me funciona hacerlo en cuanto me despierto. Separe el tiempo para dedicarse por completo y hágalo excluyendo todo lo demás: televisión, radio, iPod, conversación u otras distracciones o estímulos externos. No comparta esta actividad con nadie, manténgala como algo privado y personal.

Un día en la vida del Plan básico del equilibrio esencial

Hora	Actividad
6:00-7:00 A.M.	Despertar. Estiramiento. Beber un vaso completo de agua.
7:00-7:30	Ritual de cuidado personal.
7:30-8:00	Bañarse, vestirse. Establecer una intención positiva para el día, tal como: "Hoy voy a tomar las cosas con calma".
8:00-8:30	Desayuno, tomar los suplementos. Desayunar al aire libre, si puede. Tomar más agua.
9:00	Trabajo, quehaceres domésticos, obligaciones.
10:30	Refrigerio. Si puede, una caminata de 15 minutos. Beba más agua o té de hierbas.
12:00 P.M.	Almuerzo.
2:00	Refrigerio. Beber agua.
3:00	Pausa para el té. ¡Respire!
5:00	Caminar a casa u otra actividad física. (Si prefiere hacer ejercicio en la mañana, ponga el despertador más temprano, pero asimismo, ¡acuéstese más temprano!).
6:30	Cena.
7:00	Juego, escribir en el diario, escuchar música. Socializar con amigas o compañeros que la comprendan y apoyen.
8:30	Si está tomando un suplemento aparte de calcio y magnesio, tómelo ahora. Le ayudará a dormir bien.
9:00	Relájese, practique respiración profunda, medite o escriba en el diario; o lo que sea que le ayude a olvidarse del día.
9:30	Hora de dormir.

¡Ya está lista para empezar su travesía!

Obsérvese a menudo durante las siguientes dos semanas y vea cómo se siente. ¿Qué diferencias hay? ¿Qué ha cambiado? Trate de no juzgarse, sólo observe. Recuerde, esta es la primera etapa donde usted y su bioquímica inalterada están empezando a conocerse de nuevo. La reunión puede ser fantástica o puede tener algunos tropiezos y desilusiones. Marlene, una de mis pacientes, estuvo a punto de renunciar la primera semana, porque se sentía muy cansada y no quería emplear demasiado tiempo cocinando. Me llamó y le pedí que hiciera el intento de continuar por otras 24 horas. Al día siguiente, llamó en la tarde y estaba feliz. Por primera vez, en más de dos años, había dormido sin interrupciones toda la noche y despertado con energía suficiente para superar a su hijo adolescente. Al final de las dos semanas, empezó a perder peso de manera constante. Los resultados son tan únicos como los individuos que los experimentan, entonces, no se imponga estándares demasiado ambiciosos. Haga lo mejor que pueda y no sea muy exigente con usted misma. Trátese como lo haría con su mejor amiga.

Si al final de las primeras dos semanas, se siente estupenda y está eliminando esos kilos tóxicos, siéntase libre de continuar con el Plan básico hasta que haya perdido el peso que se propuso perder. Si no siente ningún cambio o prefiere un resultado más rápido, pase a la tercera etapa, haga la prueba del Equilibrio esencial y podremos profundizar en las razones que le impiden avanzar.

Los siguientes 14 días: Plan personalizado del equilibrio esencial

Capítulo siete

PRUEBA DEL EQUILIBRIO ESENCIAL

Espero que mis lectoras hayan encontrado útiles las últimas dos semanas. Puede ser que alguna no esté eliminando kilos tóxicos tan rápido como hubiera deseado, pero si todo va bien, debe estar sintiendo un cambio en la forma cómo se siente y se ve... ¡positivo, desde luego! También espero que se sienta estimulada y empoderada con los cambios que ha sido capaz de realizar, cambios que afirman su salud y crean las bases para el bienestar del que hemos hablado. Como he dicho muchas veces en estas páginas, la verdadera pérdida de peso empieza con el bienestar. Si se trata de peso tóxico, primero debe restaurar el equilibrio y la salud antes de que su cuerpo sienta la suficiente seguridad para liberarse de ese peso para siempre.

Si después de las dos semanas se siente mejor, pero no mucho mejor, o todavía no experimenta un cambio positivo, existe la posibilidad de que tenga un desequilibrio esencial arraigado (o más de uno) haciendo más difícil que su cuerpo se sienta en una zona segura. De cualquier manera, espero que haya aprendido, en las dos semanas pasadas, lo poderosas que pueden ser las decisiones que tomamos día a día, cuando se trata de nuestro bienestar. Ahora, debe refinar aún más esas decisiones. Pero, primero, requerimos de un poquito de trabajo detectivesco.

Debido a que todos los sistemas de nuestro cuerpo se superponen y cada una de nosotras tiene una fisiología única, identificar y tratar un desequilibrio esencial no siempre se puede realizar de una forma directa. Sería de ayuda, si ha trabajado de cerca con un médico de confianza que conozca su historia médica; pero la verdad es que la mayoría no lo hace, lo que dificulta la mejoría. He creado esta prueba como un punto de partida. Después de años de escuchar y atender tantas mujeres con seria resistencia a la pérdida de peso, he llegado a la conclusión de que sus síntomas están relacionados con los seis desequilibrios esenciales más importantes, los cuales influyen en su metabolismo y en el aumento de peso tóxico. Estos desequilibrios tienen que ver con una enorme central de sistemas donde, a menudo, sanar uno lleva a la mejoría de otro, o permite la identificación de otros problemas. Debemos identificar cuál es el desequilibrio esencial que la está afectando más en este momento. Después de hacerlo, le indicaré cómo sanarlo.

Disponga de unos minutos para contestar las preguntas de esta prueba. Es un paso muy importante. Por favor, no deje de hacerlo. Con un lápiz, haga un círculo en las respuestas que considere correctas; no lo piense mucho. Cuando llegue al final de cada sección, sume el puntaje en el espacio señalado. Al final de la prueba, mire cada uno de los puntajes: la sección con el número más alto indica el área que requiere su atención.

Puede ser que haya asuntos superpuestos que deben ser atendidos en forma simultánea. En ese caso, le aconsejo que lea los capítulos correspondientes y adopte la mayor cantidad de acciones que le sea posible. (Los diferentes planes tienen, a veces, las mismas acciones, entonces, ¡es más fácil de lo que parece!). Si hace la prueba, después de haber seguido con éxito el Plan básico del equilibrio esencial por dos semanas, será más fácil descifrar cuál de los desequilibrios esenciales es el que necesita mayor atención.

Una vez que haya identificado el desequilibrio esencial con el que comenzará, puede leer el capítulo correspondiente para aprender más sobre lo que sucede en su cuerpo y empezar con el Plan de alimentación y acción personalizado, que he diseñado para ayudarla a sanar ese desequilibrio. En cada uno de los capítulos, encontrará guías similares a las que ya conoció en el Plan básico: alimentos para comer en abundancia y los que debe evitar, suplementos para asegurar que su cuerpo obtenga los nutrientes activos que necesita, así como "Recetas de Marcelle" destacando los puntos importantes del plan, y "Un día en la vida" para ayudarla a entender lo que debe esperar. También encontrará recomendaciones para exámenes de laboratorio, que puede coordinar a través de su médico, y que serán útiles para comprender mejor los problemas que la están afectando. Los resultados le ayudarán a perfeccionar, aún más, su Plan personalizado del equilibrio esencial.

Las claves para las respuestas de la prueba son:

1. Totalmente en desacuerdo
2. Bastante en desacuerdo
3. Bastante de acuerdo
4. Totalmente de acuerdo

Sensibilidad digestiva

		1	2	3	4
1.	A menudo, después de comer, me siento inflamada y con gases.	○	○	○	○
2.	Tengo estreñimiento o diarrea con cierta frecuencia.	○	○	○	○
3.	Mis deposiciones o gases tienen olor fétido.	○	○	○	○
4.	Con frecuencia me siento confusa, aletargada y desconcentrada después de comer.	○	○	○	○
5.	Tengo antojo de ciertos alimentos y bebidas o, a menudo, como las mismas cosas.	○	○	○	○
6.	Con frecuencia siento náuseas después de comer o después de tomar un suplemento.	○	○	○	○
7.	Uso con regularidad analgésicos sin receta.	○	○	○	○
8.	Tiendo a sentir antojo por el alcohol, azúcar, pan y otros alimentos "fermentados".	○	○	○	○
9.	Con frecuencia (dos o tres veces a la semana) sufro de dolores de cabeza, intestinales o de las articulaciones.	○	○	○	○
10.	Me siento enferma cuando el ambiente es bochornoso o húmedo, o en ambientes específicos (por ejemplo: mi oficina, el sótano).	○	○	○	○
11.	Con regularidad (dos o tres veces a la semana) como en restaurantes o llevo comida preparada a casa..	○	○	○	○
12.	Soy propensa a sarpullidos, espinillas o brotes de acné.	○	○	○	○

Puntaje

Desequilibrio hormonal

		1	2	3	4
1.	Últimamente, mis períodos son más irregulares y pueden llegar a ser muy abundantes.	○	○	○	○
2.	Tengo problemas para quedarme dormida o permanecer dormida en la noche.	○	○	○	○
3.	Tengo fuertes cambios en el estado de ánimo y antojos antes de mi período.	○	○	○	○
4.	Últimamente, lloro por cualquier cosa, incluso con los comerciales intrascendentes de la televisión.	○	○	○	○
5.	Siento la piel seca y el cabello seco y sin vida.	○	○	○	○
6.	Tengo taquicardia, accesos repentinos de calor o sudores nocturnos.	○	○	○	○
7.	Me siento mucho más calmada cuando empieza mi período.	○	○	○	○
8.	Tengo muy poco interés en el sexo y, aun cuando lo deseo, mi vagina se mantiene seca.	○	○	○	○
9.	He perdido músculo recientemente o no puedo desarrollarlo a pesar de hacer ejercicio.	○	○	○	○
10.	Tengo la tendencia a acumular todo el peso extra alrededor de la cadera y los muslos.	○	○	○	○
11.	Últimamente, mis senos están más sensibles o me duelen.	○	○	○	○
12.	Tengo antecedentes de síndrome premenstrual, depresión posparto, períodos anormales o sangrado irregular.	○	○	○	○

Puntaje

Desequilibrio suprarrenal

		1	2	3	4
1.	Siento como si siempre estuviera en movimiento, y soy famosa por lograr que las cosas se hagan.	○	○	○	○
2.	La mayor parte del tiempo estoy exhausta e irritable. Soy irascible.	○	○	○	○
3.	Cuando no estoy exhausta, me siento intranquila y agitada. No puedo relajarme.	○	○	○	○
4.	Usualmente, colapso en la tarde, sólo para energizarme de nuevo al anochecer.	○	○	○	○
5.	A menudo tengo un antojo de alimentos salados o de azúcar y no puedo parar de comerlos.	○	○	○	○
6.	Me siento mareada y con náuseas en las mañanas o cuando me levanto de la cama muy rápido.	○	○	○	○
7.	Me cuesta trabajo despertar o salir de la cama, ¡no puedo vivir sin el café!	○	○	○	○
8.	A menudo me siento ansiosa y no tengo idea por qué.	○	○	○	○
9.	El sexo es lo último que ocupa mi mente en estos días.	○	○	○	○
10.	Cuando quiero algo bien hecho, tengo que hacerlo yo misma.	○	○	○	○
11.	Si me siento o recuesto por un minuto en un sitio cálido, tiendo a quedarme dormida.	○	○	○	○
12.	Usualmente, necesito azúcar o una dosis de cafeína en la tarde.	○	○	○	○

Puntaje

Desequilibrio de los neurotransmisores

		1	2	3	4
1.	Regularmente, como en exceso, en especial carbohidratos.	○	○	○	○
2.	La mayoría de mis actividades no me producen placer.	○	○	○	○
3.	Estoy bebiendo más alcohol de lo que acostumbraba.	○	○	○	○
4.	Se me antoja la comida con alto contenido de azúcar y carbohidratos.	○	○	○	○
5.	Me siento tensa, culpable y ansiosa la mayor parte del tiempo.	○	○	○	○
6.	Me siento sosa, desenfocada y vacía la mayor parte del tiempo.	○	○	○	○
7.	Últimamente, estoy durmiendo mucho más (o menos) de lo acostumbrado.	○	○	○	○
8.	Me han dicho que soy temperamental.	○	○	○	○
9.	Algunas veces, quisiera gritarle a todo el mundo.	○	○	○	○
10.	Comer me hace sentir mejor.	○	○	○	○
11.	Me preocupo mucho.	○	○	○	○
12.	Me siento estancada y tengo muy baja la autoestima.	○	○	○	○

Puntaje

Problemas inflamatorios

		1	2	3	4
1.	La mayoría del peso que aumento se acumula alrededor del vientre.	○	○	○	○
2.	Tengo un BMI sobre 28 o más de 14 kilos de sobre peso.	○	○	○	○
3.	Tengo propensión al acné y al sarpullido como el eczema y la psoriasis.	○	○	○	○
4.	Tengo presión arterial o colesterol alto.	○	○	○	○
5.	He sido diagnosticada con síndrome del intestino irritable o con frecuencia tengo diarrea o dolor intestinal.	○	○	○	○
6.	Sufro de dolor crónico, dolores artríticos o de las articulaciones múltiples o dolores de cabeza o migrañas crónicas.	○	○	○	○
7.	¡Estoy bajo mucho estrés!	○	○	○	○
8.	Fumo.	○	○	○	○
9.	Cuando me lesiono, toma mucho tiempo sanarme.	○	○	○	○
10.	Me contagio de todos los virus y bacterias, sin excepción.	○	○	○	○
11.	He aumentado de peso desde que estoy tomando ciertas medicinas o combinación de medicinas.	○	○	○	○
12.	He sido diagnosticada con asma, alergias crónicas, diabetes tipo II, fibromialgia, enfermedad cardiaca, hipertensión o síndrome metabólico.	○	○	○	○

Puntaje

Problemas de desintoxicación

		1	2	3	4
1.	Soy muy sensible a las medicinas; con frecuencia sólo tomo la mitad de la dosis.	○	○	○	○
2.	Tengo la nariz tapada/congestionada o acumulación mucosa en la parte trasera de la nariz.	○	○	○	○
3.	Consumo cafeína o alcohol todos los días.	○	○	○	○
4.	Uso drogas con regularidad, incluyendo nicotina o marihuana.	○	○	○	○
5.	Con frecuencia estoy estreñida (dos o tres veces a la semana).	○	○	○	○
6.	Creo que como mucha comida chatarra y dulces.	○	○	○	○
7.	Estoy aumentando de peso, aunque no como en exceso.	○	○	○	○
8.	Tengo problemas de piel o rosácea	○	○	○	○
9.	Tengo cinco o más empastes dentales de amalgamas metálicas	○	○	○	○
10.	Antes toleraba mucho mejor la cafeína y el alcohol que ahora.	○	○	○	○
11.	Soy muy sensible a los químicos, olores ambientales y perfumes; me da dolor de cabeza cuando entro en ciertas tiendas u oficinas.	○	○	○	○
12.	Una vez estuve expuesta a niveles altos de químicos tóxicos, o pequeñas cantidades de sustancias tóxicas o a metales pesados, por un largo período de tiempo.	○	○	○	○

Puntaje

Coloque su puntaje aquí:

Sensibilidad digestiva   _____

Desequilibrio hormonal   _____

Desequilibrio suprarrenal   _____

Desequilibrio de los neurotransmisores _____

Problemas inflamatorios   _____

Problemas de desintoxicación   _____

Revise sus puntajes y compárelos. En términos generales, si obtuvo de 12 a 20 puntos en un desequilibrio, no es un área que necesite su atención inmediata. Un puntaje de 20 a 30 significa que el desequilibrio puede estar contribuyendo a su aumento de peso, aunque no sea la causa principal. Un área con un puntaje de 30 a 48 significa que el desequilibrio necesita atención inmediata. Si alguno de los puntajes es significativamente más alto que los otros, vaya directamente al capítulo correspondiente del plan personalizado. Este es el desequilibrio sobre el cual estará trabajando por los siguientes 14 días. Sin embargo, si tiene un empate entre los puntajes, es probable que haya una superposición de desequilibrios, situación muy común. La buena noticia es que si usted cura un desequilibrio, es frecuente que los otros empiecen a mejorar, porque todos los sistemas del cuerpo están interconectados. Creo que el sistema digestivo es la puerta de entrada a la salud vital, en consecuencia, si tiene un empate, pero uno de los puntajes más altos es la sensibilidad digestiva, le sugiero que empiece por ése. Si los problemas digestivos no están dentro de los puntajes altos, use su intuición para discernir cuál es el desequilibrio que más la está afectando, o puede permanecer en el Plan básico del equilibrio esencial durante dos semanas más y, al final, realizar la prueba de nuevo. Si los desequilibrios están muy arraigados, puede llevar un poquito más de tiempo eliminar el "ruido interno" para poder escuchar sus síntomas.

Un comentario sobre los exámenes de diagnosis

En cada uno de los planes personalizados, recomiendo una serie de exámenes de diagnosis apropiados. La lista no es de ninguna manera exhaustiva; sin embargo, los que recomiendo son primordiales y le darán una mejor idea de los problemas subyacentes. He incluido una descripción detallada de cada examen en los apéndices, así como los resultados que me gustaría ver y una lista de los laboratorios clínicos donde pueden ser ordenados. Muchos médicos convencionales no ofrecen estos exámenes, por lo que tendrá que programar una cita con un médico integral o de medicina alternativa para conseguirlos (ver los especialistas recomendados y los recursos para encontrar uno en su área). ¡Esto es algo muy bueno! Mientras más gente tenga en su equipo, mucho mejor; y mientras más precisa pueda ser la información sobre su salud, más fácil será recetarle los suplementos adecuados y los agentes curativos, para restaurar su equilibro esencial.

Capítulo ocho

PLAN PERSONALIZADO DEL DESEQUILIBRIO DIGESTIVO

Si su puntaje de sensibilidad digestiva, en la prueba del equilibrio esencial, fue el más alto, es posible que algo esté funcionando mal en su sistema digestivo. Esto es muy frecuente; y nos sucede a muchas de nosotras de cuando en cuando. La mayoría de mis pacientes califican con altos puntajes en el padecimiento de inflamación, gases y trastornos gastrointestinales (GI) en su lista de síntomas. ¡Muchas de ellas, no pueden ni siquiera recordar una época en la que no se hayan sentido mal después de comer!

De hecho, es raro encontrar un ser humano occidental que no padezca de algún desequilibrio digestivo. A menudo no lo percibimos, porque nos hemos acostumbrado a los síntomas. Se especula que quizás el 90% de la población tiene sensibilidades genéticas a los alimentos. La mayoría de esas sensibilidades permanecen ocultas o inactivas, hasta que el peso del estrés activa una respuesta. Muchos problemas GI se originan en esas sensibilidades a los alimentos no diagnosticadas, las cuales ponen su sistema inmunológico en alerta y su cuerpo en modo de protección. Los desequilibrios también pueden ser resultado de baja acidez estomacal; una deficiencia en las enzimas digestivas; crecimiento excesivo de hongos; un pH demasiado ácido en los intestinos; parásitos o sobrepoblación de bacterias indeseables en el tracto intestinal que producen una enfermedad llamada dysbiosis.

Los desequilibrios digestivos crónicos que no son tratados, pueden deteriorar seriamente su salud, su metabolismo y su habilidad para eliminar el peso "defensivo". Esto se debe a que el sistema digestivo es como la central eléctrica de su cuerpo. Sus dos principales funciones son: descomponer los alimentos en nutrientes útiles y controlar la toxicidad mediante la eliminación de las porciones no usadas. Este proceso debe funcionar de manera eficiente, si quiere evitar una sobrecarga en su cuerpo. Desafortunadamente, estar cambiando de dieta con frecuencia; ingerir la misma clase de alimentos; abusar de los antibióticos y medicamentos contra hongos; exponerse a químicos y al estrés emocional, pueden impedir el funcionamiento y sobrecargar, no sólo el sistema digestivo, sino también los sistemas inmunológico y nervioso central...; y usted sabe cuál es el resultado de eso: peso tóxico.

Los médicos convencionales son escépticos cuando se trata de los efectos degenerativos de los problemas GI, pero he visto a mujeres transformar su salud mediante la curación de los problemas gastrointestinales. Carla, mi paciente de muchos años, sufrió de estreñimiento la mayor parte de su vida adulta, tenía evacuaciones una vez a la semana, y pensaba que era normal porque en ese momento de su vida, lo era. Después de empezar a tratar su desequilibrio digestivo, con el mismo protocolo que he delineado para usted en este capítulo, empezó a evacuar todos los días como un reloj, algo muy simple, pero que le proporcionó un inmenso alivio. "Fue sorprendente", dijo ella. "No tenía idea cuánto estaba sufriendo al retener todas esas toxinas. Liberarlas es una sensación fantástica. No sabría qué hacer si tuviera que volver a ser como antes".

Algunas veces, un desequilibrio digestivo se encuentra en el fondo de los síntomas que no tienen relación aparente, haciendo difícil identificarlo. Creo que es una buena idea examinar su salud digestiva, si tiene cualquier problema crónico. He visto tantas mujeres sufrir por tanto tiempo, con complicaciones innecesarias de un desequilibrio GI (incluyendo peso obstinado), que es difícil no creer que un tracto digestivo saludable no sea nuestra primera línea de defensa. Mi paciente Natasha es un ejemplo de una persona con un desequilibrio digestivo extremo. Vino a mi consulta por primera vez cuando tenía 42 años y sufría de infecciones crónicas en las vías urinarias y candidiasis. Durante un tiempo, con diligencia y responsabilidad, consultó varios ginecólogos y tomó cantidades de antibióticos, pero nada funcionó. Mientras tanto, aumentó más de 4 kilos de peso persistente, que no podía perder sin importar cuantas calorías redujera o cuanto ejercicio hiciera. Estaba bajo un tremendo estrés y casi no tenía energía. "Todo lo que quiero es sentirme mejor", dijo en su primera visita, "pero nada de lo que hago sirve".

Sospechaba de una posible sobreproducción de hongos en su tracto GI y le ordené hacerse los exámenes apropiados. Hicimos un examen de materia fecal y un examen endocrinológico (por su baja energía). Cuando los resultados estuvieron listos, era claro que Natasha no estaba absorbiendo suficientes nutrientes, debido a un crecimiento anormal de bacterias, hongos en el sistema y bajo contenido de enzimas digestivas. Era como si no hubieran limpiado el calentador de su casa en años y estuviera reducido a trabajar a su mínima potencia. Nuestro primer paso fue limpiar el sistema de Natasha de bacterias y hongos que estaban interfiriendo con una digestión adecuada. Le prescribí un tratamiento con Diflucan (un fungicida) y Candex (un suplemento para apoyar la reducción de hongos en el tracto GI). Ella puso en práctica el Plan personalizado del desequilibrio digestivo y tomó un alimento medicinal y un probiótico. Al cabo de seis semanas, Natasha se sentía mucho mejor; era obvio desde el momento en que entró a mi oficina. No más candidiasis o infecciones en las vías urinarias. Empezó a perder el sobrepeso que la molestaba y a sentirse con suficiente energía para empezar a hacer ejercicio con regularidad.

El Plan personalizado del desequilibrio digestivo observa, de manera aproximada, el clásico plan "4R" desarrollado por mi mentor, amigo y colega en la medicina funcional, el doctor Jeff Bland. Durante las siguientes dos semanas, volveremos a balancear su dieta y hábitos; removeremos los alérgenos más nocivos de su tracto GI; reemplazaremos las enzimas y nutrientes perdidos o mal utilizados y, finalmente, volveremos a inocular su intestino con probióticos: esas útiles y beneficiosas bacterias.

Pero primero, revisemos en detalle hacia dónde nos dirigimos.

Un viaje rápido a través del tracto GI

El tracto GI es una sorprendente pieza de maquinaria orgánica: 7.6 a 9 metros de conductos dentro de su esqueleto, que trabajan en forma automática para maximizar la nutrición y minimizar la exposición a sustancias peligrosas. Si usted fuera un árbol, su intestino sería la raíz principal, su fuente vital.

La digestión empieza en la boca, donde los dientes trituran los alimentos y los mezclan con saliva. Después el estómago, en forma mecánica, los mezcla; el ácido clorhídrico (HC1) los desintegra y emulsiona grasa; y las moléculas de alimento son expuestas a múltiples enzimas y jugos pancreáticos. Si los niveles de HC1 son insuficientes en su estómago, el resultado es una enfermedad llamada baja acidez gástrica y usted no puede descomponer en forma adecuada sus alimentos. Esto provoca indigestión, e irónicamente, produce acidez estomacal

Síntomas de baja acidez gástrica

• Inflamación. Ardor, eructos o gases después de las comidas

• Sensación de llenura después de comer

• Diarrea o estreñimiento.

• Indigestión, gases o dolor en la parte superior del tracto digestivo

• Alergias alimenticias

• Náuseas después de tomar los suplementos

• Picazón en el recto

• Uñas débiles o en capas

• Rotura de vasos capilares en las mejillas y nariz

• Acné

• Deficiencia de hierro

• Parásitos intestinales crónicos

• Comida no digerida en las heces

• Candidiasis crónica

• Gases o heces de olor fétido

a medida que las paredes del estómago producen mayor cantidad de ácido para compensar la baja acidez. De esa manera, contribuye al reflujo de ácido y, en casos más severos, a la putrefacción de los alimentos no digeridos en el tracto GI. A las pacientes que tienen este problema, algunas veces les prescribo una ayuda digestiva, betaína HC1, hecha de ácido clorhídrico y una sustancia de betaína parecida a la vitamina. Su alto contenido ácido puede irritar el estómago, por lo que debe tomarse con las comidas. Debido a que cambia de manera significativa el pH del estómago, recomiendo usar la betaína HC1 bajo la supervisión de un profesional experimentado. (Para más información vea los apéndices).

Procesar los alimentos en el estómago lleva alrededor de cuatro horas. La masa semilíquida resultante, llamada quimo, pasa del estómago al intestino delgado donde se emulsiona de nuevo con la ayuda de la bilis proveniente del hígado. La bilis, una sustancia alcalina jabonosa, ayuda a neutralizar los contenidos ácidos que salen del estómago, preparándolos para el ambiente más alcalino de los intestinos. También incrementa la solubilidad en agua de ciertas grasas y estimula la actividad enzimática del intestino delgado. La bilis es almacenada en la vesícula biliar, un pequeño, pero preciado órgano. Si su vesícula biliar se encuentra sobrecargada, como resultado de una dieta alta en azúcar y grasas no saludables, sentirá, con frecuencia, náuseas después de las comidas.

El intestino delgado tiene cientos de pliegues a lo largo de sus paredes membranosas, llamados villi y microvilli, que actúan como guardianes de la puerta de entrada de su flujo sanguíneo: permiten el paso de los nutrientes útiles, pero rechazan las sustancias inservibles o peligrosas. En muchos casos, el desequilibrio digestivo es causado por una confusión por parte de estos guardianes. Una dieta deficiente, sensibilidad a los alimentos no diagnosticada, abuso de medicamentos y estrés crónico, pueden crear un ambiente anormal en el cual los villi no pueden discernir lo que deben rechazar; empiezan a dejar pasar proteínas grandes y sustancias extrañas, activando una respuesta inmunológica. Cuando su intestino se vuelve muy permeable, usted puede tener una enfermedad conocida como: síndrome del intestino permeable, que conlleva desagradables síntomas, incluyendo: inflamación crónica, indigestión y aumento de peso.

La flora intestinal, que vive en su intestino delgado y la ayuda a mantenerse saludable, ha evolucionado junto con nuestro sistema digestivo durante miles de años. Diferentes cepas pueden desaparecer o prosperar dependiendo del lugar en donde vive y lo que come, (Los viajeros que regresan a casa con un ataque de la venganza de Moctezuma, no han creado la flora intestinal necesaria para combatir la invasión de bacterias extrañas. Por eso es que los turistas se enferman, mientras los locales no). Cuando sus intestinos contienen el balance correcto de bacterias buenas y malas, se dice que están en estado de simbiosis. Cuando el balance es alterado, se llama dysbiosis, una condición que inhibe la capacidad del tracto GI de absorber los nutrientes. La dysbiosis es muy común, como un ladronzuelo que le roba al cuerpo su más valioso recurso.

Aquí es donde entran los probióticos, alimentos o suplementos que ayudan a fortalecer o reconstruir su propia provisión de flora intestinal beneficiosa, para digerir y absorber nuestros alimentos, y reforzar nuestros sistemas inmunológicos, neutralizar las toxinas, y ayudar en la producción de vitaminas esenciales. Los probióticos están activos en la mayoría de los alimentos fermentados, tales como: yogur, kéfir, chucrut, cerveza, quimchi, miso y tempeh, pero tiene que comer una cantidad enorme para obtener suficientes bacterias que puedan repoblar su intestino dañado. Por eso, recomiendo tomar un suplemento probiótico todos los días, mientras esté en el programa del equilibrio esencial.

El problema con los hongos

Una de las mayores pesadillas, cuando se trata del desequilibrio digestivo, es el exceso de hongos en el tracto GI, una condición también llamada candidiasis, por su nombre científico, *Candida albicans*, un tipo de organismo (hongo) que usualmente ayuda a digerir los carbohidratos. Piense en la maleza del jardín: una vez que los hongos están fuera de control, es difícil que el resto de la flora permanezca saludable. Un exceso de hongos en el tracto GI, interfiere con la absorción de nutrientes, estresando el sistema inmunológico y provocando aumento de peso. Los síntomas de la candidiasis incluyen: fatiga, confusión, insomnio, vaginitis crónica, infección vaginal, comezón en el recto, baja de azúcar en la sangre, sensibilidad a la humedad y el moho, síndrome premenstrual, depresión y zumbido en los oídos, por mencionar unos pocos. Además, cuando los microorganismos de los hongos mueren, liberan cantidad de gas putrefacto que causa inflamación, flatulencia de mal olor y náuseas.

Todavía existe mucha resistencia en la medicina occidental respecto al concepto de exceso de hongos, pero he visto demasiadas mujeres llegar a mi consulta con candidiasis como para descartarla. Una vez diagnosticada, es fácil de curar y las mujeres ¡se sienten mucho mejor! El tratamiento básico es exterminar las colonias de hongos existentes, privándolos de su comida favorita (azúcar refinada y granos; alimentos fermentados como cerveza, vino y vinagre; pan con levadura y frutas secas) y repoblando el intestino de bacterias buenas, con un potente suplemento probiótico. Si es necesario, también puede usar un suplemento natural bactericida, como Candex, o, en casos más severos, un medicamento fungicida recetado tal como Diflucan o Nystatin.

Otro protagonista importante en el proceso de la digestión es el todopoderoso e importante hígado. El hígado descompone la grasa y los nutrientes solubles en grasa con la ayuda de la bilis; y filtra alcohol, drogas, extra hormonas y otros materiales extraños contenidos en los alimentos digeridos, antes de ser absorbidos en el flujo sanguíneo. Lo que sobra, es almacenado o descompuesto para eliminación. El hígado fabrica y descompone colesterol y hormonas, incluyendo estrógeno, progesterona y testosterona. Si no está funcionando correctamente, su cuerpo no puede desintoxicarse; por lo que una de las metas del plan de sensibilidades digestivas es reducir la sobrecarga del hígado.

Cuando el hígado y el intestino delgado han sacado el máximo provecho de sus alimentos, el agua sobrante, bacterias y desperdicio de fibra, pasan a su intestino grueso. El intestino grueso tiene su propia y beneficiosa flora, que produce una colección de vitaminas esenciales, incluyendo A, B y K, y fermenta la fibra dietética, protegiéndola de enfermedades del colon. Es aquí donde los sobrantes del proceso digestivo son convertidos en heces y evacuados. El proceso digestivo completo lleva de 6 a 24 horas, dependiendo de los alimentos y cantidad de agua que consuma, de lo robusto de sus ácidos estomacales y enzimas pancreáticas, de la población de flora intestinal y de la acción de su sistema inmunológico.

¡Observe sus heces! El excremento saludable es de color marrón suave, que se expulsa (sin esfuerzo) en forma de una banana. Si está comiendo suficiente fibra, flotará. Si es duro, granuloso, demasiado oloroso, amarillo, verde, en pedazos o mal formado (o si se sumerge como una piedra), hay buenas posibilidades de que su tracto GI necesite algo de cariño y amor. Una deposición saludable ocurre de una a tres veces diarias, si en su caso no es así, es otro síntoma de que algo está mal.

Alergias alimenticias

Las alergias a los alimentos son una respuesta inmunológica provocada por una clase de tejido linfático llamado: tejido linfático asociado al intestino o GALT (por sus siglas en inglés), el cual está tramado a lo largo del intestino y sirve como defensa de reserva contra la invasión de agentes patógenos. Si un invasor potencial ha sobrevivido el proceso digestivo, el GALT toma una muestra y si no le gusta, lanza un ataque extenso. El inicio de una respuesta severa del GALT, provoca sudor, enrojecimiento, aumento de la producción de mucosidad, diarrea, náuseas y vómito, de tal manera que usted sabe que hay algo que no le cayó bien. Pero la misma respuesta puede ser provocada en una escala mucho menos severa, por alimentos a los que se ha tornado sensible a través de los años. Muchas de nosotras, nos hemos acostumbrado tanto a esa sensación de pequeño malestar, que no podemos imaginarnos lo bien que nos sentiríamos, hasta que un alimento específico es eliminado.

Es irónico que los alimentos que no funcionan bien para nosotras, sean con frecuencia los mismos que nos provocan antojos a toda hora. Los médicos llaman a esto dependencia alérgica.[1] Las alergias y sensibilidades a menudo producen la deficiencia de nutrientes, lo que a su vez provoca el deseo de consumir los mismos alérgenos que crearon la deficiencia. Por ejemplo, si tiene sensibilidad a las fresas, puede tener una reacción a la vitamina C, lo que significa que su cuerpo no absorbe de manera apropiada esta vitamina. Como su cuerpo necesita la vitamina C, usted termina deseando intensamente todos los alimentos que la contienen en un círculo vicioso extremo. De hecho, si hay ciertos alimentos que desea a toda hora (aun alimentos saludables, como la banana), debe eliminarlos de su dieta, mientras esté siguiendo este plan, además de tomar los alimentos que le he recomendado. Muchas de mis pacientes han vivido por años con sensibilidades y alergias de bajo nivel y necesitan suplementos más fuertes para ayudarlas en la curación de los desequilibrios digestivos; en tales casos, recomiendo alimento medicinal diseñado para manejar esa condición. Si no está observando los resultados deseados después de dos semanas de seguir el Plan personalizado del desequilibrio digestivo, podría consultar con su médico sobre esa opción o llamar a mi clínica para obtener más información. En los apéndices, también he incluido una fórmula básica de suplementos, para proveerle el equivalente al alimento medicinal que apoyará la curación digestiva.

El papel de las emociones

El estrés emocional también juega un papel importante en la reacción bioquímica de las sensibilidades digestivas. El estrés activa el sistema nervioso central, deteniendo la digestión, para atender respuestas físicas más urgentes. Cuando está estresada, en el modo pelear o huir, la adrenalina y el cortisol, hormona del estrés, se disparan. Esta aceleración incrementa los ácidos en su sangre, justo cuando se le ha notificado a su sistema digestivo y procesos de eliminación que se desaceleren. Esto puede provocar un desequilibrio en el pH haciendo su ambiente interno demasiado ácido. Algunas enzimas y flora intestinal buena, trabajan mejor en un ambiente alcalino, por lo tanto, si el ambiente interno es demasiado ácido, no pueden realizar su trabajo. Con el tiempo, un ambiente demasiado ácido puede provocar la dysbiosis.

Esos días del mes

¿Por qué las mujeres tienden a tener más desarreglos GI que los hombres? En la cultura occidental, la probabilidad de que las mujeres busquen ayuda médica para problemas digestivos, es dos o tres veces mayor que la de los hombres. Se debe realizar todavía una gran cantidad de investigación sobre este tópico, pero datos preliminares sugieren que las hormonas del ovario (estrógeno y progesterona) influyen en la digestión.[2]

La mayoría de nosotras, conocemos la sensación de inflamación que ocurre cerca de nuestro período. Esto es en parte porque el estómago e intestinos se vacían más despacio durante las últimas dos semanas del ciclo menstrual, cuando los niveles de progesterona son más altos que en las dos primeras semanas. He sido testigo de notables aumentos de síntomas digestivos en muchas de mis pacientes poco antes del inicio del período. Mujeres posmenopáusicas a menudo sienten una desaceleración similar.

Como puede ver, el proceso digestivo es un camino largo y sinuoso. Si en algún punto hay una distracción o desvío, puede producir un efecto perjudicial y duradero en su salud y su peso. Incluso, un desequilibrio digestivo arraigado, puede finalmente contribuir a enfermedades como: cáncer, Alzheimer, enfermedades cardiovasculares, enfermedad de Crohn, psoriasis, enfermedad auto inmune y hasta algunos problemas psiquiátricos. Por lo tanto, sea gentil con su sistema digestivo. Durante las próximas dos semanas, provéale lo que requiera. Puede ser difícil al principio (éste es uno de los planes más rigurosos); pero si logra pasar los primeros tres o cuatro días, se sentirá tan energizada y fabulosa, que se dará cuenta que vale la pena.

Plan de acción y alimentación para las sensibilidades digestivas

Durante las siguientes dos semanas, su gran desafío consistirá en mantener su mente abierta. Estará en un plan de alimentos hipoalergénicos que removerá la mayoría de los alérgenos comunes de su dieta: lácteos, gluten, maíz y soya. Estos son los que producen más problemas cuando se trata de sensibilidades a los alimentos, por lo tanto, es un excelente punto de partida para establecer cuál es la raíz de sus problemas GI. Cocinará con granos con los que no está familiarizada, pero debe creerme: son muy sabrosos. Este no es un plan de restricción de calorías; no obstante, no se trata de comer en exceso porque eso sobrecargaría su sistema digestivo. Por consiguiente, le hago énfasis en comer despacio y masticar muy bien sus alimentos, de esa manera, su boca ayudará al estómago a acelerar la digestión del contenido y su cerebro tendrá tiempo de registrar la señal de satisfacción.

Hasta el momento, usted ha seguido el Plan básico del equilibrio esencial durante dos semanas, lo que facilitará las adaptaciones de este capítulo. Todas las guías y sugerencias básicas del equilibrio esencial siguen aplicando; lo que vamos a hacer es usarlas como plataforma para remover las sustancias que pueden estar causándole problemas, y re-balancear su dieta. Al mismo tiempo, si toma los suplementos de la manera indicada, estará reemplazando los nutrientes que le hacen falta y volverá a inocular en su intestino bacterias beneficiosas. ¡Y son sólo dos semanas más!

Previamente hablamos sobre reducir la sobrecarga en su hígado. Esto se puede agilizar evitando estimulantes, químicos, aditivos y alcohol por las próximas dos semanas. ¡Déle unas vacaciones a su hígado! Tenga a mano unas tabletas de carbón activado, de tal manera que si cayó en la tentación de ingerir algo perjudicial, el carbón absorberá las toxinas adicionales en su estómago antes de que tengan la oportunidad de pasar a su hígado.

También recuerde que debe observarse todos los días para evaluar cómo se está sintiendo. Esto es muy importante a lo largo del programa del equilibrio esencial, y en especial, cuando esté concentrada en los problemas digestivos. Puede ser que se sienta peor en el corto plazo, pero no deje que esto la desmotive. Es una respuesta natural, pero temporal, ya que su cuerpo está liberando las grasas y toxinas que tenía almacenadas. Si se siente peor durante más de una semana o diez días, es una señal de alarma indicando la necesidad de atención médica; en ese caso llame a su médico.

A medida que haga estos cambios en la dieta, también es importante prestar atención a la forma como se siente desde el punto de vista emocional. Como mencioné con anterioridad, el estrés puede jugar un rol significativo en la bioquímica de su digestión. Lo que es más, tenemos la tendencia a concentrar el temor y las preocupaciones en nuestro intestino, lo que aumenta los problemas de indigestión, acidez y reflujo ácido, todos estos síntomas de un desequilibrio digestivo. El tracto GI tiene más de 30 hormonas que influyen en los procesos digestivos, pero también actúan como neurotransmisores, como la serotonina, y están en constante comunicación con otros órganos, incluyendo su cerebro. ¿Recuerdan a Carla, mi paciente que creía que era normal evacuar una vez a la semana? Sus sensibilidades digestivas estaban exacerbadas por sentimientos que ella había reprimido por décadas sobre su madre y su vida familiar. Carla había estructurado su vida de tal manera que siempre estaba ayudando a otros y nunca tuvo tiempo para atender sus propias necesidades, tanto nutricionales como emocionales. Cuando los síntomas digestivos de Carla empezaron a calmarse, tuvo más energía y la posibilidad de observar las otras piezas de su rompecabezas. "Sentí como si hubiera despertado a un gigante", recordó ella. "Aprendí que el cuerpo es un organismo viviente y cuando se le trata de manera inteligente, con respeto y atención plena, le puede brindar una cantidad increíble de enseñanzas".

Entonces, las siguientes dos semanas trabajará sobre la forma de sanar su intestino, pero también sobre cómo curar el temor que concentra en ellos. Observaremos detalladamente lo que esto significa y la manera de realizarlo en la cuarta etapa.

Receta de Marcelle para
LAS SENSIBILIDADES DIGESTIVAS

1. Siga el plan de menús que empiezan en la página 123.
2. Coma sentada, disponga de tiempo y mastique en forma adecuada.
3. Durante las comidas, tome poco líquido. Demasiado líquido puede diluir sus jugos digestivos.
4. Tome sus suplementos a las horas prescritas.
5. Establezca su hora de dormir para permitirle de siete a nueve horas de sueño por noche y no la cambie.
6. Cuando se levante en la mañana, permanezca en silencio por un momento y determine la intención para el día.
7. Agregue una juiciosa y restauradora rutina de ejercicios a su régimen semanal, enfocada en calmar su sistema nervioso central, tal como yoga o tai chi.
8. Cancele todos los compromisos, como comidas en restaurantes, que puedan sabotear sus esfuerzos para curar el tracto GI.
9. Programe por lo menos una sesión de masaje en las próximas dos semanas.
10. Lea la cuarta etapa y piense si tiene la tendencia a "reprimir" sus sentimientos.
11. Programe exámenes de diagnosis si no observa ningún progreso al final de las dos semanas.

Exámenes de diagnosis para sensibilidades digestivas

- Prueba de ALCAT (un examen diseñado para determinar las sensibilidades a alimentos y químicos) y una prueba de permeabilidad intestinal para sensibilidades y alergias a los alimentos

- Análisis completo de heces para problemas digestivos (CDSA, por sus siglas en inglés) para la digestión, absorción y equilibrio bacterial

- Análisis parasitológico de heces, seriado por 2 veces (CP x 2, por sus siglas en inglés) para identificar microflora intestinal anormal

- Prueba de aliento para el exceso de bacterias en el intestino delgado

- *H. pylori:* prueba de antígeno para bacterias relacionadas con úlceras pépticas y duodenales

- Perfil celiático de la zona del abdomen, para prueba de sensibilidad/alergia al gluten

- Metales tóxicos en orina, para comprobar presencia de metales pesados

Sensibilidades digestivas; alimentos permitidos

- Vegetales (¡todos!)

- Granos sin gluten: arroz integral, avena, millo, quínoa, amaranto, teff, tapioca, alforfón o trigo negro, harina de papa, pastas de arroz

- Proteína animal: pescado fresco o empacado en agua, animales silvestres, cordero, pato, pollo y pavo orgánico

- Nueces y semillas

- Frutas

- Edulcorantes: jarabe de arroz integral, néctar de agave, estevia, melaza

- Limones y jugo de limón

- Hierbas: albahaca, ajo, canela, algarrobo, comino, eneldo, jengibre, mostaza, orégano, perejil, pimienta, romero, estragón, tomillo, cúrcuma

- Celtic Sea Salt u otra sal marina

Sensibilidades digestivas; alimentos que debe evitar

- Cafeína

- Alcohol

- Productos lácteos

- Bebidas carbonatadas (excepto agua de manantial carbonatada)

- Cremas batidas

- Naranjas y jugo de naranja

- Granos y gluten: trigo, cebada, escanda, kamut, centeno, triticale

- Soya y productos de soya

- Maní y mantequilla de maní

- Azúcar refinada, miel

- Salsas y condimentos: chocolate, salsa de tomate, encurtidos, salsa picante de mango (chutney), salsa de soya, salsa tipo barbacoa, salsa teriyaki

Sensibilidades digestivas; suplementos

Básicos:

- Multivitamina de alta potencia con calcio y magnesio adicional

- Ácidos grasos esenciales (EFA)

- Probiótico (tomar con agua, 5 a 15 minutos antes de cada comida)

- L-glutamina (1000 miligramos con cada comida)

- Tabletas de enzimas digestivas de amplio espectro (tomar una con cada comida), o betaína HC1 (con la comida), para la inflamación: empezar con una tableta y aumentar a dos, de acuerdo a la necesidad

- Tabletas de carbón para neutralizar cualquier toxina digestiva; tomar de acuerdo a la necesidad, tan pronto como haya ingerido algún alimento potencialmente dañino

Adicional (para uso bajo supervisión médica o con un examen de diagnosis):

- Alimento medicinal para aliviar los síntomas causados por alergias y sensibilidades a los alimentos (mañana y tarde)

Enzimas digestivas

Las enzimas digestivas, convierten en pequeñas las moléculas grandes de los alimentos y nos permiten absorber los nutrientes vitales. Debido a que ciertas enzimas no deben ser tomadas por personas con historial de ciertos trastornos digestivos, por ejemplo úlceras pépticas, le recomiendo trabajar con su médico y encontrar la mejor solución para su caso. Pero hay algunas excepciones. Enzimas que son seguras para tomarlas usted misma:

- alpha-galactosidase
- almidón
- bromelina
- celulasa
- glucoamylase
- hemicellulase
- invertasa (enzima)
- lactasa
- lipasa
- maltasa
- papaína
- peptidase
- proteaze
- phytase

Los productos multi enzimáticos contienen un espectro de ingredientes enzimáticos, algunos de los cuales funcionan en el estómago y otros en el tracto digestivo.

Un día en la vida del Plan
personalizado del desequilibrio digestivo

Hora	Actividad
7:00 A.M.	Beber un vaso de agua tibia con limón, puede agregar una pizca de cayena.
7:00-7:30	Ritual de cuidado personal.
7:30-8:00	Ducharse y vestirse. Tomar el probiótico con agua.
8:00-8:30	Desayuno. Tomar los suplementos. Cepillarse los dientes y usar hilo dental
8:30-9:00	Caminar al trabajo, oficios livianos en la casa, correspondencia, ocupaciones moderadas.
10:30	Merienda con agua.
12:00 P.M.	Almuerzo, suplementos, seguidos de una caminata de 15 ó 20 minutos.
1:00	Pausa para el té de hierbas. Respiración profunda.
4:00	Merienda con agua.
5:00	Caminar a casa y ejercicio al aire libre, si es posible.
6:00	Cena.
6:30	Paseo después de la cena.
7:00	Actividades recreativas, oficios domésticos.
8:00	Tiempo para relajarse: apague los aparatos electrónicos, disminuya la luz.
8:30	Escribir el diario del día, con triunfos y desafíos; leer.
9:00	Tomar los suplementos de calcio y magnesio si tiene problemas para dormir. Cepillarse los dientes y usar hilo dental.
9:30-10:00	Apagar las luces.

Menú del equilibrio esencial para el desequilibrio digestivo

Ideas para merienda:

- Torta de arroz o manzana rebanada con almendras o mantequilla de marañón
- Tallos de apio, zanahoria en trozos, o rebanadas de pimiento con hummus
- Una fruta fresca
- Un puñado de nueces o semillas
- Media porción del plato principal de la cena de la noche anterior

*Las recetas empiezan en la página 275. Para el desayuno, si tiene sensibilidad a los huevos, puede sustituirlos con un batido de fibra y arroz o proteína de suero (página 79)

Menú para sensibilidades digestivas
DÍA UNO

DESAYUNO

2 huevos al gusto
Pasteles de calabacín*

MERIENDA MATINAL

Salsa de aguacate y pera*
con media taza de pepino
rebanado o calabacín

ALMUERZO

Ensalada de pollo, diferente a
la de mamá* sobre una taza de
hojas verdes mixtas (opcional,
media taza de melón)

MERIENDA DE LA TARDE

1 manzana pequeña horneada,
espolvoreada con canela
y 2 cucharadas de nuez lisa
triturada

CENA

Pollo con marañón*
½ taza de brócoli al vapor
¼ taza de arroz integral

Menú para sensibilidades digestivas
DÍA DOS

DESAYUNO

Tortilla de huevos con
alcachofa sin queso*
½ taza de frambuesas

MERIENDA MATINAL

2 tallos de apio, cada uno
relleno con 1 cucharada de
hummus limonado*
(½ taza de melón, opcional)

ALMUERZO

Frittata de pavo*
2 tazas de hojas verdes mixtas,
con una cucharadita de aceite
de oliva y el jugo de
medio limón
(½ taza de frambuesa, opcional)

MERIENDA DE LA TARDE

½ pera untada con 1 cucharada
de mantequilla de marañón

CENA

Salmón con jengibre*
Arvejas chinas crocantes*
½ taza de arroz silvestre

Menú para sensibilidades digestivas

DÍA TRES

DESAYUNO

Huevos revueltos confeti*
½ taza de grosellas

MERIENDA MATINAL

2 tortas de arroz sin dulce,
u 8 galletas de arroz, untadas
con una cucharada de
mantequilla de marañón

ALMUERZO

Ensalada dulce de arúgula
con pollo*

MERIENDA DE LA TARDE

½ taza de fresas rebanadas
2 cucharadas de nuez lisa

CENA

Filete de pescado almendrado*
⅓ taza de arroz silvestre
½ taza de brócoli al vapor

Menú para sensibilidades digestivas

DÍA CUATRO

DESAYUNO

2 Pasteles de salmón*
½ taza de melón

MERIENDA MATINAL

1 manzana pequeña horneada,
espolvoreada con canela y
2 cucharadas de nuez lisa
triturada

ALMUERZO

Huevos florentinos*
2 tazas de hojas verdes mixtas,
con 1 cucharadita de aceite de
oliva y el jugo de ½ limón
(¼ taza de grosellas, opcional)

MERIENDA DE LA TARDE

2 tortas de arroz sin azúcar
u 8 galletas de arroz,
untadas con 1 cucharada de
mantequilla de marañón

CENA

Cordero al romero*
Cintas de calabacín*
½ taza de batatas con media
cucharada de mantequilla,
espolvoreada con canela,
si lo desea

Menú para sensibilidades digestivas

DÍA CINCO

DESAYUNO

Huevos revueltos
con espinaca*
¼ taza de frambuesas

MERIENDA MATINAL

Hummus limonado* con ½ taza
de vegetales rebanados

ALMUERZO

Ensalada de pavo al estragón*
½ panecillo de millo

MERIENDA DE LA TARDE

½ taza de melón
2 cucharadas de almendras

CENA

Pollo y espárragos salteados*
2 tazas de hojas verdes mixtas,
con una cucharadita de aceite
de oliva y el jugo de medio limón
½ panecillo de millo

Menú para sensibilidades digestivas

DÍA SEIS

DESAYUNO

2 huevos al gusto
2 rebanadas de tocino
sin nitrato
(½ taza de fresas
rebanadas, opcional)

MERIENDA MATINAL

Tapenade de aceituna* con ½
taza de vegetales rebanados

ALMUERZO

Sobrantes del pollo y
espárragos salteados*
(½ taza de melón, opcional)

MERIENDA DE LA TARDE

1 manzana pequeña, rebanada
y untada con una cucharada de
mantequilla de almendra

CENA

Merluza escalfada con ajo*
Judías verdes crocantes*
¼ taza de arroz integral

Menú para sensibilidades digestivas

DÍA SIETE

DESAYUNO

Picadillo de pavo*
½ taza de melón

MERIENDA MATINAL

2 tortas de arroz sin dulce u
8 galletas de arroz untadas
con 1 cucharada de
mantequilla de almendra

ALMUERZO

Huevos revueltos con
champiñones*
2 tazas de hojas verdes mixtas,
con 1 cucharadita de aceite de
oliva y el jugo de ½ limón
(¼ taza de grosellas, opcional)

MERIENDA DE LA TARDE

Tapenade de aceitunas* con ½
taza de vegetales rebanados

CENA

Pollo al jerez*
½ taza de brócoli al vapor
¼ taza de arroz integral

Menú para sensibilidades digestivas

DÍA OCHO

DESAYUNO

Tortilla de huevos con
alcachofa sin queso*
½ taza de grosellas

MERIENDA MATINAL

Salsa de aguacate y pera* con
½ taza de pepino rebanado o
calabacín

ALMUERZO

Pechuga de pollo horneada o a
la parrilla, sal y pimienta al gusto
Gazpacho*
½ panecillo de millo

MERIENDA DE LA TARDE

½ taza de frambuesas
2 cucharadas de almendras

CENA

Costillitas de cordero a la canela*
Espinaca con limón y ajo*
¼ taza de arroz silvestre

Menú para sensibilidades digestivas
DÍA NUEVE

DESAYUNO

Frittata de pavo*
½ taza de fresas rebanadas

MERIENDA MATINAL

2 tortas de arroz sin azúcar u
8 galletas de arroz untadas con
1 cucharada de mantequilla
de marañón

ALMUERZO

Sobrantes de las costillitas de
cordero a la canela*
¼ taza de arroz silvestre
1 taza de hojas verdes mixtas,
con 1 cucharadita de aceite de
oliva y el jugo de ½ limón

MERIENDA DE LA TARDE

1 manzana pequeña horneada
con canela y 2 cucharadas de
nuez lisa triturada

CENA

Salmón con eneldo*
Judías verdes al romero*
¼ taza de arroz silvestre

Menú para sensibilidades digestivas
DÍA DIEZ

DESAYUNO

2 huevos al gusto
Pasteles de calabacín*

MERIENDA MATINAL

Hummus limonado* con ½ taza
de vegetales rebanados

ALMUERZO

Sobrantes del salmón
con eneldo*
2 tazas de hojas verdes mixtas,
con 1 cucharadita de aceite de
oliva y el jugo de ½ limón

MERIENDA DE LA TARDE

½ pera untada con 1 cucharada
de mantequilla de marañón

CENA

Pollo a la parrilla veraniego*
½ taza de arroz integral

Menú para sensibilidades digestivas
DÍA ONCE

DESAYUNO

Huevos revueltos con
tomate y cebolla*
½ taza de frambuesas

MERIENDA MATINAL

Tapenade de aceituna* con ½
taza de vegetales rebanados

ALMUERZO

Ensalada de espinaca*
½ panecillo de millo

MERIENDA DE LA TARDE

2 tortas de arroz sin dulce u 8
galletas de arroz untadas con
una cucharada de mantequilla
de marañón

CENA

Pescado salteado*
Brócoli con jengibre al wok*
¼ taza de arroz silvestre

Menú para sensibilidades digestivas
DÍA DOCE

DESAYUNO

2 pastelillos de salmón*
(½ taza de grosellas, opcional)

MERIENDA MATINAL

Guacamole* con ½ taza de
vegetales rebanados

ALMUERZO

Ensalada de pollo dulce*
½ panecillo sin gluten

MERIENDA DE LA TARDE

Salsa de aguacate y pera* con
½ taza de pepino rebanado o
calabacín

CENA

Tortilla de huevos con
alcachofa sin queso*
2 tazas de hojas verdes mixtas,
con una cucharadita de aceite
de oliva y el jugo de ½ limón

Menú para sensibilidades digestivas
DÍA TRECE

DESAYUNO

Huevos revueltos con espinaca*
½ taza de fresas

MERIENDA MATINAL

2 tortas de arroz sin dulce u
8 galletas de arroz untadas con
1 cucharada de mantequilla
de marañón

ALMUERZO

Picadillo de pavo*
2 tazas de hojas verdes mixtas,
con 1 cucharadita de aceite de
oliva y el jugo de ½ limón

MERIENDA DE LA TARDE

2 tallos de apio, cada uno
relleno con 1 cucharada de
hummus limonado*

CENA

Pollo al estragón*
Espárragos con chispa*
½ taza de arroz silvestre

Menú para sensibilidades digestivas
DÍA CATORCE

DESAYUNO

Tortilla de huevos con
alcachofa sin queso*
½ taza de melón

MERIENDA MATINAL

1 manzana pequeña horneada
espolvoreada con canela y
2 cucharadas de nuez liza
triturada

ALMUERZO

Sobrantes del pollo al
estragón*
½ taza de brócoli al vapor
¼ taza de arroz silvestre

MERIENDA DE LA TARDE

2 tortas de arroz sin dulce u
8 galletas de arroz untadas con
1 cucharada de mantequilla
de marañón

CENA

Pavo rojo y verde estilo chino*
¼ taza de arroz integral
2 tazas de hojas verdes mixtas,
con 1 cucharadita de aceite de
oliva y el jugo de ½ limón

Sensibilidades digestivas; preguntas frecuentes

¿Qué pasa si mis síntomas digestivos se agravan?

Continúe con el plan personalizado durante una semana y observe si empiezan a mejorar sus síntomas. Algunas veces, las mujeres se sienten peor antes de empezar a mejorar. Si continúa sintiéndose mal, o si los síntomas se agravan, llame a su médico y programe sus exámenes de diagnosis. Puede ser que se trate de un problema subyacente, como baja acidez gástrica u hongos sistémicos, y en ese caso necesitará atención adicional. También es posible que sea más sensible de lo que usted cree a otros alérgenos (como caspa, moho o aditivos alimenticios) que se están haciendo presentes, en ausencia de un trasgresor dietético dominante.

¿Qué tan rápido notaré los cambios?

Empezará a notar cambios a los cinco o siete días. Si sufría de inflamación y desorden GI, se logra una mejoría en ese tiempo en un 80 a 85%. Si no siente ninguna mejoría en los 14 días, regrese a la prueba del equilibrio esencial y observe sus puntajes. Puede ser que otro de los desequilibrios con alto puntaje ¡esté retrasando su sanación! También es posible, que sea una de muchas mujeres que necesita alimento medicinal como apoyo para su recuperación.

Si suspendo el plan por un día, ¿perderé todo el trabajo realizado?

No. Suspender el programa por un día puede hacerla sentir incómoda, pero no detiene los efectos de manera permanente. Reanude el plan tan pronto como sea posible y no se deprima. Si hace falta, divida el plan en pasos que sean más fáciles de manejar. No tiene que dejar todo al mismo tiempo, pero recuerde que trabajar gradualmente puede hacer más lento su progreso. Tome nota de cómo se siente cuando vuelva a comer un alimento (aunque sea por equivocación), y haga una lista de los alimentos que la hacen sentir mal.

Capítulo nueve

PLAN PERSONALIZADO DEL DESEQUILIBRIO HORMONAL

Si su puntaje de desequilibrio hormonal fue el más alto, sospecho que está experimentando un desequilibrio en el índice de su andrógeno u hormonas sexuales: estrógeno, progesterona y testosterona; el cual es intensificado por factores del medio ambiente, peso tóxico y estrés. Si considera que ese desequilibrio también contribuye al peso tóxico y al estrés adicional que puede sentir debido a eso, se dará cuenta que es ¡un ciclo que hará muy bien en romper!

Las hormonas sexuales femeninas organizan, entre otras funciones, el desarrollo sexual, la fertilidad, el embarazo, la lactancia, el desarrollo de huesos y músculos, la libido y su ciclo menstrual. Cuando una se encuentra desequilibrada, deteriora la acción de las otras dos (y de otras hormonas). Y cuando el índice de hormonas sexuales se ve afectado, su cuerpo se lo dejará saber a través de una gran cantidad de síntomas desagradables. En las mujeres mayores, estos síntomas, a menudo se asocian con la perimenopausia (los años previos) y la menopausia, tales como: accesos repentinos de calor, palpitaciones rápidas, irritabilidad y pérdida de la libido. En las mujeres jóvenes se manifiesta con menstruaciones irregulares y agravamiento de los síntomas del síndrome premenstrual (PMS), como: inflamación, antojos, senos sensibles y variaciones en el estado de ánimo. Y, desde luego, el común denominador, en la mayoría de nosotras con desequilibrio hormonal, es ¡el aumento de peso!

Es muy frecuente que las mujeres experimenten un ligero aumento en el talle de su cintura, o un cambio en la distribución de la grasa a medida que envejecen, pero una cintura inflada como un globo es otra cosa. (Tenga en cuenta, que también es posible el aumento de peso hormonal en las mujeres jóvenes). Más de una mujer se ha parado en la puerta de mi oficina agarrándose sus centímetros extras, y preguntado: "¿De dónde viene esto?". No sólo es molesto y frustrante, es un riesgo para la salud: el exceso de grasa en el abdomen, a cualquier edad, se asocia con una gran cantidad de problemas degenerativos que contribuyen a acelerar el envejecimiento y las enfermedades crónicas, como: inflamación, enfermedades cardiovasculares y resistencia a la insulina. Por lo que es imperativo que empiece a reducir esa grasa[1]. ¡Pero anímese! Si bien el aumento de peso hormonal es persistente, no tiene que ser permanente. Ahora está mejor preparada para no dejarse atemorizar por ese peso y puede llamarlo por su verdadero nombre: tóxico; y reconocer que es un síntoma que puede ser curado con el apoyo adecuado.[2]

Hormonas dentro y fuera de equilibrio

El desequilibrio hormonal es muy común y con frecuencia complicado, debido a la gran cantidad de hormonas en nuestro cuerpo, y se siguen descubriendo nuevas todo el tiempo. (Encontrará una lista de las hormonas conocidas en los apéndices). Usamos muchas metáforas para describir el sistema endocrino, pero la mejor que he escuchado es la comparación con un negocio, donde sus hormonas son los correos electrónicos intercambiados entre las oficinas, con información relevante para realizar el trabajo, y su hipotálamo es el servidor. Si el flujo de información se bloquea o se dirige erróneamente de alguna manera, o si el servidor se deteriora, el trabajo se entorpece o se detiene por completo y el negocio se desmorona. Sin embargo, como las hormonas son en extremo ágiles y se adaptan con facilidad, ellas no dejan de trabajar; al contrario, encuentran otras maneras de funcionar a medida que el cuerpo trata de compensar y los cambios originan síntomas que la alertan sobre un problema, mucho antes que un daño permanente ocurra. Entonces, quizás deba revisar su percepción sobre sus síntomas hormonales, incluyendo el peso tóxico, y agradecer a su cuerpo por permitirle participar en su esfuerzo antes de que algo más serio suceda.

El estrógeno y la progesterona son hormonas hermanas que trabajan en sincronía, cumpliendo una función de verificación y equilibrio mutuo con la testosterona suministrando el apoyo crucial. La proporción de estas hormonas entre sí es lo que importa. En cualquier etapa de la vida de una mujer, esta relación se puede estancar, por falta de una mejor palabra, en un patrón disfuncional, pero es mucho más común, a medida que envejecemos, que nuestras hormonas empiecen a fluctuar más descontroladamente. La clave para restaurar el equilibrio hormonal es brindarle a su cuerpo los materiales de trabajo necesarios, para fabricar las hormonas adecuadas y eliminar las sobrantes. Sus hormonas sexuales son esteroides, lo que significa que están constituidas por colesterol (grasa) y son solubles en la grasa (almacenada en las células de grasa). El colesterol es fabricado en su hígado proveniente de las grasas de su dieta. Si no come suficiente grasa, lo que sucede a menudo con las dietas bajas en grasa, su hígado debe compensar la diferencia. Esto significa un doble trabajo, porque el hígado es también el órgano responsable de limpiar y excretar los excesos de hormonas del flujo sanguíneo.

Todavía hay mucho por descubrir sobre cómo es que las miles de hormonas interactúan, pero una cosa es evidente: todas ellas operan en un ciclo de retroalimentación, que influye y es influenciado por las células de grasa. La cantidad de células de grasa que posee, está relacionada con los niveles de azúcar e insulina en la sangre. La ecuación es simple: cuanto más elevados sean los niveles de glucosa, mayores serán los niveles de insulina y más células de grasa creará su cuerpo para almacenar la glucosa extra. Esto no sería más que un problema estético si las células de grasa fueran sólo unas masas inactivas de tejido gelatinoso, pero no lo son. Sus células de grasa, en especial las que están alrededor de su vientre, son metabólicamente activas: ellas almacenan y secretan hormonas solubles en grasa, incluyendo estrógeno, y retienen montones de receptores de glucosa.[3] Estamos hablando de un patrón muy difícil de romper: un desequilibrio de insulina le ha provocado aumento de peso y su grasa extra ¡está agravando los síntomas del desequilibrio hormonal! Lo más perturbador es que la disminución de los niveles de estrógeno durante la perimenopausia y menopausia, eleva los niveles de testosterona, como en el juego infantil de la balanza, y de manera natural las mujeres empiezan a almacenar peso, en una forma que es más parecida al patrón "masculino" (alrededor de nuestro vientre), al contrario de lo que pasaba durante nuestros años fértiles (cuando la grasa se iba a los senos, brazos, muslos y nalgas).

Mantener algo de peso extra, en realidad puede ser bueno para su cuerpo en la menopausia. Recuerde, sus células de grasa almacenan estrógeno; y también fabrican precursores hormonales del estrógeno en cantidades muy pequeñas. A medida que la función ovárica disminuye, los niveles de estrógeno fluctúan y su cuerpo entre otras funciones esenciales empieza a proteger las reservas del mismo con más intensidad para impedir la pérdida de hueso. Al mantener células de grasa, su cuerpo está obteniendo una póliza de seguro para el futuro, por lo que si usted aumenta un poco de peso en este periodo, no mayor de 2.3 kilos, no se considera tóxico. Tome un descanso y déle a su cuerpo un año o dos para encontrar su equilibrio posmenopáusico. La buena noticia es que el peso menopáusico, en particular el que está alrededor del vientre, responde bien al ejercicio. Por consiguiente, si ha aumentado más peso de lo que se considera saludable, le ayudará mucho añadir algunos ejercicios regulares a su plan personalizado.

Resistencia a la insulina

Todas empezamos nuestra vida siendo "sensibles a la insulina". La demanda de combustible, por parte de nuestras células, cambia a cada instante, pero el cerebro necesita un nivel estable de azúcar en la sangre. En consecuencia, obtener la energía que necesitan las células, sin cambiar ese nivel, es una función crítica y ése es el papel que juega la insulina. La insulina le indica a las células cuándo absorber glucosa del flujo sanguíneo. El cuerpo monitorea los niveles de azúcar en la sangre, la demanda de las células y la comida digerida para liberar insulina en cantidades calibradas con exactitud. Cuando la retroalimentación, entre las células y la insulina liberada, es eficiente y saludable, las células son descritas como sensibles a la insulina.[4]

En contraposición, cuando comemos en exceso, de manera consistente, o nos mantenemos en una dieta alta en calorías "vacías", azúcar refinada y carbohidratos simples, se requiere de altos niveles de insulina para evitar que el nivel de glucosa en el flujo sanguíneo se dispare fuera de control. Las células simplemente se inundan del exceso y dejan de responder a la señal, tal como sucede cuando alguien toca el timbre de su puerta sin parar. En ese momento, el cuerpo es resistente a la insulina y esta es la antesala a la diabetes tipo II: la obesidad, inflamación, enfermedad cardiovascular y la condición global que vincula todo esto: el síndrome metabólico.

Usted puede hacerse una prueba de resistencia a la insulina, midiendo el nivel de glucosa e insulina en ayunas, seguido de otra medición, dos horas después de una comida alta en glucosa, como panqueques con jarabe. Los triglicéridos altos también pueden indicar este problema; si multiplica su HDL por 4 ó 5 y el resultado es igual o mayor a su nivel de triglicéridos, es probable que sea resistente a la insulina.

Transformar todo en equilibrio

Tan importantes como son las hormonas sexuales para su bienestar y peso, sólo son protagonistas secundarias en el escenario hormonal. Los tres protagonistas principales a examinar y tratar en el desequilibrio hormonal son: el cortisol, su hormonas de la tiroides (T3, T4 y paratiroides) y, como ya hemos visto: la insulina. Se deben equilibrar estos importantes protagonistas, antes de poder equilibrar los secundarios. Sally, entrenadora personal que trabaja en Mujeres para Mujeres, vino a verme por primera vez, como paciente, porque tenía los síntomas clásicos de la perimenopausia: sudores nocturnos, accesos repentinos de calor y severos ataques de ansiedad que iban en aumento. Sus exámenes revelaron que de hecho, estaba aproximándose a la menopausia y sus hormonas sexuales necesitaban apoyo, pero también (muy importante), mostraban que sus niveles de cortisol eran en extremo bajos. (Más información sobre cortisol y sus glándulas suprarrenales en el plan personalizado del desequilibrio suprarrenal, capítulo 10). Algunas pacientes que llegan con síntomas de menopausia, en realidad tienen problemas hormonales superpuestos, como problemas de tiroides o insulina, y como si fuera poco con frecuencia tienen problemas digestivos.

El punto es éste: restaurar el equilibrio de sus hormonas sexuales, empieza, ante todo, con la estabilización de otras hormonas importantes como la insulina. Esto se debe a que todas sus hormonas importantes y secundarias "bailan" juntas en un complicado patrón, determinado por su dieta, su estilo de vida y su fisiología, incluyendo el hipotálamo. En otras palabras, si tiene accesos repentinos de calor, aumenta de peso y es resistente a la insulina; los accesos repentinos de calor y el sobrepeso no desaparecerán a menos que cure la resistencia a la insulina. En mi experiencia, la mayoría de las mujeres que se aproxima a la menopausia son propensas a la resistencia a la insulina. Esto no tiene por qué convertirse en un estado permanente, pero significa, que si está experimentando síntomas hormonales, una de las maneras claves para recobrar el control es prestar más atención al azúcar en la sangre.

Una de las cosas positivas sobre el desequilibrio de las hormonas sexuales es que, a menudo, se hacen oír fuerte y claro, en especial cuando se aproxima la menopausia. Para muchas mujeres es como si hubieran caminado a través de los años con un socio silencioso, quien de repente empezó a gritar. Esto le sucedió a Leticia, una de las muchas mujeres que vienen a verme debido a sangrados uterinos disfuncionales y aumento de peso, relacionados con la menopausia. A sus 56 años, Leticia estaba bajo un tratamiento de reemplazo hormonal sintético (HRT por sus siglas en inglés) y sangraba todo el tiempo. También, tenía aproximadamente 12 kilos de sobrepeso que deseaba eliminar. Me contó que tenía mucha energía y se sentía bien con las hormonas, pero estaba frustrada: el sangrado constante le arruinaba su estilo de vida. Todos los exámenes convencionales resultaron negativos, pero por mucho que lo intentamos, no podíamos regular el sangrado de Leticia, mientras continuara bajo el HRT. Nada funcionaba. A medida que su frustración escalaba, decidimos eliminar las hormonas completamente (aunque en forma gradual) y ver cómo eso afectaba el sangrado. En las primeras semanas los síntomas de la menopausia regresaron, los sudores nocturnos, los accesos repentinos de calor, la falta de sueño, todas las molestias juntas. Estaba hinchada y sin aliento y se sentía, según sus palabras, "¡como un cerdo atiborrado!". Le receté el plan personalizado del desequilibrio hormonal y algunos suplementos para ayudarla en la transición, los siguió a conciencia, junto con una bebida de soya suplementaria que contenía 80 miligramos de isoflavones de soya y hierbas beneficiosas, tales como: trébol rojo, hierba sonajero (Cimicifuga racemosa), Withania somnifera, pasiflora y ñame (entre otros). Debo reconocer que ella nunca se dio por vencida y continuó con el plan. Pronto esta actitud tuvo su recompensa. El sangrado se detuvo; todos los síntomas desaparecieron; y había perdido ¡8 kilos! Hoy, más de un año después, no ha vuelto a aumentar el peso perdido.

Si sospecha que padece un desequilibrio hormonal, vale la pena dedicarle tiempo y dinero para descubrir cuál es la que origina el desequilibrio. En algunos casos, las mujeres en la perimenopausia pueden tener bajos los niveles de progesterona, en comparación con los de estrógeno. En otros casos, los niveles de progesterona son adecuados, pero los de estrógeno están demasiado altos. Y cada vez con más frecuencia, las tres principales hormonas en proceso de cambio durante este periodo: el estrógeno, la progesterona y testosterona, están demasiado bajas. Adicionalmente, sus hormonas sexuales pueden estar respondiendo a un desequilibrio subyacente de las hormonas de la tiroides o de la hormona cortisol que se adapta al estrés. Si no mejora por su cuenta, le recomiendo evaluarse con un médico versado en medicina integral o alternativa. Comience el plan personalizado del desequilibrio hormonal mañana, para empezar a restaurar el equilibrio y eliminar el desajuste, para que pueda observar lo que sucede en realidad. Una vez que siga el plan por dos semanas, programe su tiempo para realizar algunos exámenes de diagnosis si los síntomas persisten, para averiguar su desarreglo hormonal y ver si su tiroides está involucrada o no (existen muchos escenarios).

Al final, la clave para mantener un metabolismo saludable y una fuente de vitalidad, es conservar, a lo largo de su vida, las principales hormonas bien equilibradas. ¡Lo mejor de esto es que la mayoría de las mujeres no necesitan tomar una gran cantidad de píldoras y pociones para curar su desequilibrio hormonal, inclusive en la menopausia! Algunas lo hacen y por eso es que esos exámenes de diagnosis son útiles. Si decide que prefiere buscar una forma de HRT bioidéntica, encontrará información en los apéndices. Pero primero haga lo mejor que pueda, durante las siguientes dos semanas, y después observe cómo se siente. Si sigue el plan con diligencia, se sentirá mucho mejor y más ligera a los 14 días y sus síntomas de desequilibrio hormonal seguirán el ejemplo.

Plan de acción y alimentación para el desequilibrio hormonal

Su desafío para las próximas dos semanas será limitar el consumo de carbohidratos (y tener paciencia con usted misma cuando le toque batallar con esto). Una dieta alta en azúcar y en carbohidratos refinados, especialmente si come en exceso, puede llevar a un desequilibrio de las hormonas sexuales, provocando subidas en sus niveles de insulina, lo que causa resistencia a la insulina y una reacción bioquímica compleja que altera el nivel de estrógeno en el flujo sanguíneo.[5] El menú para el desequilibrio hormonal está diseñado para proveerle la nutrición óptima y el soporte suplementario que le ayudarán a su cuerpo a sintetizar las hormonas sexuales apropiadas, sin elevar sus niveles de insulina.

La mayoría de mis pacientes con desequilibrio hormonal, reportan una mejoría significativa en sus síntomas hormonales y pérdida de peso (especialmente la grasa del vientre), cuando eliminan totalmente de su dieta los carbohidratos refinados y siguen mis lineamentos para tomar suplementos y reducir el estrés. En mi consulta llamamos a esto, ¡adición por medio de la sustracción! No se preocupe, seguirá comiendo grandes cantidades de deliciosa comida, incluyendo: proteína magra, productos lácteos, abundantes polisacáridos y grasas buenas. Durante las próximas dos semanas, haga lo posible por evitar: alimentos horneados y procesados, bocadillos azucarados, toda clase de comida chatarra y alcohol, el máximo excitante azucarado, como lo ha hecho durante las dos últimas semanas.

También le voy a pedir que evite, o al menos limite, el consumo de cafeína y otros estimulantes que ayudan a regular sus niveles de adrenalina y cortisol; los que a niveles altos, empeoran los síntomas de desequilibrio de las hormonas sexuales. Esto significa que debe encontrar otras formas de contrarrestar la fatiga y el estrés. Le recomiendo cancelar compromisos y evitar la estimulación emocional excesiva; ¡tiene permiso de darse un descanso! Otra manera de apoyo desde el punto de vista emocional, es explorar alguna actividad creativa. El estrógeno es la semilla de nuestra capacidad reproductiva, que también puede interpretarse como nuestro potencial creativo. Si se encuentra en la menopausia, puede que sienta la sensación de pérdida, que algunas de nosotras experimentamos cuando nuestros órganos pierden la capacidad reproductiva, pero ayuda el que recordemos que nuestra creatividad no se desvanece, sólo se traslada a otro plano. Pruebe su capacidad en el arte o trabajos manuales, puede ser una forma de canalizar su energía creativa además de una experiencia fantástica e incluso transformadora.

Tenga en cuenta que sus hormonas se encuentran en un cambio continuo y se adaptan a los requerimientos de su cuerpo. Esto las hace muy impresionables, susceptibles a las malas dietas y hábitos, pero de igual manera ávidas de responder a una buena dieta y hábitos saludables. De hecho, las mujeres con desequilibrio hormonal, con frecuencia se sienten mejor sólo unos pocos días después de empezar con el plan personalizado del desequilibrio hormonal. También tienden a perder peso con mayor rapidez que las mujeres con otros desequilibrios. Sabiendo que sus hormonas son tan rápidas en registrar impresiones, piense en la forma en que usted se ha condicionado a reaccionar ante los demás (y ante sí misma) a través de los años, reacciones que activan la misma respuesta hormonal una y otra vez, y en su lugar enfóquese en las posibilidades de salud que le aguardan en el futuro. Donde sea que esté ahora o como sea que se sienta, no tiene por qué ser el lugar donde debe estar, ni la forma como debe sentirse mañana.

Receta de Marcelle para
EL DESEQUILIBRIO HORMONAL

1. Siga el plan de menús que empieza en la página 143 de la manera más estricta posible.

2. Tome los suplementos a las horas indicadas.

3. Establezca una hora para dormir que le permita tener de siete a nueve horas de sueño y mantenga esa rutina.

4. Cuando se despierte en la mañana, permanezca en la cama por cinco o diez minutos y establezca su intención positiva para el día.

5. Trate de tener una hora de actividad física, por lo menos 5 veces a la semana, incluyendo entrenamiento de resistencia, dos veces a la semana.

6. Tome mucha agua pura, no filtrada, y té de hierbas sin cafeína.

7. Reduzca la lista de "cosas por hacer" a las necesidades básicas. Cancele citas o compromisos si es necesario. ¡Usted se está recuperando!

8. Programe un tratamiento de relajación, tal como acupuntura, masaje o sanación energética, por lo menos una vez en las próximas dos semanas. Para información sobre opciones, vea los apéndices.

9. ¡Salga y juegue!

10. Lea la cuarta etapa y considere los medios que la llevarán a conectarse con su potencial creativo.

11. Programe exámenes de diagnosis (de seguimiento) si no siente mejoría dentro de las dos semanas.

Exámenes de diagnosis para el desequilibrio hormonal

Básicos:

- Si está en la etapa de la perimenopausia, prueba hormonal de saliva para el estrógeno, la progesterona, y testosterona total y libre, lo mismo que el SHBG (Globulina de unión a testosterona-estrógeno (TeBG) y niveles de DHEA (Dehidroepiandrosterona)

- Si está en la menopausia o posmenopausia, perfil hormonal para los niveles de hormonas en suero

- Examen con dos tomas de sangre en ayunas para medir el azúcar (glucosa) e insulina en la sangre y después de dos horas de haber comido, (para medir resistencia a la insulina y síndrome metabólico)

- Índice de estrés suprarrenal para evaluar la función suprarrenal

- Prueba del parche de yodo casera; si es positiva, programe una prueba de yodo en la orina

Avanzados:

- Prueba de la tiroides: TSH, T3 libre, T4 libre, anticuerpos en la tiroides

- Examen de panel de lípidos en la sangre para evaluar HDL, LDL y triglicéridos. Nota: si tiene una proporción de triglicéridos elevada con relación al HDL, le recomiendo hacerse un examen de resistencia a la insulina para descartar el síndrome metabólico. Si puede multiplicar su HDL por 4 ó 5 y el resultado es igual o mayor al número de triglicéridos, es probable que sea resistente a la insulina; de todas maneras, hágase el examen para estar segura.

Desequilibrio hormonal; alimentos permitidos

- Vegetales sin almidón, en especial los pertenecientes a la familia de las *Brassica:* brócoli, repollo, col de Bruselas

- Hojas verdes (provenientes de verduras)

- Alfalfa y germinado de alfalfa

- Cereales compuestos

- Proteína magra animal

- Proteína de soya

- Lácteos, al 2% o enteros

- Huevos

- Legumbres

- Alga marina

- Nueces y semillas

- Limones y limas

- Edulcorantes: néctar de agave, estevia

- Limones y jugo de limón

- Todas las hierbas y especias, en especial, albahaca, cardamomo, canela, comino, hinojo, ajo, ginseng, orégano, pimienta y sal de mar

- Tés equilibrantes: gingko, ginseng, verde, fenogreco, diente de león, frambuesa roja, dong quai (ver página 70)

Desequilibrio hormonal; alimentos que debe evitar

- Cafeína

- Alcohol (incluyendo vino y cerveza)

- Azúcar, fructosa, jarabe de maíz alto en fructuosa, maltosa, dextrosa, miel y jarabe de maple

- Harina refinada, cereales y panes

- Productos horneados

- Chocolates y dulces

- Galletas, papas fritas, bocadillos salados

Desequilibrio hormonal; suplementos

Básicos:

- Multivitamina diaria de alta potencia con magnesio y calcio adicional

- Ácidos grasos esenciales

- Probiótico (tomar con agua de 5 a 15 minutos antes de cada comida)

- Suplemento de hierbas para aliviar los síntomas de la menopausia, de preferencia que contenga extracto de hierba sonajero, trébol rojo, withania somnifera, pasiflora, kudzu, vitex y ñame

- 80 miligramos de isoflavones de soya en polvo o en forma de batido

- Calcio d-gluconato para ayudar al metabolismo de los estrógenos e impedir la pérdida ósea si está en la posmenopausia

Adicional:

- Tome estos suplementos si sus exámenes de diagnosis muestran niveles elevados constantes de estrógeno, en relación con la progesterona o si sospecha que tiene la progesterona baja; descontinúe el uso si experimenta sensibilidad en los senos o sangrado inusual.

- Crema de progesterona tópica o de ñame sin receta, de acuerdo al estándar oficial USP (farmacopea de los Estados Unidos por sus siglas en inglés): ½ cucharadita diaria, aplicada en la muñeca desde el día 14 del ciclo menstrual hasta el inicio del siguiente período.

- Índole-3-carbinoles (ácido acético) o DIM, un equilibrante del estrógeno derivado de plantas crucíferas, en especial si tiene historia familiar de cáncer de seno o si tiene problemas con el metabolismo de los estrógenos (si los exámenes muestran constantes niveles de estrógeno elevados, debe tener supervisión médica).

Alimento para sus hormonas

Soya

La soya pertenece a la familia de las legumbres o leguminosas que incluyen: arvejas, fríjoles y maní. Es reconocida por su contenido nutritivo vegetal, incluyendo una alta concentración de isoflavones, omega-3 y proteína. Ha sido estudiada detalladamente y se ha descubierto que es muy útil para combatir una variada gama de síntomas de la perimenopausia y menopausia: mejora la regulación de la insulina; pérdida de peso; salud ósea; mejora la salud de las uñas, piel y cabello; y disminuye los malestares de la menopausia, en particular la sequedad vaginal, accesos repentinos de calor y sudores nocturnos.[6] Existen abundantes estudios, tanto sobre los beneficios como sobre los efectos perjudiciales de la soya, algunas veces con resultados contradictorios. Por lo que he podido observar, la evidencia se inclina claramente hacia la parte beneficiosa, en especial como una alternativa segura a los tratamientos menopáusicos basados en HRT. La soya ha sido de gran ayuda para las personas que tienen dificultad en metabolizar el estrógeno y los 80 miligramos de isoflavones parecen ser la respuesta.

La soya funciona en forma excelente para algunas mujeres y de manera moderada para otras, aunque existen algunas que no la metabolizan bien y un pequeño grupo que tiene reacción negativa. Si padece síntomas de menopausia, pruebe adicionar alimentos de soya completa a su dieta, no GMO (no genéticamente modificados, por sus siglas en inglés), tales como: edamame, tofu, tempeh, y polvos de proteína de soya, y observe cómo le funcionan.

Yodo

El yodo es un componente de la tiroxina (T4) y la triyodotironina (T3), hormonas segregadas por la glándula tiroides y como tal esencial para un metabolismo saludable. Una glándula tiroides agrandada (bocio) es el primer indicio de deficiencia de yodo. Los gobiernos han solucionado potenciales deficiencias de yodo, mediante el procedimiento de yodar la sal, al punto que previene el bocio, pero no tiene necesariamente el nivel óptimo para la salud. Sin embargo, durante los últimos 25 años se nos ha pedido limitar el consumo de sal; por lo tanto, la minoría estamos obteniendo la cantidad suficiente de yodo y mucho menos en exceso. Además, ciertos alimentos denominados compuestos goitrogens (vegetales crucíferos como el repollo, la coliflor, el brócoli y la col rizada), pueden interferir con la absorción de yodo. Si padece de deficiencias en la tiroides, sería recomendable que disminuyera estos alimentos; sin embargo, como son tan saludables, es importante que primero examine sus niveles de yodo antes de eliminarlos.

Me sorprende ver cuántas de mis pacientes padecen de deficiencias de yodo que pueden estar relacionadas con la función de la tiroides y el equilibrio hormonal. Como la sal yodada es blanqueada, le recomiendo que consuma el yodo de una fuente más suave, como la sal de mar natural sin blanquear, la sal de mar Celtic o la sal de alga. El problema con la sal natural es que no provee el yodo suficiente, por lo que debe agregar productos de algas marinas a su dieta para asegurar que obtenga la cantidad adecuada. No le recomiendo a nadie tomar suplementos de yodo sin supervisión médica y exámenes de diagnosis. Puede ser un problema si sus niveles de yodo están demasiado elevados, aunque esto es poco frecuente en mi consulta.

Un día en la vida del plan personalizado
del desequilibrio hormonal

Hora	Actividad
6:30-7:00 A.M.	Despertarse. Permanecer en cama de cinco a diez minutos. Establecer una intención positiva para el día. Levantarse despacio. Hacer ejercicio en la mañana si eso es lo que le funciona.
7:15	Beber dos a tres vasos de agua o agua tibia con limón, seguida de su ritual de cuidado personal. Tomar probiótico.
7:30	Desayunar.
8:00	Ducharse y vestirse.
8:30	Caminar al trabajo ó durante 15 minutos, o si es posible practicar la respiración profunda.
10:30	Merienda matinal con agua.
11:30	Pausa para el té.
12:20-1:00 P.M.	Almuerzo, seguido de una caminata.
3:00	Merienda.
4:30	Tomar dos o tres vasos de agua.
5:00	Ejercicio (si todavía no lo ha hecho), salir al aire libre o buscar una actividad entretenida que la haga feliz.
6:00	Preparar la cena y tomar probiótico.
6:30	Cena.
7:00	Ponerse al día con la familia, amigos, oficios, manualidades y correspondencia. No ver las noticias de la noche porque contribuye al estrés.
8:00	Leer, escribir en el diario, meditar, bajar el ritmo.
9:00	Hora de dormir.

Menú para el desequilibro hormonal

Ideas para meriendas:

- ¼ taza nueces mixtas o de soya
- 1 porción de queso y 1 fruta
- 1 taza de yogur natural, entero o al 2 por ciento
- 1 huevo cocido
- Vegetales rebanados con hummus o yogur

*Las recetas empiezan en la página 275

Menú para sensibilidades digestivas

DÍA UNO

DESAYUNO

2 huevos al gusto
Pasteles de calabacín*

MERIENDA MATINAL

1 manzana pequeña horneada
y espolvoreada con canela
y dos cucharadas de nueces
lisas trituradas

ALMUERZO

Ensalada de pollo al curry*
sobre una taza de hojas
verdes mixtas

MERIENDA DE LA TARDE

Salsa de aguacate y pera* con
½ taza de pepino o calabacín
rebanado

CENA

Filete de pescado almendrado*
Judías verdes salteadas*
⅓ taza de arroz silvestre

Menú para sensibilidades digestivas

DÍA DOS

DESAYUNO

Quiche de espinaca*
½ taza de frambuesas

MERIENDA MATINAL

Rollos tropicales de prosciutto*

ALMUERZO

Sobrantes del filete de pescado
almendrado*
½ taza de brócoli al vapor con
½ cucharada de mantequilla
¼ taza de arroz silvestre

MERIENDA DE LA TARDE

Hummus limonado* con ½ taza
de vegetales rebanados

CENA

Estofado suntuoso de pollo*
½ panecillo sin gluten
½ taza de brócoli al vapor con
½ cucharada de mantequilla

Menú para sensibilidades digestivas

DÍA TRES

DESAYUNO

Huevos picantes Fiesta*
½ taza de fresas rebanadas

MERIENDA MATINAL

1 onza queso deshebrado
2 cucharadas de almendras

ALMUERZO

Ensalada de pollo dulce*
½ panecillo sin gluten

MERIENDA DE LA TARDE

Salsa de aguacate y pera* con
½ taza de pepino o calabacín
rebanado

CENA

Bistec con fabulosa salsa
de queso azul*
Arvejas chinas crocantes*
⅓ taza de arroz silvestre

Menú para sensibilidades digestivas

DÍA CUATRO

DESAYUNO

2 pastelillos de salmón*
½ taza de yogur sin dulce,
entero o 2%
½ taza de frambuesas

MERIENDA MATINAL

2 huevos cocidos
½ taza de melón

ALMUERZO

Sobrantes del quiche
de espinaca*
1 taza de hojas verdes mixtas,
con 1 cucharadita de aceite de
oliva y vinagre balsámico
¼ taza de grosellas

MERIENDA DE LA TARDE

1 nectarina pequeña
1 onza de queso rebanado

CENA

Camarones Scampi dorados*
½ taza de col rizada salteada
a fuego lento
¼ taza de arroz silvestre

Menú para sensibilidades digestivas

DÍA CINCO

DESAYUNO

Frittata de tomate y
espárragos*
½ taza de grosellas con 1
cucharada de crema de leche,
endulzada con estevia al gusto

MERIENDA MATINAL

½ pera untada con 1 cucharada
de mantequilla de marañón

ALMUERZO

Ensalada de huevo fuera de lo
común* sobre 1 taza de hojas
verdes mixtas

MERIENDA DE LA TARDE

Hummus limonado* con ½ taza
de vegetales rebanados

CENA

Pollo cremoso al cilantro*
Mezcla de edamame*
¼ taza de arroz silvestre

Menú para sensibilidades digestivas
DÍA SEIS

DESAYUNO

2 huevos al gusto
Pastel de calabacín*
½ taza de melón

MERIENDA MATINAL

Tapenade de aceitunas* con
½ taza de vegetales rebanados

ALMUERZO

Pechugas de pollo horneadas
o a la parrilla, con sal y
pimienta al gusto
Tomates sabrosos*
⅓ arroz silvestre

MERIENDA DE LA TARDE

2 tortas de arroz sin dulce u
8 galletas de arroz untadas con
1 cucharada de mantequilla
de almendra

CENA

Cordero al romero*
Cintas de calabacín*
½ batata con ½ cucharada de
mantequilla, espolvoreada con
canela si lo desea

Menú para sensibilidades digestivas
DÍA SIETE

DESAYUNO

Tortilla de huevos con
alcachofa sin queso*
¼ taza de grosellas

MERIENDA MATINAL

½ nectarina rellena con 2
cucharadas de queso ricota
y espolvoreada con canela o
nuez moscada

ALMUERZO

Sobrante del cordero al romero*
2 tazas de hojas verdes mixtas,
con 1 cucharada de aceite de
oliva y el jugo de ½ limón
½ taza de fresas rebanadas

MERIENDA DE LA TARDE

½ taza de grosellas
1 onza de queso rebanado

CENA

Vieiras Mediterráneo*
¼ taza de arroz silvestre
Espinaca con limón y ajo*

Menú para sensibilidades digestivas
DÍA OCHO

DESAYUNO

½ taza de queso blanco
grumoso (cottage)
2 pastelillos de salmón*
½ taza de frambuesas

MERIENDA MATINAL

1 manzana pequeña, rebanada
y untada con 1 cucharada de
mantequilla de marañón

ALMUERZO

Sobrantes de la tortilla de
alcachofa sin queso*
1 taza de hojas verdes mixtas,
con una cucharadita de aceite
de oliva y vinagre balsámico

MERIENDA DE LA TARDE

1 onza de queso deshebrado
2 cucharadas de almendras

CENA

Pollo Lyonnaise*
¼ taza de arroz silvestre
1 taza hojas verdes mixtas, con
una cucharadita de aceite de
oliva y vinagre balsámico
¼ taza de grosellas con 1
cucharada de crema de leche,
endulzada con estevia al gusto

Menú para sensibilidades digestivas

DÍA NUEVE

DESAYUNO

Delicioso quiche de mariscos*
½ taza de fresas rebanadas

MERIENDA MATINAL

2 bolas de queso con perejil*
½ taza de fresas rebanadas

ALMUERZO

Pollo fácil a la florentina*
½ taza de melón

MERIENDA DE LA TARDE

2 tallos de apio, cada uno
relleno con 1 cucharada de
Hummus limonado*

CENA

Hamburguesa asada
o a la parrilla
Col de Bruselas con
champiñones*
¼ taza de arroz integral

Menú para sensibilidades digestivas

DÍA DIEZ

DESAYUNO

2 huevos al gusto
2 rebanadas de tocino
sin nitrato
½ taza de frambuesas con
crema de leche, endulzadas
con estevia al gusto

MERIENDA MATINAL

1 manzana pequeña horneada,
espolvoreada con 1 cucharada
de nuez lisa triturada

ALMUERZO

Pechuga de pollo horneada
o a la parrilla, con sal
y pimienta al gusto
Arvejas chinas crocantes*
⅓ taza de arroz silvestre

MERIENDA DE LA TARDE

Tapenade de aceitunas* con
½ taza de vegetales rebanados

CENA

Jambalaya cajun de colores*
1 taza de hojas verdes mixtas
con 1 cucharadita de aceite de
oliva y vinagre balsámico
½ taza de fresas rebanadas

Menú para sensibilidades digestivas

DÍA ONCE

DESAYUNO

½ taza de yogur sin dulce,
entero o 2%
Pasteles de calabacín*
½ taza de melón

MERIENDA MATINAL

1 huevo cocido
2 cucharadas de almendras

ALMUERZO

Sobrantes de Jambalay
a cajun de colores*
1 taza de ensalada de
vegetales verdes con 1
cucharadita de aceite de oliva y
vinagre balsámico
½ taza de grosellas con 1
cucharada de crema de leche,
endulzada con estevia al gusto

MERIENDA DE LA TARDE

½ pera untada con 1 cucharada
de mantequilla de marañón

CENA

Pechuga de pollo horneada
o a la parrilla con sal y
pimienta al gusto
Sopa de champiñones*
½ taza de brócoli al vapor con
½ cucharada de mantequilla
½ panecillo sin gluten

Menú para sensibilidades digestivas

DÍA DOCE

DESAYUNO

Huevos picantes Fiesta*
½ taza de fresas rebanadas con
una cucharada de crema de
leche, endulzada con
estevia al gusto

MERIENDA MATINAL

1 torta de arroz sin dulce o
4 galletas untadas con una
cucharada de mantequilla de
almendra

ALMUERZO

Ensalada de pollo al curry*
sobre 1 taza de ensalada de
hojas verdes mixtas
½ taza de frambuesas

MERIENDA DE LA TARDE

2 bolas de queso con perejil*
1 cucharada de almendras

CENA

Sabroso estofado de cerdo*
1 taza de ensalada de hojas
verdes mixtas, con una
cucharadita de aceite de oliva y
vinagre balsámico
¼ taza de melón

Menú para sensibilidades digestivas

DÍA TRECE

DESAYUNO

Tortilla de huevos cremosa
con salmón*
½ taza de grosellas

MERIENDA MATINAL

Salsa de aguacate y pera* con
½ taza de pepino o calabacín
rebanado

ALMUERZO

Sobrantes del bistec bañado en
salsa dulce* sobre una taza de
ensalada de hojas verdes mixtas

MERIENDA DE LA TARDE

Rollo tropical de prosciutto*

CENA

Bistec bañado en salsa dulce*
Espinaca con limón y ajo*
¼ taza de arroz silvestre

Menú para sensibilidades digestivas

DÍA CATORCE

DESAYUNO

Frittata de tomate y
espárragos*
½ taza de frambuesas con
crema de leche, endulzada con
estevia al gusto

MERIENDA MATINAL

1 onza de queso rebanado
2 cucharadas de almendras

ALMUERZO

Sobrantes del bistec bañado en
salsa dulce* sobre una taza de
ensalada de hojas verdes mixtas
½ taza de fresas rebanadas

MERIENDA DE LA TARDE

Guacamole* con ½ taza de
vegetales rebanados

CENA

Pollo rápido y fácil*
1 taza de ensalada de
hojas verdes mixtas, con 1
cucharadita de aceite de oliva y
vinagre balsámico
½ panecillo sin gluten

Desequilibrio hormonal; preguntas frecuentes

¿Es posible aliviar los síntomas de la menopausia de manera natural? No deseo tomar HRT, pero estoy cansada de esta sucesión de cambios bruscos

¡Si! Y está encaminada a lograrlo ahora mismo, siguiendo este plan. Es posible mejorar el equilibrio hormonal mediante cambios en la dieta y estilo de vida y al agregar ciertos suplementos y alimentos que enriquecen su estabilidad hormonal. Mientras más rápido lo haga, mejor. Para mayor información, le recomiendo leer en la sección de los apéndices sobre la HRT natural y visitar www.womentowomen.com, donde se exploran muchas de las formas de restaurar el equilibrio hormonal de manera segura, eficiente y natural.

Estoy tomando píldoras anticonceptivas (o HRT)
y deseo dejarlas. ¿Puedo hacerlo?

No le recomiendo dejar una terapia de hormonas de manera súbita. Mientras esté siguiendo este plan, hable con su médico para que le recomiende cómo reducir, de forma paulatina, la cantidad de hormonas que está tomando. A medida que recupere su equilibrio esencial, encontrará que, en realidad, no necesita terapia hormonal, a menos que desee continuar con ella por razones de control de natalidad. Si está tomando la píldora, trate de seguir este plan por dos meses y luego déjela.

No estoy perdiendo peso con este plan. ¿Qué debo hacer?

Téngase paciencia y concédale la oportunidad durante dos semanas completas. Si no está usando alimento medicinal, consulte el apéndice para mayor información; ¡hágalo: con seguridad le va a ayudar! Si todavía no observa ninguna mejoría, regrese a la prueba del equilibrio esencial y observe los otros puntajes altos. Puede ser que sus glándulas suprarrenales o su tracto digestivo necesiten ayuda, o que no se esté desintoxicando de forma adecuada.

Capítulo diez

PLAN PERSONALIZADO DEL DESEQUILIBRIO SUPRARRENAL

Si en la prueba su puntaje más alto fue el de desequilibrio suprarrenal, hay muchas probabilidades de que sus suprarrenales estén pidiendo auxilio. Las suprarrenales son unas glándulas del tamaño de una nuez, localizadas encima de cada riñón, e importantes centros de control de muchas de las hormonas del cuerpo. La cubierta exterior de la glándula, llamada corteza suprarrenal, produce pequeñas cantidades de hormonas esteroides, incluyendo cortisol, DHEA, estrógeno y testosterona. El centro de las glándulas produce la adrenalina, hormona llamada así por su nombre en latín *glandulae adrenales*. (La adrenalina también es llamada epinefrina; compuesta por una hormona similar, noradrenalina).

Sus glándulas suprarrenales son muy valiosas. Provocan la respuesta de pelear o huir, cuando está bajo estrés, sea real o percibido. Es probable que sepa cómo se siente cuando enfrenta una amenaza física, como por ejemplo, ¡el ataque de un tiburón! (bueno, a lo mejor no sabe lo que se siente en ese caso, pero seguro que me entiende). Su corazón palpita con fuerza, su respiración se acelera y su mente está alerta. La respuesta de pelear o huir crea, en milisegundos, una tremenda cantidad de energía para mantenerla viva a usted o a alguien a quien debe proteger. Pero a diferencia de su cerebro pensante, que ha evolucionado para distinguir las amenazas reales de las percibidas, esta respuesta automática no registra la diferencia, por ejemplo, entre el ataque real de un tiburón y la escena similar en una película de terror, o entre un peligro físico y un embotellamiento de tráfico frustrante. Todo lo que el hipotálamo registra es ¡"peligro"! y activa la alarma a lo largo del sistema nervioso central.

Cuando las glándulas suprarrenales reciben la señal, liberan un bombardeo de químicos; específicamente adrenalina y noradrenalina para lograr ese rápido impulso de energía sobrehumana. Esta energía requiere combustible, por lo tanto, la adrenalina también estimula la descomposición de las grasas y del glucógeno en la glucosa, proceso que resulta en una subida del azúcar en la sangre y un incremento en el nivel de ácidos grasos libres, que circulan en la sangre.[1] Estos cambios celulares cargados de adrenalina provocan la liberación de cortisol y otras hormonas que elevan los niveles de insulina, y ayudan a canalizar más glucosa a sus músculos y cerebro para agudizar sus sentidos mientras que las funciones secundarias, incluyendo la digestión, se hacen más lentas. Si lo que originalmente produjo el estrés fue algo emocional o imaginado, su corteza cerebral interviene con rapidez y su intelecto establece que no existe un peligro físico real. (¡No es un tiburón de verdad! ¡Es sólo una película!). Pero no importa, su sistema nervioso central ya está excitado.

La respuesta de pelear o huir, puede ser el mecanismo de defensa más importante y eficiente de su cuerpo para sobrevivir otro día en la selva, pero hay un problema: no fue diseñado para durar mucho. Quizás lo suficiente para mantenerla segura, pero enseguida se desvanece y la regresa a la normalidad con la ayuda del sistema nervioso parasimpático, mediante las acciones contrarias, o sea las relacionadas con la relajación. Las suprarrenales están diseñadas para realizar una rápida y corta carrera y luego descansar, no para una competencia a campo traviesa. Pero en la actualidad, cuando el estrés se ha convertido en una condición crónica, es precisamente lo que les estamos exigiendo. Como resultado, nuestra salud refleja el esfuerzo excesivo y nuestra cintura lo despliega en forma de peso tóxico.

Un curso rápido sobre el desgaste suprarrenal

¿Recuerda cuando expliqué, en la introducción, que el aumento de peso tóxico es un síntoma de un cuerpo bajo estrés? Bueno, unas suprarrenales sobrecargadas y desgastadas (y el peso tóxico que nos hacen aumentar) es el resultado del estrés crónico. A diferencia de nuestras tatarabuelas y nuestros ancestros anteriores a ellas, estamos expuestos en la vida moderna a un estrés implacable por un largo período de años. De manera constante trabajamos demasiado, estamos siempre conectados a todo tipo de aparatos electrónicos, tomamos demasiados medicamentos, estamos desnutridos y expuestos a un cóctel de toxinas en un medio ambiente con químicos y alérgenos. Vivimos en una era saturada de tecnología y medios de comunicación, que nos mantiene en estado de perpetua estimulación. Todo esto, junto con nuestros desafíos personales y emocionales, crea una enorme demanda para las glándulas suprarrenales. Esto es particularmente cierto para las mujeres entre los 30 y los 40 años, década conocida como la del "estrés", en la cual las mujeres a menudo están como un emparedado: cuidando del desarrollo de sus hijos y haciéndose cargo de las personas de edad, mientras también tienen la responsabilidad de un empleo o de un trabajo voluntario.

Algunas de nosotras podemos contar con el apoyo que necesitamos para combatir esta carga constante, pero en mi experiencia clínica sólo del 10 al 15 por ciento de las mujeres a las que les he hecho exámenes, tienen una función suprarrenal normal. Eso significa que del 85 al 90 por ciento sufren de problemas en las glándulas suprarrenales. Hace unos años, una mujer llamada Denise vino a verme. Había sido diagnosticada con fatiga crónica y sus doctores le habían dicho que tenía que vivir con ello, y así lo hizo por ¡20 años! Cuando vino a verme, no podía conducir. Apenas si podía subir las escaleras de mi oficina y su esposo prácticamente tenía que cargarla. Sus exámenes comprobaron que la función suprarrenal estaba débil, y por lo tanto, debía realizar cambios importantes en su vida para sanarse. Así empezó su travesía hacia la salud con el mismo plan que le estoy presentando.

¿Cómo pueden las suprarrenales llegar a deteriorarse de esa manera? Es complicado, pero la respuesta concisa es: el mismo estrés físico, ambiental y emocional. El estrés desafía a las suprarrenales, forzándolas a producir mucho cortisol. Con el tiempo, las grandes cantidades de cortisol, estresan su cuerpo aún más. Diseñada para ayudarla en su respuesta a los desafíos, convierte las proteínas en energía, estimula al hígado para liberar glicógeno en la corriente sanguínea alimentando al cerebro con rapidez, y contrarresta la inflamación suprimiendo la reacción inmunológica. Esto está bien por un período corto de tiempo, pero cuando los niveles elevados son permanentes, gradualmente el cortisol desgasta su cuerpo al separar las moléculas más grandes para liberar su energía. En períodos más largos, destruye la salud de los músculos y huesos, deteriora la diges- tión y el metabolismo, y disminuye la resistencia a la insulina, lo cual es un paso hacia aumentar el peso no deseado. Al mismo tiempo, cuando las suprarrenales se afanan en mantener los niveles de cortisol elevados, pierden la capacidad de producir suficientes cantidades de hormona DHEA, precursora del estrógeno, la progesterona y testosterona y un protagonista clave para moderar su equilibrio hormonal. La insuficiencia de DHEA contribuye a la fatiga, pérdida ósea, depresión, dolor en las articulaciones, disminución de la libido y deterioro en la función inmunológica, entre otras cosas.

Los desequilibrios suprarrenales son tan comunes en mis pacientes que he llegado a creer que son el precio que debemos pagar por nuestro vertiginoso estilo de vida. Cuando las suprarrenales están sobrecargadas, se siente cansada, así de simple. Y por cansada quiero decir agotada, como si no le quedara ninguna reserva. La parte engañosa, por supuesto, es que todo el mundo se queja de estar cansado en estos tiempos, por eso las mujeres continúan por meses y años sin cuidado médico. Tengo una paciente, Heather, que vino a verme el año pasado. Tenía poco menos de cuarenta años, quería un chequeo completo y ayuda para perder 7 kilos de peso tóxico. Durante nuestra primera entrevista, me contó que estaba exhausta todo el tiempo. Tenía un hijo autista y un ex-marido que la ayudaba en lo posible, sin embargo, estaba llegando al punto que apenas podía levantarse en las mañanas. Estaba cansada todo el día, dependía del café y de refrigerios para mantenerse activa; si descansaba por algunos minutos, una agobiante fatiga la invadía. Se había enorgullecido siempre de ser una persona de empuje, pero ahora se sentía como si apenas pudiera mantenerse en pie. Reconoció que sus niveles de estrés eran muy altos y estaba en extremo preocupada por mantener la suficiente energía para cuidar de su hijo.

El cansancio excesivo de Heather me produjo curiosidad sobre su salud suprarrenal, por lo tanto, le ordené el examen de índice de estrés suprarrenal junto con otras pruebas apropiadas. Todos los exámenes convencionales estaban normales pero su ASI (índice de estrés suprarrenal, por sus siglas en inglés) mostraba que su función suprarrenal estaba completamente inactiva. De inmediato, le pedí a Heather que dejara de hacer ejercicio y comenzara al día siguiente con el plan de dieta para el desequilibrio suprarrenal, incluyendo además, suplementos nutricionales para ayudar a las suprarrenales, tales como: ginseng, rhodiola rosea, regaliz y extracto de hongo chino *Cordyseps sinensis*. Heather prometió darle prioridad a conseguir ayuda para el cuidado de su hijo, y empezar a ser estricta con sus propios horarios de sueño. Le tomó cuatro meses, pero al final de ese tiempo se sentía y lucía como una mujer diferente. No sólo había cambiado su estilo de vida, también tenía quién le ayudara con su hijo, había aprendido cómo apoyar a su cuerpo con la nutrición adecuada y sus suprarrenales se recuperaron. Felizmente, su sobrepeso desapareció en el proceso.

Cuando se trata del desequilibrio suprarrenal, es interesante observar cómo su propio cuerpo puede estar enfrentando cantidades excesivas o reducidas de cortisol. Por un lado, las mujeres con función suprarrenal deficiente, que generan bajos niveles de cortisol, pueden ser diagnosticadas con la inusual enfermedad de Addison; mientras, por el otro, las mujeres con el síndrome de Cushing padecen de suprarrenales hiperactivas que liberan demasiado cortisol. La gran mayoría se encuentra en un punto intermedio, avanzando con lentitud de una producción excesiva de cortisol en los 30 y 40 años, a una producción insuficiente en sus cincuenta y sesenta. Es importante saber si está experimentando altos o bajos niveles de cortisol; sin embargo, sucede con frecuencia que las mujeres van al médico con los síntomas, sólo para encontrar que los exámenes estándar muestran un resultado negativo o "normal". En mi opinión, el examen convencional para las suprarrenales (Prueba de estimulación de ACTH) permite un margen muy generoso para lo que se considera "normal". Por lo tanto, para diagnosticar, prefiero usar el índice de estrés suprarrenal (ASI). Éste es un examen de saliva tomado a diferentes horas del día (lea más en los apéndices). Sin importar lo que sus exámenes digan, ninguna mujer debe padecer una gran caída de energía por más de unos pocos días a la vez. La fatiga crónica no es normal, es otro síntoma, tanto como el peso tóxico. Si su nivel de energía está bajo o disminuyendo con rapidez y el descanso no le ayuda, necesita un examen de diagnosis de sus suprarrenales con el ASI, al igual que de la tiroides. La tiroides y las suprarrenales están íntimamente relacionadas a través del eje HPA (hipotálamo-pituitaria-suprarrenal) y el desequilibrio suprarrenal puede ocultar síntomas de un problema subyacente de la tiroides, que podría hacerla sentir peor, una vez que las suprarrenales hayan sido sanadas; los exámenes de diagnosis le indicarán si se trata de ambos.

¿Está su nivel de cortisol alto o bajo?

Los síntomas relacionados con el exceso de cortisol incluyen: sensación de cansancio y excitación, hiperactividad, hambre, pérdida de memoria y depresión. Puede caer en excesos con la comida o tener antojos muy intensos, aun sin hambre (de eso se trata el estrés alimenticio). Puede que sienta muchos deseos de dormir y cuando se acuesta es sólo para dar vueltas en la cama. O, aunque se duerme con facilidad, se despierta unas horas después sin poder reconciliar el sueño. Incluso puede estar haciendo ejercicio y comiendo bien, sin perder peso, pero se siente en extremo fatigada todo el tiempo.

Los síntomas de bajo nivel de cortisol y deterioro de las suprarrenales, incluyen fatiga extrema, aún al despertarse; sentirse aturdida y mareada cuando se pone de pie; quedarse dormida donde quiera que se siente; sentirse confusa; incapacidad para perder peso; dormir sólo para despertar y sentirse exhausta; y depender de la cafeína y el azúcar para sobrevivir en el día.

Su peso y la respuesta al estrés

Es bien sabido que comemos cuando estamos estresadas y que el estrés es reportado como el factor común en las condiciones que llevan a comer en exceso; pero, ¿cómo sucede esto en el contexto de la respuesta suprarrenal? Piense en lo siguiente: si está huyendo de un asaltante, ¿se detendría para comer un emparedado? La respuesta de pelear o huir está diseñada para rechazar las señales de hambre, desviando la energía de la digestión, para atender al apremio de la supervivencia y, por eso, los niveles de leptina, hormona de la saciedad, se elevan junto con los del cortisol[2]. Como sucede con muchas cosas en el cuerpo, lo que funciona a corto plazo, no es tan saludable en el largo. Se parece al caso de una pequeña filtración en su casa, los niveles altos y persistentes de cortisol, dañan los cimientos del eje HPA. La bioquímica es en extremo compleja, pero la idea general es que el estrés crónico suprime la comunicación normal y toma el control sobre el proceso del eje HPA, manteniendo a esas glándulas sobre estimuladas y a todas las hormonas que producen omnipresentes (esta es la razón por la que el estrés crónico induce la resistencia a la insulina y a la leptina: los constantes niveles elevados, de esas hormonas envían señales sin interrupción, estimulando el eje HPA una y otra vez, de tal manera que el cerebro deja de responder a las señales[3], y la resistencia a la leptina significa que su cerebro nunca recibe la señal de estar llena o satisfecha). La respuesta al estrés tiene un interruptor integrado: cuando el cortisol llega al cerebro, le informa al hipotálamo que deje de enviar señales para producirla, pero las investigaciones han descubierto que el estrés crónico suprime la comunicación normal. Entonces, mientras continúe estresada, también lo hará la producción de cortisol, estimulándola a buscar comida de poca calidad y reconfortante que le brindará la mayor cantidad de energía rápida y grasa, necesarias para el esfuerzo, como barras de dulce, rosquillas y, por supuesto, frapuccinos con sabor a moka cargados de cafeína.[4]

Muchas mujeres con las suprarrenales deterioradas, tratan de superar la fatiga de esa manera, dependiendo de la cafeína (que estimula la adrenalina en su sistema) o comiendo más para sostener su nivel de energía (con frecuencia recurriendo a la comida chatarra y azúcar refinada para una estimulación rápida). Otras, tratan de aumentar la energía incrementando el ejercicio, lo que les produce una subida temporal de la misma que va ligada con la liberación de endorfinas. Pero todo lo que sube, tiene que bajar y esta sucesión de cambios bruscos de energía ¡sólo empeora el desequilibrio suprarrenal! Los niveles de cortisol e insulina están entrelazados: cuando sube el cortisol, también lo hace la insulina y la leptina, y una enorme cascada de hormonas que recién estamos empezando a entender. De esa manera, la estimulación excesiva del eje HPA y la producción de cortisol, pueden mantener artificialmente elevados los niveles de insulina, induciendo la resistencia y el aumento obstinado de peso. Una vez que las células han sido condicionadas a resistir a la insulina o a la leptina, es necesario hacer cambios importantes para restaurar el equilibrio metabólico.[5] Si desea conocer más sobre la resistencia a la insulina, por favor lea el capítulo 9 sobre el plan personalizado del desequilibrio hormonal. No es extraño que los desequilibrios suprarrenales y hormonales estén relacionados.

Existen muchas hormonas metabólicas que regulan el hambre y la acumulación de grasa (ver los apéndices). Recuerde que todas sus hormonas trabajan conjuntamente en un ciclo de retroalimentación que influye en todas las funciones de su cuerpo. Estamos hablando de un ciclo de niveles elevados de adrenalina, cortisona, insulina y leptina. Por el contrario, algunas hormonas y funciones son suprimidas cuando los niveles de cortisol están elevados: hormonas de la tiroides, función inmunológica, hormonas sexuales y otras hormonas esteroides, como DHEA y la hormona del crecimiento. Por eso es que la fatiga suprarrenal puede ser un factor en muchas de las enfermedades relacionadas incluyendo: fibromialgia, hipotiroidismo, dismenorrea, síndrome de fatiga crónica, insomnio, depresión, artritis y otras. También puede dar lugar a otros desagradables síntomas: desde el acné hasta la ansiedad y pérdida de cabello y conducir, a problemas después de la menopausia, cuando las suprarrenales tienen la tarea de elaborar pequeñas cantidades de estrógeno y otras hormonas que eran producidas por los ovarios; si no son capaces de realizar el trabajo, no contribuyen con su parte, lo que interfiere con su bioquímica y agrava los síntomas de la menopausia. Muchas de mis pacientes se dan cuenta del desgaste de las suprarrenales, cuando de forma súbita, empiezan a tener dificultades para perder peso, en especial alrededor del abdomen. Una cintura inflada es un claro indicador de que su cuerpo está en un serio modo defensivo y ha llegado la hora de prestarle atención.

La buena noticia es que las suprarrenales son como el resto de su fisiología: una vez que usted sabe lo que necesita, son fáciles de sanar con el apoyo adecuado, y los próximos 14 días la pondrán en el camino correcto. Para mantener sus suprarrenales en buena forma, sólo tiene que conocer cuáles son sus factores estresantes, físicos y emocionales, para eliminarlos cuando pueda hacerlo, o entender cómo enfrentar el estrés cuando no pueda eliminarlos. Denominamos a cualquier evento que provoque una respuesta de estrés, un "activador", incluyendo los traumas de la niñez que son revividos cuando experimenta un evento que los active. Regrese al capítulo uno y revise la lista de los factores de estrés más comunes; notará que he incluido las experiencias de su pasado. Cuando se trata de estrés y aumento obstinado de peso, esos activadores subconscientes son tan poderosos como aquellos de los que está consciente, y a menudo, están inmersos en lo profundo de nuestro cerebro emocional e instintivo. Hablaremos en detalle sobre esto en la cuarta etapa, donde puede explorar formas de proceder para llegar al fondo de la causa y la razón del estrés. En mi experiencia, esto, más que cualquier otra cosa, la ayudará a eliminar el sobrepeso de por vida.

Plan de acción y alimentación para el desequilibrio suprarrenal

El mayor desafío, para quienes están enfrentando un desequilibrio suprarrenal, es reestructurar su forma de pensar, para que deje de hacer muchas cosas al mismo tiempo y se permita un equilibrio saludable entre el descanso y la actividad, y esto significa que usted ¡debe colocarse en primer lugar! Las personas con desequilibrio suprarrenal tienden a estar siempre de prisa; si usted es una de ellas puede que sienta que el estrés la alimenta, trabajando intensamente hasta que se quede sin combustible o se enferme. Tal vez se encuentre estancada en un ciclo continuo de labores domésticas y trabajo que le parece imposible romper. Come siempre de prisa, el sueño es esporádico y breve y quizás esté haciendo dieta, o comiendo en exceso y después haciendo demasiado ejercicio o matándose de hambre para compensar. Si siente que está intentando abarcar demasiado, ¡es probable que sea cierto! Y este es el momento de detenerse.

Su plan para los próximos 14 días hace énfasis en las proteínas y fibras en la mañana y en la tarde, para mantenerla satisfecha y con sus niveles de energía elevados, evitando una caída en la tarde. A medida que disminuye el ritmo en la noche, el plan utiliza la cantidad correcta de carbohidratos para ayudarla a relajarse y conseguir un sueño restaurador. Lo que no contiene es trigo u otros productos con gluten. En mi experiencia, los síntomas de desequilibrio suprarrenal se complican mucho por la sensibilidad al gluten, un componente importante en todas las clases de trigo (y algunos otros granos). La enfermedad celiática de la zona del abdomen es una alergia al gluten; si usted padece de esta condición es probable que ya lo sepa, porque los síntomas son bastante severos. Sin embargo, una gran parte de nuestra sociedad es sensible al gluten, y esta sensibilidad se vuelve más común con la edad. Con el tiempo progresa en su cuerpo, sin que observe síntomas evidentes más allá de sentirse un poco mal por largo tiempo. Eliminar el gluten de la dieta es el medio más rápido para curar muchos otros desequilibrios esenciales, incluyendo problemas digestivos e inflamatorios.

El menú y los suplementos deberán hacerla sentir más fresca, energizada y capaz de enfrentarse a las exigencias de su vida. También debería empezar a perder algo del peso que su cuerpo estresado está reteniendo. Después, puede analizar si existen motivos subyacentes que la obligan a mantenerse ocupada todo el tiempo. ¿Existen cosas a las que no quiere dedicarles el tiempo para evitar afrontarlas? Pregúntese de qué se está escapando y lea la cuarta etapa para obtener una mayor comprensión y apoyo. Recuerde, independientemente de lo que nuestra frenética cultura le indique, no es natural ni saludable estar corriendo todo el tiempo. Mire a su alrededor, al mundo natural, todas las especies vivientes necesitan descanso y actividad en iguales proporciones para desarrollarse. Entonces, aproveche estos próximos 14 días para cultivar el equilibrio en todas las cosas y permita que sus suprarrenales se sanen.

Receta de Marcelle para
EL DESEQUILIBRO SUPRARRENAL

1. Siga el plan de menús que comienzan en la página 163.

2. Tome los suplementos a la hora establecida.

3. Si está haciendo ejercicio, reduzca su intensidad a la mitad durante las próximas dos semanas. No deje que su ritmo cardiaco exceda de 90, hasta que sus suprarrenales estén curadas.

4. Si no está haciendo ejercicio, póngase el objetivo de caminar durante 15 minutos después de cada comida, de preferencia al aire libre.

5. Establezca de manera estricta la hora de ir a la cama, para que le permita de ocho a nueve horas de sueño por noche y mantenga esa rutina. Si tiene problemas para dormir, por favor lea más sobre esto en las páginas 89–90.

6. Preste atención a las necesidades de su cuerpo, permítase un tiempo para tomar siesta los fines de semana.

7. Cancele, por las próximas dos semanas, cualquier obligación que no sea estrictamente necesaria.

8. Trate de evitar actividades y contactos que exciten su sistema nervioso central. Esto incluye dramas televisivos y noticias, así como ejercicios vigorosos, confrontaciones, etc. Déle vacaciones a su respuesta al estrés.

9. Si aún no lo ha hecho, reduzca el consumo de cafeína o elimínela por completo (ver página 161). Eliminar los estimulantes artificiales, como la cafeína, es importante para las mujeres con problemas suprarrenales.

10. Programe un masaje o cualquier otra forma de terapia para el cuerpo, al menos una vez durante este periodo. Para más información sobre opciones, vea los apéndices.

11. Desconéctese, al menos dos horas antes de ir a la cama, de la televisión, la radio, la computadora, el celular. Disminuya la luz, tome un baño o simplemente no haga nada. ¡Está en proceso de curación!

12. Pida una cita para exámenes de diagnosis si no está sintiendo mejoría en el transcurso de las dos semanas.

Exámenes de diagnosis para el desequilibrio suprarrenal

Básicos:

- Índice de estrés suprarrenal (ASI) para comprobar los niveles de cortisol, a diferentes horas del día

- Hemograma completo (CSC con diferencial) para comprobar si existe anemia, infección o cualquier tipo de trastornos en la sangre

- Perfil metabólico completo (CMP) para medir los electrolitos, el azúcar y la proteína en la sangre, el nivel de pH, y las funciones del hígado y de los riñones

- Hemograma de tiroides, niveles TSH, T4 y T3 libre y anticuerpos de la tiroides

- Perfil celiático para medir la sensibilidad y alergia al gluten

Adicionales (si los otros exámenes son normales):

- Examen para detectar el virus de Epstein-Barr, la enfermedad de Lyme y la mononucleosis

- Prueba de estimulación ACTH, si lo desea

- Prueba casera de parche de yodo; si es positivo, proceder con la prueba de yodo en la orina

Tenga en cuenta que muchos médicos occidentales todavía son escépticos sobre el rol suprarrenal en la salud. Usted debe consultar un médico funcional o integral para estos exámenes; vea la sección de especialistas recomendados y recursos para más información. Creo que la medicina occidental aceptará por completo la realidad de la fatiga suprarrenal durante los próximos 10 años, mientras tanto, ¡usted tiene la posibilidad de obtener sus ventajas en beneficio de su propia salud!

Desequilibrio suprarrenal; alimentos que debe incluir

- Espárragos
- Aguacate
- Repollo
- Apio

- Pepino
- Frutas
- Ajo
- Jengibre
- Proteína magra
- Semillas de girasol y de ajonjolí
- Sal, en especial si su función suprarrenal es baja

Desequilibrio suprarrenal; alimentos que debe evitar

- Alcohol

- Cafeína

- Gluten y granos, trigo, cebada, escanda, kamut, centeno, triticale, avena si contiene gluten

- Azúcar refinada y procesada, incluyendo jarabe de maíz

- Alimentos empacados y procesados, y comida chatarra

- Alimentos demasiado picantes

Desequilibrio suprarrenal; suplementos

Básicos:

- Multivitamina diaria de alta potencia con calcio y magnesio adicionales

- Ácidos grasos esenciales

- Probiótico (tomar con agua 5 a 15 minutos antes de cada comida)

Adicionales, si sus niveles de cortisol son elevados:

- Astralagus

- Alga marina

- Un buen complejo de vitamina B con B6, si su multivitamina no la incluye

- Melatonina (media tableta de 1 a 3 miligramos media hora antes de acostarse) o 500 miligramos de un suplemento de fosfolípidos para eliminar el exceso de cortisol

- Hierbas de apoyo: ginseng, rhodiola, extracto de *Cordyseps sinensis* (seguir las instrucciones del empaque)

- Fosfolípidos, 500 miligramos

Adicionales, si su nivel de cortisona es muy bajo:

- Astralagus

- Bufera,

- DHEA (25 miligramos)

- Extracto de regaliz o si tiene presión sanguínea alta, regaliz sin acilglicéridos

- Si tiene problemas para dormir, melatonina (½ tableta de 1 a 3 miligramos, media hora antes de acostarse)

- Hierbas de soporte: ginseng, rhodiola, extracto de *Cordyseps sinensis*

¿Es adicta a la cafeína?

- ¿Usa cafeína para facilitar su actividad física (levantarse, ejercitarse, concentrarse, evacuar el intestino)?

- ¿Tiene que tomar cafeína en la mañana?

- ¿Tiene urgencia o deseos intensos de cafeína o azúcar en la tarde o temprano en la noche?

- ¿Se siente irritable, tiene dolores de cabeza o se siente como fantasma si no toma su dosis de cafeína?

- ¿Tiene dificultad para quedarse dormida en la noche y despertar sintiéndose renovada?

- ¿Necesita cafeína para acentuar el efecto de otras sustancias (nicotina, alcohol, azúcar)?

- ¿Siente que sus rutinas sociales se afectarían sin cafeína?

- ¿La idea de eliminar la cafeína casi la hace llorar?

Si contestó sí a dos o más de estas preguntas, es el momento para examinar su dependencia a la cafeína. Siga las recomendaciones que le damos a continuación, para ayudarla a eliminar la cafeína, si no lo ha empezado a hacer en el plan básico del equilibrio esencial, y lea más sobre esto en los apéndices.

Primero, cambie a una mezcla de mitad con cafeína y mitad descafeinado en todo el café que tome. Asegúrese que es descafeinado sin químicos (por ejemplo suizo, procesado en agua). Después, sustituya una de las tazas de café o té del día por una variedad descafeinada. Si está tomando cafeína a lo largo del día, altérnela con agua. Cada día, elimine más cafeína, con lentitud para minimizar los síntomas de abstinencia. Después de dos semanas, deberá estar tomando exclusivamente bebidas descafeinadas. Continúe de esta manera, las bebidas descafeinadas pueden llegar a tener un máximo de un tercio de cafeína en el "grado más alto". Si le encanta el ritual de las bebidas calientes, ¡no olvide intercalar té de hierbas con el café!

Un día en la vida del plan personalizado
del desequilibrio suprarrenal

Hora	Actividad
6:30–7:00 A.M.	Levántese con lentitud. Permanezca en la cama por cinco a diez minutos y establezca una intención positiva para el día. Si se siente mareada cuando se levanta, tenga un vaso de agua al lado de la cama, siéntese en la cama, y bébalo despacio. Haga algunos estiramientos fáciles y su ritual de cuidado personal.
7:00	Tome probiótico con un vaso lleno de agua. Prepare el desayuno.
7:15–7:45	Desayune con calma. No lea el periódico. Concéntrese en una sola cosa a la vez. Tome sus suplementos.
8:00	Dúchese y vístase.
8:30	Camine al trabajo o dé un paseo de 15 minutos al aire libre.
10:00	Merienda.
12:00 P.M.	Almuerzo. Coma en algún sitio tranquilo, no en su escritorio. Tome los suplementos y, si es posible camine, otros 15 minutos.
2:00	Merienda.
4:00	Pausa para té o agua. Ejercicios de respiración profunda.
5:00	Camine a casa o haga algún ejercicio suave, de preferencia al aire libre, como jardinería, jugar con los niños o con su mascota. Diviértase, ¡un poco de diversión es muy relajante!
6:00	Cena.
7:00	Ritual de cuidado personal.
7:30	Resista el impulso de prender los aparatos electrónicos. Escriba el diario, o cartas, lea, tome un baño, o en su lugar escuche música suave. Disminuya la intensidad de las luces y muévase despacio. Piense en desacelerarse.
8:30	Beba un té para inducir el sueño. Después, acuéstese con una almohadilla para los ojos o una toalla sobre ellos. Esto estimula el nervio vago que ayuda a estimular la respuesta a la relajación.
9:00	Apague las luces.

Plan de menús para el desequilibrio suprarrenal

*Las recetas empiezan en la página 275.

Menú para el desequilibrio suprarrenal
DÍA UNO

DESAYUNO

Quiche de espinaca*
⅓ taza de grosellas

MERIENDA MATINAL

1 nectarina pequeña
1 onza de queso rebanado

ALMUERZO

Ensalada de huevo fuera
de lo común* sobre
1 taza de hojas verdes mixtas

MERIENDA DE LA TARDE

Tapenade de aceitunas* con ½
taza de vegetales rebanados

CENA

Estofado suntuoso de pollo*
2 tazas de hojas verdes mixtas,
con 1 cucharadita de aceite de
oliva y jugo de ½ limón
½ panecillo sin gluten

Menú para el desequilibrio suprarrenal
DÍA DOS

DESAYUNO

2 huevos revueltos
2 pastelillos caseros de pavo*

MERIENDA MATINAL

1 manzana horneada
espolvoreada con canela
y 2 cucharadas de nueces
lisas trituradas

ALMUERZO

Sobrante del Quiche
de espinaca*
2 tazas de hojas verdes mixtas,
con 1 cucharada de aceite de
oliva y el jugo de ½ limón

MERIENDA DE LA TARDE

Salsa de aguacate y pera* con
½ taza de pepino o calabacín
rebanado

CENA

Bistec a la parrilla o al horno
½ batata con ½ cucharada de
mantequilla, espolvoreada con
canela si lo desea.
Coles de Bruselas con
champiñones*

Menú para el desequilibrio suprarrenal

DÍA TRES

DESAYUNO

Huevos revueltos cremosos*
½ taza de frambuesa rebanada

MERIENDA MATINAL

½ pera untada con 1 cucharada
de mantequilla de marañón

ALMUERZO

Sobrante del Estofado
Suntuoso de pollo*
½ panecillo sin gluten

MERIENDA DE LA TARDE

Guacamole* con ½ taza de
vegetales rebanados

CENA

Vieiras Mediterráneo*
2 tazas de hojas verdes mixtas,
con 1 cucharadita de aceite de
oliva y jugo de ½ limón
¼ taza de grosellas con 1
cucharada de crema de leche,
endulzada con estevia al gusto

Menú para el desequilibrio suprarrenal

DÍA CUATRO

DESAYUNO

Sobrante de los Huevos
revueltos cremosos*
Pasteles de calabacín*

MERIENDA MATINAL

Hummus limonado* con ½ taza
de vegetales rebanados

ALMUERZO

½ taza de pollo en cuadritos
horneado o a la parrilla con 1
onza de queso Feta sobre 2
tazas de hojas verdes mixtas,
con 1 cucharadita de aceite de
oliva y el jugo de ½ limón
½ taza de fresas rebanadas con
1 cucharada de crema de leche,
endulzada con estevia al gusto

MERIENDA DE LA TARDE

Rollo tropical de prosciutto*

CENA

Cordero al romero*
Cintas de Calabacín*
½ batata con
½ cucharada de mantequilla,
espolvoreada con
canela si lo desea

Menú para el desequilibrio suprarrenal

DÍA CINCO

DESAYUNO

Tortilla de huevos con
alcachofa sin queso*
½ taza de melón

MERIENDA MATINAL

1 manzana pequeña, rebanada
untada con 1 cucharada de
mantequilla de marañón

ALMUERZO

La mejor sopa de huevo*
1 taza de hojas verdes mixtas,
con ½ taza de vegetales
rebanados y 1 cucharadita de
aceite de oliva y el jugo de
½ limón
½ taza de melón
½ taza de yogur sin dulce,
entero o al 2 por ciento

MERIENDA DE LA TARDE

2 Bolas de queso con perejil*
½ taza de vegetales rebanados

CENA

Salmón con tomillo fresco*
½ taza col rizada cocida
½ panecillo sin gluten

Menú para el desequilibrio suprarrenal

DÍA CINCO

DESAYUNO

2 huevos revueltos
2 rebanadas de tocino
sin nitrato
½ taza de fresas rebanadas

MERIENDA MATINAL

1 onza de queso deshebrado
1 cucharada de almendras

ALMUERZO

Ensalada de pollo al curry*
sobre 1 taza de hojas
verdes mixtas

MERIENDA DE LA TARDE

Salsa de aguacate y pera*
con ½ taza de pepino
o calabacín rebanado

CENA

Pimientos rojos rellenos*
1 taza de espinaca al vapor
¼ taza de grosellas con
1 cucharada de crema de leche
endulzada con estevia al gusto

Menú para el desequilibrio suprarrenal

DÍA SIETE

DESAYUNO

Huevos picantes Fiesta*
½ taza de fresas rebanadas

MERIENDA MATINAL

2 tallos de apio, cada uno
untado con ½ onza de queso
crema y 2 aceitunas Kalamata
rebanadas

ALMUERZO

Sobrante de pimientos
rojos rellenos*
1 taza de hojas verdes mixtas,
con 1 cucharadita de aceite de
oliva y el jugo de ½ limón

MERIENDA DE LA TARDE

Tapenade de aceitunas* con
½ taza de vegetales rebanados

CENA

Pechugas de pollo con
relleno griego*
Espinaca con limón y ajo*
¼ taza de arroz silvestre

Menú para el desequilibrio suprarrenal

DÍA OCHO

DESAYUNO

2 pastelillos de salmón*
¼ taza de grosellas

MERIENDA MATINAL

1 huevo cocido
½ taza melón

ALMUERZO

Ensalada de pollo al curry*
sobre una taza de hojas
verdes mixtas

MERIENDA DE LA TARDE

2 Bolas de queso con perejil*
½ taza de fresas rebanadas

CENA

Cerdo caribeño curado*
⅓ taza de arroz silvestre
2 tazas de hojas verdes mixtas,
con 1 cucharadita de aceite de
oliva y el jugo de ½ limón

Menú para el desequilibrio suprarrenal
DÍA NUEVE

DESAYUNO

½ taza de queso blanco
grumoso (cottage)
2 pastelillos caseros de pavo*
½ taza de grosellas

MERIENDA MATINAL

½ taza de melón
1 onza de queso deshebrado

ALMUERZO

Sobrante del cerdo
caribeño curado*
⅓ taza arroz silvestre

MERIENDA DE LA TARDE

1 manzana pequeña, rebanada
y untada con una cucharada de
mantequilla de marañón

CENA

Bistec marinado siciliano*
⅓ taza arroz silvestre
Judías verdes salteadas*

Menú para el desequilibrio suprarrenal
DÍA DIEZ

DESAYUNO

Frittata de ricota y puerro*
½ taza melón

MERIENDA MATINAL

½ pera horneada espolvoreada
con canela o nuez moscada
y una cucharada de nuez
lisa triturada

ALMUERZO

Sobrante del bistec marinado
siciliano* sobre 2 tazas de
hojas verdes mixtas
½ taza de fresas rebanadas

MERIENDA DE LA TARDE

2 tallos de apio cada uno
relleno con 1 cucharada de
hummus limonado*

CENA

Pollo al limón*
⅓ taza arroz silvestre
½ taza de brócoli al vapor con
½ cucharada de mantequilla

Menú para el desequilibrio suprarrenal
DÍA ONCE

DESAYUNO

Pastel de cangrejo
y queso suizo*
½ taza de grosellas

MERIENDA MATINAL

2 Bolas de queso con perejil*
1 torta de arroz sin dulce
o 4 galletas de arroz

ALMUERZO

Sobrantes de pollo al limón*
Espárragos con chispa*
⅓ taza arroz silvestre

MERIENDA DE LA TARDE

1 onza de queso deshebrado
1 cucharada de nuez lisa

CENA

Camarones Scampi dorados*
¼ taza arroz silvestre
½ taza de fresas rebanadas
1 taza de hojas verdes mixtas,
con 1 cucharadita de aceite de
oliva y vinagre balsámico

Menú para el desequilibrio suprarrenal
DÍA DOCE

DESAYUNO

2 huevos al gusto
½ taza de melón
2 pastelillos caseros de pavo*

MERIENDA MATINAL

½ nectarina rellena con 2
cucharadas de ricotta y
espolvoreadas con canela
o nuez moscada

ALMUERZO

2 tazas de lechuga romana con
aderezo cremoso parmesano*
cubierta con un bistec a la
parrilla o asado
½ taza de fresas rebanada

MERIENDA DE LA TARDE

Salsa de aguacate y pera* con
½ taza de pepino o
calabacín rebanado

CENA

Pollo a la naranja en el wok*
½ taza de brócoli al vapor
¼ taza de arroz silvestre

Menú para el desequilibrio suprarrenal
DÍA TRECE

DESAYUNO

2 huevos al gusto
Pasteles de calabacín*
⅓ taza de grosellas

MERIENDA MATINAL

2 tortas de arroz sin dulce u
8 galletas de arroz untadas con
1 cucharada de mantequilla
de marañón

ALMUERZO

2 tazas de hojas verdes
mixtas con aderezo cremoso
parmesano* cubiertas con un
pollo horneado o a la parrilla y 1
onza de queso cheddar rallado
½ taza de fresas rebanadas

MERIENDA DE LA TARDE

Rollo tropical de prosciutto*

CENA

Salmón con mantequilla
de eneldo*
½ taza de judías verdes
al vapor
½ batata con ½ cucharada de
mantequilla, espolvoreada con
canela si lo desea

Menú para el desequilibrio suprarrenal
DÍA CATORCE

DESAYUNO

Tortilla de huevos para
desayuno con pimiento
y cebolla*
⅓ taza melón

MERIENDA MATINAL

Salsa de aguacate y pera* con
½ taza de pepino o calabacín
rebanado

ALMUERZO

Ensalada de pollo diferente a
la de mamá* sobre una taza de
hojas verdes mixtas

MERIENDA DE LA TARDE

1 torta de arroz sin dulce o
4 galletas de arroz untadas con
1 cucharada de mantequilla
de almendra

CENA

Pollo picante y crujiente*
Espinaca con limón y ajo*

Desequilibrio suprarrenal; preguntas frecuentes

Usted dice que hay que tomarlo con calma, ¡pero estoy muy ocupada!
¿Quién va a hacer mi trabajo?

Durante las siguientes dos semanas, piense que es una paciente que debe sanarse y cuídese. Si hubiera tenido gripe, tendría que haber organizado todo para tener el tiempo de recuperarse, ¿no es así? Pues bien, la fatiga de las suprarrenales no debería ser diferente. Necesita eliminar los factores estresantes internos y externos, igual que los de su pasado y presente, y tomarse el tiempo para comprender qué es lo que la está molestando. Aprenda a decir no. Es la única forma verdadera de romper el ciclo de estrés que está manteniendo su cuerpo a la defensiva y que le impide perder peso. Si no decide dedicar tiempo para sanar sus suprarrenales, ellas terminarán decidiéndolo por usted. Es el momento de hacer un cambio verdadero y recuperar lo que ha perdido, de esa forma tendrá suficiente salud y energía para el resto de su vida.

Nunca había escuchado antes acerca de las suprarrenales y
mi médico cree que no son tan importantes.

La medicina occidental se está tomando tiempo para reconocer la importancia de la salud suprarrenal, aunque las culturas orientales siempre les han dado la importancia que merecen. En nuestro medio, la prueba estándar de la función suprarrenal, la prueba de estimulación ACTH, mide sólo las condiciones más severas relacionadas con las suprarrenales (enfermedad de Addison o síndrome de Cushing), que no son demasiado comunes. Sin embargo, una evaluación más sensible demostrará una tendencia hacia uno de los extremos del espectro, que aunque no sea una enfermedad, puede indicar una vulnerabilidad. Mi meta es que usted tome las acciones adecuadas, como dieta, suplementos y buenos hábitos, antes de que tenga problemas más serios.

Con este plan, no estoy perdiendo peso tan rápido como quisiera.

Continúe en forma persistente durante las dos semanas completas y trate de descansar lo más que pueda. Si no está sintiendo un cambio en el peso, pero tiene más energía, el plan está funcionando; ¡sólo que está tomando más tiempo! Debe también estar segura de comprobar sus niveles de tiroides; muchas mujeres deben sanar, de manera simultánea, la tiroides y las suprarrenales. Como alternativa, vuelva a hacer la prueba del equilibrio esencial y observe sus otros puntajes. Puede estar enfrentándose con problemas superpuestos. Considere la posibilidad de exámenes de diagnosis de sus suprarrenales para obtener resultados más precisos.

Capítulo once

PLAN PERSONALIZADO DEL DESEQUILIBRIO NEUROTRANSMISOR

Si su puntaje sobre el desequilibrio neurotransmisor fue el más alto en mi prueba, hay una gran probabilidad de que su química cerebral le esté dificultando la pérdida de peso. Los neurotransmisores son químicos cerebrales que afectan nuestro apetito y nuestro modo de pensar y sentir, pero también influyen y son influenciados por muchas otras cosas. De forma similar a las hormonas, operan a lo largo de todo el cuerpo y están interconectados con otros sistemas fisiológicos a través del hipotálamo. (Los neurotransmisores son hormonas con otro nombre, en otras palabras, son mensajeros químicos, sólo que operan en medio de las neuronas de su sistema nervioso). Por lo tanto, los sistemas que se activan por sus hormonas también son influenciados por los niveles de neurotransmisores y viceversa, incluyendo: el apetito, sistema inmunológico, la digestión y eliminación. Sanar el desequilibrio neurotransmisor ayuda a restaurar la salud de la mente y del cuerpo al mismo tiempo.

Guía del usuario para entender la química del cerebro

Los neurotransmisores son mensajeros químicos compuestos de aminoácidos que viajan a través del sistema nervioso central y llevan los impulsos entre las células nerviosas. Estos impulsos organizan muchas funciones, incluyendo, pero sin limitarse: al estado de ánimo, sueño, apetito, procesos cognitivos, y respuestas al calor, al frío y al dolor (de hecho, a casi todo lo que influye en nuestro comportamiento). Tienen un efecto "estimulador" o "inhibidor" sobre los órganos del sistema nervioso central (el más importante

¡el cerebro!) y se mueven rítmicamente juntos en un sistema de concesiones mutuas que trata de mantener nuestro sistema nervioso estable.

Si se siente agitada, temblorosa y demasiado alerta, como si sus nervios estuvieran destrozados, este es un síntoma de que su equilibrio neurotransmisor está inclinado hacia el lado "estimulador" de la escala. Normalmente, esta agitación provocará la liberación de un neurotransmisor inhibidor que la calmará. Si su cuerpo no puede acceder a los agentes calmantes internos, se encontrará a menudo buscando una fuente exterior, como una copa de vino. De esta manera, el estado de sus neurotransmisores influye en la forma cómo se siente y lo que hace minuto a minuto: una conexión importante para tener en cuenta cuando esté tratando de perder peso. Muchos de los productos que usamos en nuestra dieta, naturales y químicos, facilitan, bloquean, o imitan las acciones de los neurotransmisores en el cuerpo (azúcar, nicotina y MSG), provocando que el estado de sus neurotransmisores sea muy vulnerable a las alternativas de nutrición y estilo de vida.

Los transmisores de pérdida de peso

Sabemos que son más de 50 los compuestos químicos que funcionan como neurotransmisores, incluyendo: péptidos, óxido nítrico y citoquinas. Su interacción es bastante compleja y muy individual. En mi experiencia, la mayoría de las mujeres que luchan con un desequilibrio neurotransmisor y peso obstinado, están enfrentándose con los siguientes neurotransmisores:

- Serotonina: es el neurotransmisor de la "felicidad", la hace sentir bien; y también es el químico que intentan imitar la mayoría de los antidepresivos. La serotonina se eleva y disminuye con los niveles de azúcar en la sangre.

- Dopamina: otro neurotransmisor que "sube el ánimo", involucrado en la concentración, ansiedad, búsqueda de placer y gratificación. Su desequilibrio está ligado con el ADHD (trastorno de hiperactividad con déficit de atención, por sus siglas en inglés) y con las adicciones. La cafeína estimula la liberación de dopamina.

- GABA (ácido gamma amino butírico, por sus siglas en inglés) es un importante inhibidor cerebral, es el neurotransmisor insensibilizador. Desacelera la locomoción y los reflejos, disminuye la inhibición y el dolor. El alcohol eleva los niveles GABA.

- Glutamato: neurotransmisor excitante conectado con la memoria, el aprendizaje, la percepción y exacerbación del dolor. Está relacionado con los cambios en el estado de ánimo, manías, ansiedad, dolor crónico y depresión. La toxicidad de los metales pesados (específicamente el mercurio), las drogas ilegales (como Éxtasis y PCP), y el exceso de glutamato monosódico (MSG), afectan la producción de glutamato. La sobre estimulación crónica de glutamato puede elevar el riesgo de derrame cerebral.

- Noradrenalina: un neurotransmisor activado con la liberación de adrenalina en la respuesta de pelear o huir. Suprime el apetito y la inmunidad para liberar más energía en la pelea.

Todos estos neurotransmisores se comunican con sus hormonas del hambre, vía el hipotálamo. Cuando están equilibrados, sirven de manera continua para mantener regulado el apetito y ayudar a su cuerpo a sentirse lo suficiente seguro para dejar ir ese peso obstinado.

Los neurotransmisores son sintetizados en el cuerpo de los aminoácidos y nutrientes encontrados en los alimentos, mediante una antigua receta estipulada por su ADN. Algunas mujeres pueden haber heredado una distorsión en el funcionamiento (llamado polimorfismo genético) que les dificulta sintetizar o metabolizar la cantidad suficiente de ciertos neurotransmisores. Por eso, algunos trastornos en el estado de ánimo, como la depresión clínica, son considerados hereditarios. Sin embargo, como mencioné antes, el ADN no significa predestinación y no hay mejor manera de demostrarlo, que con la producción y suministro de neurotransmisores: sintetizamos más de ellos todos los días, dependiendo de lo que comemos y de la forma como actuamos. De hecho, los neurotransmisores son controlados por lo que comemos y la forma como procesamos sentimientos y asociaciones. Un buen ejemplo de esto es la serotonina, el neurotransmisor de la "felicidad", que eleva sus niveles cuando experimentamos placer. También está influenciada por algo que llamo el "el efecto carbohidrato".

En términos generales, los carbohidratos contienen una gran cantidad del aminoácido L-triptófano, que es un precursor de la serotonina. Cuando comemos alimentos altos en triptófano, se incrementa la serotonina haciéndonos sentir calmados, soñolientos y satisfechos... por un corto tiempo. (El pavo tiene alto contenido de triptófano, por eso se siente soñolienta después de la comida del Día de Acción de Gracias). Este efecto se duplica, si tomamos una copa de vino o una cerveza. Después de la primera precipitación de azúcar, el alcohol comienza a elevar los niveles de GABA, lo que actúa como un calmante. Los alimentos altos en proteína (que no contienen gran cantidad de triptófanos como el pavo) promueven la producción de dopamina y noradrenalina, provocando el efecto contrario: estimulación. Los medicamentos para perder peso y los estimulantes funcionan sobre este mecanismo: elevan los niveles de los neurotransmisores involucrados en la respuesta de pelear o huir (adrenalina, dopamina y noradrenalina), lo cual resulta en pérdida de apetito mientras esté tomando las pastillas. El efecto tranquilizador y de felicidad que siente al comer carbohidratos, es una de las razones por la que es tan difícil mantener una dieta alta en proteína y baja en carbohidratos por mucho tiempo, ¡tiende a ponernos de muy mal genio!

Alimentos y sentimientos

Cuando se siente estresada física o emocionalmente, su cuerpo libera la hormona cortisol, que es la principal hormona responsable del desequilibrio neurotransmisor. Una subida de cortisol siempre está acompañada de algún grado de respuesta de pelear o huir, seguida por un aumento de serotonina y la hormona insulina, y después de unas pocas horas, una caída en ambas.[1] Las mujeres con desequilibrio neurotransmisor, que padecen de fatiga y deseos intensos de carbohidratos al final de la tarde, es probable que estén en la sucesión de cambios bruscos de cortisol elevado y serotonina baja: el bajo nivel de serotonina provoca los antojos de alimentos, en especial al final de la tarde, lo cual precipita el festín de carbohidratos, que finalmente lleva al colapso en la noche. A menudo, oigo a estas mujeres decir que pueden mantenerse "bien" durante el día cuando se trata de comer, sólo para llegar a la casa y perder el control. Simplemente, no pueden dejar de comer carbohidratos. En realidad, ellas están tratando de auto modular sus desequilibrios neurotransmisores con un exceso de carbohidratos simples. Comer una tonelada de carbohidratos en la noche no es razón para castigarse (recuerde, ¡sus pensamientos también influyen en los neurotransmisores!) pero le están impidiendo perder el peso tóxico y lograr el equilibrio esencial.

Cuando sus neurotransmisores están equilibrados, su cerebro y su abdomen (y las células grasas), se están comunicando adecuadamente: se siente energizada, contenta y estable. Cuando no es así, entra en la sucesión de cambios bruscos "subidas" seguidas de violentas caídas, marcadas por depresiones en el estado de ánimo y deseos intensos de comida. Éste es el mismo mecanismo con el que funcionan las drogas ilegales, por lo tanto, si piensa que puede estar adicta a los carbohidratos o a la cafeína, ¡puede ser que no esté tan lejos de la verdad! Debido a que su hipotálamo es parte del cerebro límbico, la parte que almacena la memoria y activa las reacciones emocionales, el hambre se encuentra elaboradamente entrelazada con el tejido de sus emociones, con la ayuda de los neurotransmisores.

Un factor importante, pero con frecuencia pasado por alto en el equilibrio neuro-transmisor, es el efecto de las presiones personales, familiares y sociales, sobre qué, cuándo y cómo debemos comer. Estos factores pueden crear un poderoso patrón emocional ali-menticio desequilibrado en sí mismo. En parte, por esa razón, muchas de nosotras nos sentamos frente a la comida con arraigados apegos emocionales, que tienen muy poco que ver con lo que en realidad nuestro cuerpo necesita para prosperar. De manera cons-ciente o inconsciente, estas emociones influyen en lo que comemos y, en consecuencia, en los nutrientes disponibles para fabricar neurotransmisores. Esto se puede convertir rápidamente en un círculo vicioso.

Por ejemplo, digamos que cuando usted se cae o se lesiona, o tiene un mal día, recibe un caramelo. Su cerebro empieza a asociar el dolor con un incentivo de azúcar. A medida que envejece, cada vez que sienta dolor, sentirá el deseo del azúcar y la cadena de reacciones bioquímicas se activará al consumirla, aun si esas reacciones bioquímicas son anormales o no saludables. Si alimenta el dolor con azúcar, excluyendo con frecuen-cia otros alimentos más nutritivos, su cuerpo se torna estresado desde el punto de vista nutricional y empieza a compensar aumentando de peso. El sobrepeso la hace sentirse mal con usted misma, lo cual crea más dolor y más estrés. ¡Qué hábito! Y no nos olvidemos de la abstinencia, que a menudo se convierte en anorexia nerviosa. La abstinencia también puede ser un poderoso motivador (y por supuesto, la inanición ocasiona su propia serie de reacciones bioquímicas que se vuelven adictivas). La abstinencia auto impuesta es una forma de sentir que usted tiene el control y lo ejerce sobre otras personas. Algunas mujeres se sienten muy virtuosas absteniéndose de alimentos (mientras dura), pero con frecuencia terminan comiendo en exceso.

En mi experiencia, la mayoría de las mujeres que tienen problemas con el consumo compulsivo de alimentos, en realidad están "hambrientas" de un sustento más profundo. Entonces, llenan esa ansiedad psicológica con comida. En mi consulta lo llamo su caja negra emocional; otros médicos lo llaman un vacío en el alma. Reconocer que tiene ese vacío y que no hay cantidad de comida que pueda llenarlo, es un excelente primer paso para afrontar sus emociones y su relación con los alimentos. Pero es importante recordar que el consumo compulsivo y emocional de alimentos, a menudo tiene fundamentos físicos no diagnosticados, que deben sanarse antes de que pueda trabajar sobre el aspecto emocional.[2] Los desequilibrios hormonales y de los neurotransmisores, pueden activar deseos insaciables que contribuyen a comer en exceso. Algunas veces, las alergias a los alimentos son la causa de una adicción a alguno: se nos antojan los alimentos a los que somos alérgicas, porque nos hemos acostumbrado al estado bioquímico anormal que produce el alimento, o deseamos el alimento para llenar una deficiencia. En mi experiencia clínica, las mujeres con desequilibrio neurotransmisor tienen síntomas psicológicos como depresión y ansiedad, pero también claros síntomas físicos, como por ejemplo: deseos insaciables de un alimento, inflamación, cambios violentos de estado de ánimo y energía, adicción a alimentos y, por supuesto, aumento de peso tóxico. Una vez que se remueve el desequilibrio neurotransmisor, la mayoría de las mujeres empieza a sentir una disminución en los síntomas y mantener el peso óptimo se vuelve mucho más fácil.

Por ejemplo, veamos el caso de mi paciente Julie. Ella es una doctora muy ocupada, de 46 años y madre de dos pequeños, que llegó a mi consulta quejándose de ansiedad, síndrome premenstrual y depresión crítica. También estaba tratando, sin éxito, de perder 7 kilos que le habían quedado de sus embarazos. Julie tenía un trabajo exigente y reconoció que su vida "no iba bien". Todos los exámenes de diagnosis convencionales resultaban normales, por lo tanto, le pedí que se hiciera una prueba de neurotransmisores, en la que descubrimos que su serotonina estaba completamente agotada y su dopamina elevada. También encontramos sus suprarrenales en malas condiciones y en necesidad de apoyo. El primer paso fue pedirle que empezara el plan básico personalizado del equilibrio neurotransmisor. Le ayudamos a que su cuerpo se empezara a sanar, eliminando de su dieta: cafeína, azúcar, gluten y trigo, y le agregamos algunos nutrientes específicos para apoyarlo en la restauración de sus neurotransmisores y hormonas de manera natural.

En términos de estilo de vida, Julie se comprometió a limitar el tiempo dedicado a la consulta y aumentar el de su cuidado personal. También le recomendé más ejercicio, por lo menos tres veces a la semana, con la intensidad suficiente como para transpirar y activar sus endorfinas. Empezó psicoterapia y buscó el tiempo para hacer ejercicio con regularidad. Fue muy estricta con ella misma respecto a los alimentos y el sueño, y redujo parte de sus exigencias de trabajo. En el lapso de un mes, Julie reportó un enorme cambio en su estado de ánimo y niveles de energía, y empezó a perder peso. Se sintió motivada para continuar con su dieta sana, los cambios de estilo de vida, y con el apoyo de los suplementos neurotransmisores. Ahora, seis meses más tarde, siente que su vida se ha vuelto a encaminar. Perdió todo el sobrepeso, su humor es excelente y tiene toda la flexibilidad y energía que necesita para cuidar de sus niños y de su consulta médica. Pero, lo mejor de todo, es que Julie está de nuevo en control y feliz con su vida.

La depresión de Julie y el desequilibrio neurotransmisor estaban en el extremo inferior de la balanza. Si usted tiene un diagnóstico clínico de desequilibrio bioquímico (tal como depresión clínica o trastorno de estrés postraumático), deberá realizar un mayor trabajo, y espero que cuente con la ayuda de un equipo de médicos y terapeutas de confianza. Sin embargo, seguir mi plan del desequilibrio neurotransmisor es un buen punto de partida.

¿Está deprimida?

La depresión normalmente incluye una gama de emociones negativas y, con frecuencia, se manifiesta con síntomas físicos que no responden al tratamiento, entre otros: aumento de peso, dolor crónico y trastornos digestivos. Pero la depresión clínica difiere en forma significativa de las depresiones leves o circunstanciales, o de los trastornos de humor, aunque los síntomas pueden ser similares. Entonces, ¿cómo puede determinar cuál es la que tiene?

La diferencia es que en la depresión moderada los síntomas vienen y van y, eventualmente, desaparecen, mientras que en la depresión grave, la persona cae en una espiral que se convierte en una crisis de salud mental. A menudo, las pacientes la describen como si estuvieran en el borde, o a punto de caer, en un profundo y oscuro abismo. Si usted ha sentido cualquiera de los siguientes síntomas de manera consistente por el lapso de un mes, debe buscar asesoría médica de inmediato, preferible de un psiquiatra entrenado, psicólogo o trabajador social:

- Abrumadores y persistentes sentimientos de aflicción, ansiedad, culpa o desesperación

- Sensación de aletargamiento y vacío

- Sentimientos de desesperanza

- Pérdida de interés o del placer en las actividades que una vez disfrutó, incluyendo el sexo

- Embotamiento

- Disminución de la energía

- Dificultad para concentrarse o tomar decisiones

- Patrones de sueño inestables

- Pérdida de apetito

- Pensamientos o intentos suicidas, y obsesión con la muerte: son señales de alerta muy serias que deben ser atendidas de inmediato.

Si se identifica con lo anterior, no se preocupe. Se puede mejorar. La depresión es una enfermedad física y mental que responde muy bien al tratamiento, tanto convencional como integral. Lo más importante es conseguir alguna ayuda.

Tener una provisión continua y confiable de neurotransmisores, es tan importante para su bienestar psicológico y físico en el largo plazo, que el cuerpo tiende de manera natural a producir más sin mayor dificultad, cuando se le proporciona el apoyo nutricional correcto. Las mujeres con desequilibrio neurotransmisor observan con frecuencia mejoras significativas, después de unos pocos días de haber empezado con el plan. A medida que avance en estas dos semanas, empezará a dormir mejor, se sentirá más estable y satisfecha, perdiendo peso y, lo más importante, sintiéndose emprendedora. También puede sentir que otros desequilibrios menores empiezan a sanar una vez que tenga su bioquímica en orden. ¡Entonces, no espere un minuto más!

Plan de acción y alimentación del desequilibrio neurotransmisor

El desafío más grande para quienes tienen el desequilibro neurotransmisor, será manejar los carbohidratos, de tal manera que ingiera suficientes, pero no demasiados, porque podría desestabilizar el azúcar en su sangre. El siguiente menú está orientado para brindarle la perfecta combinación de nutrientes, diseñado para suavizar las subidas y bajadas del desequilibrio neurotransmisor, y al mismo tiempo estimula la disponibilidad de precursores y nutrientes importantes de ciertos neurotransmisores particularmente la serotonina, dopamina y GABA. Muchas mujeres que luchan con este desequilibrio tienden a ser ligeramente adictas a los carbohidratos, lo que hace muy estresante la propuesta de eliminarlos, así sea los de una sola comida. Si esto le suena familiar, no se desanime. Estará comiendo suficientes carbohidratos complejos, en especial hacia el final del día. Esto estimulará su cuerpo a sintetizar más serotonina mientras duerme.

Una regla fundamental de este plan de alimentación es que debe haber en el desayuno, el almuerzo y las meriendas un alto contenido de proteínas. Esto le evitará comer en exceso y estabilizará su energía durante la tarde. También le ayudará a evitar la dosis matinal estimulante de cafeína que, en realidad, lleva sus neurotransmisores en un viaje sin destino y después directo a la fatiga. Continúe el ejercicio como lo ha hecho durante las últimas dos semanas, saliendo al aire libre durante el día tanto como sea posible. Si alguna vez ha padecido de trastorno afectivo estacional (SAD por sus siglas en inglés), ya sabe que la luz del sol está directamente ligada con el estado de ánimo (los científicos creen que está relacionada con la producción de melatonina del cuerpo), y el ejercicio provoca la liberación de endorfinas que inducen la felicidad.

Es importante no saltarse ninguna de las comidas o suplementos de este plan. Recuerde que los neurotransmisores son sintetizados de los nutrientes y son controlados por ellos, por lo tanto, será su trabajo hacer lo necesario para tener una cantidad abundante disponible. Otra tarea importante es dormir sin interrupciones todas y cada una de las noches. Su cuerpo elabora los neurotransmisores mientras duerme, por lo tanto proporciónele el tiempo y descanso adecuados. Piense en sus neurotransmisores, como el agua de un pozo. Durante las próximas dos semanas aprenderá cómo mantener el nivel lo suficientemente alto como para llenar las cubetas necesarias para cumplir con los requerimientos de su bienestar emocional y físico.

Receta de Marcelle para
EL DESEQUILIBRIO NEUROTRANSMISOR

Si actualmente se encuentra bajo estrés emocional intenso, sea buena con usted. ¡Vaya despacio!

1. Siga el plan de menús que empieza en la página 183.

2. Tome sus suplementos de la manera indicada.

3. Programe una cita para psicoterapia, si se justifica.

4. Duerma ocho horas todas las noches.

5. Desayune en la siguiente hora y media después de despertarse.

6. No coma después de las 7 P.M.

7. Haga una lista de las 10 cosas que más le gusta hacer y destine por lo menos media hora del día a una de ellas.

8. Salga al aire libre y disfrute del sol tanto como pueda.

9. Si hace ejercicio con regularidad, continúe con una meta de por lo menos 30 a 60 minutos de actividad física cinco veces a la semana. O camine al menos 30 minutos todos los días, si no está haciendo ejercicio en la actualidad. Mientras más intenso sea el ejercicio, mejor. ¡Transpire y comience a producir esas endorfinas!

10. Tome mucha agua y té de hierbas entre comidas, en especial si siente antojos. Con frecuencia, los controles del hambre y de la sed pueden volverse confusos.

11. Conéctese con sus niveles de hambre (ver página 181). ¿Está comiendo porque tiene hambre o porque su "caja negra" la está llamando? Lea la cuarta etapa y comience a practicar algunas de mis sugerencias para liberarse emocionalmente.

12. Si seguir los menús le causa mucho estrés o ansiedad, déjelos por unos días y tome nada más sus suplementos, lea la cuarta etapa, y descanse mucho. Puede volver a intentarlo cuando se sienta más calmada.

13. Programe exámenes de diagnosis si no observa mejoría durante las dos semanas.

Exámenes de diagnosis para el desequilibrio neurotransmisor

- Prueba de ALCAT (un examen diseñado para determinar las sensibilidades a alimentos y químicos)

- Índice de estrés suprarrenal para medir los niveles de cortisol durante el día

- Conteo completo de sangre (CSC con diferencial) para comprobar si existe anemia, infección u otros trastornos de la sangre

- Análisis completo de heces para problemas digestivos (CDSA por sus siglas en inglés) para analizar la digestión y absorción, y el equilibrio bacterial

- Perfil metabólico completo (CMP por sus siglas en inglés) para medir deficiencias de aminoácidos

- Análisis parasitológico de heces, seriado por 2 muestras (CP x 2) para identificar microflora intestinal anormal

- Prueba de neurotransmisores (éste no es convencional, pero puede dar una buena visión general)

- Prueba del virus Epstein Barr y la enfermedad de Lyme

- Prueba de la tiroides: TSH, T3, T4 libres, y anticuerpos en la tiroides

- Nivel de vitamina D (¡muy importante!)

Desequilibrio neurotransmisor; alimentos que debe incluir

- Productos lácteos (a menos que sea alérgica o sensible a ellos) enteros o 2 por ciento
- Proteína magra
- Vegetales de hojas verdes, ricos en vitaminas B
- Nueces
- Frutas
- Batatas (en especial en la noche)
- Granos integrales sin gluten (en especial en la noche)

Desequilibrio
alimentos que debe evitar

- Alcohol
- Cafeína
- Chocolate y dulces
- Bebidas gaseosas de dieta
- Gluten y granos: trigo, cebada, escanda, kamut, centeno, triticale
- Azúcares, jarabes y mieles
- Todos los edulcorantes artificiales, aditivos, conservadores y colorantes
- Granos refinados
- Comida chatarra
- MSG (glutamato monosódico)

Desequilibrio neurotransmisor; suplementos

Básicos:

- Multivitamina diaria de alta potencia con calcio y magnesio adicionales
- Ácidos grasos esenciales
- Probiótico (tomarlo con agua de 5 a 15 minutos antes de cada comida)
- 5-HTP (precursor natural de la serotonina), de 100 a 400 miligramos; si está tomando antidepresivos, comience con la dosis más baja y aumente con precaución
- Un suplemento diario de aminoácido como soporte

Adicional (si los sentimientos de ansiedad, depresión, compulsión o irritabilidad persisten):

- Tirosina para apoyo del GABA (bajo las indicaciones de su médico)
- Apoyo específico de aminoácido, si es justificado por los exámenes de los neurotransmisores

La poderosa hierba de San Juan, funciona como un antidepresivo que inhibe la absorción de la serotonina, lo que es muy útil para el desequilibrio de la serotonina. Sin embargo, si ya está tomando un antidepresivo, debe consultar con su médico la posibilidad de usar suplementos adicionales y hierbas. Dependiendo de su medicamento, ciertas sustancias pueden ser contraindicadas. La hierba de San Juan está contraindicada con antidepresivos.[3] En su lugar, puede tomar 5-HTP, pero debe consultarlo primero con un médico funcional.

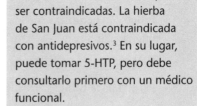

La escala del hambre

¿Por qué comemos cuando en realidad no tenemos hambre? Con frecuencia esto tiene que ver con el condicionamiento de las células, debido a que nos hemos acostumbrado a comer a ciertas horas (por ejemplo, cuando vemos televisión). También comemos para llenar nuestra caja negra, aunque en realidad estamos hambrientas, pero no de comida. Durante las próximas dos semanas, utilice la siguiente escala para graduar su nivel de hambre y trate de comer sólo cuando se encuentre en el nivel 3 ó 4. Coma despacio y deténgase cuando esté en el nivel 6.

1. Muchísima hambre: a punto de desfallecer
2. Mucha hambre, pero razonable (le permitiría a alguien ponerse adelante en la fila del buffet)
3. Mi estómago ruge: no he comido en 3 horas
4. Con hambre, pero no muerta de hambre
5. Con un poco de hambre
6. Satisfecha
7. A punto de sentirme llena
8. Llena
9. La cintura la siento apretada
10. Empachada, ¡tengo que soltarme el cinturón!

Un día en la vida del plan personalizado
del desequilibrio neurotransmisor

Hora	Actividad
6:30-7:00 A.M.	Levántese despacio. Respire con su vientre de manera profunda. No salga de la cama hasta que no se sienta totalmente despierta y en calma. Párese frente a la ventana (si es posible) y llénese de luz. Esto le dará la señal a su hipotálamo para incrementar su producción de cortisol y adrenalina, que la pondrá en su camino. Haga ejercicio temprano si eso es lo que mejor le funciona.
7:00-7:30	Ritual de cuidado personal. Beba agua.
7:30	Tome probiótico, prepare el desayuno. Siéntese a desayunar y mastique despacio. No lea mientras come, concéntrese en cada bocado.
8:00	Báñese, vístase, consienta su cuerpo y a usted misma con pensamientos positivos. Establezca una intención buena para usted en el día de hoy.
9:00	Trabajo, oficios caseros, obligaciones, etc. Trate de no hacer muchas cosas al mismo tiempo.
10:00	Merienda.
12:00 P.M.	Almuerzo. Camine 20 minutos si es posible.
2:00	Pausa para el té.
3:00	Merienda.
5:00	Camine o haga ejercicio vigoroso si no lo ha hecho con anterioridad. Levante pesas. Mi recomendación óptima es cinco veces por semana. Hágalo divertido. ¡Salga al aire libre y juegue!
6:00	Cena. Encienda velas, escuche música que le guste. Invite a la relajación y al placer a la cena.
7:00	Conéctese con los que ama. Mantenga los aparatos electrónicos y la estimulación al mínimo. Escriba en el diario los logros y asócielos con su intención del día. ¿Fue amorosa con usted misma hoy?
9:00	Practique respiración profunda. Beba una taza de té de hierbas para dormir, como manzanilla o toronjil. Disminuya la intensidad de la luz.
9:30	Duerma.

Plan de menús para el desequilibrio neurotransmisor

*Las recetas empiezan en la página 275.

Menú para el desequilibrio neurotransmisor
DÍA UNO

DESAYUNO

Tortilla de huevos con
alcachofa sin queso*
½ taza de fresas rebanadas

MERIENDA MATINAL

Rollo tropical de prosciutto*

ALMUERZO

Pechugas de pollo horneadas
o a la parrilla con sal
y pimienta al gusto
Judías verdes con nueces y ajo*
½ taza de grosellas con
1 cucharada de crema de leche,
endulzada con estevia al gusto

MERIENDA DE LA TARDE

½ pera untada con 1 cucharada
de mantequilla de marañón

CENA

Pollo con marañón y cilantro*
½ taza de brócoli al vapor
½ taza arroz silvestre
½ taza de frambuesas

Menú para el desequilibrio neurotransmisor
DÍA DOS

DESAYUNO

½ taza de queso blanco
grumoso (cottage)
Pasteles de calabacín*
⅓ taza de grosellas

MERIENDA MATINAL

½ nectarina rellena con
2 cucharadas de queso ricota,
espolvoreada con canela
o nuez moscada

ALMUERZO

Ensalada de huevo fuera de
lo común* sobre 1 taza de
hojas verdes mixtas
½ taza de melón

MERIENDA DE LA TARDE

Salsa de aguacate y pera*
con ½ taza de pepino
o calabacín rebanado

CENA

Pimiento rojo relleno*
Espinaca con limón y ajo*
¼ taza de frambuesas con
1 cucharada de crema de leche
endulzada con estevia al gusto

Menú para el desequilibrio neurotransmisor

DÍA TRES

DESAYUNO

2 huevos revueltos
2 Pastelillos caseros de pavo*
½ taza de grosellas

MERIENDA MATINAL

1 onza de queso deshebrado
1 cucharada de almendras

ALMUERZO

Sobrantes de pimientos
rojos rellenos*
½ taza de frambuesas

MERIENDA DE LA TARDE

½ pera untada con 1 cucharada
de mantequilla de marañón

CENA

Bistec asado o a la parrilla
Confeti de vegetales*
½ Batata con
½ cucharada de mantequilla,
espolvoreada con canela
si lo desea

Menú para el desequilibrio neurotransmisor

DÍA CUATRO

DESAYUNO

2 Pastelillos de salmón*
½ taza de fresas rebanadas

MERIENDA MATINAL

Rollo tropical de prosciutto*

ALMUERZO

Ensalada de pollo al curry*
sobre 1 taza de hojas
verdes mixtas
½ taza de frambuesas

MERIENDA DE LA TARDE

Hummus limonado* con
½ taza de vegetales rebanados

CENA

Pollo a la naranja en el wok*
½ taza de judías verdes al vapor
½ taza de arroz integral

Menú para el desequilibrio neurotransmisor

DÍA CINCO

DESAYUNO

Huevos picantes Fiesta*
1 pastel de Calabacín*
½ taza de grosellas con 1
cucharada de crema de leche,
endulzada con estevia al gusto

MERIENDA MATINAL

Tapenade de aceitunas* con ½
taza de vegetales rebanados

ALMUERZO

Hamburguesa a la parrilla
o asada
Sopa de espárragos*
½ panecillo sin gluten
½ taza de melón

MERIENDA DE LA TARDE

2 tortas de arroz sin dulce u
8 galletas de arroz untadas con
1 cucharada de mantequilla
de almendra

CENA

Pescado Criollo*
½ taza de brócoli al vapor
½ taza de arroz integral
½ taza de frambuesas

Menú para el desequilibrio neurotransmisor

DÍA SEIS

DESAYUNO

½ taza de yogur sin dulce
entero o al 2 por ciento
Pasteles de calabacín*
½ taza de frambuesas

MERIENDA MATINAL

½ nectarina rellena con
2 cucharadas de queso ricota,
espolvoreada con canela
o nuez moscada

ALMUERZO

Ensalada de espinaca*
½ panecillo de millo

MERIENDA DE LA TARDE

¾ taza de grosellas
1 onza de queso deshebrado

CENA

Popurrí de chuletas de cerdo*
½ taza arroz silvestre
½ taza de fresas rebanadas

Menú para el desequilibrio neurotransmisor

DÍA SIETE

DESAYUNO

Quiche de espinaca*
½ taza melón

MERIENDA MATINAL

½ taza de melón
1 onza de queso deshebrado

ALMUERZO

2 Pastelillos de salmón*
2 tazas de hojas verdes mixtas,
con 1 cucharadita de aceite de
oliva y el jugo de ½ limón
½ taza de grosellas

MERIENDA DE LA TARDE

1 manzana pequeña
1 pastel de arroz sin dulce o
4 galletas de arroz untadas con
1 cucharada de mantequilla
de marañón

CENA

Pechuga de pollo asada o a
la parrilla cubierta con salsa
festiva de fríjoles negros*
½ taza arroz silvestre

Menú para el desequilibrio neurotransmisor

DÍA OCHO

DESAYUNO

½ taza de queso blanco
grumoso (cottage)
1 manzana pequeña
1 pastel de arroz sin dulce o
4 galletas de arroz untadas con
1 cucharada de mantequilla
de marañón

MERIENDA MATINAL

Salsa de aguacate y pera* con
½ taza de pepino o calabacín
rebanado

ALMUERZO

Sobrante del pollo horneado o
a la parrilla cubierto con salsa
festiva de fríjoles negros*
½ taza de melón

MERIENDA DE LA TARDE

2 tallos de apio, cada uno
relleno con una cucharada de
hummus limonado*

CENA

Cacerola de pavo a la moda*
¼ taza de arroz silvestre
½ taza de fresas rebanadas

Menú para el desequilibrio neurotransmisor
DÍA NUEVE

DESAYUNO

2 huevos al gusto
2 pastelillos caseros de pavo*
½ taza de grosellas

MERIENDA MATINAL

Rollo tropical de prosciutto*

ALMUERZO

Sobrantes de la cacerola de
pavo a la moda*
¼ taza de arroz silvestre

MERIENDA DE LA TARDE

½ pera untada con 1 cucharada
de mantequilla de marañón

CENA

Pollo a la cazadora*
½ taza arroz integral
½ taza de frambuesas

Menú para el desequilibrio neurotransmisor
DÍA DIEZ

DESAYUNO

Pastel de cangrejo y queso suizo*
½ taza de fresas rebanadas

MERIENDA MATINAL

Guacamole* con ½ taza de
vegetales rebanados

ALMUERZO

2 tazas de lechuga romana con
aderezo cremoso parmesano*
cubierto con bistec asado
o a la parrilla
½ taza melón

MERIENDA DE LA TARDE

1 manzana pequeña
espolvoreada con canela y
2 cucharadas de nueces lisas
picadas
1 pastel de arroz o
4 galletas de arroz

CENA

Costillitas de cordero
glaseadas*
¼ taza de arroz silvestre
Espinaca con limón y ajo*
¼ taza de grosellas con 1
cucharada de crema de leche,
endulzada con estevia al gusto

Menú para el desequilibrio neurotransmisor
DÍA ONCE

DESAYUNO

½ taza de yogur sin dulce
entero o al 2%
2 pastelillos caseros de pavo*
½ taza de grosellas

MERIENDA MATINAL

1 onza de queso deshebrado
1 cucharada de almendras

ALMUERZO

Sobrantes del pastel de
cangrejo y queso suizo*
2 tazas de ensalada de
hojas verdes mixtas, con 1
cucharadita de aceite de oliva y
el jugo de ½ limón

MERIENDA DE LA TARDE

Salsa de aguacate y pera*
con ½ taza de pepino
o calabacín rebanado

CENA

Vieiras mediterráneo*
¼ taza de arroz silvestre
Espinaca con limón y ajo*
½ taza melón

Menú para el desequilibrio neurotransmisor

DÍA DOCE

DESAYUNO

Huevos revueltos con espinaca*
2 tajadas de tocino sin nitrato

MERIENDA MATINAL

½ nectarina rellena con 2
cucharadas de queso ricota
y espolvoreada con canela o
nuez moscada

ALMUERZO

Sopa de espárragos*
½ panecillo sin gluten
⅓ taza yogur sin dulce
enter o al 2%
¼ taza de frambuesas

MERIENDA DE LA TARDE

Hummus limonado* con
½ taza de vegetales rebanados
1 pastel de arroz o
4 galletas de arroz

CENA

Salmón con tomillo fresco*
Cintas de calabacín*
½ batata con
½ cucharada de mantequilla,
espolvoreada con
canela si lo desea
½ taza de fresas rebanadas

Menú para el desequilibrio neurotransmisor

DÍA TRECE

DESAYUNO

½ taza de queso blanco
grumoso (cottage)
2 Pastelillos caseros de pavo*
¼ taza de grosellas

MERIENDA MATINAL

Tapenade de aceitunas* con
½ taza de vegetales rebanados

ALMUERZO

Ensalada de pollo al curry*
sobre 1 taza de hojas
verdes mixtas
½ taza de fresas rebanadas

MERIENDA DE LA TARDE

2 Bolas de queso con perejil*
2 pasteles de arroz sin dulce u
8 galletas de arroz

CENA

Bistec bañado en salsa dulce*
½ taza arroz silvestre
½ taza de brócoli al vapor con
½ cucharada de mantequilla

Menú para el desequilibrio neurotransmisor

DÍA CATORCE

DESAYUNO

2 huevos al gusto
2 tajadas de tocino sin nitrato
½ taza de grosellas con
1 cucharada de crema de leche
endulzada con estevia al gusto

MERIENDA MATINAL

Guacamole* con ½ taza de
vegetales rebanados

ALMUERZO

Sobrantes del bistec bañado
en salsa dulce* sobre 1 taza de
hojas verdes mixtas
½ taza de fresas rebanadas

MERIENDA DE LA TARDE

½ nectarina rellena con
2 cucharadas de ricota y
espolvoreada con canela o nuez
moscada

CENA

Filete de pescado almendrado*
⅓ taza arroz silvestre
½ taza de judías verdes
al vapor con ½ cucharada
de mantequilla

Desequilibrio neurotransmisor; preguntas frecuentes

Estoy tomando medicamentos antidepresivos. ¿Puedo realizar este plan?

Sí, pero debe consultarlo con su médico. Ciertos antidepresivos pueden ser contraindicados con el uso de hierbas y suplementos precursores de la serotonina. Empiece el plan de acción y alimentación de inmediato y tome sus vitaminas esenciales y el probiótico. Cuando se haya hecho los exámenes de diagnosis, discuta con su médico el uso de otros suplementos recomendados y ayuda emocional, tal como psicoterapia. Espero que este plan la ayude a sentirse mucho mejor y que con el tiempo pueda dejar los antidepresivos, o reducir la dosis.

Creo que soy adicta a los carbohidratos,
¿me ayudará este plan a librarme de la adicción?

Si ama los carbohidratos, ¡deje de sentirse culpable! Es natural. Los carbohidratos son un combustible para el cerebro, y nos hace sentir calmadas, plenas y satisfechas. ¿A quién no le va a gustar eso? En lugar de pensar que usted debe librarse de una adicción, piense en cambiar la clase de carbohidratos que consume: de simples a complejos. Este plan, con seguridad, le enseñará cómo incorporar carbohidratos buenos y en abundancia dentro de su dieta; no es necesario un cambio drástico. Sin embargo, después de dos semanas de comer carbohidratos complejos a la hora correcta, podrá salir del círculo vicioso antojo-exceso-caída tan común en el desequilibrio neurotransmisor. Esto le permitirá a usted, no a sus galletas, tomar de nuevo el control. También, puede ser que tenga sensibilidad al gluten y eso esté saboteando sus esfuerzos.

No estoy perdiendo peso con este plan. ¿Qué puedo hacer?

¡Restaurar el equilibrio toma tiempo! No se desaliente, si en este mes no está viendo pérdida significativa de peso, lo importante es que haya habido un cambio positivo. Continúe durante dos semanas completas, tan disciplinada como le sea posible. Si no ha perdido peso, pero se siente mejor, el plan está funcionando. Siga con el menú durante dos semanas más. Si no siente una mejoría significativa, regrese a la prueba del equilibrio esencial y revise sus puntajes otra vez. Puede ser que esté sufriendo de problemas superpuestos. Muchas mujeres con desequilibrio neurotransmisor, en realidad tienen sensibilidades a los alimentos o asuntos GI no diagnosticados, por lo tanto, asegúrese de hacer un seguimiento con su médico sobre los exámenes de diagnosis.

Capítulo doce

PLAN PERSONALIZADO DEL DESEQUILIBRIO INFLAMATORIO

Si su puntaje más alto en la prueba fue el de problemas inflamatorios, estoy casi segura de que sufre de aumento obstinado de peso causado por una inflamación proveniente de un sistema inmunológico desequilibrado o sobrecargado. Si está inflamada y aumenta de peso, lo más probable es que sea resistente a la insulina o esté en vía de serlo. [1] (Puede leer más sobre resistencia a la insulina en la página 132, en el capítulo sobre desequilibrio hormonal, si no lo ha leído todavía).

Un desequilibrio inflamatorio es como un fuego en la chimenea que fue descuidado y está empezando a quemar toda la casa. Se expande más allá de sus límites originales en el cuerpo y, si no se pone bajo control, empieza a quemar todos nuestros sistemas importantes, incluyendo el endocrino, digestivo, cardiovascular, respiratorio, linfático y el sistema nervioso central. Con el tiempo puede contribuir a incubar toda una serie de enfermedades, algunas serias: desde un ataque cardíaco hasta úlceras, esclerosis múltiple y cáncer, así como acumulación de peso tóxico. Y todo esto empieza con un sistema inmunológico sobrecargado que sólo está tratando de realizar su trabajo.

El sistema inmunológico es de enorme complejidad (no podemos explicarlo de manera exhaustiva en este libro) y está íntimamente relacionado con la capacidad de su cuerpo para envejecer bien y mantener el metabolismo en buen funcionamiento. De hecho, el cuerpo depende de él: su inmunidad es alimentada por su metabolismo y su metabolismo es protegido por su inmunidad. Cuando se trata de enfermedades crónicas, donde hay humo debe haber fuego: la inflamación crónica es el inicio de una caída en espiral que puede conducir a serios desarreglos metabólicos, con amplias y profundas ramificaciones para su salud a largo plazo. Si sana su inflamación ahora, estará asegurando una vejez con vitalidad y fortaleza y, por supuesto, con un cuerpo en forma y delgado.

Inflamación en acción

Su sistema inmunológico tiene un objetivo central: su supervivencia. Con este fin, su cuerpo sintetiza compuestos de ácidos grasos en su sangre, para moderar su respuesta inmune, sea pro-inflamatoria o anti inflamatoria. Durante el último milenio, el sistema inmunológico evolucionó para combatir invasores externos (llamados agentes patógenos), para neutralizarlos y sanar cualquier daño ocurrido en el proceso. Los agentes patógenos abarcan una extensa gama desde virus peligrosos, bacterias, parásitos y toxinas letales, hasta algunas formas no perjudiciales de bacterias, químicos y alérgenos.

Un sistema inmunológico saludable entrará en acción y eliminará cualquier amenaza. Una vez que ha vencido a su oponente, produce anticuerpos específicos que neutralizarán a ese mismo oponente si alguna vez intenta entrar a su cuerpo de nuevo. (Si su sistema inmunológico no recordara las escaramuzas del pasado, su cuerpo estaría siempre librando las mismas batallas una y otra vez). Una de las maneras en la que evaluamos las alergias y sensibilidades a los alimentos es buscando ciertos anticuerpos de proteína (llamados IgE e IgG, entre otros) que indican una reacción inmunológica previa a un alimento en particular. De manera constante, usted está adicionando información a la memoria del sistema inmunológico, que a su vez compara en forma continua las nuevas proteínas que encuentra con los datos que hay en su memoria. Si tropieza con alguno que pueda percibirse como amenaza, tendrá una respuesta inflamatoria.

Es probable que esté familiarizada con las señales externas que aparecen cuando hay una inflamación severa: el área lastimada se pone roja, hinchada y hay dolor o picazón, y la obliga a buscar una bolsa de hielo. Cuando el sistema inmunológico está funcionando, produce compuestos proinflamatorios, los que crean la inflamación: prostaglandinas, histaminas, y proteínas llamadas citoquinas. Uno de estos compuestos, una citoquina secretada por el hígado llamada proteína C reactiva (CRP, por sus siglas en inglés), es un valioso indicador de la

Enfermedades relacionadas con la inflamación
(para nombrar algunas)

- Obesidad abdominal
- Artritis/artritis reumatoide
- Asma
- Lesiones corporales
- Infecciones
- Alergias
- Enfermedad auto inmune
- Enfermedad pulmonar
- Bronquitis
- Hipertensión
- Enfermedad cardiovascular
- Arteriosclerosis
- Cáncer
- Enfermedad de Alzheimer
- Acné
- Gota
- Eczema/psoriasis/dermatitis
- Gingivitis/periodontitis
- Conjuntivitis
- Gastritis
- Úlceras
- Síndrome del intestino irritable (IBS por sus siglas en inglés)
- Enfermedad de Crohn`s

inflamación; una prueba de sangre de alta sensibilidad para CRP mide el nivel de inflamación del paciente y el riesgo de un ataque cardiaco.[2] Los científicos están en el proceso de descubrir la relación entre el alto nivel de LDL o colesterol "malo" y la inflamación crónica. Aunque el mecanismo no está claro, es posible que el exceso de LDL alimente las arterias inflamadas, cubriendo las paredes y endureciéndolas para formar placas. O puede ser que la inflamación sea exacerbada por obstrucciones preexistentes. De cualquier manera, la inflamación de la pared arterial crea altos niveles de CRP. Las placas inflamadas son de alta inestabilidad y con tendencia a fracturarse, lo que puede causar coágulos, y en consecuencia ataques cardiacos o accidentes cerebrovasculares (apoplejía).

Enfermedades relacionadas con la inflamación (cont.)

- Colitis
- Diverticulitis
- Esclerosis múltiple
- Obesidad general
- Diabetes

En el sitio de la lesión, los compuestos proinflamatorios llaman a los glóbulos blancos para que vengan a limpiar la infección y el tejido dañado. Estos agentes, se coordinan con sus afines e igualmente poderosos compuestos antiinflamatorios, que llegan una vez que la amenaza ha sido neutralizada para aliviar el área y empezar el proceso de curación. Esta clase de inflamación esporádica y temporal, equilibrada a través de la curación es una buena señal de que su sistema inmunológico está funcionando bien.

Pero cuando el sistema inmunológico se encuentra fuera de equilibrio y tiende a dirigirse hacia el lado proinflamatorio (lo que sucede a menudo cuando se padecen problemas inflamatorios), termina con una inflamación crónica en el cuerpo. Esto se caracteriza por una serie de síntomas físicos, que van desde el dolor de cabeza crónico y dolor en las articulaciones hasta acné, artritis, ataques de ansiedad, niveles altos de colesterol, alta presión arterial, y por supuesto, el síntoma más común de la inflamación crónica: aumento de peso, en particular esa clase que parece adherirse alrededor de su vientre.[3] El vínculo entre la inflamación y la grasa en el abdomen, que la puede colocar en serio riesgo de enfermedad cardiovascular, es tan claro que si hay una diferencia de menos de 25 centímetros entre su cintura y sus caderas, usted debería hacerse la prueba de la enfermedad inflamatoria llamada síndrome metabólico.

Síndrome metabólico

El síndrome metabólico, también conocido como "síndrome X", es el término para referirse a un grupo de enfermedades que minan la salud y están asociadas con la resistencia a la insulina y el aumento de peso. Estas enfermedades son: obesidad abdominal, alta presión arterial y colesterol elevado. El síndrome metabólico está considerado como una señal de alerta roja para las enfermedades coronarias y la diabetes tipo II (diabetes del adulto). También es una enfermedad inflamatoria.

La grasa, por naturaleza, causa inflamación. Las células de grasa producen sus propios compuestos transmisores de mensajes proinflamatorios, llamados adipocitoquinas, que, en cantidades excesivas, pueden causar una seria desestabilización en la función metabólica. [4] Cuantas más células de grasa tenga, más adipocitoquinas tendrá. Y en la mayoría de los casos, cuanto más elevados sean los niveles de insulina, más células de grasa acumulará. De esta manera, la inflamación y el exceso de insulina, son como el huevo y la gallina, cuando se trata de hacerla vulnerable al síndrome metabólico. ¿Cuál fue el primero? ¿Es la resistencia a la insulina y la obesidad, causada por la inflamación, o al contrario? Existe investigación que apoya ambos puntos de vista. El tiempo lo dirá, y puede ser que dependa de la bioquímica individual. Lo que sabemos es que la mejor manera de curar el síndrome metabólico, es controlando los niveles de insulina y reduciendo la inflamación.

¿Qué causa la inflamación crónica? Cada persona tiene sus propios detonadores, dependiendo de la bioquímica individual, pero cualquier cosa que consumimos o absorbemos, combinada con el estrés emocional, tiene la capacidad de encender las pequeñas llamas que harán trabajar en exceso el sistema inmunológico a lo largo de nuestro cuerpo, presentando tantos frentes de distracción que, amenazas más importantes, pueden pasar inadvertidas hasta que es demasiado tarde. Por otra parte, tendemos a producir más compuestos proinflamatorios de manera natural a medida que envejecemos, lo que ayuda a desestabilizar el equilibrio. Los compuestos pro y antiinflamatorios, son sintetizados de los ácidos grasos en nuestra sangre: ácido linoleico (que viene de las grasas omega 6) y ácido alfa linoleico (que viene de las omega 3 y omega 9). Necesitamos las dos clases de ácidos grasos para mantener el equilibrio, pero la dieta occidental abunda en el lado pro inflamatorio. También, es abundante en proteína animal, lo que eleva los niveles de homo quistaina, un compuesto proinflamatorio. Hasta un 25 por ciento de la población tiene polimorfismo genético que resulta en una deficiencia enzimática y puede impedir la capacidad del individuo de convertir el folato en ácido fólico, aún si está tomando suplementos.[5] Esta enfermedad puede conducir a niveles elevados de homoquistaina y predisponernos a problemas inflamatorios, tal como la enfermedad cardiaca. Por esta razón, si está teniendo muchos síntomas relacionados con inflamación, y no mejoran después de un mes de seguir este plan personalizado, programe sus exámenes de diagnosis. Usted puede ser una de esas personas.

Combustible para el fuego

En términos generales, la inflamación crónica y el aumento de peso que la acompañan, es estimulada por toda clase de estrés, interno y externo.[6] Hace poco tuve una paciente, María, quien vino a verme por primera vez hace alrededor de tres años: tenía 45 años de edad y 46 kilos de sobrepeso. Ahora puedo decirle que su salud era un completo desastre. Sufría de cólicos menstruales crónicos, sangrados uterinos disfuncionales y alta presión arterial, al igual que muchas otras dolencias relacionadas con la obesidad. Los sangrados la hacían sentir muy mal y, por lo tanto, decidimos empezar con ese problema. Pero fue difícil estabilizar los sangrados y María, al final, aceptó hacerse una histerectomía. Empezó una terapia de hormonas como seguimiento a la cirugía y esperábamos que se sintiera mejor. Pero no fue así. Los sangrados se detuvieron, pero ahora tenía dolor crónico en la espalda, inflamación y dolores en las articulaciones, y su peso no variaba, todos estos, síntomas subyacentes de inflamación. Realizamos una serie de exámenes de diagnosis, incluyendo el CDSA x 2, CP x 2 y una prueba de metales pesados, y encontramos un crecimiento excesivo de numerosas bacterias en su GI, incluyendo hongos. También salió positiva la prueba de parásitos y metales pesados. La suma de todo este estrés incapacitaba el sistema inmunológico de María, quien estaba muy inflamada, lo que a menudo es el caso con las pacientes obesas.

De inmediato le recomendé el Plan de dieta del desequilibrio inflamatorio, del equilibrio esencial, adicionándole alimentos medicinales para apoyar el proceso curativo de su cuerpo. Queríamos disminuir la inflamación y hacer que perdiera peso, pero debíamos tener mucho cuidado en no movilizar demasiadas toxinas, que tendrían que ser manejadas por su sistema sobrecargado. Fue en ese momento, cuando los alimentos medicinales fueron de gran ayuda para reforzar sus defensas. También realizamos el tratamiento para los parásitos y el crecimiento excesivo de hongos. Cuando María se empezó a sentir bien, limpiamos la elevada toxicidad de metales, con la ayuda de un alimento medicinal que apoyó la desintoxicación, y también consultó a un bio-odontólogo. (Para más información sobre odontología biológica, vea los apéndices). Nos tomó ocho meses eliminar los síntomas de María, pero ella era una campeona y perdió 46 kilos en el proceso. Hoy en día no parece la misma mujer que conocí hace tres años. En esa época estaba postrada, su piel era terrible y se le notaba la infelicidad. Hoy luce maravillosa, tiene una energía renovada y una nueva actitud. ¿Y todo ese peso? Desapareció hace mucho y ella está decidida a no dejarlo regresar.

Entender cuáles son los detonadores puede ser un trabajo detectivesco, como en el caso de María, pero la mejor forma de empezar es con su dieta y con la salud de su tracto GI. Esto es debido a que su dieta puede ser proinflamatoria (como lo son los típicos menús occidentales con grandes cantidades de granos refinados, azúcar, proteína animal y grasa saturada animal) o antiinflamatoria (rica en antioxidantes, proteína magra y grasas saludables). El tracto GI es la puerta de entrada para muchos agentes patógenos, que ingerimos junto con nuestros alimentos. En muchos casos, ciertos alimentos contienen alérgenos menores que simplemente desconocemos. El sistema inmunológico penetra el intestino por medio de un tejido linfático asociado al intestino, o GALT (por sus siglas en inglés), creando una especie de filtro que tiene la capacidad de detectar hasta la más pequeña cantidad de sustancias extrañas y disparar la alarma. (Puede leer más sobre GALT y sensibilidades digestivas en el capítulo ocho, si todavía no lo ha hecho). Las personas con desequilibrios esenciales digestivos, tales como sensibilidades a los alimentos no diagnosticadas, IBS (síndrome del intestino irritable), hongos sistémicos, parásitos, dysbiosis, y síndrome de intestino permeable, a menudo sufren de inflamación crónica, como les sucede a las mujeres que tienen dietas demasiado procesadas y dificultad para la desintoxicación.

Pero no nos olvidemos de otro detonador de la inflamación: sus emociones. Cuando se trata de la inflamación, las cargas emocionales dolorosas pueden ser tan terribles como el estrés físico. El cuerpo no puede diferenciar entre el estrés físico y el psicológico; y responde a ambos de la misma manera: por medio del eje HPA con la liberación de cortisol. El cortisol obstruye su sistema inmunológico, dándole una ventaja a la inflamación; por consiguiente, hacerle frente a un estrés persistente cobra un precio permanente a su sistema inmunológico y coloca su cuerpo en perpetua defensa. Los pensamientos y sentimientos son muy poderosos, y se manifiestan físicamente todo el tiempo con síntomas de inflamación: el estrés arruina su piel o causa retortijones intestinales durante una ruptura dolorosa. Recuerde que algunas de sus respuestas emocionales pueden estar programadas por experiencias de su niñez; hablaremos más sobre cómo explorar estos factores en la cuarta etapa. La buena noticia es que sus sentimientos pueden y deben ser sus aliados en el proceso de curación.

Problemas inflamatorios; plan de acción y alimentación

La gran noticia para quienes tienen problemas inflamatorios es que una vez que usted sabe que su aumento de peso está relacionado con inflamación crónica, puede dar los pasos adecuados para mejorar todo. Igual que con sus hermanas con problemas digestivos y desequilibrios hormonales, en este plan se centrará en eliminar sustancias peligrosas, estabilizar los niveles de glucosa y restaurar el apoyo. Además, también deberá estar alerta en la toma de los suplementos de ácidos grasos esenciales. Los ácidos grasos esenciales ayudan a equilibrar los niveles de ácidos grasos, pro y antiinflamatorios, en su sangre, incrementando los niveles de omega 3. También le recomiendo programar los exámenes de diagnosis que enumero más abajo. Debido a que la inflamación está asociada a muchas condiciones dañinas para la salud, sería muy útil saber si usted enfrentando sensibilidad a los alimentos o resistencia a la insulina. Estos problemas cuando están superpuestos pueden ser difíciles, pero estará por el buen camino si sigue este plan durante las próximas dos semanas. No quiero engañarla, este plan es bastante restrictivo, pero créame, sentirá una gran diferencia, por lo tanto, haga lo mejor que pueda para mantenerse en él.

Muchas mujeres con problemas inflamatorios, tienden a inquietarse con facilidad por una razón u otra, y muchas se sienten emocionalmente atrapadas en patrones de ansiedad y enojo: la clásica irascible. El desafío que enfrentará durante las próximas dos semanas será mantener la calma mientras renuncia a ciertos alimentos y hábitos que la hacen sentir confortable, pero no son saludables. No se preocupe, podrá volver a probar todos esos alimentos favoritos de nuevo y sentir de manera instantánea cuáles son los que no funcionan para usted. (Leerá más sobre esto cuando haya completado estas dos semanas). Espero que aprenda cuándo es que amerita comer esas cosas que le hacen daño y la hacen sentir mal y cuando no, un proceso de pensamiento que la fortalecerá y la apoyará en la pérdida de peso. Entonces, respire profundo y sea consciente de que posee el control de sus opciones y de que las mismas ¡pueden cambiar su vida!

Receta de Marcelle para
PROBLEMAS INFLAMATORIOS

1. Siga el menú que empieza en la página 202.

2. Tome los suplementos de la manera indicada.

3. Tome mucha agua filtrada.

4. Use el hilo dental después de cada comida. La inflamación de las encías ha sido vinculada a problemas inflamatorios en todo el cuerpo. Su boca es la puerta de entrada para muchas de las bacterias inflamatorias.

5. Coma orgánico. Lave a conciencia todas las frutas y vegetales. Revise la despensa, bote toda la comida procesada y ¡no compre más! Esto incluye productos que contienen: azúcar, harina refinada, grasas trans, conservantes artificiales, colorantes y edulcorantes, todos en extremo inflamatorios.

6. Considere la posibilidad de agregar un suplemento de fibra diario, libre de gluten, tal como cáscara de psyllium a su dieta.

7. Camine cada vez que pueda y piense en incorporar más ejercicio en su vida. Haga ejercicio por lo menos 30 a 60 minutos diarios, seis días a la semana, lo que es óptimo para mejorar los niveles de insulina y bajar el azúcar en la sangre.

8. ¡Salga al aire libre y juegue! Traiga más alegría y paz a su vida. Si vive con estrés crónico, lea la cuarta etapa y considere la exploración de otras técnicas de reducción de estrés.

9. Descanse mucho. Necesita dormir entre siete a nueve horas todas las noches para darle a su cuerpo tiempo para curarse de las demandas del día. Programe una hora regular para acostarse y tome siestas.

10. Programe exámenes de diagnosis si no está sintiendo mejoría en dos semanas.

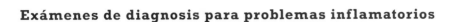

Exámenes de diagnosis para problemas inflamatorios

- Prueba de la proteína C reactiva de alta sensibilidad y para detectar niveles elevados de ácido homo quistaina irritante de la sangre

- Prueba de ALCAT (un examen diseñado para determinar las sensibilidades a alimentos y químicos)

- Análisis completo de heces para problemas digestivos (CDSA) para la digestión, absorción y equilibrio bacterial

- Perfil metabólico completo estándar (CMP) para electrolitos, azúcar en la sangre, proteína en la sangre, nivel de pH, funciones de hígado y riñones

- Perfil metabólico completo para detectar deficiencia de aminoácidos

- Análisis parasitológico de heces seriado por dos veces (CP x 2) para identificar microflora intestinal anormal

- Azúcar e insulina en la sangre en ayunas y dos horas después de comer, para detectar síndrome metabólico

- *H. pylori*: prueba de antígeno para la bacteria relacionada con úlceras péptica y duodenal

- Niveles de vitamina D

- Prueba de tiroides: TSH, libre T3, T4, y anticuerpos de la tiroides

- Prueba celiática para sensibilidad y alergia al gluten

- Panel de lípidos en la sangre para medir HDL, LDL y triglicéridos

- Perfil genético completo para evaluar la presencia de Poliformismo de nucleótido simple (SNP por sus siglas en inglés) genético conducente a defecto metabólico methylfolate

Problemas inflamatorios; alimentos que debe incluir

- Germinado de alfalfa

- Manzanas o peras

- Aguacate

- Fríjoles y lentejas, incluyendo arvejas

- Grosellas

- Cerezas

- Canela

- Vegetales crucíferos (col china, brócoli, coliflor, repollo, col Bruselas, col rizada)

- Chile o ají

- Semillas de linaza y de sésamo

- Ajo

- Vegetales de hoja verde

- Avena (sin gluten)

- Granada

- Aceites saludables: canola, oliva, linaza, sésamo, cártamo, coco y aceite de nueces

- Salmón de Alaska

- Yogur y kéfir (pero no otros lácteos) entero o 2%

Problemas inflamatorios; alimentos que debe evitar

- Alcohol

- Cafeína

- Lácteos (excepto yogur y kéfir)

- Fritos y comida rápida

- Gluten y granos (trigo, cebada, escanda, kamut, centeno, triticale)

- Solanáceas (tomate, papas, berenjena, cebollas)

- Carne roja, a menos que sea de res alimentada con pasto

- Azúcar y granos refinados

- Grasas saturadas

- Grasas trans

- Conservadores artificiales, colorantes y aditivos

Suplementos

Básicos:

- Multivitamina de alta potencia con calcio y magnesio adicionales
- Ácidos grasos esenciales
- Probióticos (tómelos con agua, 5 a 15 minutos antes de comer)
- Glutamina (tabletas de 1000 mgs. con cada comida)
- Suplemento adicional de vitamina D (como lo indiquen los resultados de los exámenes; si tiene deficiencia de vitamina D, puede necesitar hasta 6000 miligramos por día)

Si los síntomas persisten, agregue lo siguiente:

- Enzima digestiva de amplio espectro (si lo desea)
- Coenzima Q10, un poderoso antioxidante (100 mgs. por día con comida)
- Cromo (una tableta adicional de 100 mgs. antes de las comidas, en especial si es resistente a la insulina)
- Acetyl-L-Carnitina (500 mgs. diarios) para mejorar la función de las mitocondrias y descomposición de los ácidos grasos
- Suplementos adicionales de ácidos grasos para disminuir la inflamación, incluyendo ácido gamma linoleico (GLA) extraído de la planta onagra vespertina (400 mgs.), ácido alfa linoleico (ALA) de la linaza o cáñamo (400 mgs.)

Adicional (para uso bajo control médico; ver apéndices para más información):

- Betaína HCl para la baja acidez gástrica, tomada con la comida
- Alimentos medicinales para ayudarla a curar la inflamación y los síntomas relacionados con ella, tal como dolor en las articulaciones. Si usa estos alimentos medicinales, descontinúe el uso de los otros suplementos, excepto EFA y el probiótico.

Vitamina D

Este nutriente esencial es llamado vitamina, aunque la vitamina D es en realidad una hormona precursora: es la piedra angular de una poderosa hormona esteroide de su cuerpo llamada calcitriol. La vitamina D trabaja en combinación con otros nutrientes y hormonas en su cuerpo, para dar soporte a una renovación saludable de los huesos, el proceso continuo de mineralización y desmineralización, que cuando funciona mal se manifiesta como raquitismo en los niños y osteomalacia (huesos suaves) en los adultos. También se han descubierto vinculaciones entre la deficiencia de la vitamina D y la obesidad, resistencia a la insulina, enfermedad cardiaca, ciertos cánceres y depresión. Yo ordeno pruebas a todas mis pacientes y he quedado sorprendida al encontrar que el 85 por ciento muestra deficiencia de vitamina D.

Los investigadores han descubierto que la vitamina D promueve el crecimiento y diferenciación normal de las células a lo largo del cuerpo, un factor clave en la estabilización de la insulina, el mantenimiento de un sistema inmunológico saludable y la pérdida de peso. Debería ser el ingrediente secreto de dieta en los productos lácteos. Siendo importante para los problemas inflamatorios, la vitamina D es en realidad un poderoso antiinflamatorio con capacidad de rechazar una respuesta inflamatoria prolongada.[7]

Su cuerpo no puede crear vitamina D por sí mismo. Por eso está diseñado para elaborarla a través de la exposición al sol, en teoría con sólo un par de horas a la semana. También puede ingerir vitamina D a través de sus alimentos, en especial huevos y ciertos pescados. Pero muchas personas, en especial las que vivimos en los climas del norte, nunca obtenemos suficiente. Y quienes viven en el sur siempre usan con diligencia bloqueadores solares, por lo tanto, también tienen deficiencia. Le recomiendo incrementar su consumo diario de vitamina D a 1000 miligramos durante los meses de invierno, pero siempre debe verificar sus niveles de la misma, en especial antes de incrementar la dosis de un suplemento. La mejor manera de obtener vitamina D es de forma natural: durante el verano, o si vive en un área soleada, puede exponer sus extremidades al sol, sin protección, por 15 minutos, tiempo suficiente para sentirse caliente pero no quemarse. Haga esto en las mañanas y al final de la tarde, nunca al medio día cuando el sol es más intenso.

Un día en la vida del plan personalizado
del desequilibrio inflamatorio

Hora	Actividad
6:30 A.M.	Despierte sin apuro. Permanezca en la cama y haga al menos 10 respiraciones profundas de estómago. Determine una intención positiva para el día.
7:00	Prepare el desayuno. Tome su multivitamina, probiótico, glutamina, tabletas EFA y los suplementos adicionales. Si está usando alimentos medicinales, debe seguir las instrucciones de su médico.
7:15	Desayune. Coma despacio y mastique bien la comida. Tómese su tiempo. Si está tomando un suplemento de enzima digestiva, recuerde hacerlo con el desayuno. Use el hilo dental.
8:00	Camine hacia el trabajo o pasee al aire libre. Si es un día soleado, trate de poner sus extremidades al sol por 15 minutos para iniciar la elaboración de vitamina D.
9:00	Beba dos vasos de agua grandes o un té de hierbas purificador (vea página 70).
10:00	Merienda matinal.
12:00 P.M.	Almuerzo, tome los suplementos apropiados. Permítase tiempo para digerir. Practique la respiración profunda. Use hilo dental o mondadientes.
2:00	Pausa para el té.
3:00	Merienda de la tarde.
5:00	Haga ejercicios o camine. Si puede, trate de meditar o haga respiración profunda.
6:00	Cena.
6:30	Ritual de cuidado personal.
7:00	Tome otros dos vasos de agua o un té de hierbas calmante. Tome sus suplementos de calcio y magnesio para ayudarla a dormir. Relájese. Use hilo dental.
9:00	Hora de ir a la cama. Haga respiración profunda con el vientre al menos diez veces, olvide lo que pasó en el día. Eso es todo. Duerma.

Menú para el plan del desequilibrio inflamatorio

Ideas para meriendas:

- Tortas de arroz con mantequilla de almendra o de marañón
- Apio, pimiento rojo, o palitos de pepino con hummus
- Huevo cocido
- Un puñado de nueces
- Una fruta pequeña
- Mitad de la porción del plato principal del día anterior.

*Las recetas comienzan en la página 275.

Menú para el desequilibrio inflamatorio
DÍA UNO

DESAYUNO

2 huevos al gusto
2 Pastelillos caseros de pavo*
½ taza de fresas rebanadas

MERIENDA MATINAL

½ pera untada con 1 cucharada
de mantequilla de marañón

ALMUERZO

Pechuga de pollo horneada
o a la parrilla, con sal
y pimienta al gusto
Espinaca con limón y ajo*
½ panecillo de millo

MERIENDA DE LA TARDE

2 pasteles de arroz sin dulce u
8 galletas de arroz untadas con
1 cucharada de mantequilla
de marañón

CENA

Salmón con eneldo*
Brócoli con jengibre en el wok*
¼ taza arroz silvestre

Menú para el desequilibrio inflamatorio
DÍA DOS

DESAYUNO

Huevos revueltos Confeti*
½ taza de frambuesas

MERIENDA MATINAL

1 manzana pequeña asada
y espolvoreada con canela y
2 cucharadas de nueces
lisas trituradas

ALMUERZO

Pollo fácil a la florentina*
2 tazas de ensalada de hojas
verdes mixtas, con
1 cucharadita de aceite de
oliva y el jugo de ½ limón

MERIENDA DE LA TARDE

Salsa de aguacate y pera* con
½ taza de pepino o calabacín
rebanado

CENA

Pechuga de pavo asada
½ batata con ½ cucharada de
mantequilla, espolvoreada con
canela si lo desea
Coles de Bruselas con
champiñones*

Menú para el desequilibrio inflamatorio
DÍA TRES

DESAYUNO

2 Pastelillos de salmón*
½ taza de fresas rebanadas

MERIENDA MATINAL

Hummus limonado* con ½ taza
vegetales rebanados

ALMUERZO

Picadillo de pavo*
2 tazas de ensalada de hojas
verdes mixtas, con
1 cucharadita de aceite de
oliva y el jugo de ½ limón
½ panecillo sin gluten

MERIENDA DE LA TARDE

1 huevo cocido
¼ taza de grosellas

CENA

Pollo y espárragos salteados*
2 tazas de ensalada de
hojas verdes mixtas, con 1
cucharadita de aceite de oliva
y el jugo de ½ limón
Bolas de melón con menta*

Menú para el desequilibrio inflamatorio
DÍA CUATRO

DESAYUNO

2 huevos al gusto
Pasteles de calabacín*
½ taza de fresas rebanadas

MERIENDA MATINAL

Hummus limonado* con ½ taza
de vegetales rebanados

ALMUERZO

Ensalada dulce de arúgula
con pollo*
½ panecillo de millo

MERIENDA DE LA TARDE

2 pasteles de arroz sin dulce u
8 galletas de arroz untadas con
1 cucharada de mantequilla
de marañón

CENA

Cordero al romero*
Cintas de calabacín*
½ batata con
½ cucharada de mantequilla,
espolvoreada con canela
si lo desea

Menú para el desequilibrio inflamatorio
DÍA CINCO

DESAYUNO

Tortilla de huevos con
alcachofa sin queso*
½ taza melón

MERIENDA MATINAL

Guacamole* con ½ taza de
vegetales rebanados

ALMUERZO

Pollo y espárragos salteados*
1 taza de ensalada de hojas
verdes mixtas, con
1 cucharadita de aceite de
oliva y vinagre balsámico
½ panecillo de millo

MERIENDA DE LA TARDE

1 manzana pequeña, rebanada
y untada con 1 cucharada de
mantequilla de marañón

CENA

Frittata de pavo*
1 taza de ensalada de hojas
verdes mixtas, con
1 cucharadita de aceite de
oliva y vinagre balsámico
½ taza de brócoli al vapor

Menú para el desequilibrio inflamatorio
DÍA SEIS

DESAYUNO

Huevos revueltos
con espinaca*
½ taza de frambuesas

MERIENDA MATINAL

½ pera untada con 1 cucharada
de mantequilla de marañón
1 cucharada de almendras

ALMUERZO

Sobrante de la frittata de pavo*
2 tazas de hojas verdes mixtas,
con 1 cucharadita de aceite de
oliva y el jugo de ½ limón

MERIENDA DE LA TARDE

Tapenade de aceitunas* con ½
taza de vegetales rebanados

CENA

Pollo al jerez*
½ taza de judías verdes al vapor
¼ taza arroz silvestre

Menú para el desequilibrio inflamatorio
DÍA SIETE

DESAYUNO

Picadillo de pavo*
½ taza de fresas rebanadas

MERIENDA MATINAL

2 pasteles de arroz sin dulce u
8 galletas de arroz untadas con
1 cucharada de mantequilla
de marañón

ALMUERZO

Pechuga de pollo horneada
o a la parrilla, con sal
y pimienta al gusto
Arvejas chinas crocantes*
½ panecillo sin gluten

MERIENDA DE LA TARDE

Salsa de aguacate y pera*
con ½ taza pepino o calabacín
rebanado

CENA

Tortilla de huevos con
alcachofa sin queso*
1 taza de hojas verdes mixtas,
con 1 cucharadita de aceite de
oliva y el jugo de ½ limón
½ taza de fresas rebanadas

Menú para el desequilibrio inflamatorio
DÍA OCHO

DESAYUNO

2 Pastelillos de salmón*
¼ taza de grosellas

MERIENDA MATINAL

1 huevo cocido
½ taza melón

ALMUERZO

Sobrante del pollo al jerez*
Gazpacho*

MERIENDA DE LA TARDE

1 pastel de arroz sin dulce o 4
galletas de arroz untadas con 1
cucharada de mantequilla
de almendra

CENA

Salmón con jengibre*
Espárragos con energía*
⅓ taza arroz silvestre

Menú para el desequilibrio inflamatorio
DÍA NUEVE

DESAYUNO

2 huevos al gusto
Pasteles de calabacín*
½ taza de fresas rebanadas

MERIENDA MATINAL

Tapenade de aceitunas* con ½
taza de vegetales rebanados

ALMUERZO

Huevos revueltos con
champiñones*
2 tazas de ensalada de hojas
verdes mixtas, con
1 cucharadita de aceite de
oliva y el jugo de ½ limón
¼ taza de grosellas

MERIENDA DE LA TARDE

1 manzana pequeña horneada
espolvoreada con canela y 2
cucharadas de nueces lisas
trituradas

CENA

Pollo Marsala dulce*
⅓ taza arroz silvestre
½ taza brócoli al vapor

Menú para el desequilibrio inflamatorio
DÍA DIEZ

DESAYUNO

Huevos revueltos Confeti*
¼ taza de frambuesas

MERIENDA MATINAL

½ pera horneada espolvoreada
con canela o nuez moscada y
1 cucharada de nueces lisas
trituradas

ALMUERZO

Sobrante del Pollo Marsala
dulce* sobre 2 tazas de
ensalada de hojas verdes mixtas
½ taza de fresas rebanadas

MERIENDA DE LA TARDE

2 tallos de apio, cada uno
relleno con 1 cucharada de
hummus limonado*

CENA

Filete de pescado almendrado*
⅓ taza arroz silvestre
½ taza de brócoli al vapor con
½ cucharada de mantequilla

Menú para el desequilibrio inflamatorio
DÍA ONCE

DESAYUNO

Huevos revueltos con
tomate y cebolla*
½ taza de fresas rebanadas

MERIENDA MATINAL

2 pasteles de arroz sin dulce u
8 galletas de arroz untadas con
1 cucharada de mantequilla
de marañón

ALMUERZO

Picadillo de pavo*
½ taza de judías verdes al vapor
½ taza de melón

MERIENDA DE LA TARDE

Hummus limonado* con ½ taza
de vegetales rebanados
1 cucharada de almendras

CENA

Pollo a la parrilla veraniego*
¼ taza arroz silvestre
½ taza de fresas rebanadas

Menú para el desequilibrio inflamatorio

DÍA DOCE

DESAYUNO

Huevos revueltos con
espinaca*
½ taza de frambuesas

MERIENDA MATINAL

1 manzana pequeña horneada
y espolvoreada con canela y
2 cucharadas de nueces lisas
trituradas

ALMUERZO

Ensalada de espinaca*
½ panecillo de millo

MERIENDA DE LA TARDE

Salsa de aguacate y pera* con
½ taza de pepino o calabacín
rebanado

CENA

Pechuga de pavo horneada
o a la parrilla con sal y
pimienta al gusto
½ taza de judías verdes al
vapor con el jugo de ½ limón
1 taza de ensalada de hojas
verdes mixtas, con
1 cucharadita de aceite de
oliva y el jugo de ½ limón

Menú para el desequilibrio inflamatorio

DÍA TRECE

DESAYUNO

2 pastelillos de salmón*
½ taza de fresas rebanadas

MERIENDA MATINAL

2 pasteles de arroz sin dulce u
8 galletas de arroz untadas con
1 cucharada de mantequilla
de marañón

ALMUERZO

Ensalada dulce de pollo*
½ panecillo sin gluten

MERIENDA DE LA TARDE

1 huevo cocido
2 cucharadas de almendras

CENA

Pavo rojo y verde en el wok*
¼ taza de arroz integral
½ taza de fresas rebanadas

Menú para el desequilibrio inflamatorio

DÍA CATORCE

DESAYUNO

Tortilla de huevos con
alcachofa sin queso*
½ taza de grosellas

MERIENDA MATINAL

Salsa de aguacate y pera*
con ½ taza de pepino o
calabacín rebanado

ALMUERZO

Merluza escalfada con ajo*
½ taza de brócoli al vapor
½ panecillo de millo

MERIENDA DE LA TARDE

Guacamole* con ½ taza
de vegetales rebanados

CENA

Pollo al estragón*
Judías verdes al romero*
¼ taza arroz silvestre

Problemas inflamatorios, preguntas frecuentes

No tengo resistencia a la insulina. ¿Aun así, puedo estar inflamada?

Sí. Usted puede estar encaminándose hacia la resistencia a la insulina aunque no haya sido diagnosticada, como nos pasa a muchas de nosotras en los países industrializados. También puede estar inflamada en mayor o menor grado, dependiendo de su historia. Y debe creerme, si está inflamada, está en camino a desarrollar resistencia a la insulina, porque las dos enfermedades están interconectadas. Siga el plan durante las siguientes dos semanas y observe cómo se siente. La buena noticia es, que una intervención temprana normalizará su sensibilidad a la insulina y restaurará el equilibrio metabólico, lo que ayuda a bajar la inflamación.

Estoy encontrando demasiado difícil dejar de comer
lo que me gusta. ¿Puedo modificar el plan?

Créame que la entiendo. Sin embargo, si usted puede seguir el plan tal como está escrito durante las siguientes dos semanas, empezará a sentirse diferente respecto a sus alimentos favoritos (que con seguridad deben ser los culpables de la inflamación). Sé que es difícil romper viejos hábitos y gustos, pero si se permite 14 días, no volverá a extrañar esos alimentos nunca más. Además, sepa que tendrá toda la oportunidad de incorporarlos de nuevo a su dieta, sólo que no va a desear hacerlo. Sé que puede hacerlo durante dos semanas, por lo tanto, haga un esfuerzo adicional y en lugar de comer su bocadillo favorito, haga una actividad que disfrute.

No siento ninguna diferencia y no estoy perdiendo peso.
¿Qué está pasando?

Si ha seguido el menú del plan personalizado del desequilibrio inflamatorio, durante una semana o más y no siente ninguna mejoría, es probable que la culpa sea de otro desequilibrio esencial. Vuelva a revisar sus respuestas en la prueba. ¿Existen otras áreas que tengan igual o mayor puntaje? Muchos desequilibrios se sobreponen con el desequilibrio inflamatorio, incluyendo problemas digestivos, desequilibrio suprarrenal, problemas de desintoxicación y desequilibrio hormonal. Pruebe siguiendo el menú correspondiente a otro de los desequilibrios con alto puntaje y vea si logra sentirse mejor. O manténgase en éste durante otra semana. Puede ser que su cuerpo necesite más tiempo para sanarse. También podría probar un alimento medicinal si no lo ha hecho todavía. He encontrado de gran utilidad para mis pacientes el uso de alimentos medicinales para apoyar la curación de problemas inflamatorios.

Capítulo trece

PLAN PERSONALIZADO DEL DESE-QUILIBRIO DE LA DESINTOXICACIÓN

Quienes hayan tenido el puntaje más alto en la sección del desequilibrio de la desintoxicación, es probable que sus sistemas de desintoxicación estén funcionando de manera deficiente o congestionados con muchas toxinas. Cualquier problema en su equilibrio de desintoxicación produce inflamación, una condición compartida con sus hermanas del capítulo 12. De hecho, una función de desintoxicación deficiente e inflamación, a menudo van de la mano. ¿Cómo se pierde el equilibrio de la desintoxicación? Algunas mujeres pueden tener dificultad para desintoxicarse de forma adecuada por razones genéticas o influencia del estilo de vida, mientras otras lo padecen debido a altos niveles de toxinas en el medio ambiente, que agobian los órganos de desintoxicación.

Bárbara llegó a mi consultorio desesperada por perder peso. A los 59 años de edad, tenía 11 kilos de sobre peso y nada de lo que hacía le producía resultados. Todos los exámenes de diagnosis convencionales resultaban normales. En su primera visita también discutimos otros síntomas reportados por Bárbara: fibromialgia, ansiedad, fibrilación atrial, ataques de pánico y fatiga. "Me siento como si estuviera resfriada todo el tiempo. Cuando me levanto siento como si no hubiera dormido nada", dijo Bárbara, y agregó que estaba bajo un enorme y constante estrés que no había disminuido en 15 años. Estaba preocupada con la posibilidad de tener un derrame si las cosas no cambiaban y su peso parecía ser el punto de partida. Realizamos una serie de exámenes; las suprarrenales estaban trabajando en exceso, resultó positiva en bacterias y hongos, pero lo más significativo fue su hígado agrandado y sus enzimas hepáticas elevadas (la prueba de hepatitis fue negativa). Esto me llevó a la conclusión de que el sistema de desintoxicación de Bárbara estaba pidiendo ayuda a gritos, pero primero teníamos que limpiar su tracto intestinal. Le pedí que siguiera el plan personalizado del desequilibrio de la desintoxicación, con un apoyo extra suministrado por alimento medicinal para la digestión y la inflamación. También tomó un probiótico y betaína HC1 para estimular sus ácidos estomacales.

Una vez que Bárbara estuvo más estable, le di un tratamiento para los parásitos con Candex y gayuba y agregué algún apoyo para las suprarrenales. Continuó con el plan personalizado del desequilibrio de la desintoxicación y empezó a perder peso. Entonces, llegó el momento de trabajar con su salud hepática. Cambió a un alimento medicinal para dar apoyo al proceso metabólico del hígado, siguiendo el plan personalizado del desequilibrio de la desintoxicación. Cuando volví a ver a Bárbara hace unos meses, sus síntomas habían desaparecido. Su hígado y las enzimas regresaron a niveles normales. No más ansiedad. No más fibrilación atrial. No más dolor. Y no más sobrepeso. "¡Me siento tan bien!" dijo ella. "Mi mente está clara y tengo más energía que nunca. Nunca pensé que esto pudiera suceder ¡gracias!" Le recordé que era su cuerpo haciendo el trabajo, sólo que ahora ella sabía cómo brindarle las herramientas correctas.

Cómo se desintoxica una mujer es tan importante para su salud y su peso, como casi cualquier otro sistema biológico en el que pueda pensar. Nueva investigación demuestra que las enzimas de desintoxicación existen en la mayor parte del cuerpo, incluyendo las células cerebrales, lo que significa que una desintoxicación eficiente juega un papel más importante de lo que se pensaba en el Alzheimer, Parkinson y trastornos en el estado de ánimo. Una desintoxicación deficiente es a menudo un desequilibrio esencial subyacente que origina desequilibrios por todas partes y menoscaba su salud seriamente. La naturaleza lo sabe; por eso es que contamos con un formidable sistema de administración de desperdicios, respaldado por nuestro tracto intestinal y sistema inmunológico. Hasta hace 150 años, esto era suficiente. Pero la edad moderna, con sus químicos sintéticos, calorías sin nutrientes y aparatos para facilitar labores, ha cambiado las reglas del juego (y usted lo puede ver en nuestras gruesas cinturas).

Síntomas de toxicidad

• Acné, erupciones crónicas y sarpullido

• Mal aliento

• Hinchazón, gas, problemas GI

• Aftas

• Dificultades cognoscitivas (confusión, dificultad para concentrarse)

• Constipación o diarrea

• Ojeras

• Sed excesiva

• Retención de líquidos

• Antojos y sensibilidades alimenticias

• Dolores de cabeza

• Insomnio

• Dolores musculares y en las articulaciones

• Reducción notable en la tolerancia al alcohol y la cafeína

• Secreción de la parte trasera de la nariz

• Garganta carrasposa

• Reacciones significativas a olores, productos limpiadores, perfumes, etc.

• Congestión de los senos nasales

Todos los días estamos expuestos a una mezcla tóxica de contaminación atmosférica, metales pesados, carcinógenos, y otras toxinas terribles en el medio ambiente.[1] Ingerimos grandes cantidades de químicos hechos por el hombre, incluyendo: medicinas con y sin receta, pesticidas, estimulantes, azúcar y carbohidratos refinados y grasas procesadas. Incluso los químicos que se forman en los alimentos de manera natural pueden ser tóxicos si tenemos sensibilidades a los alimentos no diagnosticadas, o infecciones bacterianas o de hongos, o parásitos que interfieren con el proceso digestivo o con la respuesta inmunológica. Además de todo esto, para enfrentar el estrés crónico incurrimos en conductas más demandantes al organismo fumando, usando drogas ilegales, y bebiendo alcohol y cafeína en cantidades excesivas (mientras dejamos de hacer ejercicio, de evacuar y de dormir con normalidad, tres potentes estimulantes de la desintoxicación).

Todo esto significa que tenemos un sistema de limpieza altamente evolucionado, sobrecargado de forma constante y cada vez más. Si no ayuda a limpiar la casa, desintoxicándola de manera deliberada, mejorando la dieta, el medio ambiente y el desorden emocional con regularidad, su cuerpo se verá abrumado por todo esto. Ahora, usted sabe que su fisiología esencial depende de una conversación que tiene lugar entre sus órganos, su bioquímica, su ADN y sus células. En ausencia de una buena desintoxicación, ¡puede imaginar la confusión y basura que se interpone en medio de esta conversación! Cuando su conversación interna se desorienta, se siente enferma y cansada. A menudo, aumenta de peso del que no puede liberarse.

En términos generales, nuestros cuerpos hacen un trabajo heroico para detener la ola tóxica, pero cada mujer tiene un momento en donde pierde el equilibrio. Si está leyendo estas líneas, puede estar bastante segura que su cuerpo lo ha perdido y está adquiriendo una póliza de seguro en forma de sobrepeso.[2] La buena noticia es que mucho del daño ocasionado se puede deshacer, mediante la estimulación de las capacidades naturales de desintoxicación de su cuerpo, con una dieta libre de toxinas, descanso periódico y limpieza interna. Ahora, casi puedo oír los gemidos que con tanta frecuencia escucho en mi consulta. Pero no estoy hablando de limpiezas agresivas de colon o ayunos con jugo de limón. El mejor plan de desintoxicación funciona con alimentos de fácil digestión e integrales (¡no muriéndose de hambre!), toneladas de agua filtrada, mucho descanso, ejercicio suave, eliminando sustancias y alimentos dañinos y añadiendo suplementos restauradores.

Síntomas de toxicidad (cont.)

- Aumento de peso obstinado

- Empeoramiento de los síntomas premenstruales y menopausia

Una mirada interna al proceso de desintoxicación

Su metabolismo existe para descomponer sustancias en formas utilizables (energía) y no utilizables (desperdicio). La desintoxicación es la forma como su cuerpo maneja los desperdicios. Su sistema de desintoxicación, que incluye: hígado, riñones, tracto intestinal, sistemas circulatorio y linfático, pulmones y piel, tiene que procesar las toxinas del medio ambiente, de su dieta y de sus emociones. Esto significa que usted siempre está desintoxicándose, porque moriría si no lo hiciera. Cada vez que exhala, transpira, o hace sus necesidades fisiológicas, está realizando una desintoxicación natural. De hecho, casi todos los sistemas en su cuerpo tienen algún componente para desintoxicar.

El sistema linfático, que compite con su sistema circulatorio en términos de extensión y complejidad, actúa como el sistema de alcantarillado de su cuerpo. Cuando la sangre circula, lleva los nutrientes a las células y retira los desperdicios, pero esto no es un intercambio directo. Mejor dicho, hay un líquido intermediario que rodea las células llamado fluido intersticial, que actúa como el medio para el intercambio. El fluido linfático es en esencia un fluido intersticial adicional, un fluido transparente que contiene muchos de los desperdicios metabólicos que son creados por las células al estar realizando su función. Son como afluentes que van lentamente hacia la corriente que alimenta un río que se mueve con lentitud, el sistema linfático transporta fluido linfático a través de conductos extensivos, moviéndose por 500 puntos de filtración y "botaderos" (sus nódulos linfas). En forma sucesiva, en cada nódulo el fluido linfático es filtrado y las bacterias eliminadas. Si el fluido linfático es bloqueado en un nódulo linfa, usualmente se desvía, pero cuando el bloqueo es mayor, puede causar que el fluido se acumule, originando hinchazón en los tejidos circundantes, condición conocida como linfedema.

Los vasos linfáticos se fusionan en ciertos puntos para formar troncos linfáticos. Usted tiene seis troncos linfáticos principales en su cuerpo, cada uno responsable de drenar fluido filtrado de una región de su cuerpo. La linfa purificada viaja hasta su torso y al final regresa al flujo sanguíneo a través del conducto torácico que está localizado justo debajo de su clavícula. El sistema linfático no tiene bombeo; en su lugar la linfa se mueve gracias a la respiración, el ejercicio y masaje.

Debido a que la linfa limpia casi todas las células en su cuerpo, los síntomas de un bloqueo crónico linfático son diversos, pero pueden incluir agravamiento de alergias y sensibilidad a los alimentos, resfriados y gripes frecuentes, dolor en las articulaciones, dolores de cabeza y migrañas, dismenorrea, artritis, senos con quistes fibrosos, senos sensibles, sinusitis, pérdida de apetito y otros problemas GI, calambres, inflamación de tejidos, fatiga, confusión mental, celulitis y depresión. En ausencia de síntomas particulares, puede sentirse cansada e intoxicada, con pesadez en el estómago.

El heroico hígado

Algunas toxinas que usted ingiere son movilizadas, neutralizadas y excretadas de manera inmediata; otras son almacenadas en sus células de grasa. Cuando pierde grasa, libera estas toxinas dentro de su sistema, originando síntomas y de manera inadvertida la estimula a mantener el peso. Cuando está trabajando en forma adecuada su hígado es el responsable de neutralizar, convertir y excretar hasta el 99 por ciento de bacterias y toxinas en el cuerpo. Y ¡también es el órgano que metaboliza la grasa! Cuando su hígado se encuentra dañado, estresado o lleno de grasa, su eficiencia disminuye con rapidez. Un hígado saludable filtra casi dos litros de sangre por minuto. El hígado elimina las bacterias, químicos, metales pesados, endotoxinas, anticuerpos antígenos complejos, y exceso de azúcar y grasas, excretando este desperdicio por medio de la bilis en el intestino delgado, donde se une con el quimo digestivo para crear las heces. Esto lo hace con la ayuda de antioxidantes y nutrientes de origen vegetal, que a su vez accionan un proceso enzimático de dos fases, cuyo bienestar es crucial para su salud a largo plazo.

Durante la primera fase, la mayoría de los compuestos químicos indeseados, como drogas, pesticidas y toxinas intestinales, son convertidos en el camino en sustancias intermediarias altamente inestables, junto con el exceso de hormonas e histaminas (un subproducto de la inflamación). La primera fase demanda alrededor de ¡50 a 100 diferentes enzimas nutritivas! Usted puede medir el funcionamiento de la primera fase de desintoxicación, si observa su tolerancia a la cafeína, perfumes y otros gases aéreos. Las sustancias intermediarias formadas en la fase uno, son procesadas y neutralizadas en más detalle en la fase dos, en un proceso llamado convergencia. La convergencia de la fase dos, demanda muchos ayudantes, en especial una importante enzima llamada glutation y ciertos aminoácidos. De nuevo, estas sustancias dependen, para su subsistencia y funcionamiento óptimo, del acceso a los nutrientes adecuados. Muchas otras cosas suceden y las dificultades pueden ocurrir en varios puntos, pero por ahora, esto es suficiente para demostrarle la importancia de la gran variedad de nutrientes para la salud de su hígado y la razón por la cual el apoyo al hígado es crucial para la desintoxicación.

Sensibilidades severas al medio ambiente

Un creciente grupo de personas que deben prestar estricta atención a la desintoxicación y a la salud de su hígado, son las que tienen sensibilidades severas al medio ambiente, o "desintoxicantes patógenos". Estas mujeres tienen dificultad para movilizar las toxinas de la fase uno a la fase dos; a menudo carecen de los nutrientes esenciales o de ciertas variaciones genéticas, también llamadas "snip" o SNP (que quiere decir Polimorfismo de nucleótido simple, por sus siglas en inglés), que conecta a las dos fases. Esto las deja en extremo vulnerables a la multitud de compuestos de la fase uno que se encuentran parcialmente transformados y son altamente tóxicos. Estas mujeres siempre deben estar atentas a la salud de su hígado.

La mayoría de las personas, que no padecen este tipo de problema, pueden mantenerse a flote gracias a los heroicos esfuerzos de su hígado, pero esto puede cambiar con rapidez si se exponen a grandes cantidades de toxinas o por períodos prolongados, y esto incluye el estrés constante. En algunas mujeres, los cambios hormonales de la menopausia las llevan al borde del precipicio; para otras puede ser una crisis emocional, como un divorcio; sin embargo, para la mayoría de nosotras, el cambio avanza con lentitud, como resultado de una vida con nutrición deficiente y un estilo de vida poco saludable.

Como he dicho, la desintoxicación efectiva es tan importante para nuestra supervivencia que moriríamos en cuestión de horas si no pudiéramos desintoxicarnos. Esta es una buena noticia para quienes padecen de un desequilibrio de la desintoxicación, porque significa que su cuerpo trabajará intensamente para respaldar sus esfuerzos de desintoxicación durante las próximas dos semanas. Usted ya cuenta con un sistema de desintoxicación sofisticado; ¡ahora es su oportunidad de ayudarlo a hacer su trabajo! Una vez que haya restaurado el equilibrio de este sistema, se sorprenderá de cuánto más clara, limpia y liviana se va a sentir.

Plan de acción y alimentación del desequilibrio de la desintoxicación

De muchas maneras, este plan es el más fácil y el más difícil de todos. Es el más fácil porque usted ya cuenta con un tremendo sistema de desintoxicación, que está listo para funcionar a toda marcha una vez que elimine algunos de los desperdicios irrelevantes.

Esto significa que observará y sentirá resultados muy rápido si es diligente. Es el más difícil, porque requiere de los cambios más significativos en su estilo de vida, lo mismo que en su dieta. El plan se enfoca en eliminar los alérgenos y toxinas más dañinos y agresivos, o lo que llamo factores estresantes. El estrés es diferente para cada persona: lo que me molesta a mí puede no molestarle a otra mujer y viceversa. Por lo tanto, piense en esto como cualquier cosa que le moleste. Y no olvide la contaminación electromagnética de los aparatos electrónicos, celulares, radio relojes, agendas electrónicas y cables eléctricos. Eliminar o limitar de manera severa las cosas que la molestan, le quita la "carga" al cuerpo, pero para curarse, tiene que añadir el apoyo adecuado.

El desafío que enfrentará será identificar cuáles son los factores estresantes que están afectando su capacidad de desintoxicación. Tiene que observar todos los aspectos de su vida: su dieta, el agua que bebe, su trabajo, su casa, sus relaciones, ¡incluso su dentista! Las personas con amalgamas de mercurio deberían considerar su reemplazo. El mercurio es un metal pesado de alta toxicidad y muy inflamatorio, en especial si se vuelve inestable o se degrada. Piense en el tiempo que lleva con sus empastes y cuán a menudo mastica con ellos. Son los vapores que liberan, no los empastes en sí mismos, los que causan problemas. Tuve una paciente que me dijo hace poco, que empezó a mejorar después de que le quitaron los empastes de mercurio de la boca. (Puede encontrar más sobre odontología sin mercurio en la sección de recursos y especialistas recomendados).

Tome en cuenta que si tiene cualquier sensibilidad a los alimentos, usted debe atacar esto primero (bien sea eliminando los que le hacen daño o siguiendo el menú de sensibilidades digestivas). Este plan se concentra en la desintoxicación y apoyo al hígado; si no cura primero su intestino, éste no será capaz de neutralizar las toxinas adicionales, que serán eliminadas por su hígado en proceso de curación. También, cuando empezamos a perder peso, la grasa libera toxinas solubles en grasa dentro del flujo sanguíneo y puede agravar sus síntomas de manera temporal. Por eso es tan importante enfocarse también en expulsar las toxinas tomando mucha agua.

Le he diseñado un menú hipoalergénico y desintoxicador, pero debe responsabilizarse de identificar y eliminar los químicos y la contaminación en otras áreas de su vida. Y esto incluye sus emociones. Las emociones pueden ser muy irritantes, en especial las que están arraigadas o escondidas. Para obtener ayuda con las emociones tóxicas, por favor lea la cuarta etapa mientras se encuentre en el proceso de purificación, durante las próximas dos semanas. Sea paciente y amable consigo misma. Le recomiendo que trate de encontrar una terapia alternativa que le guste, como acupuntura, masaje, o ejercicios que le ayuden a eliminar del cuerpo las toxinas. Esto será de gran ayuda en el proceso y la mantendrá sintiéndose bien. Finalmente, la desintoxicación sigue su ritmo circadiano, por lo tanto duerma mucho.

Recetas de Marcelle para el
DESEQUILIBRIO DE LA DESINTOXICACIÓN

1. Siga el menú que comienza en la página 222 y compre los suplementos.

2. Programe exámenes de diagnosis. Consulte con su médico el plan de desintoxicación y discuta con él cualquier preocupación, en especial si está tomando algún medicamento.

3. Agregue cáscara de psyllium sin gluten u otro suplemento de fibra, si no tiene de una a dos evacuaciones diarias.

4. Compre alimentos orgánicos certificados tan a menudo como pueda y asegúrese de lavarlos a conciencia, con un producto especial para lavar vegetales.

5. Examine su entorno y hágalo lo más "ecológico" y limpio posible. Revise toda su casa, cocina, refrigerador, gabinetes y estantes del baño, garaje y lugar de trabajo y retire todos los productos que tengan ingredientes difíciles de pronunciar o tengan mal olor. Para más ideas vea la página 220.

6. Tome un baño caliente con sal de Epsom, un sauna, o un baño de vapor por 15 minutos, dos o tres veces a la semana, para ayudarla a eliminar toxinas con la transpiración. También puede usar un cepillo seco sobre su piel antes de ducharse para desechar la piel muerta y remover residuos. Por la misma razón, haga ejercicio intenso para transpirar.

7. Use recipientes de vidrio, siempre que pueda, para almacenar y calentar, en especial en el microondas. Limite el uso de contenedores plásticos, cuanto más suave sea el plástico, es más probable que filtre químicos peligrosos como PCB (bifenilo policlorado [carcinógeno]) dentro de los alimentos y otras cosas.

8. No beba agua de botellas plásticas dejadas al sol o lavadas en la lavadora de platos. Las altas temperaturas crean volatilidad mediante la cual los peligrosos ftalatos y el disruptor endocrino bisphenol A, pueden filtrarse dentro de sus alimentos y bebidas. Trate de usar termos y botellas de agua de acero inoxidable (vea la sección de recursos para más información).

9. Incremente su consumo de agua pura filtrada, a 10 vasos de 8 onzas diarios. Recuerde que su piel es el órgano de desintoxicación más grande, por lo tanto, no olvide el agua en la que se baña. Considere la posibilidad de invertir en un filtro de agua de ósmosis inversa para su casa para asegurarse que esté usando agua limpia para beber y bañarse.

10. Oblíguese a acostarse a las 10 P.M. Una desintoxicación eficiente requiere de siete a nueve horas de sueño por noche.

11. Empiece a caminar o haga ejercicio moderado, de 30 a 60 minutos cada día, bien sea en una sola sesión o una en la mañana y otra en la tarde. ¡Trabaje duro y transpire!

12. Organice su vida social con anticipación, para que durante su desintoxicación, sólo esté comprometida con encuentros positivos y placenteros. Programe menos actividades de las que acostumbra y separe mucho tiempo para descansar, tomar siesta y escribir en su diario mientras se desintoxica.

13. Lea la cuarta etapa y considere la posibilidad de conseguir ayuda, para lidiar con relaciones tóxicas

Pruebas de diagnosis para el desequilibrio de la desintoxicación

- Prueba de ALCAT (un examen diseñado para determinar las sensibilidades a alimentos y químicos)

- Prueba de conteo sanguíneo completo (CSC con diferencial) para comprobar si existe anemia, infección u otros trastornos en la sangre

- Análisis completo de heces para problemas digestivos (CDSA) para la digestión y absorción, y el equilibrio bacterial

- Perfil metabólico completo estándar (CMP) para los electrolitos, azúcar en la sangre, proteína en la sangre, nivel de pH, y funciones renales y del hígado

- Perfil metabólico completo (CMP) para la deficiencia de amino ácidos

- Análisis parasitológico seriado de heces por dos veces (CP x 2) para los parásitos

- Examen de orina para buscar metales pesados y su toxicidad

- Panel de lípidos en la sangre para HDL, LDL, y triglicéridos

- Perfil de desintoxicación del hígado Génova, para evaluar las fases una y dos de desintoxicación del hígado, capacidad y metabolismo del estrógeno

Desequilibrio de la desintoxicación; alimentos que debe incluir

- Aloe vera
- Germinado de alfalfa
- Alga y otros productos de clorofila verde, en polvo (muy efectivos para limpiar), comience despacio
- Arroz integral
- Chile o ají picantes
- Vegetales verde oscuro
- Fruta
- Ajo
- Hojas verdes: en especial, diente de león, para el hígado
- Limón
- Fríjoles mung
- Millo
- Avena (sin gluten)
- Vegetales tubérculos
- Semillas
- Jugo de trigo candeal tierno

Desequilibrio de la desintoxicación; alimentos que debe evitar

- Alcohol
- Químicos artificiales, edulcorantes, conservadores, aditivos, colorantes
- Cafeína
- Productos lácteos
- Alimentos procesados
- Carnes a la parrilla o asadas
- Granos refinados
- Gluten y granos: trigo, cebada, escanda, kamut, centeno, triticale
- Azúcar, jarabes y miel

- Los huevos pueden ser un problema para algunas mujeres, pero están incluidos en estos menús debido a que son una excelente fuente de proteína para el desayuno. Si no se siente bien después de comer huevos, en su lugar trate un cereal de grano integral sin gluten con un batido de fruta con suero o proteína de arroz.

Suplementos para el desequilibrio de la desintoxicación

Básicos:

- Multivitamina de alta potencia con calcio y magnesio
- Combinación antioxidante (Co-enzima Q10, 100 mgs. y ácido alfa linoleico de linaza o cáñamo, 500 mgs.)
- Probiótico (tomarlo con agua de 5 a 15 minutos antes de las comidas)
- Glutamina (1000 mgs. tres veces al día)
- Taurina (500 mgs.)
- Una bebida verde, como trigo candeal tierno o compuesta con clorofila; comience con ½ porción (4 onzas) y si le sienta bien, tome la porción completa.

Adicional (si lo desea):

- Suplemento de fibra, como cáscara de psyllium sin gluten, o un batido (ver receta en página 79)
- Tabletas de carbón activado. Tómelas cuando necesite neutralizar las toxinas ingeridas.
- Regaliz sin glicéridos
- Hierbas para el hígado, como cardo mariano, kudzu, cúrcuma y diente de león

Si lo justifican las prueba médicas (sólo bajo supervisión médica):

- Alimentos medicinales para apoyar una desintoxicación eficaz
- Suplementos de quelación para remover los metales pesados, controlado por un médico

Vuélvase más ecológica

A continuación, algunas formas fáciles para reducir químicos y contaminantes en sus alimentos y medio ambiente. Para una lista completa de mis productos favoritos, vea la sección de recursos y especialistas recomendados.

- Invierta en plantas de interior para cada habitación.

- Compre un filtro centralizado para filtrar el agua y el aire de su casa. Los filtros Nikken son muy buenos.

- Cambie con frecuencia los filtros de los humidificadores y la bolsa de la aspiradora.

- Cambie la ropa de cama con una variedad de algodón orgánico, y si puede permitírselo, considere en invertir en un juego de colchón "biodegradable" o cubra su colchón, almohadas y edredón con cobertores hipoalergénicos.

- Recicle todos los recipientes plásticos y compre de vidrio.

- Reemplace sus botellas de agua de plástico por recipientes de vidrio o acero inoxidable.

- Reemplace los limpiadores con marcas de productos naturales o use bicarbonato y vinagre.

- Empiece a almacenar desechos orgánicos para utilizarlos como fertilizantes en su jardín. Contacte su centro local de reciclaje para obtener instrucciones.

- ¡No olvide sus productos de belleza! champú, acondicionadores y humectantes orgánicos, están disponibles en la mayoría de las tiendas de productos naturales. El maquillaje mineral, libre de químicos, es una alternativa a los cosméticos tóxicos.

- No descarte medicamentos en el inodoro o lavamanos. ¡Si lo hace contaminarán el agua y nos expondrá a todos! Devuelva los medicamentos no usados a las farmacias o a su médico.

- Reemplace todas las sartenes cubiertas de teflón.

- Revise el aire de su oficina. Si trabaja en un edificio contaminado o sin suficiente oxígeno, tiene derecho a reclamar.

- Suscríbase a la revista *Clean Eating* en www.cleaneatingmag.com.

- Sea cuidadosa cuando deseche bombillas eléctricas, termómetros de mercurio y cualquier otra cosa que contenga metales o ingredientes tóxicos. Llame a su centro local de reciclaje para mayor información.

Un día en la vida del plan personalizado del desequilibrio de la desintoxicación

Hora	Actividad
6:30–7:00 A.M.	Despiértese con lentitud y respire profundo con su vientre, diez veces. Exhale por completo, bombeando con el diafragma para hacer que el líquido linfático se mueva. Tome dos vasos completos de agua filtrada o agua tibia con limón y una pizca de pimienta de cayena para estimular la elaboración de bilis en su hígado.
7:00	Ritual de cuidado personal.
7:30	Prepare el desayuno, tome los suplementos y la fibra.
8:00	Salte sobre un trampolín, haga ejercicios de respiración, o camine para lograr movilizar su respiración, circulación y líquido linfático. ¡Los ejercicios aeróbicos y el levantamiento de pesas son muy buenos porque la hacen transpirar!
9:00	Trabajo, oficios domésticos, tareas, diligencias, etc. Mantenga un termo de agua con usted. Para alternativas que no contengan plástico, vea la sección de recursos.
10:00	Merienda/pausa para el té o caldo.
12:00 P.M.	Almuerzo. Respire con profundidad y camine por 20 minutos.
2:00	Pausa para el té de hierbas limpiador o caldo.
3:00	Merienda de la tarde.
4:00	Pausa para el té limpiador o caldo, o tome más agua.
5:00	Caminar o hacer ejercicio intenso, suficiente para transpirar. Cuando llegue a casa, cepillarse la piel o tomar un baño caliente. Como alternativa, un baño de vapor o sauna en el gimnasio. O ensaye bikram yoga (yoga caliente).
6:30	Cena.
7:30	Conéctese con los seres queridos y realice una de sus actividades favorita. Resista el impulso de usar aparatos electrónicos.
8:30	Hora de relajarse. Tome una taza de té de hierbas para dormir. Disminuya la intensidad de la luz. Haga estiramiento suave antes de acostarse. No olvide el uso del hilo dental y cepillarse los dientes para eliminar las bacterias de sus encías.
9:00	Hora de acostarse.

Menú del desequilibrio de la desintoxicación

Sugerencias para las meriendas

- Pasteles de arroz o manzana rebanada con almendra o mantequilla de marañón
- Apio, zanahoria o pimientos rebanados con hummus
- Una fruta fresca
- Un puñado de nueces o semillas
- Media porción del plato principal de la noche anterior

*Las recetas empiezan en la página 275.

Menú del desequilibrio de la desintoxicación
DÍA UNO

DESAYUNO	*ALMUERZO*	*CENA*
Tortilla de huevos con alcachofa sin queso* ½ taza de frambuesas	Ensalada dulce de arúgula con pollo* ½ taza de fresas rebanadas	Salmón con eneldo* Acelgas salteadas* ¼ taza arroz silvestre

MERIENDA MATINAL	*MERIENDA DE LA TARDE*
2 huevos cocidos ½ taza de melón	½ pera horneada espolvoreada con canela o nuez moscada y una cucharada de nuez lisa triturada

Menú del desequilibrio de la desintoxicación
DÍA DOS

DESAYUNO	*ALMUERZO*	*CENA*
2 huevos al gusto 2 rebanadas de tocino sin nitrato ⅓ taza de grosellas	2 Pastelillos caseros de pavo* 2 tazas de hojas verdes mixtas, con 1 cucharadita de aceite de oliva y el jugo de ½ limón. ½ taza de fresas rebanadas	Pollo al jerez* Judías verdes al romero* ¼ taza arroz silvestre

MERIENDA MATINAL	*MERIENDA DE LA TARDE*
Salsa de aguacate y pera* con ½ taza de pepino o calabacín rebanado	Tapenade de aceitunas* con ½ taza de vegetales rebanados

Menú del desequilibrio de la desintoxicación
DÍA TRES

DESAYUNO

Frittata de pavo*
½ taza de melón

MERIENDA MATINAL

1 manzana pequeña horneada
y espolvoreada con canela
y 2 cucharadas de nuez lisa
triturada

ALMUERZO

Ensalada de pollo diferente a
la de mamá* sobre 1 taza de
hojas verdes mixtas
½ taza de fresas rebanadas

MERIENDA DE LA TARDE

Guacamole* con ½ taza de
vegetales rebanados

CENA

Cordero al romero*
½ batata con ½ cucharada de
mantequilla, espolvoreada
con canela si lo desea
½ taza de col rizada al vapor

Menú del desequilibrio de la desintoxicación
DÍA CUATRO

DESAYUNO

Huevos revueltos
con espinaca*
½ taza de fresas rebanadas

MERIENDA MATINAL

2 pasteles de arroz sin dulce u
8 galletas de arroz untadas con
1 cucharada de mantequilla
de marañón

ALMUERZO

Sobrantes del cordero
al romero*
2 tazas de hojas verdes mixtas,
con 1 cucharadita de aceite de
oliva y el jugo de ½ limón

MERIENDA DE LA TARDE

2 tallos de apio, cada uno
relleno con 1 cucharada de
hummus limonado*

CENA

Pollo al marañón*
½ brócoli al vapor
¼ taza de arroz integral

Menú del desequilibrio de la desintoxicación
DÍA CINCO

DESAYUNO

Picadillo de pavo*
⅓ taza de grosellas

MERIENDA MATINAL

Guacamole* con ½ taza de
vegetales rebanados

ALMUERZO

Huevos revueltos confeti*
½ panecillo sin gluten

MERIENDA DE LA TARDE

Salsa de aguacate y pera* con
½ taza de pepino o calabacín
rebanado

CENA

Merluza escalfada con ajo*
Espárragos con chispa*
½ taza arroz silvestre

Menú del desequilibrio de la desintoxicación
DÍA SEIS

DESAYUNO

Huevos revueltos con
tomate y cebolla*
½ taza de fresas rebanadas

ALMUERZO

Pescado al vapor*
¼ taza arroz silvestre
Cintas de calabacín*

CENA

Pavo rojo y verde estilo chino*
½ taza arroz integral
⅓ taza de frambuesa

MERIENDA MATINAL

Tapenade de aceitunas* con ½
taza de vegetales rebanados

MERIENDA DE LA TARDE

1 manzana pequeña horneada
espolvoreada con canela y
2 cucharadas de nuez lisa
triturada

Menú del desequilibrio de la desintoxicación
DÍA SIETE

DESAYUNO

2 huevos al gusto
Pasteles de calabacín*
½ taza de frambuesas

ALMUERZO

Sobrantes del pavo rojo y
verde en el estilo chino*
¼ taza arroz integral
½ taza de fresas rebanadas

CENA

Pollo al estragón*
Judías verdes crocantes*
½ batata con ½ cucharada
de mantequilla, espolvoreada
con canela si lo desea

MERIENDA MATINAL

Salsa de aguacate y pera*
con ½ taza de pepino o
calabacín rebanado

MERIENDA DE LA TARDE

1 manzana pequeña, rebanada
y untada con 1 cucharada de
mantequilla de marañón

Menú del desequilibrio de la desintoxicación
DÍA OCHO

DESAYUNO

Picadillo de pavo*
½ taza de grosellas

ALMUERZO

Huevos revueltos con
champiñones*
½ taza de melón
2 tazas de hojas verdes mixtas,
con 1 cucharadita de aceite de
oliva y el jugo de ½ limón

CENA

Pechuga de pollo horneada
o a la parrilla con sal
y pimienta al gusto
Col de Bruselas con
champiñones*
¼ taza arroz silvestre

MERIENDA MATINAL

2 huevos cocidos
½ taza de melón

MERIENDA DE LA TARDE

2 pasteles de arroz sin dulce u
8 galletas de arroz untadas con
1 cucharada de mantequilla
de marañón

Menú del desequilibrio de la desintoxicación

DÍA NUEVE

DESAYUNO

Huevos revueltos
con espinaca*
⅓ taza de grosellas

MERIENDA MATINAL

1 manzana pequeña horneada
y espolvoreada con canela y
2 cucharadas de nueces lisas
trituradas

ALMUERZO

Ensalada de espinaca*
½ panecillo de millo

MERIENDA DE LA TARDE

Hummus limonado* con ½ taza
de vegetales rebanados

CENA

Pollo y espárragos salteados*
¼ taza de arroz integral
⅓ taza de frambuesas

Menú del desequilibrio de la desintoxicación

DÍA DIEZ

DESAYUNO

Huevos picantes fiesta*
½ taza de grosellas

MERIENDA MATINAL

Tapenade de aceitunas* con ½
taza de vegetales rebanados

ALMUERZO

Pescado salteado*
Cintas de calabacín*
¼ taza arroz silvestre

MERIENDA DE LA TARDE

Salsa de aguacate y pera*
con ½ taza de pepino
o calabacín rebanado

CENA

Salmón con jengibre*
Potaje de calabaza*
½ panecillo sin gluten

Menú del desequilibrio de la desintoxicación

DÍA ONCE

DESAYUNO

2 huevos al gusto
2 salchichas de pavo
¼ taza grosellas

MERIENDA MATINAL

Guacamole* con ½ taza de
vegetales rebanados

ALMUERZO

Ensalada dulce de pollo*
½ panecillo de millo

MERIENDA DE LA TARDE

2 cucharadas de almendras
½ taza de frambuesas

CENA

Salmón horneado con
mantequilla de avellana*
Brócoli con jengibre en el wok*
¼ taza arroz silvestre

Menú del desequilibrio de la desintoxicación

DÍA DOCE

DESAYUNO

Huevos revueltos con
tomate y cebolla*
⅓ taza grosellas

MERIENDA MATINAL

2 pasteles de arroz sin dulce u
8 galletas de arroz untadas con
1 cucharada de mantequilla
de marañón

ALMUERZO

Frittata de pavo*
2 tazas de hojas verdes mixtas,
con 1 cucharadita de aceite de
oliva y el jugo de ½ limón

MERIENDA DE LA TARDE

Hummus limonado* con ½ taza
de vegetales rebanados

CENA

Pollo rápido y fácil*
Espinaca con limón y ajo*
¼ taza arroz silvestre

Menú del desequilibrio de la desintoxicación

DÍA TRECE

DESAYUNO

Tortilla de huevos con
alcachofa sin queso*
½ taza grosellas

MERIENDA MATINAL

Salsa de aguacate y pera*
con ½ taza de pepino
o calabacín rebanado

ALMUERZO

Ensalada dulce de
arúgula con pollo*
½ panecillo de millo

MERIENDA DE LA TARDE

1 manzana pequeña,
rebanada y espolvoreada
con 1 cucharada de
mantequilla de marañón

CENA

Pollo picante y crujiente*
Judías verdes al romero*
½ taza de arroz integral

Menú del desequilibrio de la desintoxicación

DÍA CATORCE

DESAYUNO

2 huevos al gusto
2 Pastelillos caseros de pavo*
½ taza de frambuesas

MERIENDA MATINAL

1 manzana pequeña horneada
espolvoreada con canela
y 2 cucharadas de nuez
lisa triturada

ALMUERZO

Sobrantes del pollo
picante y crujiente*
½ taza judías verdes al vapor
¼ taza arroz silvestre

MERIENDA DE LA TARDE

Tapenade de aceitunas* con ½
taza de vegetales rebanados

CENA

Costillitas de cordero
a la canela*
Arvejas chinas crocantes*
¼ taza de arroz integral

Desequilibrio de la desintoxicación, preguntas frecuentes

¡Me siento peor! ¿Qué está pasando?

Como dije antes, cuando se está desintoxicando y comienza a perder peso, las toxinas almacenadas en la grasa y en el hígado se liberan en su flujo sanguíneo y pueden agravar los síntomas. El primer paso es incrementar de manera significativa el consumo de líquidos para limpiar sus riñones. Considere la posibilidad de comprar un trampolín pequeño, para ayudarla a mover el fluido linfático o un masaje o terapia de drenaje linfático. Asegúrese de eliminar cualquier problema GI o sensibilidades alimenticias. Debe curar éstas primero (ver capítulo 8). Trate de mantenerse en el plan y descansar con frecuencia, incluyendo la siesta. Deberá sentirse mejor dentro de dos o tres días. Si no es así, averigüe sobre un suplemento de alimento medicinal con su médico.

¡Son demasiados cambios! ¿Lo tengo que hacer todo?

Claro que no. Pero debe seguir el menú y tomar sus suplementos si quiere perder peso y sentirse mejor. Los cambios en su medio ambiente pueden hacerse más despacio, si lo prefiere. Pero debe saber que mientras más limpia sea su dieta y su medio ambiente, más rápido verá los resultados. ¡Por lo tanto haga lo que pueda y relájese! Lea la cuarta etapa y analice la posibilidad de que algunas de sus frustraciones tengan que ver con patrones de pensamiento arraigados.

No estoy perdiendo peso o no me siento diferente. ¿Qué está pasando?

Continúe con el plan durante dos semanas completas y algo más, ya que restaurar el equilibrio toma su tiempo. Si no ha usado alimento medicinal para apoyar una desintoxicación eficaz, considere hacerlo. Si no siente ningún cambio positivo, vuelva a la prueba del equilibrio esencial y observe sus puntajes. Puede ser que tenga problemas superpuestos, tales como: asuntos digestivos, desequilibrio suprarrenal o desequilibrio hormonal. Lo mejor que puedo aconsejarle es trabajar con un médico que pueda asesorarla para que haga una desintoxicación completa, incluyendo metales pesados, y la posibilidad de sacar el mercurio de su boca. Si la prueba de orina de metales pesados muestra niveles elevados o toxicidad, considere buscar la ayuda de un especialista que trabaje con nutrientes y quelación. La terapia de quelación es una práctica alternativa un tanto controversial, que elimina del cuerpo los metales pesados; hable con un médico funcional sobre esta posibilidad.

¿Ahora qué?

Primero que todo, dese un abrazo por haber hecho su mejor esfuerzo, al seguir el programa del equilibrio esencial durante el mes pasado. Si está leyendo estas líneas, es evidente que está motivada y dispuesta a probar nuevas cosas. Bien hecho. En mi opinión, la disposición a hacer cambios y buscar soluciones diferentes, es más de la mitad del camino y un buen pronóstico de éxito. La buena disposición lleva a experimentar, lo que a su vez conduce a cambios permanentes. Entonces, respire profundo y llene todo su cuerpo con un sentimiento de satisfacción por haber logrado llegar hasta este punto.

Pero, ¿ahora qué? Estamos en una encrucijada al final de estos 28 días. Si usted es como la mayoría de mis pacientes, los resultados obtenidos van a guiarla en la elección de su camino futuro y hay muchos para escoger. Voy a describirle algunas opciones y pedirle que confíe en sus síntomas y su intuición que le dirán hacia dónde se debe dirigir.

La mayoría de ustedes debe estar sintiendo los beneficios de recuperar el equilibrio esencial de su cuerpo: incremento de la sabiduría corporal, reservas ilimitadas de energía y vitalidad; y pérdida de peso seguro y permanente. Sin embargo, siempre existen algunas pacientes que no responden de manera predecible al programa del mes. Existen muchas razones para esto, y casi siempre se relaciona con desequilibrios arraigados que son muy personales y pueden necesitar exámenes de diagnosis adicionales y obtener supervisión para poderlos identificar.

Elija su siguiente paso

1. Usted observa y siente los resultados esperados, pero todavía desearía perder más peso...

Si está en este punto, le recomiendo que continúe con su plan personalizado del desequilibrio esencial durante otras dos o cuatro semanas, o hasta que obtenga su punto más saludable. Si se siente físicamente más fuerte, este es el momento de prestar más atención a las otras esquinas de su rompecabezas: su ser instintivo, emocional y pensante. Lea la cuarta etapa mientras continúa con el plan de acción y alimentación y considere agregar algunas de las terapias alternativas curativas que recomiendo. También puede considerar añadir más actividad física a su rutina.

2. Si ha tenido progresos positivos, pero se siente frustrada y limitada por las restricciones alimenticias en su plan personalizado...

Si toma este camino, puede empezar a introducir de nuevo y con lentitud algunos de sus alimentos favoritos, uno a la vez, en una cantidad significativa para observar su reacción. Le recomiendo agregar un alimento en el día uno y repetirlo dos días después. Esto le ayudará a llevar un registro de lo que pasa cuando vuelve a ingerir alimentos con potencial alérgico y adictivo y observar de una manera secuencial su reacción. Si la reacción es negativa, obtendrá información valiosa sobre usted misma. De ahí en adelante, sólo usted puede tomar la decisión de si vale la pena o no, continuar ingiriendo esos alimentos que le producen reacciones que pueden socavar la integridad de su salud. En mi consulta, muchas mujeres aprenden a determinar la mayoría de las veces, si desean o no tener "resaca alimenticia"; y ese conocimiento conduce a elecciones más saludables. Como alternativa, puede elegir volver al plan básico del equilibrio esencial, que de alguna manera expande las variedades de alimentos. Continúe rotando las comidas durante las próximas dos a cuatro semanas, o hasta obtener su peso y estado físico óptimo. Lea la cuarta etapa y considere la posibilidad de implementar algunas terapias alternativas, que la apoyarán en esta etapa de descubrimiento.

3. Si no ha obtenido ningún progreso (en otras palabras, no ha perdido peso o no se siente mejor) o ha perdido peso pero se siente peor...

Para esta situación, puede que requiera de una mayor investigación médica. Continúe con su plan personalizado del desequilibrio esencial, si puede hacerlo, o vuelva al plan básico, si éste es más fácil y no incrementa sus síntomas. Si todavía no ha programado los exámenes de diagnosis apropiados para su desequilibrio esencial, hágalo ahora. Si no están en su lista, le recomiendo las pruebas adicionales siguientes, que también están explicadas en detalle en los apéndices:

- Prueba de ALCAT (un examen diseñado para determinar las sensibilidades a alimentos y químicos)

- Índice de estrés suprarrenal (ASI) para evaluar niveles de cortisol durante el día

- Prueba del aliento para crecimiento bacteriano y micótico en el intestino delgado

- Conteo sanguíneo completo (CSC con diferencia) para evaluar anemia, infecciones y otros trastornos en la sangre

- Análisis completo de heces para problemas digestivos (CDSA) para evaluar digestión, absorción y equilibrio bacterial

- Perfil metabólico completo estándar (CMP) para evaluar electrolitos, azúcar en la sangre, proteína en la sangre, nivel pH y funcionamiento de hígado y riñones

- Perfil metabólico completo, para evaluar deficiencia de amino ácidos

- Análisis parasitológico de heces seriado por dos veces (CP x 2) para buscar parásitos

- Prueba de metales pesados en la orina para toxicidad con metales pesados

- Panel de lípidos en la sangre para medir HDL, LDL y triglicéridos

- Perfil de desintoxicación del hígado Génova, para evaluar capacidad de desintoxicación del hígado en fase uno y fase dos y metabolismo de estrógeno

- Perfil hormonal y prueba de metabolismo estrógeno, correspondiente a su edad

- Prueba de yodo en la orina de 24 horas

- Prueba de la tiroides: TSH, libre T4 y libre T3, anticuerpos en la tiroides

- Prueba de neurotransmisores

- Prueba celiático para sensibilidad y alergia al gluten

Le recomiendo buscar la asesoría de un médico funcional para ayudarla a llegar a la raíz individual de su desequilibrio. Este libro cubre la mayoría de los obstáculos para perder peso más comunes en las mujeres, pero hay muchas variaciones genéticas únicas y tendencias individuales que se volverán obvias cuando trabaje de manera personal, con un médico de confianza. He puesto una lista de especialistas recomendados en la sección de recursos, para ayudarla a localizar un médico en su área. También le recomiendo llamar a la clínica Mujeres a Mujeres al 800-798-7902 si se encuentra en Estados Unidos o visitar nuestro sitio en Internet. Tendremos mucho gusto en atender consultas telefónicas de una manera exhaustiva o en programarle una cita.

No olvide que nuestros sentimientos y nuestra salud física están conectados, por lo que puede que tenga un problema emocional subyacente que le esté complicando sus desequilibrios. Por favor, lea la cuarta etapa y considere la posibilidad de realizar alguna de las terapias alternativas incluidas.

4. Se siente mejor o quizás maravillosa, pero no ha perdido peso...

¡Oh, qué frustración! Después de haber sido tan diligente. Siento mucho que no esté viendo los resultados que esperaba, pero quiero que se concentre en la mejoría que está sintiendo en su cuerpo. Esto es en sí mismo un gran logro. Sin embargo, sé que compró este libro porque en realidad quiere perder peso, así que, a continuación le presento algunas opciones que cubren todo lo anterior y algo más.

Continúe con su plan personalizado del desequilibrio esencial durante las siguientes dos o cuatro semanas y sea estricta, si no lo ha sido. Esto le ayudará en esta etapa. Puede buscar la ayuda de un médico funcional en su área y programar los exámenes de diagnosis recomendados previamente, si no lo ha realizado todavía (además de cualquier examen de diagnosis que le haya prescrito en su plan personalizado). Puede ser que tenga más de un desequilibrio esencial, lo cual puede ser establecido a través de los exámenes de diagnosis adicionales y la atención personalizada. También sería útil volver a hacer la prueba del desequilibrio esencial; sus respuestas pueden haber cambiado más de lo que se imagina. Algunas veces, los síntomas de un desequilibrio ocultan otros síntomas, que sólo aparecen cuando ese desequilibrio empieza a mejorar, piense en esto como quien está pelando las capas de una cebolla. Usted sólo ha llegado a la primera capa. Es frecuente que algunas de mis pacientes sigan un plan de acción y alimentación durante un mes y luego cambien a otro el siguiente, o que los combinen.

También es posible que su cuerpo todavía se encuentre en modo de defensa, debido a problemas emocionales profundos que requieren atención. Lea la cuarta etapa y recuerde: ¡esto es un proceso! Le llevó toda una vida llegar a donde está; puede llevarle un poquito más llegar a donde quiere estar. Pero si está abierta y dispuesta, le prometo que su trabajo duro será recompensado sin lugar a dudas (y perderá peso).

5. Si empezó el programa del equilibrio esencial con más de 11 kilos de sobrepeso, ha seguido el programa durante dos meses y ha implementado todas las recomendaciones anteriores...

Si los resultados de todos los exámenes de diagnosis son óptimos y el peso todavía no cede (no, si está perdiendo peso con lentitud), puede interesarle una terapia hormonal un tanto controversial. Utiliza pequeñas dosis de HCG (hormona gonadotropina coriónica, por sus siglas en inglés), inyectadas o mediante un vaporizador nasal. El HCG es una hormona peptídica sintetizada por el cuerpo durante el embarazo. Dosis altas de HCG son usadas ampliamente, sin efectos secundarios serios, como un medicamento para la fertilidad en las mujeres. No obstante, la terapia sigue siendo polémica.[1]

La terapia con HCG parece ser más efectiva cuando se usa en combinación con una dieta estricta en calorías (500–800 calorías por día) y bajo supervisión médica. He sido testigo de sorprendentes resultados en pacientes que no habían podido perder peso de ninguna otra manera, en particular las que ya estaban entradas en la menopausia. Eliminaron kilos, de forma rápida y eficiente, sin sentir hambre, depresión, fatiga, pérdida de músculo y sin flaccidez.

Debo decirle que la comunidad médica considera el uso de HCG, para la pérdida de peso, como un uso legal pero no autorizado por la FDA (Administración de alimentos y medicamentos en los Estados Unidos) y es en extremo escéptica sobre los beneficios en esa área, por lo tanto, no espere mucho apoyo de parte de su médico tradicional. También, existe evidencia de que su abuso puede incrementar el riesgo de trastornos auto-inmunológicos. Por esta razón, no lo recomiendo a la ligera, ni su uso por parte de alguna persona que no necesite perder por lo menos 11 kilos de peso obstinado. Sin embargo, es un hecho que muchas mujeres la han usado sin problema y está funcionando, por lo que hubiera sido negligente de mi parte no mencionarla como último recurso. Si con honestidad, puede decir que siguió la dieta del equilibrio esencial de manera estricta durante dos meses, incluyendo mis recomendaciones para lograr libertad emocional y aún así no perdió peso, esta puede ser una opción interesante para usted. Realice su propia investigación y consulte los resultados con un médico de confianza. Sepa que existen riesgos que pueden estar asociados con el uso de HCG.

Lo que sea que haga ahora, espero que lea la cuarta etapa si no lo ha hecho todavía: equilibrio esencial para toda la vida. Hasta aquí nos hemos concentrado en la parte física, pero ahora nos disponemos a entrar en la parte más profunda: las piezas centrales de su rompecabezas, para revelar la hermosa y vibrante fotografía que se encuentra en el fondo de su equilibrio esencial. Esto es crítico para que cualquier mujer pueda ser capaz de mantener su equilibrio esencial de por vida, sin importar cuantos platos tenga girando en el aire al mismo tiempo.

Equilibrio esencial para toda la vida: transformación interna y externa

Capítulo catorce

EL PROBLEMA ESTÁ
EN SUS TEJIDOS

Estamos a punto de entrar en una parte de nuestra travesía que muchos de los médicos occidentales no se atreven a tratar: el terreno espiritual y emocional, que es la base fundamental de un verdadero bienestar. La verdad simple es que no puede sanar su cuerpo, sin hacerlo con su mente; y no puede sanar la mente, sin sanar el espíritu. Pero esto no es fácil. Requiere un acto de fe.

¿Recuerda a Sally, mi paciente del Plan personalizado del desequilibrio hormonal, que vino a mi consulta con síntomas que incluían accesos repentinos de calor y sudores nocturnos? En su caso, sanar el desequilibrio esencial hormonal fue el primer paso en un difícil proceso que empezó mucho antes de su nacimiento. Su abuela murió cuando su madre era muy joven. La madre de Sally privada de afecto maternal, se convirtió también en una madre ausente. En su niñez, Sally nunca recibió el afecto físico o amor incondicional que necesitaba. Como pasa con frecuencia en estas situaciones, empezó a buscar en otras partes amor y reconocimiento, lo que resultó en un embarazo a la edad de 16 años. Ella decidió tener a su hijo y darlo en adopción.

Treinta años más tarde, Sally está en la perimenopausia y experimenta síntomas hormonales y ansiedad severa, lo que se ha reflejado en un extremo desgaste suprarrenal. Atribuyó su cansancio al estrés diario y a su preocupación por su hija, que tiene un trastorno alimenticio compulsivo. En alguna parte, a lo largo del camino, Sally empezó a darse cuenta de que estaba atrapada en un ciclo de abandono que destruía su felicidad y la de su hija. Sally es una entrenadora personal y, quizás, por eso, esté más en sintonía con esta clase de cosas.

En todo caso lo que llevó a Sally a mi consulta fueron sus síntomas físicos. Como lo hemos hecho hasta ahora en este libro, Sally y yo trabajamos gran parte del año para devolverle el equilibro a su ser físico esencial. Cada vez que algo se estabilizaba, agregábamos otra pieza. Al inicio, ella decía: "Imposible, no puedo". Pero, poco a poco, empezó a realizar los cambios positivos que restauraron su equilibrio físico. Durante ese periodo, Sally admitió que había tratado, los últimos 8 ó 10 años, de localizar al hijo que una vez había entregado en adopción, encontrándose con un obstáculo tras otro. Una vez que se sintió mejor, Sally empezó a profundizar en sus problemas emocionales e instintivos, esos lugares atemorizantes que no había querido sentir y que habían crecido en su interior desde que era una niña. Hasta ese momento, todos los terapeutas que había consultado se concentraban en su intelecto. Le preguntaban por qué no podía dejar de pensar en su hijo, pero nadie le ayudó a liberar sus sentimientos escondidos, respecto a haber sido abandonada cuando niña y, luego, a abandonar ella misma a su hijo (en forma literal y metafórica).

Sally se matriculó en un poderoso programa para lograr un cambio interior: el Proceso de la Quadrinidad en el Instituto Hoffman (sobre el cual voy a hablar en detalle más adelante), y allí entró en contacto con los secretos, la vergüenza y la rabia que habían estado golpeando sus suprarrenales y causándole ansiedad. Al final, pudo encontrar a su ahora adulto hijo, y la ayuda adecuada para su hija, incluyendo una percepción diferente de su propio rol de madre, y perdonar, a su madre, a su abuela y a sí misma. Después de cincuenta años en este planeta, Sally al fin empezó a deshacer todo el mal que venía desde su niñez y su cuerpo físico reaccionó, abandonando su postura defensiva. Dejó de tener problemas de ansiedad o síntomas hormonales, y su fatiga y confusión nunca regresaron. Hoy está saludable, delgada e involucrada en forma activa en su sanación y en la de sus hijos. "Nunca supe que podía haber otra manera de hacer las cosas", dice ella. "Ahora me doy cuenta de que esa ansiedad penetrante provenía de la desconexión de mi propia esencia. Nunca nadie respetó lo que para mí era importante: contacto, amor incondicional, amor maternal. Y me tomó una gran cantidad de energía psicológica bloquear todas esas necesidades. Fue físicamente agotador. Tomó varios años y mucho trabajo; pero, al final, salí adelante. Todo empezó cuando comencé a sanar mis síntomas físicos. De repente sentí, en lo profundo de mi alma, que había otras posibilidades".

Quitar de nuevo las capas

Igual que Sally, usted tiene muchas piezas que son parte de su rompecabezas personal de salud, algunas de ellas son físicas; otras, intelectuales, emocionales y espirituales. Entender la forma y textura de estas piezas es como quitar las capas de una cebolla. Hasta ahora, las páginas de este libro han tratado sobre la primera capa: sus desequilibrios esenciales. Esto es en gran medida el primer y más importante paso para cualquier plan de bienestar a largo plazo, porque muy a menudo los problemas psicológicos y emocionales se componen o son provocados por desequilibrios físicos y viceversa. Por ejemplo, si usted tiene sensibilidad al gluten y empieza el día con un bagel o un tazón de cereal, activará una reacción bioquímica en cadena que mantendrá su necesidad de carbohidratos todo el día. ¡Será capaz de matar por los carbohidratos! Y, como sucede con la mayoría de mis pacientes, esta imposibilidad de dejar de comer carbohidratos conduce a una caída emocional que sólo empeora las comidas en exceso y la culpabilidad.

Si lo piensa, no le sorprenderá saber que los alimentos establecen una conexión muy poderosa entre nuestro ser físico y espiritual. El crítico gastronómico Jeffrey Steingarten, en su libro *It Must've Been Something I Ate*, (*Debe haber sido algo que comí*) analiza de manera muy acertada el peso emocional que llevan nuestras comidas. "En la naturaleza, sólo los mamíferos, específicamente las hembras, nutren a sus pequeños dándoles una parte de su cuerpo", escribe. "Para nosotros, los alimentos no son sólo comida. Nuestra actitud hacia ellos refleja nuestros sentimientos sobre las madres y la nutrición, dar y compartir, tradición y comunidad, y la percepción de si el mundo natural es intrínsecamente benigno u hostil".[1]

Escuche a Kathy, mi paciente, describiendo esta situación típica donde nadie sale ganando:

"Despierto sintiéndome un poco mareada y deseando algo sólido para el desayuno, por lo que me como un bagel tostado. Cuando llego al trabajo, todavía tengo hambre. Después, un par de colegas salen a tomar café, me uno a ellos y compro un pan dulce. Comiendo el pan me empiezo a sentir culpable porque sé que engorda, pero está tan sabroso... Prometo no almorzar para compensarlo. A las 3 de la tarde estoy exhausta y hambrienta, pero me obligo a esperar hasta que llegue a la casa. Al llegar a casa, literalmente, limpio los gabinetes y el refrigerador: papas fritas, galletas, sobrantes de pasta, yogur. Cualquier cosa que tenga a mano. No puedo detenerme. Como hasta hartarme y, después, el resto de la noche me la paso odiándome por haberlo hecho. Me siento deprimida, hinchada, y de una manera extraña, como si estuviera energizada. Pienso continuamente en provocarme el vómito, pero no lo hago. En su lugar, pellizco los rollos de mi estómago con desagrado. Me prometo que mañana seré buena. Me comprometo a comer sólo ensalada durante los próximos cinco días. Pero, a la mañana siguiente, me despierto y pasa lo mismo. ¡No tengo autocontrol!".

Kathy no tenía idea de que sufría de un desequilibrio suprarrenal y sensibilidad al gluten, dolencias agravadas por la sucesión de altibajos de los neurotransmisores y activadas por su atracón de comida, provocando un ciclo de aumento de cortisona, seguido de una caída de serotonina. Una vez que obtuvo su plan de acción y alimentación adecuados, empezó a comer proteína en el desayuno y el almuerzo, a cuidar el consumo de carbohidratos simples y gluten, y a tomar los suplementos adecuados. En el lapso de unas semanas, Kathy no había vuelto a asaltar el refrigerador al final del día como si fuera un lobo hambriento. Entendió que su "debilidad" no era falta de fuerza de voluntad: sufría de sensibilidad al gluten, lo que contribuía a la necesidad de ingerir ciertos alimentos. ¿Fue esto suficiente para resolver su problema compulsivo alimenticio? No, desde luego que no, porque Kathy es una mujer compleja y única, con un rompecabezas de salud complicado, como todas nosotras. Pero fue el comienzo; y esto le dio la energía para empezar a quitar las siguientes capas y explorar su ser emocional, intelectual y espiritual. Ella continúa su travesía hasta el día de hoy.

Recomiendo leer esta sección durante las primeras dos semanas del Programa del equilibrio esencial, mientras está bajo el Plan básico de acción y alimentación. A medida que empiece con su plan personalizado de acción y alimentación durante las últimas dos semanas, podrá decidir si experimenta con ciertos conceptos o terapias en ese momento, o si se espera a completar las cuatro semanas. O puede dar estos pasos cuando se sienta lo suficientemente bien y en forma como para avanzar al siguiente nivel. Debe hacerlo, porque habiendo trabajado tan intensamente para sanar sus desequilibrios fisiológicos, causa del peso obstinado que no la abandona, no podrá mantener la pérdida de peso, o el equilibrio por mucho tiempo, si no enfrenta los desafíos emocionales profundos que lo socavan.

La conversación interminable

Quizás la forma más fácil de entender esto es recordando la idea de la conversación: pensar en todo lo que come, absorbe, respira, medita, cree, experimenta, hace o no hace, como voces que participan en una conversación que ocurre a toda hora en su interior. Su cuerpo físico, y todo lo que conlleva, participa; pero en este escenario, también lo hacen sus pensamientos y emociones. No son más que otra forma de ingestión que su cuerpo debe procesar, similar a la manera como metaboliza los alimentos. La pregunta que debe responder cuando se trata de su salud emocional es: ¿cómo procesa su cuerpo las emociones y pensamientos? ¿Está "metabolizándolos" de manera eficiente, usando lo bueno y eliminando lo malo? O, ¿se aferra a esta ingestión, almacenándola, como su cuerpo se aferra a la grasa para aislarse de las amenazas? ¿Sabe dónde comienza esta conversación? ¿Esa voz en su cabeza es la suya, o la de sus padres u otra persona significativa? Recuerde que su conversación es única y sólo suya: todas sabemos que hay ciertos eventos que son estresantes para cualquier persona, como: la muerte, el divorcio, las preocupaciones financieras y enfermedades, pero todas reaccionamos ante ellas de manera diferente. Y, por supuesto, ciertos estresantes son diferentes para cada mujer. Una mujer puede entrar en estrés total sólo con la idea de hablar frente a una audiencia, mientras que otras lo desean con vehemencia.

Recuerde: el estrés está definido médicamente, como cualquier activador que precipite la respuesta de pelear o huir; o, en mis palabras: cualquier entrada de información que agregue una nueva carga a su conversación interna. Algunos de estos activadores pueden estar enterrados en lo más profundo y es difícil que sea consciente de su presencia. Si observamos el equilibrio esencial que incluye mantener el peso óptimo por el resto de su existencia, como un resultado de su conversación interna, entonces, mantener el equilibrio esencial de por vida, se reduce a la facilidad y velocidad con que se intercambia toda la información relevante para usted. Si la conversación se vuelve confusa, es unilateral o interrumpida, como sucede cuando se tiene un desequilibro esencial físico: su salud y su peso sufren las consecuencias. Pero su conversación también puede ser interrumpida, y su salud también sufrirá si la información psicológica intercambiada es estresante de manera intrínseca y crónica. En otras palabras, si la conversación está cargada de eventos o recuerdos personales dolorosos, o pensamientos y sentimientos negativos, estará activando continuamente el cerebro para darle la orden de iniciar la respuesta al estrés e interrumpir el flujo de información.

En su libro *Healing Mind, Healthy Woman,* (*Mente sana, mujer* sana), la doctora Alice Domar estima que la mujer promedio experimenta alrededor de cincuenta episodios de pelear o huir al día, ¡debido al estrés![2] Y este problema se complica con la tendencia de la mujer a reaccionar ante el estrés, interiorizándolo. La interiorización del estrés lleva a la fatiga, depresión, insomnio, síndrome de intestino irritable y dolor crónico, y, desde luego, peso tóxico que no desaparece. En otras palabras, todo ese estrés y todos esos problemas emocionales se quedan atrapados en sus tejidos. O como lo condensa el título de uno de mis libros favoritos: *Feelings Buried Alive Never Die* (*Los sentimientos que se entierran vivos, nunca mueren*). La forma en que las personas afrontan el estrés, tanto interno como externo, ha demostrado ser un factor significativo en su longevidad. Según les digo a mis pacientes: una de las características comunes en las personas que viven 100 años o más es la tendencia a la capacidad de superar el estrés. Esto no significa vivir una vida sin estrés. Significa hacerle frente a la adversidad y a las aflicciones dejándolas ir, eliminando el estrés de sus tejidos para ser una persona feliz y equilibrada, como estaba destinada a serlo.

Por esta razón, he llegado a la firme convicción de que si no pone en orden su casa emocional, será arrastrada hacia los viejos y arraigados patrones negativos, perderá su equilibro esencial y aumentará de nuevo el peso defensivo que haya perdido. Reincidir en esos patrones poco saludables que disparan desequilibrios fisiológicos, es la verdadera razón por la que muchas personas que hacen dietas con éxito, vuelven a aumentar el peso perdido. No es que sean malas o indisciplinadas (después de todo, tuvieron la disciplina para perder el peso); es la influencia de las conexiones bioquímicas establecidas (y a menudo heredadas) y de los surcos emocionales. Como el huevo y la gallina, nadie sabe cuál fue primero. El secreto, por supuesto, ¡es sanar ambos!

Con frecuencia, la sanación emocional requiere más intervención profesional, porque la mayoría de nosotras no estamos conscientes de lo arraigados que están nuestros patrones negativos, o de qué hacer una vez que estamos conscientes de ellos. De hecho, puede ser que ni siquiera nos demos cuenta que son patrones disfuncionales. Pensamos: *Así es como soy yo y ésta es la forma como actúo.* (Para que empiece a reflexionar en los patrones que pueden estar afectándola, hay una lista de las disfunciones más comunes aquí debajo). El gran destello de lucidez, llega cuando se da cuenta de que todo está conectado. Sus emociones y sus pensamientos tienen tanta influencia, y están tan interrelacionados con su equilibrio esencial, como lo están, por ejemplo, los niveles de colesterol, o el exceso de trabajo, o la bolsa de galletitas de chocolate al fondo del gabinete. De hecho, sus sentimientos respecto a la bolsa de galletitas de chocolate, son importantes para su equilibrio esencial así sea que las coma o no.

Patrones de comportamiento autodestructivo

- **Codependencia:** la adicción psicológica o dependencia enfermiza de otra persona; inventar excusas y cambiar la conducta propia para permitir una conducta deficiente o adictiva en alguien más; cambiar el comportamiento personal por temor a perder el afecto, el amor o la presencia de alguien.

- **Transferencia:** proceso mediante el cual las emociones y deseos originalmente asociados con una persona (como padres o hermanos), son transferidos de manera inconsciente a otra persona.

- **Evasión:** cambiar la conducta para evitar dificultades o emociones, situaciones o relaciones polémicas.

- **Control:** autoritarismo o necesidad de influenciar o dominar a los demás.

- **Perfeccionismo:** molestarse por cualquier cosa que no sea percibida como perfecta o que no cumpla con estándares muy exigentes.

¡Y esto es lo que complica las cosas! A menudo, sus sentimientos sobre algo en apariencia neutral, como una galleta de chocolate, están cargados de significados de experiencias infantiles olvidadas, para mejor o para peor. Si asocia las galletas de chocolate con una cocina cálida, y horneándolas al lado de una madre amorosa, será diferente el apego a esas galletas como adulta, que la de la mujer castigada cada vez que robaba una galleta de la despensa, o a la que nunca se le permitió comer una. Usted puede no estar consciente de la razón por la que tiene ciertos sentimientos (después de todo, la memoria es frágil); todo lo que sabe es que se siente confortable y segura, o algo culpable, o insaciable, cuando se enfrenta a una galleta de chocolate. Y esto influirá en el hecho de si come galletas de chocolate, cuándo las come y cuántas come. Su respuesta emocional está condicionada por su experiencia infantil, tal como los perros de Pavlov fueron condicionados para salivar cada vez que escuchaban el sonido del timbre de la puerta. Aprendemos cómo comportarnos desde niños, observando a nuestros padres y a quienes nos cuidaron. Adoptamos y adaptamos nuestra propia conducta para ganarnos su amor. Como adultos, podemos continuar con esa conducta de manera inconsciente, aunque ya no tenga ningún sentido. Como lo demuestra la historia de Sally, si crecemos sintiendo que fuimos abandonadas, recreamos el abandono de forma inconsciente, o lo compensamos en exceso, con una conducta codependiente. Imitamos conductas que consideramos normales y aceptables en nuestra infancia, aun cuando las mismas nos pongan en conflicto directo con lo que somos como adultos. En otras palabras, algunas de nosotras estamos viviendo sin ser conscientes, una vida que bien puede ser un tributo o una reacción a nuestros padres. No se trata en realidad de quiénes somos. Es una mascarada que con el tiempo afecta todos los niveles de nuestra salud. Andrew Harvey, académico y escritor religioso, lo describe de esta manera:

"Muy pocos de nosotros, si es que alguno, desarrollamos egos por completo saludables; el desarrollo de nuestro ego está condicionado en gran parte por los padres, la sociedad y las restricciones religiosas. Muchos también seremos marcados a tierna edad por diferentes tipos de traumas, ya sea abuso, abandono u otros problemas psicológicos. En algunos casos, esta experiencia o trauma será tan severa que cualquier desarrollo posterior de la personalidad será cancelado; en la mayoría de los casos, las heridas infligidas a nuestra psiquis crearán cicatrices endurecidas, a modo de defensa. Éstas, a su vez, se convertirán en parte esencial de nuestro carácter innato; y no en "atributos accidentales" que con intenso trabajo interno puedan disolverse o deshacerse".[3]

¿Entonces, dónde empezamos? En realidad, es muy simple. Para poder aliviar el peso de la carga emocional que desestabiliza su conversación interna, debemos empezar mejorando la clase de información que se intercambia y la velocidad a la que fluye la conversación. El lugar más fácil para empezar, para la mayoría de las mujeres, es el cuerpo. ¡La buena noticia es que usted ya empezó! Al haber seguido los planes de acción y alimentación del equilibrio esencial, ya cambió su conversación bioquímica interna para mejorar. Ahora hay que seguir avanzando.

Sanar la conversación

La doctora Candace Pert, en su libro *Molecules of Emotion* (*Moléculas de emoción*) describe una conversación interrumpida entre los pensamientos y la respuesta física como "un circuito de retroalimentación fuera de control".[4] Una forma de promover la curación y restauración del equilibrio para toda la vida, es descubrir la manera de romper cualquier círculo disfuncional de retroalimentación y estimular una conversación más saludable. Éste es el punto donde muchas terapias alternativas y psicoterapias entran en acción. Biofeedback es una terapia comprobada médicamente, que entrena a los pacientes en el uso de pensamientos que influyen en las respuestas de su sistema nervioso. En esencia, el biofeedback nos ayuda a reacondicionar nuestros patrones de reacción ante el estrés, enseñándonos cómo cambiar las conexiones de nuestras respuestas autónomas a través de ejercicios repetitivos. El tratamiento por medio de la hipnosis también trabaja sobre este concepto y, muy importante: la meditación y algunas formas de ejercicio de concentración, como el yoga y el tai chi. También hay una serie de prácticas conocidas como sanación energética: si usted cambia la palabra "información" por "energía", empezará a entender cómo funcionan estas terapias. Acupuntura, Reiki, masajes, terapia craneosacral, Rolfing, técnicas de liberación emocional (EFT, por sus siglas en inglés), y otras modalidades de tratamientos energéticos, funcionan abriendo los canales de comunicación en el cuerpo e influyendo en el flujo de información o energía que se está comunicando. Estas terapias también le ayudarán a entender la manera en que su biografía se convierte en su biología, al ponerla de nuevo en contacto con su esencia. Lo más importante es que encuentre las terapias que le funcionen y satisfagan sus necesidades individuales.

Además de seguir la dieta del equilibrio esencial, le recomiendo que investigue sobre las terapias integrales que encontrará en los apéndices y que funcionan con contacto físico, liberación emocional y energía. Estas técnicas cultivan lo positivo en la conexión mente-cuerpo, y ayudan al cuerpo a procesar y liberar lo negativo de sus tejidos (emociones tóxicas y energía bloqueada). Existe gran cantidad de investigación y la mayoría concluye que el poder del contacto físico es real. Se sabe que la terapia de contacto reduce el ritmo cardiaco y la presión arterial y mejora los índices de recuperación. Un estudio de la Universidad Duke en Carolina del Norte, demostró que el contacto puede bajar el nivel de las hormonas del estrés, incrementar los de melatonina y estimular la serotonina.[5] El abrazo incrementa los niveles de oxitocina en la sangre (la hormona del "amor" sintetizada por el hipotálamo). El abrazo es un buen ejemplo de cómo el poder del contacto físico puede ayudar a dirigir la conversación bioquímica a un camino saludable. Otros masajes, terapias de contacto y energía funcionan de la misma manera. Cualquiera de estas prácticas vale la pena si la conecta con sus "alimentos" emocionales más importantes: el amor hacia los demás, conexión con la naturaleza, conexión con los animales y conexión con el espíritu.

Como criaturas físicas, nos gusta permanecer en el reino del cuerpo, porque preferimos ver resultados tangibles. Cuando tenemos síntomas físicos, es fácil ver cómo mejoran. La sanación emocional es un poco más difícil de medir. A veces nos sentimos mucho peor antes de sentir alguna mejoría; otras veces, hacemos grandes progresos, pero caemos de nuevo en viejos hábitos cuando estamos bajo mucho estrés. Esto es normal, le pasa a todo el mundo, y me imagino que también debe pasarle al Dalai Lama. Sin embargo, la sanación emocional puede llevarla a transformaciones de su espíritu, profundas y duraderas, que nutren y sostienen el equilibrio esencial, al margen de los eventos de la vida. Su ser espiritual puede no serle tan familiar como su cuerpo y su mente (o sea, sus pensamientos y emociones), pero existe, no importa si lo conoce o no.

Muchas mujeres desconocen su ser espiritual. Una de mis pacientes reaccionó a esta idea diciendo: "¿Está bromeando? ¡Yo no tengo espíritu!" Tal como le dije a ella: cada persona habita en una casa, con todas estas habitaciones: cuerpo, espíritu, intelecto y emociones, pero algunas de las puertas están cerradas. La sanación emocional tiene la intención de abrir las puertas de todas las habitaciones en su casa, para que la brisa fresca pueda entrar en ellas. Esa brisa es la energía que la conecta con todas las cosas vivientes y le da el sentido de ser parte de algo más grande que usted misma. Puede llamar a esta energía: Dios, amor, chi, prana, incluso "la fuerza". Lo importante es que aprenda a creer en ella. Es la voz de su propio ser verdadero, libre de legados dolorosos y traumas heredados.

Cuando se trata de enfrentar las emociones tóxicas que amenazan su equilibrio esencial, puede estar entrando en aguas horribles y profundas. Y es aquí donde se requiere una enorme cantidad de trabajo interno (y honestidad). Cada mujer tiene una historia de vida diferente, diferentes historias familiares, y relaciones que le dan forma a su entorno interior. Las vicisitudes y problemas que acarreamos desde nuestra niñez, son las piezas misteriosas en nuestro rompecabezas de salud. Hasta que aprendamos cómo esas experiencias pasadas nos han formado y cómo encajan en nuestro rompecabezas, la figura nunca va a estar completa. Cuando nos enfrentamos al aumento de peso, en particular cuando ganamos mucho peso, estas experiencias pasadas siempre están involucradas, esté o no consciente de ellas. Muchas mujeres aumentan de peso como una forma de aislarse físicamente de su dolor emocional; otras, adquieren poder y solidez volviéndose grandes, aunque se sientan pequeñas e impotentes en su interior. El punto es que la pérdida de peso es algo más que solo un proceso físico. Perder peso es el resultado de la sanación de su esencia, y esto significa curar todas las partes de su ser y trabajar de manera constante para mantenerlas íntegras. Si no abre su corazón y mente a esta verdad, sus problemas permanecerán en sus tejidos, no importa cuánto peso pierda y vuelva a perder, saboteando su equilibrio esencial y evitando su verdadera felicidad.

El Proceso Hoffman de la Quadrinidad

En mi consulta, refiero muchas de mis pacientes que ya están preparadas, al Proceso de la Quadrinidad en el Instituto Hoffman. Pasé por esa experiencia y fue una de las sanaciones más profundas y emocionales que he tenido. El proceso de la Quadrinidad abarca al mismo tiempo las cuatro esquinas de su salud, y todas las habitaciones de su casa. Ese es el "cuadrante". Le ayuda a su cuerpo a registrar los cambios emocionales a nivel celular y a cambiar la conversación mente-cuerpo para siempre. Permanece en usted, cambiando de modo definitivo su comportamiento consigo misma y con los demás. La reconecta con su verdadero ser.

El Proceso Hoffman de la Quadrinidad es un curso de 8 días, interna en una residencia, diseñado para inspirar un poderoso cambio personal. Los participantes trabajan en pequeños grupos con personal entrenado, dentro de un ambiente de retiro. Antes de entrar al programa, debe llenar un cuestionario extenso y completo que cubre todos los aspectos de su salud física, mental y espiritual. Los instructores leen estos cuestionarios detenidamente antes de que usted empiece, por lo tanto, cuando entra en el proceso ellos ya cuentan con la visión completa de sus problemas. No se permiten aparatos electrónicos, diarios, celulares o material de lectura, nada que la distraiga de entrar en contacto con su fuerza creativa primaria. A través de ciertos ejercicios físicos y psicológicos, rituales tranquilizadores y abundante tiempo para reflexionar y escribir (yo escribí páginas y páginas), el Proceso de la Quadrinidad abre sus armarios internos y despeja toda la confusión de creencias, distorsiones y necesidades emocionales, adquiridas en experiencias de vida tempranas; percepciones equívocas que bloquean nuestra capacidad para estar presentes y abiertas plenamente a la energía creativa de la vida. Muchas de estas creencias provienen de algo que Bob Hoffman, el fundador del Instituto Hoffman, llama "síndrome del amor negativo", o la tendencia de todos los niños a imitar los estados de ánimo, conductas y actitudes, incluyendo las negativas de sus padres, para ganar su afecto. Cuando se gradúe del proceso, obtendrá el apoyo de la comunidad y las herramientas necesarias para sanar el autosabotaje producido por el amor negativo y dejará ir lo que no le funciona. Emergerá como un ser completamente integrado, con sus facetas física, emocional, intelectual y espiritual en equilibrio, y al final, será verdaderamente libre.

Capítulo quince

REVISIÓN DE SU GUIÓN NEGATIVO

Un día llegó a mi clínica una mujer atractiva, exitosa y profesional, alguien que, juzgando sólo por su apariencia, parecía tener el mundo en sus manos. Pero una vez que cerró la puerta de mi consultorio y empezó a hablar, emergió otro aspecto de ella. A medida que contestaba mis preguntas, se hizo evidente que estaba sufriendo. Primero, discutimos sus síntomas físicos que tenían que ver con problemas GI, dolor en las articulaciones y fatiga. Admitió que con frecuencia tomaba una pequeña siesta a escondidas, en el piso, atrás de su escritorio, porque estaba demasiado cansada después del almuerzo. Vino a verme porque la fatiga estaba empeorando y su peso aumentando: el ejercicio la hacía sentir más cansada, en lugar de renovarla, y quedaba sin energía para sobrellevar la noche con su familia. Su madre recién había sido diagnosticada con la enfermedad de Hashimoto (una enfermedad de la tiroides) y le preocupaba que también hubiera algo malo con su tiroides.

A medida que indagué con más profundidad, esta paciente, a quien llamaré Ana, también reveló que a pesar de ser una mujer muy exitosa, no disfrutaba de su actividad diaria. Era muy exigente con ella y con los que la rodeaban, y aunque no llegó a decirlo, pude sentir que era una perfeccionista como muchas mujeres en estos días. "Si no hago ejercicio todos los días, me siento detestable", me dijo con informalidad. Cuando le dije que "detestable" era una palabra muy fuerte, ella sólo se encogió de hombros. Le pregunté si tenía algún pasatiempo o actividad que fuera placentera, a lo que replicó: "En realidad, no". Entonces empecé a explicarle los principios detrás del equilibrio esencial y los posibles desequilibrios que podría estar enfrentando. Le ordené todos los exámenes de diagnosis apropiados, sugerí algunos suplementos, una dieta y cambios en su estilo de vida específicos, los que ella parecía muy interesada en experimentar.

Hasta ese momento, Ana estaba dispuesta a probar todo lo que le había sugerido y se sentía confortable con una de las partes que muchas pacientes encuentran complicadas: el cambio de dieta, pero esta mujer en particular no tenía ningún problema con la autodisciplina. A medida que llegábamos al final de la consulta, agregué con amabilidad que debería investigar sus patrones emocionales y espirituales y la forma como estaban afectando sus síntomas. Se erizó poniéndose de inmediato a la defensiva. Le expliqué todo lo que les he dicho hasta ahora y agregué que ciertas emociones y pensamientos arraigados podrían estar contribuyendo a su cansancio y su perfeccionismo; sería útil descubrirlos, saber de dónde vienen y cómo superarlos. Ana dudaba; en su mente no pensaba que tuviera nada que explorar. Su vida familiar había sido "común y corriente, nada especial". Pero ella escuchó mis explicaciones y terminé preguntando: "¿Qué clase de conversación sostiene consigo misma cuando nadie más está escuchando?". No podía responderlo. Por lo tanto, la envié a su casa con una tarea. Le pedí que tratara de oír la voz dentro de su cabeza hablándole, la voz de su mente pensante, y que escribiera lo que decía.

Ana regresó seis semanas después, y con humildad me dijo: "No tenía idea de que yo era tan dominante, nunca me detengo". Luego tuvimos una conversación, que se convirtió en el tema de cada visita, sobre cómo podría investigar más sobre esto. A medida que Ana empezó a adentrarse en su ser emocional, recordó cuan altas eran las expectativas de su padre con relación a ella. Me contó sobre una ocasión en que llevó a su casa el anuario de sexto grado del colegio. Su padre le dio una mirada y dijo de manera casual: "Veo que no entraste a ninguno de los clubes". Cuando Ana se graduó de secundaria, dirigió el anuario, cantó en el coro, jugó en varios equipos, y era participante activa en diferentes clubes. También fue elegida para pronunciar el discurso de despedida en la ceremonia de graduación de su clase por haber salido con las más altas calificaciones; sin embargo, ella nunca había hecho la conexión entre su necesidad de logros y el comentario de su padre, hasta que entró en el proceso de curación. También, empezó a darse cuenta del impacto que le produjo no poder ver a su padre más que los fines de semana (sus padres se divorciaron cuando era muy niña). Él no era un hombre que expresara con espontaneidad el cariño o afecto y, entonces, Ana, de manera inconsciente, empezó a tener un comportamiento dirigido a despertar el mayor aprecio por parte de él y tan rápido como fuera posible. Ana tuvo que esclarecer muchas cosas, para poder empezar a entender que la voz que había estado dirigiendo sus acciones todos esos años, no era la suya: era la voz de su padre. No es de extrañar que se sintiera exhausta; por años estuvo funcionando al ritmo de alguien más.

¿Qué dice su guión?

La mayoría de las mujeres, incluyéndome, tenemos un circuito continuo de pensamientos negativos que se reproducen en nuestra cabeza. Un guión negativo, que fue escrito hace mucho tiempo, y se despliega de una manera tan continua en nuestro teleprompter interior que casi no somos conscientes de su existencia. En mi caso personal, antes de hacer el Proceso de la Quadrinidad, mi guión negativo sonaba fuerte, en especial en las horas de la madrugada, cuando no podía conciliar el sueño. El guión negativo consume una cantidad increíble de energía, buena voluntad y autoestima. Alimentar este pozo de negatividad a menudo nos deja con un hambre emocional insaciable, que con frecuencia mal interpretamos como hambre física (en especial, si nuestra conversación bioquímica se encuentra apagada). Este guión es la voz de su conflicto interno; y cuanto más fuerte resuene, más estresante será para su cuerpo.

Puede sentirse tentada a pensar que usted no tiene un guión negativo, como Ana, entonces probemos el siguiente ejercicio. Abajo encontrará una lista de las frases que con mayor frecuencia escucho de mis pacientes. Léalas y encierre en un círculo las que le suenen familiares, algo que alguna vez haya dicho sobre sí misma.

- Si pudiera perder peso, sería feliz.

- Odio la forma como me veo. ¿Cómo dejé que esto pasara?

- Odio mi pelo/piel/piernas/senos/muslos (escriba la parte de su cuerpo que odia).

- Todo lo tengo que hacer yo misma. Nadie lo entiende.

- Nada me queda bien.

- Mi vida es un desastre.

- Si no es perfecto, ¿para qué molestarse?

- Siempre me pasan cosas malas.

- Nadie me quiere.

- Estoy destrozada.

- Es obvio.

- Me siento tan poco valorada.

- No tengo tiempo para mí.

- No puedo hacer nada bien.

- No puedo confiar en nadie.

- Soy perezosa.

- Nadie puede quererme, o desearme, porque estoy muy gorda.

- Me siento muy poco atractiva.

- Mi vida se acabó.

- Todo parece estar fuera de control.

- Soy vieja.

- Soy fea.

- Soy una dejada.

- No tengo nada que ofrecer a nadie.

- Hubiera querido hacer mucho más con mi vida.

- Estoy tan cansada/furiosa/ansiosa/triste.

- Soy una _____ [cerda, idiota, perdedora, mentirosa, falsa, pesimista, arpía, mala madre, mala esposa, mala amiga. Escriba su propia crítica].

¿Cuántas de esas frases suenan como algo que usted se ha dicho alguna vez? ¿Con qué frecuencia su voz interna (el sonido de su intelecto) le ha dado un buen regaño? Ahora disponga de un minuto y encierre en un círculo cualquiera de las siguientes afirmaciones que sienta, que verdaderamente la describan:

- Soy una mujer increíble.
- Me ocupo de mí misma de una manera maravillosa.
- Tengo el amor y el reconocimiento que merezco.
- Establezco de forma clara y firme mis límites.
- Soy sexy.
- Soy hermosa.
- Soy una estupenda hija/esposa/madre/amiga.
- Valoro mucho el aquí y el ahora.
- Soy una buena amiga para los demás.
- Me permito tiempo para jugar, todos los días.
- Mis acciones reflejan mis valores.

- Tengo la capacidad de sostenerme económicamente.
- Soy honesta conmigo misma y los demás.
- Soy mi mejor amiga.
- Sé cómo decir no.
- Soy bastante buena.
- He logrado muchas cosas.
- Sé cómo relajarme.
- Merezco amor/dinero/compromiso/placer/_____.
- Sé quien soy.
- Confío en mí misma.
- La mayoría del tiempo hago lo mejor que puedo.
- No tengo nada por qué sentirme culpable.
- Las cosas van bien.
- Estoy contenta.
- Soy feliz.

¿Cómo se comparan las dos listas? Si marcó con un círculo más afirmaciones positivas que negativas, ¡felicitaciones! Usted es una de las pocas afortunadas, y es probable que haya realizado un gran trabajo para estar donde está. La gran mayoría de las mujeres está más familiarizada con la negatividad, y, aunque puede sorprenderle que haga esa afirmación, esto no necesariamente es algo malo. De hecho, es una de las formas en que las mujeres crean sus vínculos, compartiendo mutuas desilusiones, nuestra apariencia y nuestras vidas. Esto nos otorga humildad y tiene otros aspectos útiles para la sociedad. Aunque suene subversivo, sospecho que el pensamiento negativo nos brinda compasión y capacidad de planificar, características que nos hacen unívocamente humanas. En un momento de nuestra historia colectiva, esta tendencia pudo haber sido una herramienta de supervivencia. Los intensos sentimientos negativos sobre nosotras mismas y nuestra capacidad, mantienen a los miembros de una sociedad débiles y dependientes del grupo, lo cual es muy útil cuando dejar el grupo puede conducir a la inanición y la muerte, o cuando la supervivencia de la familia o la sociedad dependen de una red matriarcal sólida y de mantener elevada la población del grupo. En la actualidad, ser capaces de ver nuestras faltas, promueve evidentemente el cambio y el desarrollo que nos puede impulsar a tomar acciones, que nos beneficien para ayudarnos a nosotras mismas.

Pero hay un importante eslabón perdido aquí, independientemente de que la percepción sobre usted misma sea cierta. En algunos casos puede ser que, en verdad, usted sea una persona en la que no se puede confiar, o ambiciosa, o perezosa. O tal vez, y este es el caso más frecuente, es sólo su intelecto repitiendo palabras y frases que no tienen base en la realidad, pero que se han llenado de significado para usted. ¿Tiene, como Ana, un guión negativo que, le guste o no, está viviendo y que ha sido escrito por alguien más? Si no es así, usted es una rara excepción. El escenario más posible es que vivir con su guión negativo le parece tan normal, que no puede imaginar otra manera de ser.

Algunas veces el guión negativo está escrito por heridas infligidas en nuestra niñez. Otras veces, contiene ecos de cosas que otras personas le han dicho y usted piensa que son ciertas. Y lo más siniestro de todo es que mucha de esta autodesvalorización es el resultado de una especie de lavado de cerebro masivo y cultural, promovido por los publicistas y comerciantes que se benefician aprovechándose de la insatisfacción de las mujeres. Esta es una industria multimillonaria, que vende una falsa e inalcanzable imagen de lo que la mujer debe ser, impidiéndoles celebrar lo que en realidad son. (Más sobre esto en el siguiente capítulo). En otras palabras, el guión negativo proviene de todas partes: su pasado, su subconsciente, sus relaciones, su cultura. Y una vez que haya interiorizado esos pensamientos, se vuelven protagonistas preponderantes en la conversación mente-cuerpo, cambiando su bioquímica y sus tejidos.

El guión negativo no sería algo tan importante si no creyéramos en secreto todas las terribles cosas que dice sobre nosotras. Pero lo creemos. Sin una oposición poderosa y significativa hacia esos pensamientos negativos, no es sorpresa que se conviertan en lo que usted cree sobre sí misma muy en su interior. De manera inconsciente, invitamos estas creencias negativas que nos mantienen estancadas, frustradas y, con frecuencia, gordas. ¿Y quién puede culpar a nuestros leales cuerpos por tratar de aislarnos de esa negatividad, en la única forma que saben hacerlo? ¡Piénselo! Es como tratar de mantener todos los platos en el aire haciendo malabares, mientras alguien que abuchea fuera del escenario no hace sino decirle lo mal que lo hace. ¡Nadie aguantaría semejante situación! ¡Y todas lo hacemos! Eso es, hasta que llegamos al punto en nuestra travesía donde decidimos no seguir haciéndolo. Para muchas mujeres, esta disyuntiva coincide con la menopausia y es uno de los muchos regalos que esta transición nos ofrece. Pero puede suceder en cualquier momento que esté preparada para hacer el trabajo interno que requiere la verdadera transformación. Mi sincera esperanza es que ese momento sea ahora.

Su guión negativo puede cambiar. Así como usted puede "hablar" con sus células ADN por medio de los alimentos, puede "hablar" con sus respuestas psicológicas condicionadas, a través de las diferentes terapias y cambiarlas. Pero tiene que tomarse el tiempo para descubrir el origen. Requiere de mucho trabajo; pero, si lo hace, podrá ver como esa abucheadora interna finalmente dejará de hablar y no tendrá que volver a escucharla nunca más. Empezará a ver que tiene la opción de elegir cuánto peso quiere darle a esos pensamientos autodestructivos; cuánto poder a esas experiencias infantiles; y si encontrará o no la fuerza y reconocimiento en su interior, o continuará permitiendo que los demás le digan quién es y de qué es capaz.

Este concepto puede ser puesto en términos científicos rígidos y fríos, tales como "reestructuración cognitiva". Volver a entrenar la mente para que deje ir los pensamientos negativos se basa en la terapia cognitiva desarrollada por el doctor Aaron T.Beck. En su mejor expresión, nos enseña cómo pensar diferente, nos coloca en el camino correcto para cambiar la forma como nos sentimos, lo que cambia el estado de nuestra bioquímica, y a su vez, cambia nuestra fisiología. Esta es la conexión mente-cuerpo funcionando, pero tenga cuidado cuando se enfrente a la mente pensante. Con frecuencia, involucramos el intelecto sin integrarlo con el espíritu, las emociones y el cuerpo. La reestructuración cognitiva es una terapia científica comprobada para revisar su guión negativo, y aunque es una excelente forma de empezar este proceso, le recomiendo no descartar otras formas de curación alternativa como las que discutimos en el capítulo anterior.

El poder del pensamiento positivo

Le aseguro que está esperando que le diga, que debe dejar de tener pensamientos negativos porque ellos atraen la negatividad (como en el exitoso libro *El secreto*) y reemplazarlos con afirmaciones positivas. La afirmación es la práctica de repetirse frases de apoyo, tales como: "Tengo talento, soy bella y tendré éxito". Como un mantra, estas afirmaciones entran en su subconsciente, contrarrestando su guión negativo acallándolo. Después de esto, ¿vendrán cosas buenas? Estoy segura. Es razonable que bajar el volumen de su guión negativo requiere de menos energía y mantenimiento, lo que con certeza le ayudará a enfrentar las dificultades. Sin embargo, para algunas, esto no es suficiente.

Creo que las afirmaciones diarias pueden hacer maravillas en su estado emocional, en especial cuando son usadas en combinación con otras terapias mente-cuerpo, como EFT, pero sólo si en verdad cree en ellas, y eso puede ser un gran paso para algunas mujeres. Algunos terapeutas le dirán que no importa si usted cree en ellas o no mientras continúe diciéndolas, al igual que la hipnosis, la repetición se filtrará dentro de su conciencia y en algún momento empezará a creer. Pero yo creo que su ser emocional sabe cuando le están mintiendo. Las afirmaciones le pueden ayudar a sentirse mejor por un tiempo (lo cual no es malo), pero también tiene que desenmascarar las falsedades en su guión negativo. En otras palabras, el poder de creer en cosas buenas sobre nosotras se relaciona en forma directa con la firmeza de nuestras creencias sobre lo que es malo. Tenemos que hacer las dos cosas: afirmar lo positivo y resolver lo negativo para obtener el cuándo, el cómo y el por qué fue escrito nuestro guión negativo.

Veamos un ciclo típico de un guión negativo. En cada paso, voy a señalarle lo que está sucediendo en el pensamiento de esta mujer, refiriéndome a ciertas "distorsiones cognitivas" comunes. Estas distorsiones, con el tiempo, transforman el pensamiento negativo temporal en disfuncional y destructivo.

Janet tuvo una semana ocupada. Estuvo de viaje de negocios los últimos dos días y llegó a casa, justo a tiempo para llevar a su hijo al fútbol. Se quedo sentada en el automóvil, antes del partido, mientras su hijo se preparaba, tratando de evitar atosigarlo como lo acostumbraba su propia madre. Este breve respiro le deja un momento para concentrarse en su automóvil, que ha sido su oficina móvil durante el viaje. En el piso hay vasos usados y envoltorios de alimentos. La lonchera de su hijo está abierta en el asiento de atrás y huele mal. Papel arrugado, ligas del cabello y otros desperdicios cubren el suelo. Janet piensa: *¡Soy una dejada! Una dejada grande y gorda* (poniéndose etiquetas). Recuerda que no ha lavado la ropa en los últimos cuatro días. Su madre lavaba la ropa todas las noches y la planchaba. Janet recuerda lo maravilloso que era tener esa pila de ropa fresca, recién planchada, a los pies de su cama cada noche. Sus hijos nunca han tenido eso. Tienen suerte si acaso dobla la ropa; sencillamente no tiene el tiempo. Normalmente tienen que buscarla ellos mismos en la pila de ropa lavada. Es una madre terrible (exageración). Es verdad, ha estado lejos durante dos días y ha conseguido un gran cliente, pero si sólo pudiera ser más organizada en la casa, las cosas estarían bajo control (descalificación de lo positivo). ¿Cuál es su problema? Los demás parecen ingeniárselas bien, pero ella no puede hacerlo todo (generalización exagerada). Si su hijo pierde el partido de fútbol esta tarde, es probable que se deba a que su madre es un desastre (personalización). Las cosas tienen que cambiar, piensa ella. Tiene que esforzarse más, encontrar más tiempo (pensamiento de todo o nada).

Janet pone su cabeza contra el volante, deseando con intensidad una copa de vino. Busca en el asiento de atrás y saca de la lonchera de su hijo el emparedado que éste no comió.

Distorsiones cognitivas

- **Pensamiento de todo o nada:** usted ve las cosas en blanco y negro, no hay grises. Si su rendimiento no es perfecto, lo percibe como un fracaso total.

- **Generalización exagerada:** percibe un evento negativo como parte de un patrón interminable de derrotas.

- **Filtro mental:** selecciona un detalle negativo en particular y se detiene en él excluyendo todo lo demás.

- **Descalificación de lo positivo:** rechaza las experiencias positivas insistiendo que ellas "no cuentan" por una u otra razón.

- **Conclusiones apresuradas:** hace una interpretación negativa, aunque no existan los hechos que den soporte convincente a la conclusión.

- **Leer la mente:** de manera arbitraria, concluye que alguien reacciona de forma negativa hacia usted y no se molesta en comprobarlo.

- **Predicciones falsas:** anticipa que las cosas van a salir mal y está convencida de que esa predicción es un hecho establecido.

- **Exageración o minimización:** exagera la importancia de las cosas o la minimiza hasta que parezcan no tener valor, lo que sea que la haga sentirse mal.

- **Razonamiento emocional:** asume que sus emociones negativas son reflejo de la realidad.

- **Declaraciones de obligación:** se motiva con debería y no debería, con su correspondiente consecuencia emocional de culpabilidad. O dirige estas declaraciones de obligación hacia otros y se siente furiosa, frustrada y resentida.

- **Etiquetas positivas y negativas:** asume una carga emocional negativa, al ponerse etiquetas o al hacerlo con alguien más.

- **Personalización:** se percibe como la causa de algún evento externo negativo en el cual no fue la principal responsable.

(Adaptado del libro *Sentirse bien* del doctor David Burns. New York: William Morrow and Company, Inc. 1989)

Bien puede ser que su ciclo de negatividad sea parecido al de Janet o difiera por completo. Lo interesante es observar cuánta negatividad puede ser provocada por un evento sin importancia (el automóvil sucio). En cada crisis, sus pensamientos la llevaban a profundidades cada vez más negativas, donde se evidencia una relación no resuelta con su madre. Ni siquiera una vez, Janet contraatacó con un pensamiento positivo. Ella no puso en el "haber" de su contabilidad maternal, el hecho de que se apresuró a regresar de un viaje de negocios para llevar a su hijo al juego; o que estaba contribuyendo con el ingreso familiar, así como con el cuidado de sus hijos (a diferencia de su madre). Profundizando más: Janet estaba cayendo en una clase de autocomplacencia negativa que descarta a los demás: por ejemplo, su pareja, como alguien en quien se podría apoyar; la capacidad de su hijo de ganar el partido sin que esto tenga que ver con ella; o la seguridad y fortaleza de su familia en su ausencia (¡alguien preparó la lonchera de su hijo!). También fue incapaz de darse cuenta de que la familia podría estar aprendiendo una valiosa lección al tener que doblar ellos mismos la ropa. El infortunado resultado de Janet fue la necesidad emocional generada por el pensamiento negativo que se tradujo en un intenso deseo físico de vino o comida.

Por fortuna, existe una gran cantidad de gente maravillosa que ha realizado un sinfín de investigación sobre la forma de volver a entrenar la mente, para dejar ir lo negativo y revisar guiones como el de Janet. Mi amiga y colega Byron Katie, autora de *Amar lo que es,* vino a mi mente de inmediato. Ella ha hecho un gran trabajo educando a la gente acerca del poder de cambiar el pensamiento negativo, a través de un proceso de investigación que llama: El trabajo. Hacer "El trabajo" requiere prestar atención a los sentimientos negativos sobre usted misma y otros, realizando preguntas para cambiarlos. La famosa autora Julia Cameron, quien escribió *El camino del artista* en 1990, también ofrece un método para liberar nuestro ser creativo de las cadenas de la negatividad por medio de, entre otros maravillosos ejercicios, la redacción de un guión positivo. Lo que estas admirables mujeres enseñan es la capacidad de volver a entrenar su mente, cultivando la percepción de su charla mental negativa, para después escribirla de nuevo en un guión más verdadero. El primer paso en el programa del equilibrio esencial es empezar a escuchar lo que su mente pensante le está diciendo o gritando.

Escuchar la mente

Lo primero que debe hacer, para empezar a escuchar su mente, es encontrar un lugar tranquilo y no hacer nada. Solo imagine que está dentro de una habitación y quiere oír una conversación al otro lado de la pared. La meditación es muy útil para realizarlo,

¡porque la mente nunca se vuelve tan activa como cuando le decimos que esté en silencio! Es conveniente llevar un diario o tener papel a mano para escribir lo que escucha. En *El camino del artista,* Julia Cameron recomienda levantarse media hora antes de lo acostumbrado y escribir por lo menos tres páginas de monólogo interior, sin ningún orden específico. Ella lo llama: las páginas matutinas. También puede incluir el diario como parte de su ritual del plan de acción y alimentación. A medida que escriba, estoy segura de que empezará a observar cómo emergen ciertos patrones. ¿Hay algunas expresiones negativas que siempre aparecen? En mis páginas, a menudo escribo: "No tengo tiempo para hacer esto".

A medida que empiece a oír lo que su mente pensante le dice cuando está en silencio, trate de percibirla cuando esté en acción a otras horas del día. ¿Qué dice cuando está retrasada, o cuando olvidó algo, o cuando se desvió de su plan alimenticio? ¿Qué dice cuando las facturas por pagar se acumulan al final del mes o después de una reunión con la maestra de sus hijos? ¿Qué dice después del sexo? La psicoterapia es muy útil para explorar la fuente de su guión negativo; es la vía más rápida para empezar a revisarlo. Por lo tanto, recomiendo a cualquiera que esté lidiando con peso tóxico buscar asesoría y de manera específica: el Proceso de la Quadrinidad de la Fundación Hoffman. Si no le es posible hacerlo ahora, le sugiero leer más sobre este tópico (vea el recuadro) y empezar a practicar su manera de disminuir el volumen.

Cada mujer es única, por eso una práctica que funciona para una, puede no hacerlo con otra. Sin embargo, un método comprobado con el cual puede empezar a trabajar de inmediato, es tan simple como preguntarse si las cosas negativas que está pensando son reales o una distorsión de la verdad. Por ejemplo, el pensamiento de Janet de que ella es una dejada. ¿Lo es, en realidad? Sí, es cierto, su automóvil estaba sucio y desordenado después de un largo viaje, pero ¿no es lógico que sea así? Ella también admitió no haber lavado la ropa por cuatro días, lo que no es una eternidad. Todavía más, parece que fue educada en un hogar muy ordenado y es evidente que valoraba

Lecturas sugeridas

• *Proceso Hoffman: Un camino para reconciliarnos con nuestro pasado,* Tim Laurence

• *Usted puede sanar su vida,* Louise Hay

• *No One Is to Blame,* Bob Hoffman

• *Amar lo que es,* Byron Katie

• *El camino del artista,* Julia Cameron

• *Healthy Woman, Healing Mind,* Alice Domar, MD

• *Obesidad es un problema familiar,* Judy Hollis

• *Change 101: A Practical Guide,* Bill O'Hanlon

• *Ya no seas codependiente,* Melody Beattie

• *Truth Heals: What You Hide Can Hurt You,* Deborah King

• *Transitions,* William Bridges

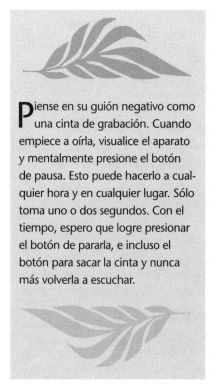

Piense en su guión negativo como una cinta de grabación. Cuando empiece a oírla, visualice el aparato y mentalmente presione el botón de pausa. Esto puede hacerlo a cualquier hora y en cualquier lugar. Sólo toma uno o dos segundos. Con el tiempo, espero que logre presionar el botón de pararla, e incluso el botón para sacar la cinta y nunca más volverla a escuchar.

los esfuerzos de su madre, lo que debe inclinarla de manera natural hacia la pulcritud. Cuando le hice a Janet esta pregunta, se quedó pensando, y al final estuvo de acuerdo en que ella no era una dejada. ¡El asunto es que ese día, el automóvil estaba hecho un desastre! Una vez que Janet se liberó de la necesidad de llamarse dejada, la etiqueta desapareció de su guión negativo. Empezó a creer *más* en sí misma como una persona ordenada, que en ocasiones debía enfrentar el desorden, no una dejada. Sin esa etiqueta, el desorden perdería importancia y no activaría su guión negativo o su impulso de usar la comida y el alcohol para sentirse mejor. ¡Así es que funciona el verdadero poder del pensamiento positivo!

Veamos una lección extraída del proceso de Byron Katie. En su casa, escriba una lista de las principales creencias negativas que tiene respecto a usted misma (o use las que encerró en un círculo en una página anterior). Julia Cameron llama a estas creencias negativas "exabruptos". Ahora, pregúntese si cada una de esas declaraciones es cierta. ¿Cuáles son las circunstancias que la llevan a decir eso? ¿Hay un argumento más acertado en contra de esa afirmación? Katie le dice a sus clientas que se hagan las siguientes cuatro preguntas: 1) ¿Es eso cierto? 2) ¿Tiene la absoluta certeza de que es cierto? 3) ¿Cómo reacciona, qué sucede, cuando cree en ese pensamiento? Y, 4) ¿Quién sería usted sin ese pensamiento? ¡Estas son preguntas muy poderosas!

Por ejemplo, digamos que usted se dice a menudo cuánto odia sus piernas. Pregúntese: ¿Es esto en realidad una verdad absoluta? ¿Cómo se siente el odiar sus piernas? ¿Qué pasa con su estado de ánimo, su cuerpo, cuando tiene ese sentimiento? ¿Quién sería usted si no fuera la persona que odia sus piernas? Ahora pregúntese si existe algo que sea más verdadero que ese pensamiento. ¿No odiaría no poder usar sus piernas, sin importar su forma? ¿No está más cerca de la realidad, decir que no le gusta la forma cómo lucen sus piernas, pero valora lo que ellas hacen por usted, su poder y energía, y su capacidad para mantenerla de pie? Escriba cinco cosas grandiosas y verdaderas, sobre sus piernas para que las diga cuando se empiece a obsesionar sobre su forma. (Por ejemplo: *Camino con mis hijos a la escuela con estas piernas).* A medida que elimine la carga de ser la persona que odia sus piernas, su mente, libre de ese pensamiento, considerará sus piernas muy útiles y maravillosas, y su cuerpo apreciará ser llevado con estilo al gimnasio, al trabajo y al resto de su vida.

Un paseo por el aspecto espiritual

El espíritu es la fuente oculta de la energía más sanadora que poseemos. Esta es la energía que une al cuerpo y la mente en uno solo y a todas las cosas vivientes entre sí. Si su espíritu está enfermo, no hay cura física o mental que pueda sanarla de verdad. Cuando estamos separadas de nuestro espíritu, nuestras emociones son en su mayoría reactivas. Sentimos como si nos controlaran y no lo contrario. Cuando tenemos conocimiento del espíritu, nuestras emociones emanan de algo más profundo. Puede ser que nos sintamos muy apasionadas, pero dejamos de usar la emoción como escudo o distracción. No seguimos tratando de manipular a otras personas con nuestras emociones. Y, muy importante, somos capaces de juzgar las emociones por lo que son, dejando atrás las subidas bioquímicas e impidiendo que éstas controlen nuestras vidas.

En la actualidad, mucha gente considera que la espiritualidad y la religión son lo mismo. Pero no lo creo así. Cuando hablo de su ser espiritual, estoy hablando en el sentido del espacio de amor y sosiego que reside en todas nosotras, que es colectivo, amplio, y no pertenece a ningún grupo. Dependiendo de quién es usted, puede entrar a este espacio en diferentes momentos: en medio de la naturaleza, practicando un deporte, orando, cargando a un bebé, meditando o cuando está disfrutando del sol. En esos momentos, está conectada con su espíritu, sintiendo que existe una fuerza universal armoniosa y benevolente que la relaciona con todas las cosas vivientes. La forma en que defina esa energía unificadora es su decisión personal, pero inspirarse en ella es una de las herramientas de equilibrio más poderosas que tiene a su disposición.

Uno de los caminos claves hacia el espíritu es a través del ritual personal. Todos los propósitos espirituales involucran un ritual: encender velas, cánticos, oraciones, repetir textos sagrados, música, imposición de manos, glorificar la naturaleza y el cambio de estaciones, ayunar, festejos y purificaciones, son sólo algunos pocos ejemplos. No me atrevería a sugerirle un ritual; sólo le recomiendo que busque de manera diligente uno que se adapte a su forma de ser. No tenga temor y comprométase como si su felicidad dependiera de eso, porque con seguridad es así. El ritual es la práctica de dar la bienvenida al espíritu, y mientras más lo repita, más profunda llegará a ser. Hable con sus amigos, su médico y los feligreses de su congregación y averigüe lo que están haciendo. Pruebe una clase de meditación o vaya a un retiro espiritual. Manténgase abierta al universo, sea amable con usted misma, y observe los milagros que ocurren.

Practicar el amor bondadoso

Algunas de nosotras no tenemos muchas herramientas para tratar con estados emocionales complicados, sin embargo, todas tenemos la capacidad de "endulzar" nuestras mentes. *La meditación Metta* o amor compasivo es una práctica enseñada por Buda para desarrollar el hábito del amor incondicional. Como todas las meditaciones budistas, el amor compasivo puede transformar los patrones negativos habituales de la mente.

La práctica empieza desarrollando una aceptación amorosa de usted misma. Siéntese en silencio y visualícese con una sonrisa, o repita una afirmación, un mantra positivo o una oración, a medida que respira con un ritmo sostenido. Si surgen sentimientos de aversión o desvalorización, es porque su mente pensante y el guión negativo están activos. Manténgase así, y continúe llevando sus pensamientos a una imagen o sonido positivos. Después, cuando esté lista, eleve una plegaria de amor compasivo dirigida a otros, en este orden:

1. A una persona respetada y amada, tal como su guía espiritual.

2. A una persona muy amada, que puede ser un miembro de la familia o amigo.

3. A una persona neutral, alguien que conozca, con quien no tiene sentimientos especiales.

4. A una persona hostil, alguien con quien tenga alguna dificultad.

Lleve su recién descubierto sentido de aceptación amorosa a su vida, su trabajo, su comunidad y sus relaciones. Puede sorprenderse lo rápido que esa aceptación se le regresa.

La dieta del equilibrio esencial empieza con cambios físicos que ayudan a sanar sus desequilibrios fisiológicos, pero no termina ahí, como sucede con muchas otras dietas. De hecho, yo veo todos los cambios físicos, emocionales e intelectuales que usted ha hecho en este mes, como la puerta de entrada a futuros cambios integrales y profundos. Estos cambios duraderos son el cimiento de su verdadero bienestar, así como el de los que la rodean y del planeta que todos compartimos, porque, al final, todos estamos conectados.

Si hay luz en el alma,
habrá belleza en la persona.
Si hay belleza en la persona,
habrá armonía en la casa.
Si hay armonía en la casa,
habrá orden en la nación.
Si hay orden en la nación,
habrá paz en el mundo.

Proverbio chino

Capítulo dieciséis

EN CONCLUSIÓN

En mi propia vida, y en mis 25 años de práctica profesional, he experimentado el equilibrio esencial como el mejor regalo que una mujer puede brindarse. Es un regalo que continúa proveyendo contra viento y marea, durante los buenos y malos tiempos, salud y enfermedad, prosperidad y adversidad, felicidad y tristeza. La música de la vida siempre está cambiando: el equilibrio esencial le da la elasticidad y energía para seguir bailando sin importar el ritmo. ¿Significa esto que nunca dará un paso en falso o caerá? Claro que no. Usted es humana. Todo pasa en la vida. Todos tenemos días, meses y aún años en donde la danza es una lucha. Vamos de vacaciones y comemos en exceso; descuidamos el ejercicio por un tiempo; enfrentamos dificultades económicas; dejamos una relación o ella nos deja a nosotros; envejecemos. A medida que pasan los años, podemos enfermar, perder seres amados, o tomar decisiones muy difíciles que nos dejan desconsoladas, preguntándonos si todo volverá a ser igual. No existe un programa de bienestar en el mundo que pueda aliviar la dura realidad del ser humano. Pero le puede brindar las herramientas que necesita para sanarse y permanecer saludable. La dieta del equilibrio esencial está diseñada para revelar la fuente de fortaleza que yace dentro de cada mujer: un poder profundo que la regresará una y otra vez a bailar la canción que se esté tocando, y sin aumentar de peso.

Receta de Marcelle para
CONTINUAR CON EL EQUILIBRIO ESENCIAL

1. Haga un chequeo total de su cuerpo varias veces al día. Recorra su cuerpo, su intelecto, sus emociones y su espíritu. Tómese el tiempo para registrar lo que está pasando.

2. No escatime en su cuidado personal, aun en momentos de mucho estrés, porque es más importante en esas circunstancias.

3. Continúe tomando la multivitamina diaria, el suplemento EFA y el probiótico.

4. Si su peso empieza a subir o siente su ropa apretada, vuelva a hacer el Plan básico del equilibrio esencial durante un par de semanas.

5. Trabaje con un médico funcional o profesional de la salud conocedor de la medicina integral.

6. Considere visitar un consultor de imagen (aprenderá más sobre esto en breve) para que la ayude a lucir lo mejor posible todo el tiempo, sin importar su peso.

7. Salga y haga contacto con los demás. Tome una clase o únase a un grupo de apoyo.

8. Emplee parte del tiempo cada día haciendo algo que le produzca placer.

9. Exhale con profundidad, con frecuencia.

10. Sea gentil con usted misma. Usted es un ser radiante transitando por el sendero humano. Esto no es fácil.

Hasta ahora, hemos hablado mucho sobre los cambios que puede esperar a medida que empiece a restaurar el equilibrio esencial de su cuerpo, mente y alma. Para la mayoría de nosotras, la anticipación de lo que seremos y cómo nos veremos al final de la dieta del equilibrio esencial, es embriagadora. Es tentador pensar que sólo con perder peso, de repente todo en nuestra vida será mejor. Tendremos el amor, el dinero y el respeto que en el fondo sabemos que merecemos. ¡Usted sabe cómo es esto! ¿Tiene unos pantalones y una falda en su armario que está reservando para el día en que logre su peso ideal? Yo sí los tuve. O quizás, es un viaje o una clase que quiere tomar o alguna ropa que quiere comprar, pero que no se lo ha permitido esperando estar en forma. En mi consulta, me

gusta llamarlo: el efecto de la sala de espera. Muchas de mis pacientes, al igual que muchas otras mujeres que he conocido, parecen estar a la espera del momento apropiado, aplazando la celebración de lo que son ahora mismo, por el sueño de lo que serán algún día.

Todas vemos las fotografías en revistas y catálogos, de las estrellas sobre la alfombra roja, y deseamos tener una cara, un cuerpo, un matrimonio, o una carrera como los de ellas. Es la maldición de nuestra cultura, donde nuestro género parece estar condenado a perseguir el inalcanzable (y siempre cambiante) ideal de la belleza perfecta; a contar nuestros defectos antes que nuestras virtudes; y siempre compararnos con las fotografías (a menudo retocadas) del ideal imposible. No importa cómo lucimos, qué tanto dinero tenemos, qué tan amadas somos, o cuánto hayamos logrado, parece que nunca pensamos que somos lo suficientemente buenas, y esto aplica a todas las mujeres, incluso aquellas, de apariencia perfecta en la portada de *Vogue*. Si alguna vez ha visto la típica fotografía de antes y después de una actriz, sabrá que las estrellas de cine son más o menos como todas las demás, cuando se levantan en la mañana. La diferencia es que la fotografía ha sido tomada con buena iluminación y después de una sesión de cuatro horas de maquillaje y peinado. Nadie es perfecto ni tiene una vida perfecta. Pero el negocio de los medios de comunicación es vender publicidad. Punto. Comerciantes y publicistas harán lo que sea necesario para mantenerla añorando lo imposible. El anhelo motiva a la compra; y, después de todo, si pudiera lograr la satisfacción, ¿cuál sería el sentido de seguir comprando cosas?

Si ha llegado hasta este punto en su lectura, ya sabe que muchas de nosotras usamos la comida para alimentar apetitos que no tienen nada que ver con la necesidad física. El apetito por una apariencia perfecta, o una vida de película, puede llegar a ser insaciable. Esta necesidad por la perfección funciona como el dedo que presiona el botón para escuchar la grabación de su guión negativo, el cual, irónicamente, sabotea la capacidad de recobrar la salud y perder peso. Recuerdo ahora todos esos años, en que tuve colgada la falda de cuando era delgada en mi armario y me di cuenta que cada mañana, cuando abría la puerta, la falda me recriminaba y humillaba. Esto hacía que me concentrara en todo lo que yo no era en esa época, en lugar de lo que ya había conseguido. Me deprimía y me frustraba abrir la puerta del armario cada mañana, ¡no era una motivación! Como mencioné en el último capítulo, la insatisfacción con la apariencia personal, matrimonio o carrera, no es del todo mala; puede ser una fuente de gran motivación e inspiración para un cambio beneficioso e incluso salvador. Pero es igual de importante, cuando hablamos de cambio y de futuro, no descartar el presente.

No quiero mentirle. Se siente fantástico perder esos kilos tóxicos; vale la pena cada onza de energía, tiempo, dinero y compromiso emocional que dedique a ese objetivo. Pero no es el secreto de la felicidad. Si tiene un mal matrimonio y sobrepeso, no quiere decir que, en forma instantánea, mejorará su relación cuando sea delgada. Si no logra descifrar las raíces de sus cargas emocionales en su infancia, seguirá acarreando ese peso sin importar lo que diga la báscula. La clave para la felicidad es valorar y sacar el máximo provecho de lo que usted es ahora. No el ideal, sino el real. Estoy segura que conoce mujeres que ejemplifican lo que estoy diciendo. Ellas pueden no ser las más jóvenes, las más bellas, o las más esbeltas, pero tienen encanto, estilo y presencia especiales, que atraen a la gente. Cada etapa de la vida tiene su propia belleza. Uno de los regalos de la edad es la capacidad de aceptar quién es en realidad y lo que su cuerpo necesita para desarrollarse a medida que madura. Así sea que pierda dos o veinticinco kilos con la dieta del equilibrio esencial, su belleza interior siempre le servirá de inspiración. Pero, lograr que esa belleza sea visible hacia el mundo exterior, depende mucho de las decisiones que tome cada día.

He traído esto a colación porque, con honestidad, sí importa lo que piensen los demás. Las mujeres siempre hemos sabido esto: las impresiones cuentan. Hemos trabajado fuerte en el interior para restaurar la armonía de su fisiología, el equilibrio de sus pensamientos y emociones, y la fuerza de su espíritu, pero ahora quiero pasar a la superficie y hablar sobre el exterior: la persona que los demás ven; la envoltura del regalo que se brinda todos los días. Cuidar su imagen no es vanidad; es una parte necesaria y placentera del cuidado personal. Recuerde, todo está conectado. Cuidar de su aspecto exterior, ayuda a su ser interior y viceversa. Cuando lucimos mejor, nos sentimos más felices. Y cuando nos sentimos más felices, cambiamos nuestro estado emocional, lo que a su vez cambia nuestra fisiología. Cuidar el exterior también tiene efectos en el área de los elogios, una bonificación que la puede estimular a permanecer centrada y comprometida con los aspectos más difíciles del programa del equilibrio esencial (¡mientras no dependa demasiado de la aprobación externa!). Si todo el mundo le está diciendo lo bien que luce, se mantendrá motivada y energizada para seguir con su plan de acción y alimentación.

Como médica funcional, he sido entrenada para fomentar la salud mental y física en todo momento, hasta en presencia de enfermedades graves. Quiero llevar este concepto a un nivel más práctico en este capítulo y enseñarle cómo sacar el mejor provecho de lo que usted es, ahora mismo, independiente de si entra o no en la talla que le gustaría usar. Es el momento, en las palabras de mi colega y consultora de imagen Julie Cunningham, de hacer que su imagen trabaje para usted y no lo contrario. Es el momento de salir de los bastidores y entrar al escenario principal, aun si no ha perdido un kilo.

Lista para entrar a un primer plano

Independientemente de si ha estado en la dieta del equilibrio esencial durante una semana o un mes, puede estar sintiendo los cambios internos, y con estos cambios debe estar observando mejoría en su apariencia. Esta es la clase de bonificación mágica del programa del equilibrio esencial. A menudo, las primeras señales de que su cuerpo está respondiendo al cuidado adecuado son: una piel más limpia, uñas más fuertes y sanas y un renovado brillo y vitalidad en su cabello. Si ha notado estos cambios, es una buena señal de que diagnosticó acertadamente su desequilibrio, que está llenando los vacíos nutricionales y que pronto vendrá la pérdida de peso.

La piel es el órgano más grande de su cuerpo y el más visible. Está vinculada a todas las funciones importantes del cuerpo, incluyendo los sistemas inmunológico, respiratorio, circulatorio, linfático y neurotransmisor. Es la defensa primaria del cuerpo ante los elementos; nuestro mejor sensor y un comunicador insustituible entre las emociones y el cuerpo. Cualquier cosa que ocurra en el interior se mostrará con rapidez en el exterior: enrojecemos cuando nos avergonzamos, se nos pone la piel de gallina con el frío y palidecemos con el temor. El semblante de una mujer tiene una conexión íntima con sus sentimientos de confianza en sí misma y poder: es la "cara" que muestra al mundo. Al regresar su cuerpo a su equilibrio esencial natural, puede tener ciertas manifestaciones en la piel, como acné y dermatitis, que se resuelven solas; otras, como arrugas, decoloración y rosácea, pueden necesitar un poco más de cuidado. Con este fin, le recomiendo empezar un régimen integral de cuidado de la piel, usando productos orgánicos. Esto es crucial para cualquier mujer con desequilibrios alimenticios, inflamatorios o de desintoxicación, pero también es útil para todas las demás. Los conservadores y aditivos artificiales en los productos no orgánicos, son absorbidos a través de la piel, con la misma facilidad que los de los alimentos, y pasan a formar parte de la carga tóxica que su cuerpo debe manejar, lo que exacerba el aumento de peso tóxico y el proceso de envejecimiento.

Hagamos un chequeo rápido de la piel: párese frente a un espejo y observe su cara, cuello y manos. Ahora súbase las mangas y observe la parte

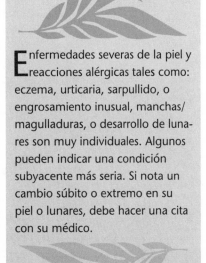

Enfermedades severas de la piel y reacciones alérgicas tales como: eczema, urticaria, sarpullido, o engrosamiento inusual, manchas/magulladuras, o desarrollo de lunares son muy individuales. Algunos pueden indicar una condición subyacente más seria. Si nota un cambio súbito o extremo en su piel o lunares, debe hacer una cita con su médico.

interior de su codo y antebrazo. Cualquier diferencia que vea entre los dos es el resultado del envejecimiento, exposición al sol o sus condiciones internas. Cuando se trata de arrugas, puede pensar que no hay mucho que hacer. No puede evitar volverse más vieja cada año. Pero hay algo que puede hacer. El envejecimiento tiene una medida cronológica, pero cuando se trata de su piel, el envejecimiento celular o biológico es mucho más relevante. El envejecimiento celular significa que el ADN dentro de una célula saludable se ha fragmentado o acortado, lo que afecta y, al final, mata las mitocondrias dentro de la célula. (Recuerde, las mitocondrias son esas poderosas centrales de energía descritas en la primera etapa). Un buen envejecimiento se basa en parte en la salud de nuestras mitocondrias ¿Qué causa la autodestrucción de las mitocondrias? Nadie sabe con seguridad, pero existen pruebas convincentes que señalan a los efectos del envejecimiento de los radicales libres y la inflamación, que son exacerbados por nuestra dieta occidental, y la mezcla de químicos a la que estamos expuestas en nuestro medio ambiente. Además, muchos de los químicos en los cosméticos y cremas pueden producir daño activo a la mitocondria cuando los aplica de manera abundante, dadas sus afirmaciones falsas de realzar la juventud. Para más información sobre alternativas naturales y cuidado saludable de la piel, por favor, vea la sección de recomendaciones y recursos.

Receta de Marcelle para el
EQUILIBRIO ESENCIAL DE LA PIEL

1. Limpie su piel en la mañana y en la noche con un limpiador suave, sin jabón. ¡Sin restregar! Restregar en realidad rompe los vasos capilares y daña el tejido celular, lo que estimula la entrada de bacterias. Use algodón o la punta de sus dedos. Enjuague, con cuidado, con agua tibia y limpia y seque con suavidad. Use tonificador y humectante natural mientras su piel está todavía húmeda.

2. Trate de no tocar la piel con sus manos, a menos que las tenga limpias; sus dedos pueden transmitir aceite y bacterias. No se pellizque la piel, eso daña el tejido y ensancha los poros en forma permanente.

3. Use un exfoliante natural, dos o tres veces a la semana para remover el exceso de células muertas en la piel.

4. Humecte y protéjala con un bloqueador solar y humectante natural. Busque un producto que contenga estos valiosos antioxidantes tópicos: CoQ10, ALA, DMAE, y suero de vitamina C. Consulte recomendaciones y recursos para sugerencias.

5. Use bloqueador solar con SPF de 30 cuando se exponga al sol por más de quince minutos.

6. Consulte con una esteticista responsable el beneficio de un facial para remover células muertas. Los faciales de glucólico o hidroxia (alfa o beta) pueden ayudar a la textura y apariencia de la superficie de la piel, mientras estimula, bajo la misma, el desarrollo de nuevas células.

7. Considere la posibilidad de cambiarse a un maquillaje a base de minerales. Debería poder reemplazar su lápiz de labios favorito, máscara para pestañas y base, con alternativas sin químicos que funcionan igualmente bien.

8. ¡Recuerde que la belleza empieza desde el interior! Siga el plan de acción y alimentación del equilibrio esencial, y beba mucha agua fresca y purificada.

9. Medidas adicionales: Si ha realizado todos los cambios positivos en dieta y estilo de vida para que resplandezca su salud (y su piel), pero todavía siente que su exterior no refleja su interior, existen otros pasos que puede realizar.

10. Investigue sobre la dermabrasión para transformar cicatrices o imperfecciones profundas.

11. Hable con una esteticista profesional sobre la tecnología láser para eliminar el vello no deseado, daño solar, telangiectásias, rosácea, manchas y otras decoloraciones.

12. Si su acné no está mejorando, consulte con su médico sobre lo que le puede funcionar mejor y ayude a su cuerpo, siguiendo el plan de acción y alimentación durante este periodo.

Desempeñar el papel

No importa qué talla es, su apariencia sufrirá si no usa la ropa adecuada. El dilema es, ¿qué es lo "adecuado"? Muchas de nosotras obtenemos la asesoría en moda de revistas y programas de televisión, sin en realidad, comprender qué ropa nos sienta mejor y armoniza con nuestra personalidad. Hace varios años empecé a trabajar con Julie Cunningham, quien era una especialista en entrenamiento de la compañía consultora de imagen llamada Color Me Beautiful. Fue así como por primera vez aprendí cómo elegir un guardarropa que fuera adecuado para mí, aun en las épocas en que tuve sobrepeso. Una vez que supe cuáles colores me sentaban bien y qué siluetas se adecuaban mejor a mi personalidad, los números en la báscula dejaron de importar. Lo juro. Podía confiar en que la forma de vestir trabajara a mi favor, inclusive en las épocas de mucho estrés, y aunque no me sintiera bien. Esto me liberó del desgaste de preocuparme por mi imagen y pude concentrarme en cambios más importantes. Desde entonces, he recomendado el trabajo de Julie, ahora en su empresa llamada Julie Cunningham Colors, a muchísimas pacientes que han experimentado transformaciones similares. Es difícil creerlo hasta que no lo experimente usted misma, por lo tanto, le recomiendo que pruebe una consulta con una especialista en color o consultora de imagen en su localidad (he incluido algunos contactos en la sección de recomendaciones y recursos). Con la ayuda de una consultora de imagen, aprenderá qué colores usar en el maquillaje y atuendo, y cuáles son los estilos que le quedan mejor. La meta es usar el atuendo en su beneficio, de la misma manera que los cortes correctos le dan el brillo a un diamante. ¡No espere más! Aunque recién empiece con la dieta del equilibrio esencial, no deje de valorar lo que es usted hoy. No esconda su brillo bajo una falsa modestia (o la ropa equivocada).

A propósito, a menos que no tenga nada que ponerse, quiero que vaya a su armario ahora mismo y saque toda la ropa que le queda "chica". Dónela a la beneficencia o a cualquier otra obra social, sin importar lo que diga la báscula.

Y al mismo tiempo aproveche y ¡haga una desintoxicación del armario! Bote toda la ropa que le haga sentir mal, lo mismo que cualquier cosa que no se haya puesto en un año. Arroje a la basura ese viejo vestido de dama de honor. Tire la camiseta que la hace sentir mal. Desaparezca el cinturón de moda que siempre la hace sentir gorda. Aligere su imagen, de la misma manera que está aligerando su dieta, sus hábitos y su vida emocional. De ahora en adelante, no sólo va a comprar ropa bien hecha, sino atuendos que le queden bien a la mujer que es usted ahora mismo, no la que una vez fue o la que algún día será. Si no le gusta el número de la talla, quítele la etiqueta. Si su sostén es muy pequeño, compre uno más grande. Permítase sentirse y lucir bien ahora y creer en la única y compleja conversación que es usted: siempre cambiando, siempre creciendo y aprendiendo a no tenerle miedo al presente tal como es.

Ahora, salga a recibir los aplausos.

Recetas

Por favor, tome nota: He escrito estas recetas teniendo en cuenta que estará cocinando para la familia y que puede usar los sobrantes. Las cantidades pueden ser reducidas a la mitad o duplicadas con facilidad, por favor, ajústelas como desee. Le recomiendo congelar los sobrantes, para tenerlos a mano esas noches en que no tiene los productos o no desea cocinar. Es correcto sustituir una receta que aparece en su menú por otra comida similar (por ejemplo, un plato principal de una cena por el plato principal de otra cena); y, de todas maneras, es preferible esto que comer algo que no esté en su plan de menú. También es útil tener sobrantes a mano como bocadillos de emergencia cuando tenga antojos. Si se siente hambrienta, y a punto de ceder a los deseos de una comilona, le irá mucho mejor si come los sobrantes de cualquiera de estas alternativas saludables, que si come papas fritas, galletas o dulces. ¿Y quién sabe? Si cocina estas recetas para toda la familia, puede ser que también ayude a sus seres queridos a estar más saludables y delgados en ese mes.

Todas las porciones son aproximadas.

Glosario de frutas y verduras:
Para facilitar su elaboración, al final de las recetas encontrará un glosario con los diferentes nombres de frutas y verduras en varios países de Latinoamérica.

MERIENDAS

SALSA DE AGUACATE Y PERA

Porción

2 cucharadas

2 aguacates frescos medianos, pelados y hechos puré

1 pera mediana, pelada y finamente picada

2 cebollas verdes, las dos partes (blanca y verde) finamente picadas

Mezcle bien todos los ingredientes. Sirva.

8 porciones

BOLAS DE QUESO CON PEREJIL

1½ taza de queso crema, suavizado

¼ taza queso cheddar, rallado

¼ taza cebolla larga o chalote, finamente picada

1 cucharada de salsa Worcestershire

½ taza de perejil

Mezcle todos los ingredientes, excepto el perejil. Haga 15 bolas y envuélvalas en perejil. Refrigere hasta por tres días, o congele y descongele cuando lo necesite.

15 porciones

GUACAMOLE

Porción

2 cucharadas

½ jalapeño finamente picado

½ tomate mediano picado

2 cebollas verdes, finamente picadas

1 aguacate maduro

1½ cucharadita de jugo fresco de limón

1 cucharada de cilantro fresco picado

Saque con una cuchara la pulpa del aguacate maduro, póngala en un tazón mediano con las cebollas, el jalapeño y el tomate. Agregue el limón y el cilantro. Sal y pimienta al gusto. Mezcle bien. Refrigere hasta un máximo de tres días.

8-10 porciones

HUMMUS LIMONADO

Porción

2 cucharadas

1 lata de 15 onzas de garbanzos

¼ taza de tahini

1 diente de ajo, finamente picado

⅓ taza jugo de limón (o al gusto)

2 cucharadas de agua

1 cucharada de aceite de oliva

Sal y pimienta al gusto

Haga un puré con todos estos ingredientes.

12 porciones

BOLAS DE MELÓN CON MENTA

1 melón
1 taza de menta fresca, finamente picada
1 cucharada de jugo de lima

Para preparar las bolas, corte el melón por la mitad, saque las semillas. Usando la cuchara especial de ½ pulgada para hacer bolas de melón, retire la pulpa de la cáscara del melón. Mézclelas con las hojas de menta. Añada jugo de lima y revuelva. Refrigere de 4-6 horas. Refrigere las porciones sobrantes.

Aproximadamente 6 porciones

TAPENADE DE ACEITUNA   Porción

2 cucharadas

½ taza de ajo asado*
½ taza de aceitunas verdes sin hueso
½ taza de aceitunas Kalamata sin hueso
3 cucharaditas de jugo fresco de limón
1 cucharada de aceite de oliva

*Para asar el ajo, coloque 3 cabezas completas de ajo sin pelar en un envase poco hondo y hornéelas a 350 grados (180 C) por 40 minutos o hasta que estén suaves. Déjelas enfriar, pélelas y macháquelas.

Haga un puré con el ajo, el jugo de limón y el aceite de oliva. Agregue las aceitunas picadas en trocitos y mezcle bien. Refrigere.

12 porciones

ROLLO TROPICAL DE PROSCIUTTO

6 rebanadas muy delgadas de prosciutto

½ mango grande cortado en 6 pedazos

Envuelva cada pedazo de mango con una tira de prosciutto.

2 porciones

SOPAS Y ENSALADAS

CALDO DE POTASIO

Porción

1½ tazas

3 cuartos de galón (2.8 litros) de agua

4 papas grandes con piel, bien lavadas, picadas o rebanadas

2 tazas de zanahorias picadas

2 tazas de apio

1 taza de cebolla picada

Agregar sobrantes adicionales de vegetales, tales como: col rizada, acelga, puerro,
remolacha, nabos, judías verdes o amarillas

Hierbas frescas como perejil, salvia, romero, tomillo y ajo

2 cucharadas de jugo de limón, o al gusto

Sal y pimienta al gusto

Opcional: 2 cucharaditas de pasta de miso o un cubo de caldo vegetal

Ponga todos los vegetales y hierbas en una olla grande y cúbralos con agua. Sazone con jugo de limón, sal y pimienta. Tape la olla y cocine a fuego lento por 45 minutos o hasta que los vegetales estén muy suaves. Retírela del fuego, pásela por un colador y ponga el líquido en un tazón o envase grande. Refrigérelo. Caliente antes de servir, agregando pasta de miso o un cubo de caldo.

ENSALADA DULCE DE ARÚGULA CON POLLO

1 taza de pollo cocido, en trocitos
1 taza de arúgula, cortada en pedazos
½ pera, pelada y cortada en pequeños pedazos
1 cucharada de aceite de oliva
Jugo de 1 limón
Sal y pimienta al gusto

Mezcle el pollo, la arúgula y la pera en un tazón. Revuelva bien, agregue aceite de oliva y jugo de limón. Revuelva de nuevo, mezclando bien.

2 porciones

ADEREZO CREMOSO PARMESANO

Porción

2 cucharadas

3 cucharadas de queso parmesano rallado
3 cucharadas de mayonesa
2 cucharadas de jugo fresco de limón
1 cucharadita de mostaza Dijon
1 cucharadita de Worcestershire
¼ cucharadita de Tabasco

Mezcle todos los ingredientes. Refrigere lo sobrante y úselo como una salsa deliciosa para vegetales rebanados.

4 porciones

SOPA DE ESPÁRRAGOS

aprox. 1½ tazas

1½ libras (700 gramos) de espárragos picados

1 lata de 14.5 onzas de caldo de pollo orgánico

1 cebolla de tamaño mediano picada

1 taza de agua

1 cucharada de mantequilla

⅓ taza de crema de leche batida

Sal y pimienta al gusto

En una sartén grande, saltee la cebolla con la mantequilla hasta que esté dorada. Añada los espárragos y revuelva con frecuencia por 5 minutos más. Agregue la taza de agua, el caldo, crema de leche batida, sal y pimienta. Deje hervir. Ponga a fuego lento y cubra. Cocine por 10 minutos hasta que los espárragos se ablanden. Hágalos puré en pequeñas porciones en la licuadora, hasta que esté suave.

4 porciones

LA MEJOR SOPA DE HUEVO CHINA

1 lata de 14.5 onzas de caldo de pollo orgánico

2 huevos

2 cebollas verdes, finamente picadas

2 rebanadas delgadas de jengibre

En una cacerola pequeña ponga a fuego lento el caldo y el jengibre. Eche los huevos batidos en el caldo, mezclando lentamente en forma continua. Agregue la cebolla verde, saque el jengibre y sirva de inmediato.

1 porción

GAZPACHO

3 tazas de tomate, muy maduro, sin semillas y picado

2 tazas de pimiento rojo picado

1½ tazas de cebolla roja picada

½ taza de apio picado

¾ taza de pepino picado

1 cucharadita de ajo picado

¼ cucharadas de vinagre de vino rojo

1¾ tazas de jugo de vegetales orgánico

Pizca de cayena

1 cucharadita de comino

Mezcle el tomate, pimiento, cebolla roja, apio y pepino en un tazón mediano. Separe esta mezcla en dos tazones. Agregue ajo y vinagre a uno de los tazones y mézclelo en la licuadora hasta que esté suave. Agregue el jugo de vegetales, la cayena y el comino a la licuadora. Licúe suavemente todos los ingredientes. Vierta este puré en el otro tazón y mezcle bien con una cuchara de madera. Déjelo en el refrigerador toda la noche. Congele los sobrantes.

8 porciones

SOPA DE CHAMPIÑONES

Porción

aprox. 1 taza

- 3 tazas de champiñones frescos picados
- 3 cucharadas de mantequilla
- ¾ taza cebolla picada
- 2 dientes de ajo, en trocitos
- 2 cucharaditas de polvo de champiñones silvestres
- 1 cucharadita de mostaza en polvo
- 4 tazas de caldo de pollo orgánico
- 2 cucharadas de vino de Madeira
- ¼ taza de crema de leche (a temperatura ambiente)

Derrita la mantequilla en una sartén de hierro forjado. Revuelva los champiñones, cebolla y ajo y cocine 15 minutos hasta que los champiñones estén suaves y la mezcla empiece a espesarse. Agregue el polvo de champiñones y el de mostaza. Mezcle bien y cocine por otros 10 minutos a fuego lento. Agregue el vino y el caldo. Deje la mezcla a fuego lento. Retire del fuego y déjela enfriar por 10 minutos. Revuelva lentamente con la crema de leche. Recalentar con cuidado, revolviendo constantemente.

6 porciones

HUEVOS

QUICHE DE ESPINACA

6 huevos revueltos

10 onzas de espinacas lavadas

6 cucharadas de crema baja en grasa

2 cucharadas de aceite de oliva

¾ tazas de queso parmesano

1½ cucharadas de jugo de limón

½ cucharadita de ajo, triturado

¼ taza de cebolla picada

½ cucharadita de nuez moscada

Mezcle todos los ingredientes, excepto la cebolla, en un tazón grande. En una cacerola grande saltee la cebolla en aceite de oliva hasta que esté suave. Vierta la mezcla de ingredientes dentro de la cacerola, reduzca a fuego lento y cubra. Cocine hasta que los huevos estén listos. Con cuidado levante los bordes cocinados con una espátula, retire la cacerola del fuego y déjela descansar tapada por cinco minutos, antes de cortar en 3 y servir.

3 porciones

TORTILLA DE HUEVOS CON ALCACHOFA SIN QUESO

5 corazones de alcachofa picados

½ cucharada de aceite de oliva

¼ cucharada de sal

5 huevos

6 claras de huevo

1 cucharada de mantequilla sin sal

1½ cucharadas de tomillo fresco, finamente picado

En una cacerola grande, caliente el aceite a fuego alto. Agregue las alcachofas y espolvoréelas con sal. Saltee las alcachofas por 10 minutos, revolviendo ocasionalmente. Mezcle los huevos con las claras en un tazón y agregue las alcachofas y el tomillo. En una cacerola grande, caliente 1 cucharada de aceite de oliva. Vierta la mezcla de huevos. Cocine por 5 minutos. Levante con cuidado los bordes y déle vuelta a la tortilla. Cocine por un minuto más. Corte en 4 triángulos.

4 porciones

HUEVOS REVUELTOS CON TOMATE Y CEBOLLA

3 tomates cherry picados

½ cebolla dulce mediana picada

2 huevos batidos

1 cucharada de albahaca fresca picada

1 cucharada de aceite de oliva

En una cacerola pequeña, saltee la cebolla hasta que esté transparente. Agregue los tomates y cocine de 3 a 4 minutos hasta que estén suaves. Añada los huevos y la albahaca. Cocine, revolviendo la mezcla con suavidad y constantemente, hasta que los huevos estén listos.

1 porción

TORTILLA DE HUEVOS PARA EL DESAYUNO DE PIMIENTO Y CEBOLLA

½ cucharadita de aceite de oliva
¼ taza pimiento rojo o verde picado
¼ taza de cebolla picada
2 huevos batidos
1 onza de queso crema cortado en pequeños pedazos

Caliente el aceite de oliva en una sartén pequeña, a fuego medio. Saltee las cebollas y pimientos hasta el punto deseado y retírelos de la sartén. Agregue la mezcla de huevos a la sartén. Cúbrala con los pedazos de queso crema y con las cebollas y pimientos cocidos. Levante los bordes de la mezcla de huevos, permitiendo que la porción no cocinada fluya a la parte caliente y se cocine. Cuando los huevos estén cocinados y el queso derretido, doble la tortilla por la mitad. Retírela de la sartén y sirva.

1 porción

HUEVOS REVUELTOS CON ESPINACA

½ taza de espinaca
2 cucharadas de agua
1 cucharada de cebolla picada
1 cucharada de pimiento rojo picado
2 huevos batidos
½ cucharadita de aceite de oliva
Sal y pimienta al gusto

En una sartén mediana, a fuego medio, ponga el agua y la espinaca. Cocine, revolviendo hasta que la espinaca se ablande. Escurra el agua sobrante de la sartén. Empuje la espinaca hacia los bordes de la misma. Agregue ½ cucharadita de aceite de oliva. Saltee las cebollas y el pimiento hasta que estén suaves, y mezcle lentamente la espinaca cocida con los vegetales. Agregue los huevos y continúe revolviendo hasta que estén cocinados.

1 porción

HUEVOS REVUELTOS CONFETI

½ cucharada de aceite oliva
¼ taza pimiento rojo en cubos
¼ taza de espinaca lavada, cortada y picada
1 cucharada de cebolla en cubos
4 huevos
Sal y pimienta al gusto

Bata los huevos en un tazón pequeño y póngalos aparte. En una cacerola pequeña, saltee la cebolla, el pimiento y la espinaca hasta el punto deseado. Vierta los huevos sobre la mezcla y revuelva hasta que estén listos. Añada sal y pimienta al gusto.

2 porciones

PASTEL DE CANGREJO Y QUESO SUIZO

1 taza de queso suizo, rallado
8 onzas de carne de cangrejo (mejor si está fresco)
¾ taza de crema de leche
4 huevos, bien batidos
½ cucharadita de sal
¼ cucharadita de nuez moscada
1 cucharada de aceite de oliva

Precaliente el horno a 325 grados (160 C). Unte un molde hondo con una capa fina de aceite de oliva. Ponga una capa de queso en el fondo del recipiente. Seguida de una capa de cangrejo. Mezcle los ingredientes restantes y viértalos encima. Hornee de 40 a 50 minutos hasta que al insertar un cuchillo en el centro, salga limpio. Retire del fuego, corte en cuatro pedazos y sirva.

4 porciones

HUEVOS REVUELTOS CREMOSOS

10 huevos grandes

¾ taza de cebolla larga picada

4 onzas de queso crema

2 cucharadas de mantequilla

1½ cucharadas de chalotes picados

Pizca de sal

Pizca de pimienta

En una sartén mediana, derrita la mantequilla hasta que se forme una ligera espuma. Agregue la cebolla larga y el chalote y saltee hasta que estén tiernos, aproximadamente 2 minutos. En un tazón aparte, mezcle los ingredientes restantes. Vierta la mezcla de huevos en la cacerola; cocine, revolviendo continuamente, hasta que los huevos estén listos. Divida en tercios iguales y sirva.

6 porciones

TORTILLA DE HUEVOS CREMOSA CON SALMÓN

2 cucharadas de mantequilla

4 huevos batidos

½ taza queso crema

⅛ taza de cebolla dulce picada

½ taza salmón ahumado picado

Caliente la mantequilla en una sartén grande. Saltee la cebolla hasta que esté suave. Retire la cebolla de la cacerola y déjela aparte. Vierta los huevos batidos en la cacerola. A medida que los huevos se van cocinando, levante con cuidado los bordes con una espátula para permitir que la parte no cocinada se mueva al fondo de la cacerola. Cocine por 3 minutos. Una vez que la mezcla de huevos esté lista, añada el salmón, el queso crema y la cebolla cocida. Doble la tortilla por la mitad. Retire la cacerola del fuego y déjela enfriar por 3 minutos antes de cortarla en 2 y servir.

2 porciones

DELICIOSO QUICHE DE MARISCOS

1 cucharada y una cucharadita de mantequilla

10 huevos batidos

1 taza de crema de leche baja en grasa

8 onzas de queso de su elección, rallado

¼ cucharadita de pimienta negra

6 onzas de carne de cangrejo fresca o enlatada

6 onzas de camarones frescos picados

6 rebanadas delgadas de cebolla larga

¼ cucharadita de Tabasco

¼ cucharadita de sal

Engrase un recipiente de vidrio de 8 pulgadas (20 cms.) con ½ cucharadita de mantequilla. Mezcle todos los ingredientes y viértalos en el recipiente. Hornee a 350 grados (180 C) de 35 a 45 minutos, o hasta que el centro esté listo. Déjelo reposar por 5 minutos y corte en seis pedazos iguales. Los sobrantes pueden refrigerarse o congelarse.

6 porciones

HUEVOS FLORENTINA

4 huevos

2 tazas de espinaca fresca picada

¼ taza crema de leche

⅓ taza queso parmesano rallado

1 diente de ajo, rebanado

En una cacerola pequeña, coloque la crema, el queso parmesano y el ajo de 3 a 4 minutos hasta que estén calientes. Agregue la espinaca revolviendo bien. Vierta la mezcla en una cacerola grande. Haga cuatro pozos iguales en la mezcla. Vierta un huevo en cada pozo. Cocine a fuego medio hasta que los huevos estén al punto deseado. Divida por la mitad y sirva.

2 porciones

HUEVOS REVUELTOS CON CHAMPIÑONES

1 cucharada de aceite de oliva
1 cucharada de cebolla finamente picada
1 pimiento rojo en pedacitos
½ taza de champiñones rebanados
6 huevos

Caliente el aceite de oliva en una cacerola grande a fuego lento. Saltee las cebollas, los champiñones y los pimientos hasta que alcancen el punto deseado. En un tazón separado, bata los huevos hasta que estén espumosos. Agregue la mezcla de huevos a la cacerola y revuelva hasta que estén listos. Divida en dos y sirva.

2 porciones

ENSALADA DE HUEVO FUERA DE LO COMÚN

4 huevos cocidos picados
2 onza de tofu escurrido y picado
¼ taza de apio picado
¼ taza cebolla picada
4 cucharadas de mayonesa
1 cucharada de eneldo fresco picado
1 cucharadita de Worcestershire
Sal y pimienta al gusto
½ taza de guisantes

En un tazón grande, combine todos los ingredientes y mezcle bien. Cubra y enfríe.

2 porciones

FRITTATA DE RICOTTA Y PUERRO

2 huevos, bien batidos
1 cucharada de queso ricotta entero
1 cucharada de mantequilla
½ puerro, sólo la parte blanca, picado
Sal y pimienta al gusto

En una sartén pequeña, saltee el puerro picado en ½ cucharada de mantequilla por 2 minutos hasta que se ablande. Retire la sartén del fuego y deje enfriar la mezcla. Mezcle los otros ingredientes. Derrita el resto de la mantequilla en la sartén. Eche los huevos y cocine a fuego lento hasta que estén listos. Envuelva la agarradera de la sartén en un mitón para el horno y préndalo en "dorar". Coloque la sartén bajo la temperatura para dorar y caliente por 2 minutos hasta que la frittata tome color dorado. Retire del fuego y sirva.

1 porción

HUEVOS PICANTES FIESTA

4 huevos
1 pimiento amarillo picado
1 chile jalapeño sin semillas y picado
2 tomates maduros medianos, sin semillas y picados
2 cucharadas de aceite de oliva
1 cucharadita de chili en polvo o al gusto
½ cucharadita de comino molido
¼ cucharadita de sal

En una sartén grande, caliente el aceite a fuego medio. Agregue los pimientos. Cocine por 2 minutos. Añada los tomates, el polvo de chili, comino y sal. Cubra y deje a fuego lento por aproximadamente 7 minutos. Mezcle rápidamente los huevos en un tazón aparte; añádalos poco a poco en la sartén. Cubra y cocine a fuego lento hasta que los huevos estén listos. Divida en dos y sirva.

2 porciones

FRITTATA DE TOMATE Y ESPÁRRAGOS

½ libra (aprox. 200 grms.) de espárragos frescos (los delgados son mejores) cortados en
   pedazos de 5 centímetros

2 tomates frescos, en rodajas

⅔ taza de queso suizo

4 huevos batidos

¼ cucharadita de sal

Rocíe una sartén grande con un antiadherente. Mezcle todos los ingredientes. Cubra y cocine
a fuego lento por 25 minutos o hasta que la mezcla esté lista. Divida por la mitad y sirva.

2 porciones

VEGETALES Y GUARNICIONES

PIMIENTOS ROJOS RELLENOS

¾ libra de queso ricotta entero

2 pimientos rojos grandes

⅓ taza de aceitunas Kalamata, sin hueso y picadas

⅓ taza de nueces picadas

⅓ taza de queso parmesano rallado

¼ taza de perejil fresco picado

2 cucharaditas de ralladura de cáscara de limón

Precaliente el horno a 350 grados. Corte los pimientos por la mitad y retire las semillas. Hiérvalos hasta que estén crujientes y tiernos, aproximadamente 10 minutos. Combine todos los ingredientes excepto el queso parmesano. Mezcle bien. Rellene las mitades de los pimientos. Espolvoree con queso parmesano. Colóquelos en una bandeja para hornear. Ponga ½ centímetro de agua en la bandeja. Hornee de 20 a 25 minutos o hasta que estén calientes. Póngalos bajo el "asador" por 2 minutos más, hasta que dore el queso, si lo desea.

4 porciones

ESPÁRRAGOS CON ENERGÍA

½ taza de espárragos frescos, retirándoles las puntas duras

½ taza de cebolla blanca picada

¼ taza de apio finamente picado

½ cucharada de vinagre balsámico

Pizca de cayena

Sal y pimienta al gusto

Cocine al vapor los espárragos, hasta que casi estén cocidos, póngalos en una sartén. Añada los otros ingredientes y mezcle bien. Cubra y cocine a fuego medio hasta que los espárragos estén a su gusto. Divida en dos y sirva.

2 porciones

COL DE BRUSELAS CON CHAMPIÑONES

Porción

aprox. ¾ taza

4 tazas de coles de Bruselas, recortadas y partidas por la mitad

½ libra de champiñones enteros

5 cucharadas de mantequilla

½ taza de perejil fresco, picado

Sal y pimienta al gusto

Jugo fresco de limón

Cocine las coles en una cacerola con agua ligeramente salada por 15 minutos, o hasta que pueda pincharlas con un tenedor. Escúrralas. Derrita la mantequilla en una sartén grande a fuego medio alto. Cocine los champiñones hasta que estén un poco dorados y póngalos a un lado. Agregue las coles con cuidado a los champiñones, espolvoree perejil y jugo de limón, revolviendo constantemente. Añada jugo de limón a su gusto. Sirva de inmediato.

6 porciones

COLIFLOR CON QUESO HORNEADA

2 tazas de coliflor picada

4 rebanadas desmenuzadas de tocino cocido

2 huevos batidos

½ cebolla mediana finamente picada

2 cucharadas de aceite de oliva

1 taza de queso parmesano rallado

2 dientes de ajo picados

Precaliente el horno a 350 grados (180 C). Caliente el aceite en una sartén grande y dore la cebolla y el ajo. Retire de la sartén y mezcle con los otros ingredientes en un recipiente grande. Rocíe un recipiente para hornear de 23 x 33 cms, con aceite para que no se pegue. Vierta la mezcla. Hornee de 50 a 60 minutos o hasta que dore. Corte en seis cuadros iguales. Refrigere los sobrantes hasta por tres días.

6 porciones

JUDÍAS VERDES CRUJIENTES

Porción

aprox. ½ taza

1½ tazas de judías verdes frescas

2 cucharadas de nueces lisas picadas

1 cucharadita de aceite de oliva

¼ cucharadita de sal

⅛ cucharadita de pimienta

Cocine las judías verdes al vapor hasta que estén crujientes a su gusto. En una sartén saltee las nueces en aceite hasta que estén doradas, 2 a 3 minutos. Escurra las judías verdes y viértalas en la sartén. Mezcle bien. Añada sal y pimienta al gusto. Divida en dos y sirva.

2 porciones

ARVEJAS CHINAS CROCANTES

1½ tazas de arvejas chinas sin el filamento

1½ cucharaditas de salsa de soya (use la marca Bragg sin gluten)

¼ cucharadita de aceite de ajonjolí

1 cucharadita de semillas de ajonjolí tostadas

Mezcle bien todos los ingredientes y cocínelos al vapor hasta que estén crocantes, a su gusto.

6 porciones

MEZCLA DE EDAMAME

½ pimiento rojo picado

1 taza de edamame sin su vaina (si tienen vaina, cocine al vapor por 3 minutos y retire la vaina)

1 taza de judías amarillas dividida en tres partes

Jugo de 1 limón dulce

2 cucharadita de orégano seco

⅛ cucharadita de sal de mar

¼ cucharadita de pimienta de cayena

Mezcle todos los ingredientes y sirva. Puede refrigerar los sobrantes hasta por 3 días

4 porciones

SALSA FESTIVA DE FRÍJOLES NEGROS

Porción

aprox. ½ taza

1 taza de fríjoles negros

1 limón dulce, cortado en pedazos pequeños

1 tomate mediano, sin semillas y en trozos

½ cebolla mediana picada

1 cucharada de vinagre balsámico

2 dientes de ajo finamente picados

1 taza de cilantro fresco picado

1 cucharada de aceite de linaza

¼ cucharadita de sal

Mezcle todos los ingredientes. Refrigere de 4 a 6 horas. Sirva sobre pescado, carne o pollo. Los sobrantes pueden ser congelados.

8 porciones

JUDÍAS VERDES CON NUECES Y AJO

1 libra de judías verdes, recortadas

2 dientes grandes de ajo, machacados

¾ taza de nueces picadas

2 cucharadas de aceite de oliva

Aminoácidos líquidos Tamari o Bragg, al gusto

Hierva las judías verdes por 3 minutos. Corte en pequeños pedazos. En una sartén mediana, caliente el aceite y añada el ajo, las judías, las nueces y unas gotas de tamari. Saltee rápidamente hasta calentarlas.

4 porciones

JUDÍAS VERDES AL ROMERO

1 libra de judías verdes
2 cucharadas de aceite de oliva
3 chalotes picados
1½ cucharaditas de romero fresco picado

Cocine al vapor las judías verdes a su gusto. Póngalas aparte y déjelas enfriar. En una sartén grande, caliente el aceite. Añada los chalotes y el romero a la sartén y saltee hasta que los chalotes estén suaves, aproximadamente 5 minutos. Agregue las judías verdes y revuelva cuidadosamente. Añada sal y pimienta al gusto. Los sobrantes pueden ser refrigerados hasta por tres días.

4 porciones

JUDÍAS VERDES SALTEADAS

2 tazas de judías verdes, recortadas
⅓ taza de agua
1 cubo de caldo de pollo
½ taza de rodajas finas de cebolla
1½ cucharadas de aceite

Coloque la cebolla y el cubo de pollo en una cacerola, añada las judías verdes, agua y aceite y ponga a fuego alto hasta que hierva. Disminuya el calor y cocine sin cubrir hasta que el líquido se reduzca a 1 cucharada, revolviendo constantemente. Retire del fuego y deje a un lado por 5 minutos antes de servir.

4 porciones

ACELGA SALTEADA

2 cucharadas de aceite de oliva

2 dientes de ajo, en rebanadas muy delgadas

1 libra de acelga roja, recortada y rebanada

1 libra de acelga verde, recortada y rebanada

Sal y pimienta al gusto

En una sartén grande, caliente el aceite. Cocine el ajo hasta que esté dorado, aproximadamente 2 minutos. Agregue las acelgas y cocine hasta que se ablanden. Añada la sal y la pimienta al gusto.

4 porciones

ENSALADA DE ESPINACA

1 taza de hojas de espinaca lavadas y secas

½ taza de fresas en rodajas

2 claras de huevo cocidas y picadas

4 onzas de pollo cocido

⅓ cucharadita de aceite de oliva

Vinagre balsámico al gusto

Revuelva la espinaca, las fresas y las claras de huevo cocidas. Mezcle el aceite de oliva con el vinagre balsámico y póngalo en la ensalada. Agregue el pollo y sirva.

1 porción

ESPINACA CON LIMÓN Y AJO

2 bolsas de 10 onzas de espinacas, lavadas y cortadas

3 dientes de ajo picaditos

1 a 1½ cucharadas de jugo de limón fresco al gusto

1 cucharada de aceite de oliva

En una sartén grande, caliente el aceite. Cocine el ajo hasta que esté ligeramente dorado. Añada la espinaca en pequeños grupitos. Cocine 2 a 3 minutos o hasta que la espinaca esté blanda. Retire del fuego. Añada jugo de limón y sal al gusto.

4 porciones

CALABAZA AMARILLA MEZCLADA

1 libra de brócoli

1 calabaza amarilla, cortada a lo largo y luego rebanada

Jugo de ½ limón

2 cucharadas de aceite de oliva

1 diente de ajo picado

½ cucharadita de orégano seco

Cocine el brócoli y la calabaza al vapor de 5 a 8 minutos o hasta que los vegetales alcancen el nivel crocante deseado. Mezcle aceite, ajo y orégano. Retire los vegetales del calor; combínelos con la mezcla de aceite y revuelva bien. Rocíe el jugo de limón sobre la mezcla de vegetales.

4 porciones

BRÓCOLI CON JENGIBRE EN EL WOK

1 libra de brócoli cortados en bocaditos; retire los tallos y las partes duras.

3 dientes de ajo machacados

1½ cucharadas de jengibre fresco rallado

1 cucharada de aminoácidos líquido Bragg o salsa de soya

Caliente el aceite de oliva en una sartén a fuego alto. Agregue ajo y brócoli, revolviendo constantemente hasta que el brócoli alcance la suavidad deseada. Añada el jengibre y la salsa de soya, revolviendo suavemente. Continúe revolviendo hasta que todos los ingredientes estén calientes, aproximadamente 1 minuto.

4 porciones

TOMATES SABROSOS

2 tomates grandes

1 cucharada de mantequilla derretida

1 cucharada de queso parmesano rallado

¾ cucharadita de sal de ajo

⅛ cucharadita de pimienta negra

Precaliente el horno a 350 grados (180 C). Corte los tomates por la mitad. Úntelos con mantequilla. Mezcle los demás ingredientes. Repártalos por partes iguales sobre los tomates. Hornee por 40 minutos.

2 porciones

CONFETI DE VEGETALES

2 pimientos rojos grandes en trozos
½ taza de cebolla picada
2 dientes de ajo picados
¼ taza de aceite de oliva
1½ libras de judías verdes frescas cortadas
1 cucharada de albahaca fresca bien picada
½ cucharadita de sal o al gusto
½ taza de queso parmesano rallado

En una sartén, saltee los pimientos, las cebollas y el ajo en aceite hasta que estén tiernos. Agregue las judías verdes, albahaca y sal y revuelva hasta mezclarlos. Tape y cocine a fuego medio-bajo de 7 a 8 minutos o hasta que las judías verdes tengan la suavidad que desee. Revuelva con el queso y sirva de inmediato.

4 porciones

PASTELES DE CALABACÍN

1 taza de calabacín rallado
1 cucharada de aceite
2 huevos ligeramente batidos
½ diente de ajo picado
1 cucharada de cebolla rallada

Mezcle todos los ingredientes en un tazón y divida en 4 porciones iguales. Caliente el aceite en una sartén a fuego medio-alto. Cocine cada porción en aceite caliente. Presionándola ligeramente con la espátula para darle la forma de un pastel y dore ambos lados.

2 porciones

CINTAS DE CALABACÍN

2 calabacines medianos

3 dientes de ajo machacados

2 cucharada de perejil fresco picado

½ cucharada de sal

1 cucharada de aceite

Jugo de ½ limón

Corte el calabacín en cintas con el pelador de vegetales. Caliente aceite en una sartén grande y cocine el ajo hasta que esté ligeramente dorado. Añada el calabacín y la sal. Revuelva constantemente hasta que el calabacín esté cocido (al rededor de 2 minutos). Retire del fuego, añada perejil y jugo de limón.

4 porciones

POLLO Y PAVO

PASTELILLOS CASEROS DE PAVO

1 libra de (aprox. 500 grms.) pavo molido

4 claras de huevo

¼ taza de cebolla verde picada

⅔ taza de perejil seco

⅜ cucharadita de mejorana seca

½ cucharada de aceite de oliva

Sal y pimienta al gusto

En un tazón, desmenuce el pavo. Mézclelo con las claras, cebollas, perejil y mejorana. Agregue sal y pimienta al gusto. Haga con la mezcla 6 pequeños pastelitos. En una cacerola grande, caliente aceite de oliva y ponga los pastelillos. Cocine de 5 a 6 minutos por cada lado o hasta que estén bien cocidos. Refrigere o congele los sobrantes.

12 porciones

PAVO ROJO Y VERDE ESTILO CHINO

1½ cucharadas de aceite de oliva
1 pechuga de pollo sin hueso, cortada en tiras y sazonada con sal y pimienta al gusto
1 pimiento rojo cortado en tiras
1 pimiento amarillo cortado en tiras
¼ cebolla dulce en cubitos
1 libra de acelga sin los tallos y picadas
2 cucharadas de vinagre de manzana

Caliente ½ cucharada de aceite en una sartén a fuego medio alto. Saltee las tiras de pavo de 3 a 5 minutos hasta que pierdan el color rosado. Retire el pavo de la sartén. Añada el resto del aceite de oliva a la sartén y saltee pimientos y cebolla hasta que estén tiernos. Revuelva con suavidad las acelgas y sacúdalas ligeramente. Reduzca a fuego lento y añada el vinagre. Revuelva hasta que los vegetales tengan la suavidad que desee. Ponga el pavo y revuelva constantemente hasta que todos los ingredientes estén igualmente calientes. Divida la mezcla en cuatro porciones iguales y sirva. Refrigere o congele los sobrantes.

4 porciones

CACEROLA DE PAVO A LA MODA

Porción

aprox. 1 taza

2 cucharadas de aceite de oliva

1 libra de pavo (aprox. 500 grms.) en rebanadas de aproximadamente ½ centímetro

2 cucharadas de mostaza Dijon

4 cucharadas de miel

¾ taza de zanahoria, finamente rebanada

1½ tazas de arvejas chinas sin la vena

Perfore con un tenedor las rebanadas de pavo varias veces. Déjelas marinar con miel y mostaza por 20 minutos. Caliente el aceite en una sartén. Saque las rebanadas de pavo del recipiente donde se están marinando. Cocínelas en aceite de 3 a 4 minutos por cada lado hasta que estén ligeramente doradas. Añada la zanahoria, cubra y deje a fuego lento por 5 minutos. Añada las arvejas chinas y cocine por otros 3 minutos o hasta que el pavo esté completamente cocido. Refrigere o congele los sobrantes.

6 porciones

ENSALADA DE PAVO ESTRAGÓN

½ taza de champiñones en rodajas

½ taza de calabacín en rodajas delgadas

½ taza de aceitunas negras rebanadas

1 pimiento rojo picado

¼ de cebolla picada

2 cucharaditas de estragón seco

⅔ taza de aceite de oliva

⅓ taza de vinagre balsámico

1 taza de pavo cocido y picado

4 tazas de vegetales verdes mezclados

En un tazón grande, mezcle con suavidad los champiñones, el calabacín, las aceitunas, la cebolla y el estragón. Añada el aceite de oliva y el vinagre a la mezcla. Cubra y refrigere 4 horas.

Mezcle el pavo, los vegetales verdes mezclados y los vegetales marinados. Sirva frío. Los sobrantes pueden ser refrigerados hasta por tres días.

4 porciones

FRITTATA DE PAVO

½ libra (aprox. 200 grms.) de pavo molido

2 cucharadas de caldo de pollo

5 huevos

3 tazas de col rizada picada

1 cucharada de aceite de oliva

⅓ taza cebolla finamente picada

1-2 dientes de ajo picados

Caliente el aceite de oliva en una sartén a fuego medio alto. Saltee la cebolla hasta que dore ligeramente. Añada ajo, el pavo desmenuzado, la col y el caldo. Mezcle bien todos los ingredientes. Cubra y continúe la cocción por aproximadamente 4 a 5 minutos o hasta que el pavo esté bien cocido. Ponga a fuego lento.

En un tazón separado, bata los huevos y sazónelos con sal y pimienta, al gusto. Vierta la mezcla en la sartén. No mezcle. Cocine por 2 minutos.

Prenda el horno en "dorar". Envuelva la agarradera de la sartén para llevarla al horno, con un mitón a prueba de calor o papel aluminio. Póngala bajo el asador a temperatura alta en la parrilla de en medio del horno. Déjelos hasta que los huevos estén cocidos pero no dorados (aproximadamente 2 minutos). Retire del fuego y divida en cuatro partes iguales.

4 porciones

PICADILLO DE PAVO

1 taza pavo cocido en cubitos

1½ cucharadas de cebolla en cubitos

½ taza pimiento rojo en cubitos

½ cucharada de eneldo fresco picado

½ cucharada de aceite de oliva

2 huevos

Mezcle el pavo, la cebolla, el pimiento y el eneldo. Caliente el aceite en una sartén. Reparta la mezcla de pavo en forma pareja en la sartén. Cocine hasta dorar bien por ambos lados. Vierta los huevos preparados a su estilo. Retire del fuego y parta en dos. Sirva.

2 porciones

POLLO AL MARAÑÓN

6 medias pechugas de pollo sin hueso y sin piel

Sal y pimienta negra recién molida

1 cucharada de aceite de oliva

½ taza de marañones rebanados

⅔ taza de vino blanco seco

¾ taza de agua

2 dientes grandes de ajo finamente picados

¼ taza de mantequilla

2 cucharadas de jugo fresco de limón o al gusto

Adobe el pollo con sal y pimienta al gusto.

En una sartén grande caliente el aceite a fuego medio alto. Dore el pollo por ambos lados. Reduzca el fuego a medio bajo, cubra y cocine de 10 a 12 minutos o hasta que esté bien cocido. Retire de la sartén.

Caliente la sartén con lo que quedó de la cocción del pollo, añada los marañones, revuelva por un minuto. Retire los marañones con una cuchara que drene el líquido y séquelas en un papel de toalla. Al líquido remanente en la sartén, añádale vino, agua y ajo; hierva hasta que reduzca a la mitad. Retire la sartén del fuego, revuelva en ella la mantequilla, eche el jugo de limón y los marañones. Coloque esa salsa de marañón sobre el pollo y sirva. Refrigere o congele los sobrantes.

6 porciones

POLLO CON MARAÑÓN Y CILANTRO

1 libra de pechugas de pollo sin piel ni huesos en cubitos

4 tazas de col china finamente picada

1½ tazas de cilantro fresco picado

¼ taza de marañones picados

4 cucharadita de salsa de soya baja en sodio, o Aminoácido líquido Bragg

2 cucharaditas de vinagre de arroz

⅛ cucharadita de pimienta roja machacada

2 cucharadas de aceite de ajonjolí tostado

En una sartén grande, caliente 1 cucharada del aceite de ajonjolí, añada el pollo y revuelva ocasionalmente de 3 a 4 minutos o hasta que el pollo esté completamente cocido.

Añada salsa de soya, vinagre de arroz, el resto del aceite y la pimienta roja a la sartén. Cocine, revolviendo constantemente, por 2 minutos o más. Retire del fuego y ponga el cilantro. Sirva el pollo sobre la col. Espolvoree con los marañones. Refrigere o congele los sobrantes.

4 porciones

POLLO Y ESPÁRRAGOS SALTEADOS

6 medias pechugas de pollo sin piel ni huesos

¼ taza de caldo de pollo

1½ libras (aprox. 700 grms.) de espárragos, cortados en pedazos, sin las partes duras de los extremos

1 diente de ajo picado

2 cucharadas de aceite de oliva

2 cucharadas de jugo de limón

Sal y pimienta

Unte las pechugas con 1 cucharada de jugo de limón, sal y pimienta al gusto. Corte en pedazos.

En una sartén grande, ponga el caldo a hervir. Añada el pollo, revolviendo con frecuencia hasta que se dore, alrededor de 4 minutos. Añada los espárragos. Cubra y cocine por 5 minutos, revolviendo ocasionalmente hasta que el pollo esté cocido y los espárragos estén con la suavidad deseada. Retire de la sartén y mezcle con el ajo y el jugo del limón. Refrigere o congele los sobrantes.

6 porciones

POLLO A LA CAZADORA

Porción

aprox. 1 taza

1 cucharada de aceite de oliva

3 dientes de ajo grandes machacados

1 lata de 28 onzas de pasta de tomate

¾ taza de champiñones frescos rebanados

1 hoja de laurel

1 cucharada de orégano seco

2 cucharadas de vino rojo

2 libras de muslos de pollo, sin piel ni huesos, cortados en tiras

1 cebolla mediana finamente rebanada

2 pimientos verdes finamente rebanados

½ taza de queso parmesano rallado

Saltee el ajo y el pollo en aceite. Cocine a fuego medio hasta que esté dorado por ambos lados. Añada la cebolla y los pimientos. Revuelva. Añada tomates, champiñones, especies y vino. Cubra y ponga a fuego lento de 45 minutos. Espolvoree con queso parmesano. Refrigere o congele los sobrantes.

8 Porciones

POLLO CREMOSO CON CILANTRO

4 medias pechugas de pollo sin piel ni huesos

1 cucharada de aceite de oliva

4 onzas de queso crema en cubos

¾ taza de crema de leche

¾ taza de cilantro fresco picado

Jugo de un limón dulce (1 onza)

Sal y pimienta

Adobe el pollo con sal y pimienta. En una sartén, dórelo en aceite de oliva, de 3 a 4 minutos por cada lado. Retire el pollo de la sartén y póngalo a un lado. Añada a la sartén los cubos de queso crema, la crema de leche, el jugo de lima y la ½ taza de cilantro. Revuelva todos los ingredientes a fuego medio hasta que la mezcla esté derretida y suave. Regrese el pollo a la sartén. Cubra y cocine a fuego bajo de 10 a 15 minutos adicionales o hasta que esté completamente cocido el pollo. Espolvoree el ¼ de taza adicional de cilantro fresco. Retire del fuego y sirva. Los sobrantes se pueden refrigerar hasta por tres días.

4 porciones

ENSALADA DE POLLO AL CURRY

Porción

1 taza

1 libra (aprox. 500 grms.) de pechugas de pollo cocidas sin piel ni huesos en cubitos

¾ taza de crema agria

½ taza de manzana picada

¼ taza de apio picado

½ cucharadita de curry en polvo

Sal y pimienta al gusto

Combine todos los ingredientes en un tazón grande. Mezcle bien. Enfríe antes de servir. Los sobrantes pueden ser refrigerados hasta por tres días.

6 porciones

POLLO FÁCIL A LA FLORENTINA

3 medias pechugas de pollo sin piel ni huesos

2 cucharadas de aceite de oliva

10 onzas de espinaca fresca

2 dientes grandes de ajo picados

⅓ taza de crema de leche

¼ taza de queso parmesano rallado

Caliente 1 cucharada de aceite de oliva en una sartén grande. Añada el pollo y cocine hasta que esté ligeramente dorado. Cubra y cocine de 9 a 12 minutos o hasta que esté bien cocido. Retírelo de la sartén y póngalo a un lado. Añada el resto del aceite, las espinacas y el ajo. Cocine hasta que las espinacas estén blandas (aproximadamente 3 minutos). Ponga la crema y el queso revolviendo suavemente. Ponga a fuego lento y añada el pollo hasta que esté bien cocido. Refrigere o congele los sobrantes.

3 porciones

PECHUGAS DE POLLO CON RELLENO GRIEGO

4 medias pechugas sin piel ni huesos

⅓ taza de queso feta desmoronado

1½ cucharadas de tomates deshidratados picados

2 cucharadas de queso crema ablandado

1 cucharadita de albahaca seca

½ cucharada de aceite de oliva

Coloque los tomates en un tazón chico. Cúbralos con agua caliente. Déjelos por 15 minutos. Retire del agua y colóquelos sobre papel de cocina para secarlos. Haga un bolsillo en el lado con más carne de cada pechuga, teniendo cuidado de no atravesarla. Mezcle los tomates, el queso feta, el queso crema y la albahaca. Divida la mezcla en 4 porciones. Ponga una porción de la mezcla dentro de cada uno de los bolsillos de las pechugas. En una sartén grande, caliente el aceite a fuego medio. Añada las pechugas y cocine de 7 a 9 minutos, o hasta que estén bien calientes. Refrigere o congele los sobrantes.

4 porciones

POLLO AL LIMÓN

3 cucharadas de aceite de oliva

4 medias pechugas de pollo sin piel ni huesos

⅓ taza de vino blanco

1 cucharada de jugo de limón recién exprimido

½ cucharadita de eneldo seco

Pizca de sal

Caliente el aceite en una sartén grande. Cocine el pollo por ambos lados hasta que esté ligeramente dorado. En un tazón mediano, mezcle el vino, el jugo de limón, eneldo y sal. Vierta la mezcla sobre el pollo. Cubra y deje a fuego lento hasta que el pollo esté completamente cocido (aproximadamente 10 a 12 minutos). Retire el pollo de la sartén y póngalo en un plato. Vierta la mezcla del vino a la sartén y caliente hasta hervir. Déjelo hervir hasta que el líquido se reduzca a la mitad. Vierta esa salsa sobre el pollo y sirva. Refrigere o congele los sobrantes.

4 porciones

ENSALADA DE POLLO DIFERENTE A LA DE MAMÁ
Porción

aprox. ¾ taza

1½ tazas de pechugas de pollo cocidas y picadas

½ taza de manzana en cubitos

¼ taza de nueces picadas

1 taza de apio en cubitos

1 taza de cebolla larga picada

1½ cucharadas de vinagre balsámico

2 cucharadas de aceite de oliva

Coloque los primeros cinco ingredientes en un tazón grande. Usando un batidor, mezcle el vino y el vinagre. Vierta esa mezcla sobre el pollo y revuelva bien. Enfríe. Mezcle de nuevo antes de servir. Los sobrantes pueden ser refrigerados hasta por tres días.

4 porciones

POLLO A LA NARANJA EN EL WOK

4 medias pechugas de pollo, sin piel ni huesos, cortadas en bocaditos

1½ libra (aprox. 700 grms.) de espárragos sin las partes duras cortados en trocitos de
  1 centímetro

2 naranjas sin semilla

1 diente de ajo picado

4 cucharadas de agua

1 cucharada de aceite de oliva

De una de las naranjas, ralle 1 cucharadita de la cáscara y exprima ⅓ taza de jugo fresco. Pele la otra naranja, separe los gajos y córtela en pedazos chicos.

En una sartén grande, caliente el aceite de oliva a fuego medio alto. Ponga el pollo. Revuelva constantemente hasta que esté cocido. Retírelo de la sartén con un escurridor y ponga a un lado. Añada los espárragos, la ralladura de la naranja y el ajo a los jugos que quedaron en la sartén. Cubra revolviendo ocasionalmente hasta que los espárragos estén suaves. Añada el pollo, los pedazos de naranja y el jugo de naranja a la sartén. Revuelva hasta incorporar todos los ingredientes y sirva. Refrigere o congele los sobrantes.

4 porciones

POLLO RÁPIDO Y FÁCIL

2 cucharadas de aceite de oliva

4 medias pechugas de pollo sin piel ni huesos

1 lata de 14.5 onzas de tomates estofados estilo italiano

⅔ taza de aceitunas negras rebanadas

1½ cucharaditas de ralladura de limón

Caliente el aceite en una sartén grande. Cocine el pollo por varios minutos por los dos lados hasta que esté ligeramente dorado. Añada los demás ingredientes y deje hervir. Cubra y reduzca a fuego lento, cocine de 18 a 20 minutos o hasta que el pollo esté completamente cocido. Refrigere o congele los sobrantes.

4 porciones

POLLO LYONNAISE

4 medias pechugas de pollo sin piel ni huesos

2 cucharadas de aceite de oliva

2 dientes de ajo picados

3 cucharadas de vino blanco seco

3 cucharadas de salsa de soya o líquido aminoácido Braggs

2 cucharadas de mostaza Dijon

Caliente el aceite en una sartén grande a fuego medio. Saltee el ajo hasta que esté ligeramente dorado. Añada el pollo, dorándolo por ambos lados. Mientras se cocina el pollo, mezcle bien vino, soya y mostaza en un tazón.

Vierta esa mezcla sobre el pollo y tape la sartén. Continúe la cocción de 12 a 15 minutos o hasta que el pollo esté cocido. Refrigere o congele los sobrantes.

4 porciones

POLLO AL JEREZ

4 medias pechugas de pollo sin piel con huesos

10 aceitunas verdes sin hueso y picadas

2 cucharadas de cebolla finamente picada

1 diente de ajo picado

½ cucharadita de ralladura de la cáscara del limón

1 cucharada de aceite de oliva

1 taza de caldo de pollo

3 cucharadas de jerez seco

¼ cucharadita de sal

¼ cucharadita de pimienta

Combine las aceitunas, cebolla, ajo, cáscara del limón, aceite de oliva, sal y pimienta en un tazón. Mezcle bien.

Caliente el horno a 375 grados (190 C). Coloque las pechugas en un molde, con la parte carnosa hacia arriba. Rocíelas con la mezcla de aceite y aceitunas. Hornee de 30 a 40 minutos hasta que el pollo no esté rosado y sus jugos estén claros.

Retire el pollo del molde. Ponga los jugos en una cazuela. Añada el caldo y el jerez, deje hervir a fuego medio. Vierta sobre las pechugas de pollo y sirva. Refrigere o congele los sobrantes.

4 porciones

POLLO PICANTE Y CRUJIENTE

1½ tazas de pechugas cocidas picadas

1 taza de agua hirviendo

¾ taza de manzana picada sin pelar

½ taza de cebolla picada

1 cucharadita de caldo de pollo granulado

2 cucharadas de curry en polvo

1 taza de almendras rebanadas y picadas

¾ cucharada de aceite de oliva

½ taza de yogur sin sabor, entero o al 2%

En una sartén, caliente el aceite de oliva, añada las almendras y cocine, revolviendo constantemente hasta que las almendras estén ligeramente doradas. Espolvoree 1 cucharada de curry en polvo, cubriéndolas completamente. Retire las almendras y séquelas en papel de toalla. En la misma sartén, saltee la manzana y la cebolla hasta que estén suaves. Añada 1 cucharada de curry en polvo y continúe cocinando a fuego medio por 3 minutos. Disuelva el caldo en agua caliente. Añada el caldo, el jugo de limón y el yogur a la sartén. Revuelva constantemente a fuego lento hasta que la mezcla espese ligeramente (aproximadamente 5 minutos). Añada el pollo y cocine hasta que todo esté caliente. Los sobrantes se pueden refrigerar o congelar.

4 porciones

POLLO A LA PARRILLA VERANIEGO

4 muslos de pollo sin piel ni huesos, aproximadamente 1 libra (medio kilo)

4 calabacines amarillos, partidos en cuatro

⅓ taza de cebolleta fresca, picada

1 limón

1½ cucharadas de aceite de oliva

Sal y pimienta al gusto

Ralle 1 cucharada de cáscara de limón y exprima su jugo. Mezcle aceite, jugo de limón y la ralladura. Perfore el muslo del pollo varias veces con un tenedor. Cúbralo con las 2 cucharadas de esa mezcla y déjelo marinando en el refrigerador por 1 hora. Saque el pollo de la salsa y póngalo a asar con los calabacines. Cocine hasta que el pollo esté cocido y los calabacines tengan la textura deseada. Retírelos de la parrilla o el horno. Corte cada calabacín por la mitad y el pollo en tiras. Mézclelos con lo que quedó de la salsa para marinar. Espolvoree con cebolleta. Refrigere o congele los sobrantes.

4 porciones

ESTOFADO SUNTUOSO DE POLLO

Porción

aprox. 1½ tazas

1½ cucharadas de aceite de oliva

4 medias pechugas sin piel ni huesos en cubitos

1 cebolla mediana finamente rebanada

4 dientes de ajo finamente rebanados

1 lata de 28 onzas de pasta de tomate

2 lechugas escarolas medianas picadas

2 tazas de arroz integral cocido

En una sartén grande o en una sartén de hierro forjado, dore las porciones de pollo, sazone con sal y pimienta al gusto y ponga a un lado.

Saltee cebolla, ajo y orégano hasta que la cebolla esté un poco dorada. Añada el tomate. Deje a fuego lento por 10 minutos. Añada el pollo y cocine por otros 5 minutos o hasta que el pollo esté cocido completamente. Añada la escarola, revolviendo hasta que esté blanda (aproximadamente 5 minutos). Sirva sobre arroz integral. Refrigere o congele los sobrantes.

6 porciones

POLLO MARSALA DULCE

1 cucharada de aceite de oliva

1 libra de pechugas de pollo sin piel ni huesos

2 peras Anjou peladas y cortadas en bocaditos

$2/3$ taza de vino Marsala

1 taza de caldo de pollo orgánico

1 cucharada de fécula de maíz

2 cucharaditas de hojas de salvia finamente picadas

Sal y pimienta al gusto

Espolvoree el pollo con sal y pimienta. En una sartén grande, caliente el aceite a fuego medio alto. Cocine el pollo hasta que no esté rosado por dentro (aproximadamente de 10 a 12 minutos, dependiendo de su grosor).

Retire el pollo de la sartén. Añada las peras y cocínelas a fuego medio hasta que doren por ambos lados.

Mezcle el caldo, la fécula de maíz, el vino y la salvia. Poco a poco añada el vino a la mezcla en la sartén. Caliente hasta que hierva, déjelo por 1 minuto, y reduzca el fuego. Añada el pollo a la sartén. Caliente todos los ingredientes. Refrigere o congele los sobrantes.

4 porciones

ENSALADA DULCE DE POLLO

Porción

aprox. ¾ taza

2½ tazas de pechugas de pollo, cocinadas y cortadas en pedazos chicos

¾ taza de apio, picado

1 taza de uvas rojas sin semillas, picadas

¾ taza de mayonesa

1 cucharada de jugo de limón

½ taza de almendras en rebanadas finas

Mezcle todos los ingredientes en un tazón grande. Enfríe y sirva. Los sobrantes pueden ser refrigerados hasta por 3 días.

6 porciones

POLLO AL ESTRAGÓN

4 medias pechugas de pollo sin piel y con huesos

2 cucharadas de aceite de oliva

Sal y pimienta al gusto

3 cucharadas de hojas de estragón secas trituradas

⅔ taza de vino blanco seco

Caliente el aceite en una sartén a fuego medio alto. Añada el pollo, sazónelo con sal y pimienta y déjelo dorar uniformemente por ambos lados.

Añada el ajo y el vino, luego espolvoree el estragón. Cúbralo y déjelo a fuego lento por 5 minutos o hasta que el pollo esté plenamente cocido. Refrigere o congele los sobrantes.

4 porciones

PESCADOS Y MARISCOS

JAMBALAYA CAJUN DE COLORES

Porción

aprox. 1½ taza

1 cucharada de aceite de oliva

1 libra de camarones, limpios y sin vena

3 salchichas italianas picadas

1 lata de 19 onzas de tomates enteros, picados y con jugo

1 pimiento rojo sin semillas y picado

½ taza de arroz grano largo sin cocer

1 diente de ajo picado

1 cucharadita de chile en polvo (o al gusto)

½ cucharadita de mostaza en polvo

¼ cucharadita de salsa picante (o al gusto)

2¼ tazas de agua

En una sartén de hierro forjado, cocine las salchichas a fuego medio alto por 3 minutos o hasta que no estén rosadas. Drene la grasa. Añada los tomates y el jugo. Añada 2 ¼ tazas de agua, el arroz, chile en polvo, la mostaza en polvo y salsa picante. Cubra la mezcla y espere a que hierva. Disminuya el calor y deje cocinando por 15 minutos. Agregue el pimiento y los camarones. Cocine tapado a fuego lento por otros 5 minutos. Sirva. Refrigere o congele los sobrantes.

6 porciones

VIERAS MEDITERRÁNEO

1½ libras de vieras

1 libra de tomates picados

¾ taza de aceitunas Kalamata sin hueso y picadas

1 cucharada de vinagre de vino tinto

2 cucharadas de aceite de oliva

1 cebolla pequeña picada

2 dientes de ajo picados (o más al gusto)

¼ taza de agua

Caliente el aceite de oliva en una sartén grande. Añada la cebolla y cocine hasta que esté transparente. Añada el ajo, cocine de 1 a 2 minutos hasta que el ajo esté ligeramente dorado. Añada el tomate picado, el vinagre y el agua. Cocine a fuego medio alto, revolviendo ocasionalmente hasta que la mezcla espese. Eche las aceitunas y saque la mezcla de la sartén. Sazone las aceitunas con sal y pimienta por ambos lados. Añada 1 cucharada de aceite de oliva a la sartén y cocine las vieras hasta que estén opacas. Vierta la mezcla de aceituna y tomate por encima de todo y sirva.

6 porciones

CAMARONES SCAMPI CROCANTES

1 libra de camarones grandes

⅔ taza aceite de oliva

2 dientes de ajo picaditos

2 dientes de ajo majados

2 chiles picantes secos (sin cortar)

1 cucharada de ralladura de cáscara de naranja

1 cucharada y 1 cucharadita de jerez seco

Sal y pimienta al gusto

En una sartén grande, caliente el aceite de oliva a fuego medio. Añada el ajo y saltee hasta que esté ligeramente dorado. Añada los camarones, el ajo majado, la ralladura de naranja y el chile. Cocine sin revolver hasta que los camarones se pongan rosados. Revuélvalos, añada el jerez, la sal y la pimienta. Sirva de inmediato.

4 porciones

SALMÓN HORNEADO CON MANTEQUILLA DE AVELLANA

1 libra (aprox. 500 grms.) de salmón cortado en 4 filetes

3 cucharadas de avellanas tostadas finamente picadas*

4 cucharadas de mantequilla

1½ cucharadas de jugo de limón recién exprimido

Sal y pimienta al gusto

*Para tostar las avellanas: ponga una capa en un molde poco profundo. Colóquelas en el horno precalentado a 350 grados (180 C) y hornéelas de 9 a11 minutos, sacudiendo suavemente el molde durante la cocción.

Mezcle las avellanas y la mantequilla en un tazón pequeño.

Sazone el salmón al gusto. Unte un molde poco hondo con aceite de oliva, coloque el salmón. Hornee a 350 grados (180 C) hasta que esté cocido. Cubra con el jugo de limón y la mantequilla de avellana.

4 porciones

PESCADO CRIOLLO

1 cucharada de aceite de oliva

1 cebolla mediana picada

½ taza de apio picado

¼ taza de pimiento rojo sin semillas y picado

2 cucharaditas de perejil seco

1-2 cucharaditas de salsa picante al gusto

1 hoja de laurel

1 lata de 28 onzas de tomates picados con su jugo

1 libra de pescado (aprox. 500 grms.) (merluza, lenguado o tilapia) cortado en pedazos pequeños

Saltee la cebolla, apio y pimiento en aceite hasta que estén suaves. Añada tomates, perejil y laurel. Deje a fuego bajo por 25 minutos. Añada el pescado y deje a fuego lento hasta que esté cocido, aproximadamente de 6 a 9 minutos. Retire la hoja de laurel antes de servir.

4 porciones

SALMÓN CON ENELDO

4 cucharadas de mantequilla suavizada

Jugo de 1 limón o más al gusto

1½ cucharadas de eneldo fresco picado

4 filetes de salmón, aproximadamente 1 libra (500 grms.)

2 cucharadas de aceite de oliva

Mezcle la mantequilla, el jugo de limón y el eneldo hasta que esté cremoso. Enfríe bien de 2 a 4 horas.

Unte generosamente ambos lados de los filetes con aceite de oliva. Ase o ponga a la parrilla los filetes a fuego alto de 5 a 6 minutos o hasta que estén al punto deseado. Cubra cada filete con mantequilla y sirva.

4 porciones

FILETE DE PESCADO ALMENDRADO

1 libra (aprox. 500 grms.) de pescado blanco en filetes (merluza, lenguado o pez espada)

¼ taza mantequilla

¼ taza de almendras rebanadas

2 cucharaditas de jugo de limón recién exprimido

Sal y pimienta al gusto

Precaliente el horno a 350 grados (180 C)

Saltee la mantequilla, almendras y jugo de limón en una sartén hasta que las almendras estén ligeramente doradas. Retire las almendras y póngalas aparte. Ponga los filetes en una cacerola de 22 x 22 centímetros. Vierta la mezcla de mantequilla sobre los filetes. Hornee de 10 a 14 minutos hasta que el pescado se parta fácilmente. Espolvoree las almendras sobre el pescado.

4 porciones

MERLUZA ESCALFADA CON AJO

1 libra (aprox. 500 grms.) de merluza

2 tazas de vino blanco seco

2 dientes de ajo machacados

2 cebollas verdes picadas

½ cucharadita de granos de pimienta negra enteros

En una sartén grande, combine el vino, ajo, cebollas y pimienta. Añada la merluza. Cuando hierva, baje el fuego y déjelo por aproximadamente 12 a 15 minutos o hasta que el pescado se parta fácilmente.

4 Porciones

SALMÓN CON JENGIBRE

1 libra (aprox. 500 grms.) de salmón cortado en 4 filetes

Jugo de 1 limón recién exprimido

3 cucharadas de jengibre rebanado

3 cucharadas de aceite de oliva

Sal y pimienta al gusto

Coloque el salmón en una canasta para cocinar al vapor. Úntelo con el jugo de ½ limón y póngale sal y pimienta. Ponga las rebanadas de jengibre sobre los filetes.

Cubra y deje al vapor por aproximadamente 7 minutos o hasta que tenga la cocción deseada. El salmón está listo cuando se parte fácilmente con un tenedor.

Mezcle el aceite de oliva y el limón restante. Ponga esa mezcla sobre los filetes.

4 porciones

PASTELILLOS DE SALMÓN

2 tazas de salmón fresco desmenuzado

1 cucharada de mayonesa

1½ cucharadas de queso parmesano rallado

1½ cucharadas de cebolla finamente picada

1 cucharada de eneldo fresco picado

1 huevo

Sal y pimienta al gusto

Saque todas las espinas del salmón. Combine el salmón, la mayonesa, el parmesano, el eneldo, la cebolla y el huevo y mezcle bien. Forme 6 pastelillos y enfríe mínimo 2 horas.

Caliente el aceite de oliva en una sartén grande a fuego medio. Cocine los pastelillos en una sola capa, de 6 a 8 minutos, volteándolos una vez cuando estén dorados. Sazónelos con sal y pimienta y sirva con triángulos de limón o crema agria.

6 porciones

SALMÓN CON MANTEQUILLA DE ENELDO

1½ libras (aprox. 700 grms.) de salmón, cortado en 6 filetes
3 cucharadas de mantequilla derretida
3 cucharadas de eneldo fresco picadito
Sal y pimienta al gusto

Mezcle la mantequilla y el eneldo en un tazón. Sazone cada filete con sal y pimienta. Úntelos con la mezcla de mantequilla.

Precaliente el horno a 500 grados (260 C). Cubra un plato de hornear con una capa fina de aceite de oliva. Coloque los filetes en el plato y hornee de 12 a 20 minutos, o hasta que el salmón esté cocido a su gusto en la parte más gruesa.

6 porciones

SALMÓN CON TOMILLO FRESCO

1 libra (aprox. 500 grms.) de salmón cortado en 4 filetes
4 cucharadas de tomillo fresco picado
Sal y pimienta al gusto
Aceite de oliva

Precaliente el horno a 200 grados (95 C). Mezcle el tomillo, ½ cucharadita de sal y ½ cucharadita de pimienta. Cubra un plato de hornear con una fina capa de aceite de oliva. Ponga el salmón con la piel hacia abajo y úntelo con aceite de oliva, y una pizca de sal y pimienta. Hornee por aproximadamente 40 minutos o hasta que el salmón se parta fácilmente.

4 porciones

PESCADO SALTEADO

3 cucharadas de mantequilla
1 libra (aprox. 500 grms.) de pescado blanco (bacalao, merluza o lenguado)
2 cucharadas de perejil fresco picado
Jugo de 1 limón

En una sartén pesada, derrita la mantequilla a fuego lento. Añada el pescado y saltee de 4 a 5 minutos por cada lado hasta que se torne opaco y se parta fácilmente con un tenedor.

Exprima el limón sobre el pescado y cúbralo con perejil. Divida en cuatro porciones iguales y sirva.

4 porciones

PESCADO AL VAPOR

2 libras de pescado blanco (aprox. 1 kilo) (bacalao, merluza o lenguado)
3 cucharadas de soya
2 cucharadas de vinagre de arroz
1 libra de col china
1 diente de ajo
¾ taza de zanahoria rallada
3 cebollas largas rebanadas

Mezcle la soya, el vinagre, el jengibre y el ajo en un tazón.

Coloque la zanahoria y la col china en una sartén. Ponga los filetes de pescado sobre estos vegetales. Vierta la mezcla de soya sobre el pescado. Cubra con las cebollas. Tape y caliente a fuego alto hasta que hierva. Reduzca el fuego a medio y cocine hasta que el pescado se parta fácilmente con un tenedor. Divida en seis porciones iguales y sirva.

6 porciones

RES Y CERDO

BISTEC MARINADO SICILIANO

4 filetes de 6 onzas (aprox. 170 grms.)

3 cucharadas de aceita de oliva

2 tomates grandes en cubos

½ taza de aceitunas verdes sin hueso y picadas

1½ cucharaditas de cebolla roja picada

1 cucharada de cáscara de limón

Mezcle todos los ingredientes y refrigere por lo menos 24 horas. Ase a la parrilla el filete a su gusto. Refrigere los sobrantes.

4 porciones

BISTEC CON FABULOSA SALSA DE QUESO AZUL

4 filetes de 6 onzas (aprox. 170 grms.) sin hueso

⅓ taza de queso azul desmoronado

⅓ taza de mantequilla sin sal

Combine el queso con la mantequilla en un tazón, y ponga a un lado. Sazone los bistec con sal y pimienta al gusto. Ase a la parrilla o en el horno hasta que tenga la suavidad deseada. Cuando estén listos para servirse, ponga varios montoncitos de mantequilla de queso azul sobre cada bistec. Refrigere o congele los sobrantes.

4 porciones

FILETE BAÑADO EN SALSA DULCE

4 filetes de 6 onzas (aprox. 170 grms.) sin hueso

1½ cucharaditas de salsa de Caribbean jerk

¼ tazas de melocotones, picados (use frescos; si no consigue frescos use enlatados pero asegúrese que estén en su propio jugo, no en jarabe)

1 cucharada de jugo de limón dulce

¼ taza de pimiento rojo finamente picado

1 taza de mango picado

1 cucharada de raíz de jengibre rallada

1 cucharadita de jalapeño finamente picado

Rocíe ambos lados del filete con el sazonador caribeño. Ase de 7 a 10 minutos o hasta que el filete esté cocido a su gusto. Mientas se está cocinando, mezcle melocotones, pimiento, mango, jugo de lima, jengibre y jalapeño en un tazón. Cubra los filetes cocinados con esta salsa. Refrigere o congele los sobrantes.

4 porciones

CERDO CARIBEÑO CURADO

4 chuletas de lomo de cerdo deshuesado

2 cucharadas de sazonador Caribbean jerk

½ piña en cubos

1 cucharada de aceite de oliva

2 limones dulces

½ cucharadita de pimienta roja

Mezcle el jugo de los limones dulces y la piña con el sazonador caribeño, y colóquelos sobre el cerdo. Ase a la parrilla o en el horno hasta que la carne esté lista. Refrigere o congele los sobrantes.

4 porciones

SABROSO ESTOFADO DE CERDO

Porción

aprox. 1½ taza

1 libra (aprox. 500 grms.) de filete de cerdo en cubos

1 cucharada de aceite de oliva

2 tazas de batata pelada y en cubos

1 taza de pimiento rojo picado

¾ tazas de repollo picado grueso

1 lata de 14.5 onzas de caldo de pollo orgánico

3 dientes de ajo, machacado

1½ cucharaditas de sazonador Cajun

Caliente el aceite en una sartén de hierro forjado. Añada el cerdo y cocine revolviendo de vez en cuando hasta que esté dorado. Añada los demás ingredientes y caliente hasta que hierva. Tape. Reduzca el calor y déjelo a fuego bajo de 12 a 15 minutos o hasta que las batatas estén suaves. Refrigere o congele los sobrantes.

6 porciones

POPURRÍ DE CHULETAS DE CERDO

4 chuletas de cerdo en cubos

2 cucharadas de aceite de oliva

3 dientes de ajo picados

3 calabacines medianos cortados en pedazos

1½ cucharadas de orégano fresco picado

2 tazas de tomates cherry cortados por la mitad

½ taza de aceitunas negras sin semilla y cortadas por la mitad

¾ tazas de caldo de pollo

Sal y pimienta al gusto

Caliente el aceite en una sartén grande. Añada los cubos de cerdo. Sazone con sal y pimienta. Cocine revolviendo de vez en cuando hasta que esté rosado (aproximadamente 4 a 6 minutos). Retire el cerdo de la sartén. Agregue 1 cucharada de aceite. Añada el calabacín y cocine hasta que esté dorado (aproximadamente 3 minutos). Añada el ajo y cocine por 1 minuto más. Añada el caldo de pollo, el cerdo y el orégano. Revuelva todos los ingredientes. Baje el fuego y deje cocer hasta que el cerdo esté completamente cocido.

Añada los tomates y las aceitunas. Revuelva suavemente hasta que todos los ingredientes estén calientes. Sirva sobre arroz. Refrigere o congele los sobrantes.

4 porciones

CORDERO

COSTILLITAS DE CORDERO A LA CANELA

2 cucharadas de aceite de oliva

4 costillitas de cordero medianas

2 cebollas medianas picadas

3 dientes de ajo machacados

1¼ cucharaditas de canela en polvo

1 lata de 28 onzas de tomates enteros en su jugo, picados

Sazone las costillitas de cordero con sal y pimienta al gusto.

Caliente 1 cucharada de aceite de oliva a fuego medio. Añada las costillitas y dórelas por ambos lados (aproximadamente 4 minutos por lado). Ponga aparte.

Agregue una cucharada adicional de aceite de oliva a la sartén. Saltee las cebollas a fuego medio hasta que estén doradas. Añada el ajo machacado, los tomates en su jugo y la canela. Reduzca el calor a medio bajo, vuelva a poner las costillitas y la salsa en la sartén. Tape y deje cocinar a fuego lento hasta que las costillitas estén cocidas a su gusto, 20 a 30 minutos. Quite la tapa y continúe la cocción hasta que la salsa espese (aproximadamente 10 a 12 minutos). Refrigere o congele los sobrantes.

4 porciones

COSTILLITAS DE CORDERO GLASEADAS

1½ libras de cordero (6-8 costillitas medianas)
⅓ taza de jugo de naranja
⅔ taza de vinagre balsámico
1½ cucharadita de miel
2 cucharada de salsa de soya
Sal y pimienta al gusto

Mezcle el jugo de naranja, el vinagre, la miel y la salsa de soya en un tazón grande. Sazone el cordero con sal y pimienta, al gusto. Coloque las costillitas en un tazón con la mezcla para marinar y refrigere por 6 horas o toda la noche.

Retire el cordero y póngalo a un lado. Vierta el resto de la mezcla para marinar en una cacerola y ponga a hervir. Reduzca el calor, hierva ligeramente hasta que esté más espeso y reduzca a ½ taza. Ase o ponga a la parrilla las costillitas de cordero. Cubra con la mezcla para marinar cocinada y sirva. Refrigere o congele los sobrantes.

6 porciones

CORDERO AL ROMERO

4 costillitas de cordero medianas
4 dientes de ajo
3 cucharadas de limón fresco
2 cucharadas de romero fresco

Combine todos los ingredientes en un tazón grande. Deje marinar las costillitas por 2 o más horas. Áselas de 8 a 12 minutos o hasta que la carne adquiera la suavidad deseada. Refrigere o congele los sobrantes.

4 porciones

Glosario de frutas
y verduras

Aguacate, palta

Arándanos, grosellas, mora azul

Arúgula, rúcula, rúgula, rúcola

Arvejas, chícharos, petit pois, guisantes

Batata, boniato, camote, papa dulce

Calabaza, ayote, zapallo, ahuyama, auyama

Calabacín, zucchini, zapallito

Chalote, escalonia, echalote, chalota

Chile, ají, pimiento, guindilla

Cebolla verde, cebollino, cebollín, cebolla larga, cebolla de cambray.

Col china, repollo chino, berza

Damasco, albaricoque, chabacano

Fresa, frutilla

Germinado de soya, lentejas verdes, brotes de soya

Habas verdes, alubias verdes, habichuelas, judías

Habichuelas, vainitas, judías verdes

Hojas de remolacha, hojas de betabel.

Hojas verdes, vegetales verdes, verduras verdes, variedad de lechugas

Judías verdes francesas, habichuelas, vainitas, ejotes

Lechuga escarola, achicoria

Lechuga romana, lechuga cos

Lenguado, halibut, pez mantequilla

Limón dulce, lima, limón real

Mantequilla de nueces, mantequilla de marañón, mantequilla de castaña, mantequilla de nuez de la India

Marañón, castaña, nueces, nuez de la India

Melón, cantalupo

Nuez de Castilla, nuez lisa

Papa, patata

Pepino, cohombro, cocombro

Pie, pastel, torta

Pimiento, pimentón, pimiento morrón, ají

Prosciutto, jamón italiano, jamón serrano

Queso blanco grumoso, cottage cheese

Queso azul, Blue Cheese

Remolacha, betarraga, betabel

Róbalo, lubina, robalo

Semillas de calabaza, pepitas de calabaza

Soya, soja

Tomate, jitomate, tomatera

Uva ursi, gayuba, uva de oso, rastrera

Zucchini, zapallito italiano, calabacín

Recomendaciones y recursos

Terapias médicas alternativas

La siguiente lista contiene una breve descripción de terapias médicas alternativas e integrales, que han sido usadas con éxito, por mis pacientes y otras personas para el bienestar general y la pérdida de peso. Sea precavida en el momento de escoger un profesional de la salud, hay personas no calificadas, o incompetentes, tanto en la medicina tradicional como en la alternativa. (Existen estudios que indican que los errores médicos están dentro de las diez principales causas de muerte en los Estados Unidos). Los falsos médicos también existen, aunque no es frecuente. Desconfíe de las ofertas exageradas. Uno de los problemas es que la certificación de estándares varía mucho de estado a estado, aunque casi todos tienen algún tipo de proceso de certificación. Estas son algunas de las recomendaciones de lo que debe buscar:

- Capacitado, certificado y con licencia, en su campo particular
- Recomendado por otros médicos o amigos
- Debe sentirse segura y cómoda con el ambiente y el médico
- Su opinión debe ser valorada y sus preguntas deben ser respondidas a plenitud
- En la primera visita se deben establecer los lineamientos de la técnica y la extensión del procedimiento
- Evidencia verificable de resultados exitosos con el tratamiento que le interesa
- Capacidad para trabajar con otros profesionales de la salud que usted consulte

Modalidades de curación

Medicina funcional

La medicina funcional es un enfoque integral del cuidado de la salud, que trata al paciente primero, antes que la enfermedad. Integra lo mejor de las modalidades occidentales y antiguas para tratar al paciente de una manera completa, haciendo énfasis en mantener la integridad de los órganos e introduciendo cambios sutiles en la fisiología esencial, a través de la nutrición y el estilo de vida. Para encontrar un médico funcional en su localidad, puede contactar a:

The Institute for Functional Medicine
4411 Pt. Fosdick Dr. NW, Suite 305
PO Box 1697
Gig Harbor, WA 98355
Teléfono: 800-228-0622
www.functionalmedicine.org

Medicina tradicional china (TCM por sus siglas en inglés)/ Medicina tradicional oriental (TOM por sus siglas en inglés)

La TCM incorpora el uso de acupuntura, dieta y hierbas medicinales con movimiento físico (qi gong y tai chi) y el masaje (conocido en Japón como shiatsu, "presión con los dedos") como el estándar para el cuidado de la salud en el Oriente desde hace más de 3000 años. Los médicos orientales perciben al cuerpo como una red de órganos complejos e interconectados por canales (meridianos) a través de los cuales fluye la energía universal (*chi* o *qi*). Los cuerpos saludables tienen una dinámica equilibrada de energía yin y yang, los opuestos que existen en la naturaleza (mujer/hombre, luna/sol, etc.). De acuerdo con los dogmas de la medicina oriental, la enfermedad surge cuando el flujo de *qi* es bloqueado y el equilibrio es alterado, tanto dentro del mismo cuerpo, como entre el cuerpo y el medio ambiente. La enfermedad se previene y la salud se preserva, mediante la restauración del equilibrio y el flujo. Para encontrar un profesional contacte a:

American Association of Oriental Medicine (AAOM)
433 Front Street
Catasauqua, PA 18032
Llamada gratis: 888-500-7999
Teléfono: 610-266-1433
Fax: 610-264-2768
E-mail: aaoml@aol.com
http://www.aaom.org/

Ayurveda

Su origen data de hace más de 5000 años en la India, la medicina ayurvédica precede a todos los demás sistemas de medicina conocidos. Esta forma antigua de curación, se enfoca en la conexión mente-cuerpo-espíritu. Los profesionales ayurvédicos creen que el *prana* (o la fuerza vital), responde a tratamientos equivalentes de una manera diferente en cada persona. Regímenes curativos y preventivos son personalizados de acuerdo con el tipo de cuerpo y espíritu específicos del individuo, o dosha (humores de la persona). La medicina ayurvédica abarca meditación, yoga, trabajo con el cuerpo, aceites aromáticos, dieta y hierbas medicinales, para promover el equilibrio en el cuerpo y limpiar las impurezas.

American Academy of Ayurvedic Medicine, Inc. (AAAM)
100 Jersey Avenue
Building B, Suite 300
New Brunswick, NJ 08901
Teléfono: 732-317-8296
Fax: 732-317-8449
E-mail: info@ayurvedicacademy.com
http://www.ayurvedicacademy.com/

Bio-odontología u Odontología Alternativa

Muchos problemas crónicos de salud pueden haber sido causados por el daño de empastes dentales de mercurio, endodoncias o caries no tratadas. En la práctica de la odontología biológica o sin mercurio, los profesionales usan técnicas de esterilización y filtración altamente controladas para remover y aislar el mercurio en sus empastes de amalgama. El tema del mercurio en los empastes es controversial, y la mayoría de los odontólogos tradicionales le dirán que no hay motivo de preocupación, pero el mercurio es muy tóxico y puede contribuir a la inflamación o a la sobrecarga del sistema inmunológico.

Para encontrar un profesional cerca de usted contacte a:

Foundation for Toxic Free Dentistry
PO Box 608010
Orlando, FL 32860-8010

Para más información, por favor, lea el boletín preparado por: Hal Huggins at Huggins Applied Healing:

Huggins Applied Healing
5082 List Drive
Colorado Springs, CO 80919
Teléfono:866-948-4638
E-mail: Info@drhuggins.com
www.mercuryfreedentists.com

Homeopatía

Establecida en Europa a principios del siglo XIX, la homeopatía es una disciplina médica basada en la antigua ley de similitudes: la misma sustancia que causa una enfermedad puede curarla cuando es administrada en pequeñas dosis infinitesimales. (Las vacunas operan bajo un principio similar). Los homeópatas (la mayoría de los cuales son naturópatas) usan remedios de fuentes naturales, diluidos en forma seriada, para tratar y prevenir las enfermedades mediante el uso de una medicina a la vez, con la menor dosis posible, para crear la respuesta requerida. El requisito de licencia para estos profesionales varía de estado a estado, y a menudo encontrará acupunturistas, naturópatas, herbolarios, doctores en medicina osteopática DO (por sus siglas en inglés) y médicos MD (por sus siglas en inglés) que son también homeópatas autorizados. Para encontrar un profesional, contacte a:

Natural Center for Homeopathy
801 North Fairfax Street, Suite 306
Alexandria, VA 22314
Teléfono: 703-548-7790
Fax: 703-548-7792
www.nationalcenterforhomeopathy.org

Naturopatía

El término naturopatía se aplica al sistema de creencias que asevera que el cuerpo es capaz, de manera innata, de recuperarse de heridas y enfermedades, porque la salud es su estado natural. La mayoría de los naturópatas ponen en práctica elementos pertenecientes a varios métodos alternativos de curación, incluyendo homeopatía, hierbas medicinales, acupuntura, terapia nutricional y trabajo corporal. La naturopatía tiene sus raíces en prácticas medicinales antiguas, pero se formó como una disciplina separada en Alemania en el siglo XIX. Fundada en los preceptos de regímenes médicos de hidroterapia, ejercicio, aire fresco, luz solar y hierbas medicinales, este sistema ha evolucionado para incluir un amplio espectro de profesionales integrales. Para encontrar un profesional en su área contacte a:

American Association of Naturopathic Physicians
4435 Wisconsin Avenue NW, Suite 403
Washington, DC 20016
Llamada gratis: 866-538-2267
Teléfono: 202-237-8150
Fax: 202-237-8152
E-mail: member.services@naturopathic.org
http://www.naturopathic.org/

Técnicas corporales

La siguiente es una lista de las técnicas corporales más populares, utilizadas por varios profesionales de la salud. Pueden ser usadas independientes o en combinación con otras. Repito, esta lista no es muy amplia pero puede servir como una buena introducción.

Acupuntura. Uno de los principales elementos de la medicina tradicional china, la acupuntura es hoy en día ampliamente aceptada por la medicina occidental para el tratamiento de dolores, náuseas y otras molestias. (Las compañías de seguros reembolsan el costo de tratamientos de acupuntura para sanar una docena de diagnósticos, una señal de aceptación clara en nuestra cultura). Varios estudios demuestran su efectividad para muchos otros problemas, tales como: cólicos, dismenorrea y síntomas de la menopausia.

Aromaterapia. La aromaterapia y las esencias florales son dos enfoques separados y muy diferentes de sanación, utilizan plantas que ocasionan cambios y, en consecuencia, sanan nuestros cuerpos. La aromaterapia utiliza materiales líquidos volátiles de las plantas, incluyendo aceites esenciales y otros compuestos aromáticos de las mismas, para relajar nuestros cuerpos o estimular sus funciones, en especial, nuestros sentidos. Los aceites esenciales son muy aromáticos, pero esto es un efecto secundario beneficioso, su acción curativa es bastante fisiológica. Por ejemplo: pueden estimular el sistema límbico y los centros emocionales del cerebro, activar los receptores térmicos de la piel, actuar como antibióticos naturales y fungicidas, y es posible que incrementen la respuesta inmunológica en otras formas que todavía no se entienden en su totalidad.

Esencias de flores de Bach. En 1930 Edward Bach, un bacteriólogo y homeópata británico, desarrolló una línea de esencias de plantas que según él podrían curar estados emocionales negativos, junto con un sistema de correspondencia con esencias específicas para problemas específicos. Quizás la más famosa entre todas es una fórmula llamada el "Remedio de emergencia". Las esencias florales no contienen ninguna de las estructuras moleculares existentes en la planta original, sino, en su lugar, contienen el verdadero "espíritu" de las cualidades curativas de la planta.

Terapia de quelación. La terapia de quelación es un proceso administrado por vía intravenosa, usado por la comunidad médica alternativa durante muchos años, para tratar pacientes con niveles graves de plomo y otras toxinas en sus sistemas. En la terapia de quelación EDTA, un aminoácido creado por el hombre, conocido como ácido etilendiaminotetraacético, actúa como un "imán" viajando a lo largo del cuerpo para atrapar (quelato) metales pesados y minerales, permitiendo que sean excretados a través de la orina. Un estudio del National Institute of Health (NIH) se encuentra en desarrollo para evaluar la efectividad de la terapia de quelación EDTA para el tratamiento de la enfermedad de la arteria coronaria. Antes de esto, la terapia de quelación no había sido estudiada apropiadamente y sigue siendo controversial. El estudio de cinco años y a un costo de $30 millones de dólares, llamado TACT (experimento para evaluar la terapia de quelación, por sus siglas en inglés), fue finalizado el año pasado.

Quiropráctica. Este es un sistema de tratamiento basado en el concepto de que la buena salud se origina en un flujo ininterrumpido de impulsos nerviosos del cerebro y la médula espinal, hacia otras partes del cuerpo. Una columna o vértebra desalineada, llamada subdislocamiento por los quiroprácticos, interrumpe dicho flujo, la cual es ajustada, junto con otras articulaciones, por el profesional. En la actualidad, los 50 estados de los Estados Unidos tienen procedimientos para otorgar licencia a los profesionales quiroprácticos. Muchos de ellos utilizan otros remedios naturales, como complemento para la curación y prevención.

Remedios herbarios. La antigua práctica de usar plantas medicinales es común a todas las escuelas de medicina descritas con anterioridad. Por supuesto, es también la base de muchas de las medicinas recetadas en el estándar occidental, una vez que el ingrediente activo ha sido aislado y sintetizado en un ambiente de laboratorio. Las terapias con remedios de hierbas son la especialidad de los herbolarios, pero también son componente de muchas otras prácticas y pueden adoptar la forma de té, tintura, aceite, crema y píldoras. Muchas hierbas pueden ser venenosas o interactuar de manera peligrosa con las medicinas recetadas, por lo tanto, es mejor usarlas sólo bajo la supervisión de un profesional calificado.

Hidroterapia. La hidroterapia comprende un número de tratamientos que involucran el agua para prevenir enfermedades y promover la salud. Puede incluir baños de inmersión fríos y calientes, baños de asiento, de lodo, de vapor, saunas, duchas vigorizantes, masajes de sal, paños calientes y fríos, baños de pies, irrigaciones o lavados de colon. También se les puede pedir a los pacientes tomar aguas restauradoras y tés para enfermedades digestivas.

Masajes. Una de las formas más antiguas de curación, es la terapia con masajes, que es usada independiente o en combinación con una variedad de tratamientos para aliviar el estrés, la tensión y los dolores, y para incrementar el flujo sanguíneo a los músculos. Algunas formas aseveran ayudar a la desintoxicación, y otras, a desbloquear los canales de energía a través de la aplicación de presión en ciertos puntos del cuerpo. Los diferentes tipos de masajes incluyen: reflexología, Rolfing, shiatsu, masaje sueco y masajes deportivos, entre otros.

Terapia de movimiento y ejercicio. Tratamientos dentro de los que está el yoga, Pilates, terapia física, técnica de Alexander y de Feldenkrais, entre muchas otras. Éstas promueven la circulación, eliminación y flexibilidad mientras que alivian los dolores crónicos y la mala alineación postural que interfiere con la movilidad.

Terapia nutricional. Tratamientos que estimulan la conexión entre sus alimentos, su metabolismo y su salud. Dependiendo del temperamento de cada persona, un régimen de ciertos alimentos, vitaminas y minerales, puede curar y prevenir enfermedades, tanto físicas como psicológicas. Los tratamientos van desde recetas de régimen alimenticio, tales como macrobióticos, hasta mega dosis de vitaminas y minerales. Dietistas, doctores y muchos otros profesionales reciben certificación del American Board of Nutrition. Los nutriólogos pueden poseer una licencia o certificación dependiendo de los requerimientos del estado.

Osteopatía. Los médicos osteópatas (DO) son entrenados y certificados con el mismo rigor que los médicos convencionales (MD), pero la filosofía fundamental de la medicina osteopática es el tratamiento de la persona integral, enfocándose en el cuidado preventivo. En este sentido, la osteopatía puede ser considerada como una forma integral de medicina, aunque estrictamente dicho, no es una modalidad alternativa. Los osteópatas deben hacer residencia médica, tener licencia sin restricciones para recetar medicinas y, con frecuencia, realizan cirugías. La osteopatía es confundida algunas veces con la medicina quiropráctica porque involucra terapias de manipulación osteopáticas (OMT, por sus siglas en inglés), que incluye la manipulación de la columna vertebral y las técnicas cráneo sacrales. Enfatizando el sistema neuro-músculo-esquelético, los osteópatas crean salud mediante el equilibrio de la energía entre los órganos y la conexión entre la mente y el cuerpo.

Reiki/medicina energética. Este enfoque usa la energía vital del cuerpo para reforzar la salud. El profesional de Reiki debe tener sus propios canales de energía despejados, y de esa manera, puede canalizar la fuerza de la energía vital universal, tocando al paciente. La medicina energética con frecuencia se usa en combinación con terapias de dieta y hierbas o remedios homeopáticos para devolver a la persona su alineación emocional y física.

Toque terapéutico. Esta técnica es una forma de medicina energética en la que las manos del profesional se mueven sobre el cuerpo de la persona, a menudo sin que exista un contacto directo, con el objetivo de romper los bloqueos energéticos y promover la curación. El toque terapéutico funciona con el campo individual de energía de la persona, una idea que tiene sus raíces en el concepto chino del *qi*, el principio ayurvédico de *prana* (fuerza vital) y la antigua práctica de imposición de manos. Numerosos estudios han demostrado su eficacia en la disminución del dolor y la ansiedad, reduciendo la necesidad de medicación después de la cirugía e incrementando los niveles de hemoglobina. Es, en la actualidad, parte del currículo de muchas escuelas de enfermería.

Técnicas de conexión mente-cuerpo

Estas técnicas se esfuerzan para crear conciencia sobre la conexión entre nuestra mente consciente e inconsciente, lo mismo que con nuestras emociones, perspectivas y estado físico. Con frecuencia, se usan junto con terapias basadas en el cuerpo y se encargan de uno de los aspectos más descuidados de la curación y prevención.

Biofeedback (Retroalimentación biológica). Esta es una serie de técnicas desarrolladas para ayudar a las personas a sobreponerse de varios tipos de hábitos relacionados con el estrés, enfermedades, síntomas y fobias. Un monitor electrónico ayuda a la persona a medir y modificar las facetas de su respuesta al estrés, mediante la alteración de las señales eléctricas. Incrementando la conciencia sobre la actividad fisiológica en sus músculos, una persona puede ser entrenada para controlar lo que de otra manera es una respuesta física automática a la tensión y el estrés, tal como: los latidos del corazón, presión arterial, temperatura de la piel y patrones de las ondas cerebrales. La eficacia del biofeedback para controlar la hipertensión ha sido bien establecida en experimentos clínicos.

Técnicas de liberación emocional (EFT). Desarrollada por Gary Craig, a partir de los principios de la acupuntura, EFT usa una secuencia de golpes ligeros en los meridianos de la energía, en lugar de las agujas para desbloquear dicha energía, y tratar desequilibrios físicos y emocionales. EFT es de una efectividad sorprendente, independiente de su forma de pensar. Una vez que la técnica es aprendida, EFT puede ser usado por cualquiera, casi en cualquier parte, tanto para contrarrestar el dolor, antojos, emociones negativas y problemas complejos, como para reforzar conductas positivas. Quienes tienen problemas arraigados pueden lograr un mayor éxito bajo la dirección de un profesional entrenado.

Visualización guiada. Canalizar la imaginación para crear la "construcción de realidad" puede brindarnos una poderosa, pero, al mismo tiempo, delicada percepción de la mente inconsciente. Mediante el uso de temas altamente personalizados, la visualización guiada no sólo invoca imágenes sino también sonidos, olores y experiencias táctiles, a las cuales el cuerpo responde como si fuera la realidad. Los estudios demuestran que una respuesta biofísica a la visualización positiva puede, de manera efectiva, anular patrones de pensamiento y hábitos arraigados profundos, para ayudar al desarrollo de una mejor salud y obtener metas de otra manera inalcanzables.

Hipnosis/auto-hipnosis. Una técnica que representa un estado alterado de conciencia en el paciente; el tratamiento por medio de la hipnosis puede ser administrado con la ayuda de un profesional o por uno mismo. Puede ser usado para modificar conductas (por ejemplo, dejar de fumar), para tratar traumas y fobias, o para el alivio de dolor crónico o sintomático como el del parto.

Meditación/Visualización. Estas técnicas funcionan haciendo que el paciente se concentre en una imagen o pensamiento durante un lapso de tiempo, mientras practica respiración profunda. La meditación (fundamental en la medicina ayurvédica), es usada para calmar la mente, a menudo en combinación con ejercicio físico (yoga u otro). La visualización funciona de manera similar, enseñando al paciente a ejercer control sobre el dolor o a reducir la ansiedad, provocando estados profundos de relajación.

La respuesta de relajación. El doctor Herb Benson, MD, un médico internista de Harvard, fue el pionero en la técnica de respuesta de relajación, que consiste en lograr un estado de profunda relajación por medio del cual una persona puede contrarrestar los efectos del dolor, la ansiedad y el estrés. La terapia emplea una variedad de ejercicios mente-cuerpo para lograr el estado meditativo y ha sido usada durante años para ayudar a las personas a superar toda clase de problemas psicológicos y fisiológicos con éxito, incluyendo alta presión arterial, adicciones e incluso algunos problemas de infertilidad relacionados con el estrés. Provocar la respuesta de relajación, ha sido un componente en el gran éxito obtenido por la doctora Alice Domar en sus pacientes con problemas de fertilidad, dentro de su Programa para infertilidad mente-cuerpo.

Sanación espiritual/psíquica. Usar poderes que están más allá de nuestra comprensión (menos aún de los conocimientos médicos), es una antigua práctica. Plegarias, contacto físico y otros rituales religiosos han sido usados con éxito a través de los tiempos para curar enfermedades físicas y mentales. Los que la practican trabajan canalizando las creencias y creando un vínculo especial entre el paciente y una conciencia superior, logrando así el cambio. Muchos estudios que documentan la eficacia de las plegarias en la curación, han sido publicados en revistas profesionales a través de los años. En particular, el trabajo de toda una vida del doctor Larry Dossey, ha servido para ampliar nuestra comprensión de los vínculos entre la espiritualidad y la curación. Mediante la presentación de evidencia científica confiable, el doctor Dossey ha ayudado a legitimar los efectos de la curación mediante plegarias dentro de los círculos médicos convencionales.

Glosario adaptado con autorización de Women to Women página de Internet: www. womentowomen.com

Laboratorios clínicos

Confío a los siguientes laboratorios clínicos la mayoría de mis exámenes de diagnosis. Sus páginas en Internet contienen información detallada y valiosa sobre los diferentes exámenes que ofrecen, así como referencias adicionales. Su médico también puede usar esta página como un recurso. En algunos casos, si tiene dificultad en encontrar un examen de diagnosis específico, puede investigar con los laboratorios para encontrar un profesional en su área con el que ellos hayan trabajado.

Aeron LifeCycles Clinical Laboratory
1933 Davis Street Suite 310
San Leandro, CA 94577
Teléfono: 800-631-7900 opción 6
Fax: 510-729-0383
www.aeron.com

Prueba para suprarrenales/perfil hormonal
Aeron Lifecycles es uno de los pocos laboratorios aceptados en el estado de Nueva York. (Nueva York no reconoce muchas de las pruebas alternativas).

ALCAT-Prueba de alergia
Cell Science Systems
1239 East Newport Center Drive, Suite 101
Deerfield Beach, FL 33442
Teléfono: 800-US ALCAT (872-5228)
Fax: 954-428-8676
E-mail: info@alcat.com

DiagnosTEX, LLC
Teléfono: 817-514-MBS1 or 1-888-514-MBS1
Fax: 1-877-514-MBS8 or 1-877-514-MBS8
E-mail: info@dysphagiadiagnostex.com

Pruebas para las suprarrenales/hormonal/ digestivo

Genova Diagnostics (antiguo Great Smokies)
63 Zillicoa Street
Asheville, NC 28801
Llamada gratis: 800-522-4762
Teléfono: 828-253-0621
www.genovadiagnostics.com

Laboratorio de servicio completo que provee, entre otros exámenes, perfil genético, supra-rrenales, función parasitológica completa, alergias, deficiencia de aminoácidos, análisis de heces y desintoxicación del hígado (fase una y fase dos).

Doctor's Data, Inc.
Servicio al cliente
3755 Illinois Avenue
St. Charles, IL 60174-2420
Teléfono: 800-323-2784 (Estados Unidos y Canadá)
Teléfono: 0871-218-0052 (Reino unido)
Teléfono: 630-377-8139 (Otros países)
www.doctorsdata.com

Pruebas para la toxicidad por metales pesados, problemas digestivos y función suprarrenal.

Metametrix Clinical Laboratory
3425 Corporate Way
Duluth, GA 30096
Llamada gratis: 800-221-4640
Teléfono: 770-446-5483
www.metametrix.com

Exámenes de deficiencia de aminoácidos, alergias, heces y problemas digestivos.

NeuroScience Inc.
373 280th St.
Osceola, WI 54020
Teléfono: 888-342-7272
E-mail: customerservice@neurorelief.com

Pruebas de los niveles de neurotransmisores, aminoácidos y función suprarrenal

Parasitology Center, Inc. (PCI)
11445 East Via Linda, #2-419
Scottsdale, Arizona, 85259-2638
Teléfono: 480-767-2522
Fax: 480-767-5855
E-mail: omaramin@aol.com

Pruebas de parásitos

ZRT Laboratory
8605 SW Creekside Place
Beaverton, OR 97008
Teléfono:503-466-2445
Fax: 503-466-1636
E-mail: info@zrtlab.com

Pruebas de la función hormonal

<h1 style="text-align:center">Productos</h1>

El hipotálamo y la galleta

Esta es una breve lista de deliciosos productos que no contienen gluten, para que pueda disfrutarlos mientras realiza la dieta del equilibrio esencial. Algunos de estos productos han sido usados en las recetas, otros los he incluido para ayudar a quienes tienen sensibilidad al gluten (y a sus familias), a evitarlo por completo. Los puede encontrar en su supermercado de productos naturales u ordenándolos en Internet a www.glutenfree.com o www.glutenfree-mall.com. He incluido marcas y productos que he usado personalmente. Si decide probar otra marca o producto, por favor, lea la etiqueta para asegurarse de que funciona para usted.

Bagels y panes

Bagels de ajonjolí: Against the Grain Gourmet Sesame bagels

Masa para pizza: Better Bread Pizza

Glutino Frozen Bagels, palitroques (pizza y ajonjolí), biscuits, y galletas originales

Bagels: Enjoy Life Bagels

Pan: Food for Life Raisin Pecan Bread

Pan: Le Garden Old Fashioned Bread

Pan tostado: Le Garden Seeded Croutons

Galletas: Mary's Gone Crackers (todos los sabores)

Galletas saladas: Blue Diamond Nut-Things crackers

Cereal

Uvas pasas y manzanas: Bakery on Main Apple Raisin Cereal

Avena: Cream Hill Estates Lara's Rolled Oats

Nature's Gate Mesa Sunrise

Condimentos

Para salsas: Barkat Gravy Mix

Para salsas de pollo: Maxwell's Chicken Gravy

Guacamole: Esparaggo's Asparagus Guacamole

Mantequilla sin maní: J & S Peabutter

Mostaza: Hempzels Horseradish Hemp and Honey Mustard

Curry: Mr. Spice Indian Curry Sauce

Postres

Galletas: Envirokids cookies

Golosinas: Candy Tree Black Licorice Vines

Galletas: Eragrain Frozen Natural Oatmeal Raisin Cookies

Barquillas para helado: Barkat Ice Cream Cones

Barras de chocolate: Arico Chocolate Chip Cookie Bar

Mantecada: Glutino Shortbread Dreams

Plato principal

Platos principales congelados: Amy's Frozen Entrees

Pizza congelada: Glutino Frozen Pizza

Pizza congelada: Chebe Frozen Pizza

Pizza congelada: Gillian's Frozen Pizza

Pizza: George's Pizza

Hamburguesas: Mrs. Leeper's Hamburger Entrees

Granos

Aforfón: Shiloh Farms Kasha

Mijo: Shiloh Farms Millet

Arroz indio integral: Shiloh Farms Brown Basmati Rice

Mezclas

Para hornear: Namaste Baking Mixes

Para waffles y panqueques: Pamela's Pantry Waffle/Pancake Mix

Para panqueques: The Cravings Place All-Purpose Pancake Mix

Para panqueques: Authentic Foods Pancake Mix

Para pastel de chocolate: Authentic Foods Chocolate Cake Mix

Para pasteles: 'Cause You're Special Cake Mix

Para galletas: 'Cause You're Special Sugar Cookie Mix

Para brownies de chocolate: Enjoy Life Soft-Baked Double Chocolate Brownies

Pasta

Coditos de quínoa: Ancient Harvest Quinoa Pasta Elbows

Linguini de quínoa: Ancient Harvest Quinoa Linguine

Fideos: Glutano Macaroni

De arroz integral: Tinkyada Brown Rice Pasta (all shapes)

Espaguetti de arroz integral: Tinkyada Spinach Brown Rice Spaghetti

Caracoles de arroz integral: Tinkyada Vegetable Brown Rice Spirals

De arroz integral orgánico: Tunkyada Organic Brown Rice Pasta (all shapes)

Bocadillos

Barras de arroz: EnviroKidz Rice Bars

Rosquillas de ajonjolí: Barkat Sesame Pretzels

Pretzels: Glutino Pretzels

Sopas

Cubos para caldo: Celefibr Vegetable Bouillon Cubes

Caldo de pollo: Full Flavor Foods Chicken Soup Stock

Harina sin levadura

Harina sin gluten: Bob's Red Mill Gluten-Free Flour

Yogur

Yogur sin sabor: Brown Cow Plain Yogurt

Productos recomendados para el hogar

He incluido una lista de mis productos favoritos no tóxicos, para la cocina, habitación, baño y para bebés, que la ayudarán a reemplazar los que va a eliminar de su alacena. He tratado de escoger los que sean atractivos y durables, y fáciles de encontrar en su tienda local de productos naturales o en Internet. Uso estos productos en la clínica y en mi casa, y en mi conocimiento, son tan ecológicos como dicen serlo. Hay algunas recetas fabulosas para productos de limpieza en el sitio de Internet de Women to Women. También le recomiendo el catálogo de Gaiam (www.gaiam.com) y el de Whole Earth (www.wholeearth. com) como recursos para productos caseros no tóxicos (o al menos, no tan tóxicos).

Batería de cocina

Botella de agua de acero inoxidable

Envirowave (www.enviroproductsinc.com)

Ollas arroceras/ollas de presión

Arrocera; Miracle SS Rice Cooker (www.ultimate-weight-products.com)

Arrocera en hierro: Ghan Nabe Iron Rice Cooker from Iwachu (www.store.zensuke.com

Arrocera y olla de presión pequeña en cerámica: Small ceramic rice cooker/
crock pressure cooker (www.kushistore.com)

Olla de presión: Aeternum Pressure Cooker (www.healthclassics.com)

Ollas para cocinar vegetales al vapor

Vaporera en acero inoxidable: Welco's 3-piece stainless steel steamer (www.target.com)

Vaporera en acero inoxidable: Stainless Vegetable Steamer

Vaporera y olla para cocinar pasta: Pasta Cooker Veggie Steamer

Vaporera en silicona: Silicone Veggie Steamer

Vaporera en acero inoxidable con patas: Stainless steel vegetable steamer with feet
(www.crateandbarrel.com)

Licuadoras

Vita-Mix Blender (www.vitamix.com)

Teteras y recipientes para el té

Tetera en cerámica: Ceramic Tea Kettle (www.theteacorner.com)

Tetera en vidrio: Glass Tea Kettle (www.theteacorner.com)

Tetera en porcelana revestida de acero inoxidable: KitchenAid Porcelain Teapot/stainless
steel interior (www.bedbathandbeyond.com)

Recipientes de vidrio para almacenar

Para nevera: Anchor Hocking Glass Refrigerator Storage Containers (www.cooking.com)

Redondos: Snapware Glass Lock Round storage container (www.bedbathandbeyond.com)

Redondos con tapa: Frigoverre Round Glass Storage Containers with lid (www.chefscatalog.com)

Rectangulares: Crate and Barrel Rectangular Storage Container (www.crateandbarrel.com)

Redondos y rectangulares: Pyrex Round and Rectangle storage containers (www.pyrex.com)

Williams-Sonoma Glass Storage dishes (www.williams-sonoma.com)

Moldes para hornear

En hierro: Cabela's Cast Iron Pan   (www.cabelas.com)

En acero inoxidable: Tramontina Stainless Steel baking pan   (www.qvc.com)

En acero inoxidable: Stainless steel baking pan   (www.webstaurantstore.com)

En vidrio: Pyrex Glass baking pans   (www.pyrex.com)

Para cocinar sin agua: New Era Solution's Waterless Cookware   (www.neweracookware.com)

Filtros de agua potable

K5 Drinking water station   (www.kinetico.com)

PiMag Agua Pour   (www.nikken.com)

PiMag Agua Pour Deluxe   (www.nikken.com)

PiMag Agua Pour Express   (www.nikken.com)

Sobre la repisa de la cocina: PiMag deluxe under counter water system   (www.nikken.com)

Bajo la repisa: PiMag countertop water system   (www.nikken.com)

PiMag Optimizer   (www.nikken.com)

Libros de cocina y para guardar recetas

The Family Recipe Collection Book by Nittany Quill   (www.talusproducts.com)

Productos para lavar frutas y vegetales

Seventh Generation Veggie Wash   (www.seventhgeneration.com)

Productos de limpieza

Seventh Generation líquido lavaplatos

Earth's Best : detergente y suavizante para la ropa, cuidado de los muebles,
paños de limpieza fuertes y suaves, limpiadores espumosos para la tina
y baldosas, aerosol desinfectante   (www.earthsbest.com)

Casa y habitación

Filtros de agua para toda la casa

Sólo remueve el cloro: Kinetico 4040 chlorine removal only   (www.kinetico.com)

Remueve cloro y hierro: Kinetico 4040 chlorine and iron removal   (www.kinetico.com)

Remueve el cloro: Kinetico 1030 and 1060 Dechlorinators   (www.kinetico.com)

Filtros de aire

Austin Air Healthmate HM   (www.healthpurifiers.com)

Austin Air Healthmate JR   (www.healthpurifiers.com)

Air Wellness Power Pro   (www.nikken.com)

Air Wellness Traveler   (ww.nikken.com)

Ropa de cama hipoalergénica

Ropa de cama (alergia y asma)   (www.allergyasthmatech.com)

Colchones y fundas a prueba de alergias   (www.allergystore.com)

Forros de colchón y almohadas para protección contra ácaros   (www.allergysolution.com)

Productos de baño y belleza

Filtros de agua para la ducha y bañera

Showerhead filter   (www.santeforhealth.com)   Filtro para la ducha

Bathtub filter   (www.santeforhealth.com)   Filtro para la tina

Crystal Quest Luxury Showerhead filter   (www.purewaterforless.com)   Filtro para la ducha

Sprite All in One showerhead   (www.bestfilters.com)   Filtro para la ducha

Sprite Slim Line shower filter   (www.bestfilters.com)   Filtro para la ducha

Envirowave Premium shower filter   (www.enviroproductsinc.com)   Filtro para la ducha

Envirowave Bathtub filter   (www.enviroproductsinc.com)   Filtro para la tina

PiMag Ultra Shower System   (www.nikken.com)   Filtro para la ducha

Productos para el cabello

La Bella Hair Mist   (www.labellamaria.com)   Humectante para el cabello

La Bella Mousse   (www.labellamaria.com   Espuma para el cabello

La Bella Gelle   (www.labellamaria.com)   Gel para el cabello

Maquillaje

Suki Rich Pigment Mascara (www.saffronrouge.com) Máscara

NVEY Organic Moisturizing Mascara (www.saffronrouge.com) Máscara

Dr. Hauschka Volume Mascara (www.saffronrouge.com) Máscara para dar volumen

NVEY Organic Creative Eye Color System (www.saffronrouge.com) Sombras

NVEY Organic Eye Shadow (www.saffronrouge.com) Sombras

Dr. Haushka Eye Shadow Solos (www.saffronrouge.com) Sombras

Lociones para la cara y el cuerpo

Terralina 8 oz. body lotion and facial moisturizer (www.terralina.com)
Loción para el cuerpo y humectante para la cara

Terralina fragrance free 8-ounce body lotion (www.terralina.com) Loción para el cuerpo

Kiss My Face Vitamin A&E Moisturizer (www.kissmyface.com) Humectante con vitaminas A y E

Bronceadores sin sol

Gibraltar's Puttin' on a Tan (www.gibraltarproducts.com)

Kiss My Face Instant Sunless Tanner (www.kissmyface.com)

He Shi Express Liquid Tan (www.body-careshop.com)

Protectores solares

BADGER SPF 15 for Face and Body (www.badgerbalm.com) Cara y cuerpo, factor 15

UV Natural Adult Broad Spectrum (www.ecobathroom.com) De amplio espectro y natural

Soleo Organics Sunscreen (www.soleoorganics.com) Protector orgánico

Dr. Hauschka Sunscreen SPF 8 (www.amazon.com) Protector factor 8

Burt's Bees Chemical-Free Sunscreeen SPF 15 and SPF 30 (www.burtsbees.com)
Protector sin químicos, factores 15 y 30

Aloe Vera Sunscreen SPF 15 (www.saffronrouge.com) Protector factor 15

Kiss My Face Sun Spray with SPF 30 (www.kissmyface.com) Rociador para la cara con factor 30

Kiss My Face Sunscreen SPF 18 with oat protein complex (www.kissmyface.com)
Para la cara con proteína de avena

Toallas sanitarias libres de químicos mini/maxi, copas menstruales reusables y tampones

Pandora Organic Cotton tampons (www.pandorapads.com)
Tampones de algodón orgánico

Natracare Certified Organic all-cotton tampons (www.pandorapads.com)
Tampones de algodón orgánico

Seventh Generation chlorine-free tampons (www.pandorapads.com) Tampones sin cloro

Glad Rags reusable menstrual pads (www.gladrags.com) Toallas higiénicas reusables en tela

The Keeper Menstrual cups (www.gladrags.com) Copas menstruales reusables

The Moon Menstrual cups (www.gladrags.com) Copas menstruales reusables

Diva Menstrual cups (www.gladrags.com) Copas menstruales reusables

Esmaltes y removedores para uñas

Acquarella chemical-free nail polish (www.ulew.com) Esmalte sin químicos

Nubar noncarcinogenic nail polish (www.bynubar.com) Esmalte sin carcinógenos

Suncoat (www.suncoatproducts.com)

No-Miss (www.nomiss.com)

Butter London (www.butterlondon.com)

Microprocesadores de campo electromagnético

BIOPRO Cell Chip (www.mybiopro.com) Circuito integrado para el celular

Paquetes terapéuticos y térmicos

Grampa's Garden Herbal (Lavender) Rice Paks (www.grampasgarden.com)
Almohadillas térmicas de lavanda

Máquinas de ejercicios

El X-ISER de Corrective Wellness (www.xiser.com)

Productos para bebés

Estos productos están disponibles en la mayoría de las tiendas de productos naturales. La línea de alimentos para bebés Earth`s Best se consigue ahora en Babies R Us. Si tiene problemas para encontrar alguno de estos productos, por favor visite www.fitpregnancy.com/goinggreen/ donde encontrará vínculos de proveedores que le brindarán más información y números de contacto de tiendas en su localidad.

Cuidado general del bebé

Born Free: biberones y tazas plásticos y de vidrio

Whole Foods: 365 pañales y pañitos blanco natural, sin cloro

Gold Bond: polvo para bebé libre de talco (no la fórmula original)

Earth's Best JASON: línea para el cuidado del bebé

California Baby: bloqueadores de sol y productos para el baño

Boudeaux's Butt Paste: crema para pañalitis sin paraben

Cereales y alimentos preparados
(disponibles en la tienda local de productos naturales)

Earth's Best: fórmulas orgánicas, cereal de arroz y granos integrales para bebés, galletas de cebada para la dentición, bocadillos para bebé, compotas en caso necesario (mejor frescas)

Stonyfield's: yogur sin dulce con leche entera
(endulzado con compota de manzana para evitar el azúcar)

Perky O's: cereal sin gluten que no se ablanda en la leche

Oatios: cereal de avena sin trigo

Sacos para dormir, cobijas y otros

Swaddleme Microfleece or Cotton Infant Wrap (www.kiddopotamus.com)
Faja para recién nacido en algodón ultrasuave para bebés

Dreamsie Sleep Sack's túnica suelta y confortable para cuando el niño
es más grande y no requiere ser fajado (www.kiddopotamus.com)

Sostenes y bombas para lactancia

Bravado Nursing sostenes (www.mommygear.com)

Medela Nursing bombas (www.mommygear.com)

Crema de lanolina para pezones y cuerpo de Lansinoh (www.mommygear.com)

Apéndices

ÍNDICE DE MASA CORPORAL

Para determinar su índice de masa corporal (BMI por sus siglas en inglés), use la siguiente tabla o este simple cálculo: divida su peso en libras entre su altura en pulgadas. Divida ese número entre su altura en pulgadas y multiplique el resultado por 703.

El gráfico para calcular el BMI ha originado algo de controversia a través de los años, porque no deja mucha flexibilidad para personas que tienen mucho músculo. El músculo pesa más que la grasa, por lo tanto, usted puede estar extremadamente en forma y aparecer con un BMI no saludable. La solución fácil para esto es medir también la proporción cintura-cadera. Si usted tiene un BMI sobre 25 (algunos nutricionistas dicen ahora 24) y una diferencia menor a 10 pulgadas en las medidas de su cintura y sus caderas, es muy posible que sea útil para su salud eliminar algo de peso.

BMI (kg/m2)	19	20	21	22	23	24	25	26	27	28	29	30	35	40
58	91	96	100	105	110	115	119	124	129	134	138	143	167	191
59	94	99	104	109	114	119	124	128	133	138	143	148	173	198
60	97	102	107	112	118	123	128	133	138	143	148	153	179	204
61	100	106	111	116	122	127	132	137	143	148	153	158	185	211
62	104	109	115	120	126	131	136	142	147	153	158	164	191	218
63	107	113	118	124	130	135	141	146	152	158	163	169	197	225
64	110	116	122	128	134	140	145	151	157	163	169	174	204	232
65	114	120	126	132	138	144	150	156	162	168	174	180	210	240
66	118	124	130	136	142	148	155	161	167	173	179	186	216	247
67	121	127	134	140	146	153	159	166	172	178	185	191	223	255
68	125	131	138	144	151	158	164	171	177	184	190	197	230	262
69	128	135	142	149	155	162	169	176	182	189	196	203	236	270
70	132	139	146	153	160	167	174	181	188	195	202	207	243	278
71	136	143	150	157	165	172	179	186	193	200	208	215	250	286
72	140	147	154	162	169	177	184	191	199	206	213	221	258	294
73	144	151	159	166	174	182	189	197	204	212	219	227	265	302
74	148	155	163	171	179	186	194	202	210	218	225	233	272	311
75	152	160	168	176	184	192	200	208	216	224	232	240	279	319
76	156	164	172	180	189	197	205	213	221	230	238	246	287	328

Altura (Pulgadas)

Peso (libras)

Apéndice B

ÍNDICE GLUCÉMICO Y CARGA GLUCÉMICA

Adaptado de la tabla de valores de índice glucémico y carga glucémica 2002 del *American Journal of Clinical Nutrition 2002*; 76:5-56. USA Copyright 2002 American Society for Clinical Nutrition

Índice glucémico (GI, por sus siglas en inglés) y carga glucémica (GL, por sus siglas en inglés). Valores para alimentos seleccionados
(Relativo a Glucosa/Glucosa = 100)

Alimento	GI	Porción	Carbohidratos por porción(g)	GL
Frutas y jugos				
Manzana	55	1 mediana	21	12
Albaricoque	57	1 mediano	9	5
Banana	51	1 mediana	25	13
Zanahoria cruda	131	½ taza	4	5
Cerezas	40	½ taza	12	3
Jugo de arándano	105	4 onzas	18	19
Dátiles secos	103	2 onzas	40	42
Naranja (natural)	42	1 mediana	11	5

Jugo de naranja	75	6 onzas	20	15
Mango	55	1 taza	17	8
Melocotón	55	1 mediano	11	5
Pera	38	1 mediana	11	4
Cereales y granos				
All-Bran	72	½ taza	24	17
Hojuelas de maíz	81	1 taza	26	21
Avena	82	1 taza	25	21
Raisin Bran	88	1 taza	47	41
Arroz blanco (hervido)	102	1 taza	45	45
Arroz integral (hervido)	55	1 taza	33	18
Espagueti, blanco	58	1 ½ tazas	48	28
Espagueti, integral	40	1 ½ tazas	42	16
Vegetales				
Papa grande rojiza (asada)	76	1 mediana	30	23
Bocadillos				
Tortillas de maíz horneadas	46	½ taza	25	11
Rosquilla dulce	76	1 mediana	23	17
Tortas de arroz inflado	52	2 pasteles	14	12
Pan				
Muffin inglés	86	1 muffin	26	23
Pan blanco	100	1 rebanada grande	12	12
Pan integral de centeno	41	1 rebanada grande	12	5
Multigrano sin gluten	76	1 rebanada	13	9
Pan negro integral	60	1 rebanada	14	8
Productos lácteos y otros				
Leche descremada	32	8 onzas	13	4
Yogur 2%	40	1 taza	9	3

Leche de soya	50	8 onzas	17	8
Legumbres y nueces				
Frijoles cocidos	56	1 taza	15	7
Garbanzos	32	1 taza	30	3
Frijoles rojos (secos/hervidos)	28	1 taza	25	7
Lentejas (secas/hervidas)	29	1 taza	18	5
Marañón	22	1 onza	9	2
Maní	14	1 onza	6	1

EL EJE HPA Y LAS PRINCIPALES HORMONAS DEL METABOLISMO

El hipotálamo se encuentra en la cúspide de una importante vía del estado de ánimo y la pérdida de peso: el eje hipotálamo-pituitaria-suprarrenal o HPA. Las glándulas pituitaria y suprarrenales son los receptores principales del sistema endocrino; la pituitaria es responsable de liberar la hormona estimulante de la tiroides (TSH), la cual viaja hacia la tiroides y causa la secreción de las hormonas tiroideas (T3, T4 y paratiroides, ver también página 129). Estas hormonas regulan la producción de energía, la generación de calor y la absorción de oxígeno en sus células, en otras palabras: su índice básico de metabolismo. Las suprarrenales son unas pequeñas glándulas en forma de nuez localizadas encima de sus riñones. Cuando está bajo estrés, el hipotálamo responde con la liberación de la hormona CRH, que activa la hormona adrenocorticotropa (ACTH), que a su vez estimula la respuesta de "pelear o huir" de la corteza suprarrenal, acompañada por una depresión del sistema inmunológico y una subida de adrenalina (también llamada epinefrina) y cortisol. Estas hormonas aceleran el envío de oxígeno y glucosa al cerebro, y de sangre a los órganos esenciales, preparando el cuerpo para la acción. La noradrenalina es otra hormona suprarrenal que modula la subida de adrenalina/cortisol.

Mientras más alto sea el nivel de estrés, más bajos serán los niveles de noradrenalina en la sangre. Pero esta acción no es siempre una medida defensiva. La misma sucesión de eventos ocurre cada mañana, ¡aunque en una forma mucho más suave! Cuando sale el sol, los niveles de la hormona melatonina se desvanecen (lo que es provocado cuando su hipotálamo registra, a través del nervio óptico, un cambio en la luz), junto con la noradrenalina. Una caída en la noradrenalina activa el eje HPA y eleva la adrenalina y cortisol que le dan la vitalidad para levantarse y moverse. Esto (en términos muy generales) es la ciencia detrás de su ritmo circadiano ¡y el "cansancio por diferencia de horarios"!

Es interesante que los niveles bajos de noradrenalina, con sus correspondientes niveles elevados de cortisol, hayan sido considerados durante mucho tiempo como factores en las depresiones del estado de ánimo y los trastornos afectivos estacionales o SAD (por sus siglas en inglés). Es importante notar que cuando estos químicos viajan por su sangre se llaman hormonas; cuando viajan mediante la sinapsis, de nervio a nervio, se llaman neurotransmisores, pero estructuralmente son el mismo compuesto. Recuerde, el hipotálamo conecta el sistema nervioso con el sistema endocrino.

El estrés, sea éste emocional o físico, estimula el eje HPA en todo momento. El estrés crónico nunca le da descanso, ¡lo que produce una gran repercusión en sus hormonas y neurotransmisores!

Hormonas metabólicas (Hormonas del hambre)

La insulina es la hormona primaria afectada de manera directa por su dieta. Determina si el azúcar en la sangre debe ser usado de manera inmediata para energía o almacenado como grasa. Cualquier alteración en el mecanismo de regulación de la insulina, tal como la resistencia a la insulina (ver página 132 para más información), tiene un efecto instantáneo en alguna de las hormonas metabólicas secundarias, cuya lista crece en número cada año, a medida que sabemos más sobre la función interna del metabolismo humano.

La leptina, hormona de la saciedad, que es sintetizada dentro de las células de grasa, es sólo una parte de una compleja red de hambre-saciedad. La hormona Ghrelin, liberada por las células que recubren el estómago, estimula el apetito cuando los niveles de leptina están muy bajos. Otros factores indicadores, como la adiponectin y PYY3-36, están siendo estudiados, y ambos han demostrado un vínculo definitivo entre el estrés, los niveles de insulina y los deseos intensos o antojos.

Otras hormonas importantes

La hormona del crecimiento humano (HGH) y la DHEA son hormonas esteroides que juegan un papel importante para fortalecer su función metabólica. Una de las razones por las que el metabolismo se desacelera a medida que envejecemos, es la disminución de los niveles de estas hormonas. Los niveles crónicos elevados o bajos de cortisol producen un cortocircuito en la conversación cruzada entre las células de grasa y la insulina, originando señales confusas de apetito y mayores porcentajes de acumulación de grasa, en especial, alrededor del abdomen.

La melatonina, hormona que regula el ritmo circadiano, también es un factor en la regulación de su hambre. Investigaciones demuestran que la falta de sueño desvía la producción de melatonina, lo que a su vez influye en la producción de leptina y Ghrelin. En un estudio, las personas que sufrían privación crónica de sueño, tenían un 15 por ciento más de Ghrelin que aquellos que podían dormir bien. También existe evidencia de que la falta de sueño afecta los niveles de la hormona del crecimiento, debido a que "pulsaciones" de HGH son liberadas en la noche.

Hormonas TSH/tiroides: la hormona estimulante de la tiroides secretada por la glándula pituitaria inicia la liberación de hormonas tiroideas, incluyendo las muy importantes triyodotironina (T3) y tiroxina (T4). Estas hormonas llevan oxígeno a sus células y son cruciales para su metabolismo. ¡Recuerde, sus células necesitan oxígeno para convertir la glucosa en energía! Debido a esto, la tiroides es considerada como el pie en el pedal de su índice básico metabólico. La tiroides es también el único órgano en el cuerpo que absorbe yodo, necesario para fabricar las hormonas. La tiroides fabrica el 80% del T4 en su cuerpo y el 20% del T3. La T3 incrementa el índice del metabolismo de las células individuales y es la hormona más activa biológicamente. La mayoría de T3 es creada de T4 inactivo en un proceso llamado conversión de T4 a T3, que ocurre en la tiroides, hígado y cerebro.

PRINCIPALES GLÁNDULAS ENDOCRINAS FEMENINAS Y SUS HORMONAS (LISTA PARCIAL)

En la siguiente lista se encuentran las principales glándulas endocrinas de la mujer y las hormonas que éstas liberan, así como muchos de los órganos endocrinos y tejidos difundidos en su cuerpo y sus hormonas asociadas. Esta lista no es completa; varias de las hormonas listadas sólo han sido descritas hasta hace poco y mucha de la función hormonal está todavía por descubrirse.

Hipotálamo
Hormona liberadora de tirotropina
Hormonas liberadoras-inhibidoras

Pituitaria
Tirotropina, hormona que estimula la tiroides (TSH)
Hormona adrenocorticotropa (ACHT)
Hormona luteinizante (LH)
Hormona folículo-estimulante (FSH)
Hormona del crecimiento (GH)
Prolactina
Hormona estimulante de melanocitos (MSH)
Oxitocina
Hormona antidiurética (ADH, o vasopresina)

Pineal

Melatonina

Tiroides y paratiroides

Tiroxina (T4)

Triyodotironina (T3)

Calcitonina (CT)

Hormona paratiroidea (PH)

Timo

Timosin

Timopoyetina

Factor de suero en el timo (timolina)

Suprarrenales

Epinefrina

Noradrenalina

Testosterona

Estrógeno

Dehidroepiandrosterona (DHEA)

Aldosterona

Cortisol

Corticosterona

Páncreas (Islotes de Langerhans)

Insulina

Glucínea

Somatostatina (también secretada en otra parte)

Ovarios

Estrona

Estradiol

Estriol

Progesterona

Testosterona

Placenta

Hormona gonadotrofina coriónica humana
(HCG).

Senos

Estrógeno

El extenso sistema endocrino (otros órganos y tejidos que secretan hormonas)

Tejido adiposo (graso)
(Tome nota que con el desarrollo de obesidad abdominal y troncal, el tejido adiposo empieza a funcionar como un protagonista importante en el sistema endocrino)

Leptina

Adiponectin (**Acrp30**)

Resistin

Activador inhibidor-1 Plasmingenón (PAI–1)

Estrógeno

Otros

Piel

Vitamina D3 (colcalciferol)

Estómago e intestino delgado

Gastrina

Secretina

Pancreozimina

Ghrelina

Motilin

Hígado

25–hydroxycholecalciferol

Riñones
Eritropoyetina (EPO)
1,25-dihydroxycholecalciferol
Renina

Corazón
Hormona natriurética atrial

Apéndice E

ALIVIO NATURAL DE LA
MENOPAUSIA

A finales del siglo XX, se les prescribió a muchas mujeres la terapia de reemplazo hormonal para ayudarlas a aliviar los síntomas de la menopausia, que incluyen: sudores nocturnos, accesos repentinos de calor, sequedad vaginal, irritabilidad, ansiedad, palpitaciones, aumento de peso y pérdida de elasticidad en el cabello y la piel. La terapia de reemplazo hormonal estándar (HRT) usa, bien sea una mezcla de estrógenos derivada de la orina de una yegua preñada (Premarin), o una combinación de estrógenos equinos y progesterona sintética (Prempro), para reemplazar las hormonas sexuales humanas que de manera natural disminuyen en la perimenopausia y la menopausia, en especial, el estrógeno y la progesterona.

Inicialmente, la HRT convencional parecía caída del cielo. No sólo aliviaba los síntomas de las hormonas fluctuantes, sino que se suponía que protegía a las mujeres contra enfermedades del corazón, fortalecía los huesos, mantenía el cabello y la piel flexibles y apoyaba una actividad cerebral saludable. Pero los resultados del estudio en 2002 de "Women´s Health Initiative", derrumbaron este sueño. Los médicos quedaron horrorizados al descubrir que este tipo de HRT, no sólo no protegía contra enfermedades del corazón, sino que, en realidad, incrementaba el riesgo de cáncer de seno, coágulos en la sangre y derrame cerebral. Un nuevo análisis de este estudio, terminado en 2007, sugiere que el riesgo de enfermedad cardiaca depende de la edad en la cual la mujer empieza la terapia HRT. Pero estos resultados son controversiales, debido a que otro análisis en 2008, concluyó que la terapia hormonal está asociada con un incremento en el riesgo de derrame cerebral, independiente del periodo en que la mujer haya empezado el tratamiento, a menos que el estrógeno sea usado tópicamente.

Lo que nos preocupa a mí y a mis colegas, afirma la doctora Dixie Mills, especializada en cirugía de los senos, es que los medios y muchos médicos están calificando todos los tratamientos HRT de la misma manera; a las mujeres se les está aconsejando en alertas médicas que estos riesgos aplican independiente del tipo de hormonas involucradas. La realidad es que el nuevo análisis demostró riesgos asociados sólo con la conjugación de estrógenos equinos y progestinas sintéticas, no para el estrógeno tópico o las hormonas bioidénticas elaboradas en laboratorios con la misma estructura molecular de las hormonas producidas por su propio cuerpo.

La terapia de hormonas bioidénticas personalizada (bHRT) y progesterona USP en suplementos sublinguales y tópicos son una buena alternativa natural a las terapias de hormonas basadas en estrógenos equinos. En Women to Women, usamos con gran éxito un suplemento llamado Herbal Equilibrium; es una tableta multibotánica, compuesta de una mezcla exclusiva de **Cimicifuga racemosa**, trébol rojo, bufera o ginseng indio, pasiflora, sauzgatillo, batata y kudzu. También recomendamos a las pacientes incrementar su consumo diario de isoflavones de soya con nuestro exclusivo batido de soya en polvo. Si desea saber más o hablar con un profesional sobre cualquiera de estos tratamientos, por favor visite www.womentowomen.com o llame para hacer una cita a la clínica Women to Women al 1-800-340-5382.

Adaptado de información protegida por derechos de autor, previamente publicada en el sitio de Internet de Women to Women.

Apéndice F

CAFEÍNA:¿POR QUÉ TANTO ALBOROTO?

Una de las cosas más difíciles que le he pedido hacer durante este mes es estar al tanto de su consumo de cafeína: no más de una taza al día; y les he pedido a aquellas mujeres con desequilibrio suprarrenal, que traten de reducirlo aún más. ¿Por qué? El resultado de muchas investigaciones sobre la cafeína ha sido confuso y no concluyente. Tal parece que no hay un mes en el que no escuchemos algún nuevo reporte, relacionado con los peligros o los beneficios para la salud del consumo de la cafeína. Y cuanto más investigamos, más nebulosa es la situación. El AMA (Asociación Médica Americana, por sus siglas en inglés) y el ADA (Asociación Dietética Americana por sus siglas en inglés), sugieren que una o dos tazas de café al día es una cantidad segura (100 a 200 miligramos de cafeína aproximadamente), pero en realidad, usted puede ser sensible a menos cantidad o capaz de tolerar más. En mis años de experiencia en el tratamiento de mujeres, he visto que aún moderadas cantidades de cafeína causan problemas, en particular, a tres clases de pacientes:

1. Mujeres que sufren de desgaste de las glándulas suprarrenales y déficit de los neurotransmisores ¡o sea, aquellas con desequilibrio suprarrenal o neurotransmisor!

2. Mujeres resistentes a la insulina y que no están obteniendo su energía de los alimentos, ¡escuche con cuidado si tiene desequilibrio hormonal o problemas inflamatorios!

3. Mujeres en proceso de desintoxicación lenta, ¡una advertencia para aquellas con problemas digestivos o de desintoxicación!

Y debo añadir que la adicción a la cafeína es como cualquier otra y, a menudo, tiene un factor emocional. Debemos enfrentarlo tomando unas vacaciones de cafeína por un mes completo, lo que le ayudará a obtener su equilibrio esencial; una vez que haya llegado a ese punto, podrá decidir con qué frecuencia desea consumir cafeína.

La tolerancia a la cafeína varía de mujer a mujer y depende en gran medida de cómo la cafeína interactúa con su fisiología individual y lo eficiente que sea su desintoxicación; pero hay un problema: para escuchar las señales reales de su cuerpo, tiene que eliminar la cafeína por el suficiente tiempo para entrar en sintonía. Y, debido a que es adictiva, aún esa eliminación temporal puede ser una fuente de ansiedad y molestia para muchas mujeres. Una forma de empezar a entender qué papel juega la cafeína en su vida (y en su desequilibrio esencial), es observar cómo afecta las funciones internas de su cuerpo.

La estructura molecular de la cafeína es similar a la del neurotransmisor adenosina, pero tiene el efecto contrario en las células del cerebro. La adenosina la hace sentir soñolienta y disminuye la actividad de las células nerviosas en los centros de excitación del cerebro. Esto permite la dilatación de los vasos sanguíneos del cerebro, lo que a su vez, permite que haya más oxígeno durante el sueño. Los niveles adecuados de adenosina son críticos para poder tener ciclos de sueño saludables, un requerimiento crucial para la desintoxicación. Debido a su estructura similar, la cafeína se adhiere a los receptores de adenosina en las células nerviosas, como una llave en un cerrojo; por lo que las células nerviosas no pueden interactuar con la adenosina real. En lugar de disminuir la actividad de las células nerviosas, la cafeína las acelera y contrae los vasos sanguíneos en el cerebro. Esta es la forma como la cafeína puede afectar los ciclos de sueño, disminuyendo los esfuerzos de curación y desintoxicación de su cuerpo. Esto también explica por qué la cafeína es usada, a menudo, como tratamiento para el dolor de cabeza, debido a que evita la dilatación de los vasos sanguíneos del cerebro en algunas mujeres (no en todas).

La cafeína incrementa la velocidad a la que se activan sus neuronas, estimulando nuestro viejo amigo: el eje HPA (hipotálamo-pituitaria-suprarrenal). También provoca un alza en el cortisol y en el neurotransmisor dopamina, que activa el centro del placer en el cerebro. En este sentido la cafeína es similar, aunque menos potente, a la cocaína, anfetaminas y otros estimulantes psicotrópicos. Una cantidad pequeña de 100 ó 200 miligramos de cafeína puede provocar, en algunas mujeres, un incremento de los niveles de noradrenalina y epinefrina/adrenalina, imitando la respuesta de pelear o huir, sólo que usted se encuentra sentada en su escritorio o automóvil. Cuando la excitación pasa y los niveles de adrenalina disminuyen, aparecen en su lugar: fatiga, irritabilidad, incapacidad para concentrarse, dolor de cabeza y abatimiento, preparando el escenario para un intenso deseo de cafeína... y azúcar. La cafeína es una droga adictiva, con el tiempo, se necesita más y más cafeína para producir el efecto deseado. También acentúa el efecto de otros estimulantes, tal como la nicotina. Las usuarias habituales experimentarán síntomas reales de abstinencia a las pocas horas de reducir el consumo, tales como: dolor de cabeza y una caída en la presión arterial, náusea, fatiga, irritabilidad, ansiedad y depresión. El promedio de vida de la cafeína en el cuerpo está en el rango de 3.5 a 6 horas, dependiendo del individuo. ¡Por lo tanto, muchas de ustedes pueden culpar a su café matutino por el bajón de la tarde!

Hay un grupo de personas que se desintoxican con lentitud y que pueden tener una variante genética de la enzima CYP1A2, que metaboliza la cafeína. Estas personas metabolizan la cafeína a una velocidad más lenta, permaneciendo por más tiempo en el cuerpo e incrementando el potencial de efectos negativos. El punto al que quiero llegar, es que la cafeína en sí no es problema, si usted se desintoxica eficientemente. Sin embargo, si usted tiene esta variante genética, o si su sistema de desintoxicación está sobrecargado de otra manera, el uso de la cafeína puede poner su salud en peligro. También es posible que la gran cantidad de químicos que hay en el café y en el té (como residuos de pesticidas), sean los que ocasionen el desequilibrio.

Apéndice G

SUPLEMENTOS SELECCIONADOS

Estos suplementos, entre otros, son vitales para el Plan básico del equilibrio esencial y el plan personalizado. Aquí podrá leer un poco más sobre lo que son y cómo funcionan, y usar la lista siguiente como referencia. También he incluido al final, las fórmulas de alimentos medicinales que uso en mi consulta para dar apoyo en los desequilibrios digestivos, hormonales e inflamatorios. Es mucho más fácil hablar con su médico sobre fuentes de alimento medicinal preempacado para usarlo con su supervisión, pero si eso se le dificulta, aquí puede ver qué nutrientes contienen y qué cantidad de cada uno.

5-HTP. Este aminoácido, que se forma de manera natural, es un precursor del neurotransmisor serotonina y un intermediario en el metabolismo del triptófano. El 5-HTP se encuentra en pequeñas cantidades en los alimentos (tales como pavo y queso) y es usado en el tratamiento de la depresión.

ALA. Ácido alfa linoleico (ALA por sus siglas en inglés) es un ácido graso omega-3 de comprobada efectividad para aliviar síntomas de inflamación. Otros ácidos grasos esenciales se pueden obtener con facilidad del pescado, pero estos ácidos grasos derivados del mar también pueden ser sintetizados por los humanos al consumir ALA. El ALA sólo está disponible a través de la dieta. Los aceites de semillas son la fuente más rica de ALA, en especial, los aceites de semilla de colza (canola), soya, nogal, linaza, perilla, chía y cáñamo.

La bufera. Es parte de la familia de las pimientas, conocida como: *Withania somnifera*. Usada como un tónico de salud general en la medicina ayurvédica, la bufera estimula la energía, incrementa la resistencia, alivia la fatiga, fortalece el sistema inmunológico, alivia y calma, aclara la mente y disminuye el proceso de envejecimiento. La raíz de bufera en polvo es usada en tónicos generales para el cuerpo que incrementan la salud y el bienestar. La bufera también es llamada: winter cherry, withania, asgandh y ginseng indio.

Astralagus. También llamado huang qu, es un polvo hecho de la raíz del *Astralagus membranaceus,* planta que es usada para fortalecer el sistema inmunológico. Ayuda en la función de las glándulas suprarrenales, en la digestión e incrementa el metabolismo. El astralagus es contraindicado en caso de fiebre.

Betaína HCl. Combinación de ayuda digestiva compuesta de betaína, una sustancia parecida a la vitamina, y ácido clorhídrico, que ayuda a estimular la acidez estomacal. Esta ayuda digestiva puede ser útil en el tratamiento de pacientes con problemas digestivos, tales como reflujo ácido (GERD, o enfermedad de reflujo gastroesofágico), y en particular para quienes tienen hipoclorhidria, baja producción de ácido en el estómago. La betaína HC1 es prescrita de manera ocasional a pacientes con otras formas de indigestión, tales como: acidez gástrica y gases; también: rosácea, asma, hongos, alergias y sensibilidades al medio ambiente. El alto contenido ácido de la betaína HC1 puede causar irritación en el estómago, por lo tanto, sólo debe tomarse junto con las comidas. Debido a que puede cambiar de manera significativa el pH estomacal, recomiendo que la betaína HC1 sea usada bajo la supervisión de un profesional con experiencia.

Cimicifuga racemosa. Una hierba conocida por su capacidad de disminuir la presión arterial y los niveles de colesterol, así como por el alivio de los síntomas de la menopausia y los cólicos relacionados con la menstruación.

Cayena. De la familia de la pimienta, esta hierba ayuda a la digestión, mejora la circulación, y actúa como catalizador para otras hierbas. Útil para calmar la inflamación y dolores en las articulaciones.

Calcio. El mineral más abundante en el cuerpo humano, básico para muchas funciones importantes. Más del noventa y nueve por ciento del total de calcio en el cuerpo se encuentra almacenado en los huesos y los dientes, donde es usado para dar fuerza, densidad y estructura. El restante uno por ciento es repartido a lo largo del cuerpo en la sangre, los músculos y el fluido intercelular. El calcio es necesario para la contracción de los músculos y de los vasos sanguíneos, para la expansión y secreción de hormonas y enzimas, y para enviar mensajes a través del sistema nervioso. El cuerpo filtra calcio de los huesos y dientes, para mantener un nivel constante dentro de los fluidos del cuerpo y para que algunos procesos vitales puedan funcionar de manera eficiente, razón por la cual los suplementos son importantes.

Calcio D-gluconate. La sal de gluconato de calcio, es usada para ayudar a mantener el equilibrio de calcio y prevenir la pérdida de hueso (cuando es tomado como un suplemento oral). También puede ayudar a prevenir el cáncer, pero todavía hacen falta estudios que demuestren estos efectos de manera práctica.

Cromo. Este mineral, necesario para el cuerpo en pequeñas cantidades, tiene dos formas: la primera es biológicamente activa y se encuentra en los alimentos; la segunda, es una forma tóxica que viene de la contaminación industrial. El suplemento de cromo está compuesto de la primera. El cromo estimula la acción de la insulina y del metabolismo de la proteína, grasa y carbohidratos. Se encuentra en el brócoli, uvas, vino rojo y carbohidratos complejos.

CLA. A pesar de parecer ilógico, el ácido linoleico conjugado (CLA, por sus siglas en inglés) es en esencia un ácido graso trans, aunque los cambios de su estructura molecular suceden de forma natural, como parte de la conjugación, lo contrario de las grasas sintéticamente deterioradas. Por esta razón, no se le denomina como una grasa trans en los Estados Unidos y no se ha comprobado que sea peligroso. El CLA es producido por la microflora en el estómago de los mamíferos que pastan. Como suplemento, ayuda al metabolismo de la glucosa y la grasa; y ha demostrado que reduce la grasa del abdomen y ayuda a controlar la resistencia a la insulina. Los huevos y la carne de res y de cordero alimentados con pasto son una buena fuente de CLA.

Canela. Una potente hierba que ayuda en el metabolismo de las grasas, mantiene el cuerpo caliente, ayuda con la digestión y combate las infecciones. Investigaciones actuales sustentan el rol de la canela para contrarrestar la resistencia a la insulina, diabetes y otras disfunciones del metabolismo, incluyendo aumento de peso.

Cordyseps sinensis. Esta es una especie de hongo, usado en toda Asia, para fortalecer los pulmones y los riñones. También es beneficiosa para el metabolismo de la grasa y los niveles de azúcar en la sangre al inhibir las acciones de la cortisol.

CoQ10. La co-enzima Q10 está presente en la mitocondria de todas las células y es básica para la producción adecuada mitocondrial de adenosina trifosfática (ATP), o energía celular. La CoQ10 ayuda en la salud cardiovascular y es un potente compuesto contra el envejecimiento.

DIM. Diindolylmethane (DIM) es un nutriente vegetal encontrado sólo en los vegetales crucíferos, tales como brócoli, coles de Bruselas y coliflor. Cuando masticamos los vegetales crucíferos, se liberan las enzimas de la planta. Una vez que estas enzimas entran en el estómago y son expuestas al ácido estomacal (HCL), se forma un compuesto llamado índole-3 carbinol, lo que a su vez, produce el DIM. El DIM afecta al estrógeno y la forma como es metabolizado. Investigaciones demuestran que la cantidad más efectiva de un suplemento DIM para mujeres es de 30 miligramos absorbible por dosis, tomando dos dosis diarias de 60 miligramos cada una (dos veces al día). El DIM no se absorbe muy bien, por lo tanto, le recomiendo investigar exhaustivamente y comprar el mejor suplemento empacado que pueda encontrar con sistema de liberación biológica.

Ácidos grasos esenciales. Los ácidos grasos esenciales son nada más eso: esenciales. No pueden ser sintetizados en el cuerpo y deben provenir de fuentes alimenticias. Sin embargo, aunque sólo dos de los ácidos grasos son técnicamente "esenciales", omega 3 y omega 6 (ellos se combinan para hacer el omega 9), todos los ácidos grasos omega 3 se encuentran en cantidades muy pequeñas en la dieta promedio de los Estados Unidos por las siguientes razones. Algunos ácidos grasos, en particular el omega 3, disminuyen los triglicéridos y alivian la inflamación, ayudando al hígado a convertir los ácidos sanguíneos proinflamatorios, como la homoquistaína, en agentes antiinflamatorios. El omega 6, en general, juega un papel proinflamatorio, pero existe evidencia de que al menos un ácido graso, el omega 6 (ácido gamalinoléico, o GLA), encontrado en los aceites de grosellas negras y de onagra, también previene los efectos inflamatorios negativos. Para una salud óptima, el ser humano necesita una proporción de ácidos grasos omega 6 a omega 3, en un rango de 1:1 y 4:1. Desafortunadamente, la dieta típica moderna provee una proporción mucho mayor de omega 6, ¡de 11 a 30 veces más de la cantidad requerida! Debido a que tenemos que darle a nuestro cuerpo estos nutrientes esenciales en las proporciones correctas, para apoyar el crecimiento y reparación normal de las células, debemos cambiar de manera radical la fuente de grasa en nuestra dieta, o complementar el consumo de omega 3 de una manera significativa. Los omega 3 saludables son ácido eicosapentaenoic (EPA) y ácido docosahexaenoic (DHA), ambos presentes en aceites de pescado y algas y muy recomendables en forma de suplemento, pero asegúrese de comprar lo mejor y que esté libre de mercurio.

Linaza (semillas y aceite). Un potente nutriente vegetal que promueve la piel saludable, huesos, uñas y dientes, fuertes. Ayuda a aliviar la inflamación, los desequilibrios hormonales y el estreñimiento. Las semillas son preferibles al aceite. Contiene ácidos grasos omega-3.

Ginseng. Una hierba saludable usada en general como tónico y estimulante de energía. La especie más común, como suplemento, es *Panax ginseng*, pero existen otras variedades. El ginseng es útil para controlar los problemas digestivos, el desequilibrio hormonal, la fatiga y debilidad. También es beneficioso para personas con resistencia a la insulina, diabetes y problemas suprarrenales, porque ayuda a disminuir los niveles de cortisona. El ginseng está contraindicado para personas con problemas de baja azúcar en la sangre.

GLA. Acido gamma linolénico (GLA) es un ácido graso esencial de la familia del omega-6, que es encontrado en aceites vegetales. El ácido linoleico (LA), otro ácido graso omega-6, está presente en la mayoría de los aceites vegetales, aceites poliinsaturados. LA es convertido en GLA en el cuerpo. El GLA es luego descompuesto en ácido araquidónico (AA), que es un compuesto proinflamatorio de la sangre, o en otra sustancia competidora, llamada ácido linoleico dihomogamma (DGLA), que es antiinflamatorio. El nivel de ácido araquinódico, que es inflamatorio, también se eleva en la sangre cuando comemos carnes rojas y alimentos preparados a la parrilla con carbón. La buena noticia es que cuanto más GLA consuma como suplemento, más ayudará a reducir los efectos inflamatorios de AA. Lo importante es la proporción entre los dos. El GLA está disponible de manera directa en el aceite de onagra (EPO), aceite de semilla de grosella negra y aceite de borraja.

Bebidas verdes. Las fórmulas de alimentos naturales, extraídos de plantas, son conocidas por sus propiedades purificadoras y desintoxicantes, dentro de ellas: el trigo tierno, clorofila, alga marina, alfalfa, cebada, perejil y hongos. Incorpore estas bebidas de manera gradual, porque algunas personas pueden tener reacciones severas.

Índole-3 Carbinol. Se encuentra en el repollo, la coliflor y la col de Bruselas. El índole-3 carbinol es convertido en los intestinos en diindolylmethane (DIM). Los suplementos de índole-3 carbinol tienen los mismos efectos beneficiosos del DIM sobre el metabolismo del estrógeno.

Alga marina (kelp). Es una clase de alga marina que puede comerse cruda, pero con frecuencia es deshidratada, granulada o molida en polvo para ser tomada en cápsulas.

El kelp provee una rica variedad de vitaminas y minerales, incluyendo yodo, y puede ser muy bueno para la salud del cerebro, su tiroides y para perder peso.

Kudzu. Un químico de tejido vegetal que suprime el deseo de alcohol, disminuye la presión arterial y alivia dolores de cabeza y cuello, el kudzu es útil en el tratamiento de problemas digestivos, entre otras enfermedades.

L-Glutamina. El aminoácido libre más abundante encontrado en los músculos del cuerpo. Es importante para la función del cerebro, la síntesis de las proteínas musculares y el mantenimiento de la capa mucosa de las paredes intestinales. Por esta razón, la glutamina es muy usada en forma de suplemento para desórdenes digestivos. El proceso de producción de glutamina en el cuerpo ayuda a limpiar el amoníaco de los tejidos. Por esta razón, los suplementos de glutamina no deben ser tomados si usted padece de cirrosis hepática, problemas en los riñones, síndrome de Reye, u otra enfermedad que pueda resultar en acumulación de amoníaco en la sangre. En estos casos, la glutamina adicional produce más daño que beneficio.

Regaliz. Una potente hierba que combate la inflamación, el desequilibrio hormonal y la acumulación de mucosidad y placa en el cuerpo. El regaliz también estimula el sistema inmunológico y la función suprarrenal. El uso del regaliz por más de siete días, puede producir presión arterial alta en quienes estén predispuestas a esa condición. Si tiene presión arterial alta, consulte con su médico y use regaliz sin glicéridos.

Magnesio. El cuarto mineral más abundante en el cuerpo. Casi la mitad del magnesio se encuentra en los huesos; la otra mitad está, de manera predominante, en las células de los tejidos y los órganos. Sólo un 1 por ciento del magnesio está en la sangre, pero el cuerpo filtra magnesio de otras áreas para mantener los niveles constantes en la sangre. El magnesio mantiene la función normal de músculos y nervios, el ritmo estable del corazón, apoya el sistema inmunológico y fortalece los huesos. Ayuda a regular los niveles de azúcar en la sangre y es conocido por estar involucrado en el metabolismo de energía y la síntesis de proteína. Se cree que el magnesio es útil en la curación de enfermedades crónicas tales como: enfermedad cardiovascular, diabetes y presión arterial alta. El magnesio está en los vegetales de hojas verdes, en la cáscara de la papa, en el pescado, las nueces y las semillas.

Melatonina. Una hormona natural producida por la glándula pineal en el cerebro. La melatonina es un potente antioxidante y hormona contra el envejecimiento, que controla su ritmo circadiano, entre otras funciones. Se cree que la melatonina juega un rol crítico en la producción y operación de otras hormonas, como el estrógeno, progesterona y testosterona, y para estimular el sistema inmunológico. La producción de la melatonina sucede en respuesta a la oscuridad de la noche y ayuda a nuestros cuerpos a mantenerse en sintonía, un fundamento básico del equilibrio esencial.

Leche de cardo o cardo mariano. Una hierba usada durante siglos para proteger el hígado y los riñones de toxinas y ayudar a la desintoxicación del hígado. Una tableta concentrada o cápsula es más efectiva que el té, porque la leche de cardo no se disuelve en agua fácilmente.

Pasiflora. Una hierba que tiene efecto tranquilizador y sedativo, útil para disminuir la presión arterial, aliviar la ansiedad, el insomnio u otros problemas relacionados con el estrés.

Fosfolípidos. Este compuesto calmante de ácidos grasos y fosfato es requerido por cada célula en el cuerpo para mantener saludables las membranas celulares. Es abundante en el sistema nervioso y se cree que reduce los síntomas de la depresión y del pensamiento "confuso". También ayuda a disminuir los niveles altos de cortisol.

Probióticos. El término *probiótico* (en contraste con antibiótico) se refiere a alimentos o suplementos ricos en microbios vivos, la flora intestinal beneficiosa que nos ayuda a digerir y absorber nuestros alimentos, mantener nuestro sistema inmunológico, neutralizar las toxinas y ayudar en la producción de vitaminas esenciales. Los probióticos son usados con regularidad para fortalecer o reconstruir nuestra propia flora natural. Los científicos estiman que sólo hemos identificado una pequeña fracción (1 ó 2 por ciento) de nuestra microflora, incluyendo los básicos: *Escherichia, Lactobacilo,* y *Bifidobacterium.* Muchas especies de bacterias beneficiosas, tales como los *Lactobacilos bulgaros* y *L. thermophilus,* usados en la fermentación del yogur, lo mismo que el casi omnipresente *E. Coli,* fabrican vitaminas B y K. También descomponen carbohidratos que de otra manera no serían digeribles. Otras formas de bacterias digieren proteínas, liberando sus aminoácidos para que sean absorbidos. Algunos se concentran en la digestión y el almacenamiento de grasa, ayudándonos a normalizar los niveles de colesterol y triglicéridos. Los *Acidophilus* y *Bifidobacterium* incrementan la disponibilidad biológica de minerales que requieren ácidos grasos de cadena corta para óptima absorción, tales como: magnesio, hierro, cobre y manganeso. Los probióticos de alta calidad son seguros, naturales y efectivos y pueden ser tomados sin problema con otros suplementos. Los mejores suplementos probióticos de aplicación general son refrigerados o diseñados para que tengan estabilidad sin refrigeración. Busque suplementos que contengan: *Sacaromicetos*, *Lactobacillus acidophilus*, y *Bifidobacteria* en miles de millones.

Crema de progesterona. Una crema sintetizada de la hormona progesterona que se produce de manera natural en el cuerpo. En las mujeres, la progesterona es producida principalmente en los ovarios y las glándulas suprarrenales, y su función es regular el ciclo menstrual y proteger el embarazo. La progesterona es básica para una gran cantidad de funciones, dentro de ellas, el desarrollo de los huesos. Es precursora de otras hormonas, incluyendo DHEA, estrógeno, testosterona y cortisol. Los suplementos, para quienes tienen deficiencia o un desequilibrio de estrógeno o progesterona, tienen un efecto calmante, antidepresivo y ayudan a aliviar los síntomas de las fluctuaciones hormonales, tales como: síndrome premenstrual (PMS), sudores nocturnos y accesos repentinos de calor.

Rhodiola rosea. La rhodiola es una planta que, cuando es usada en forma de suplemento, optimiza los niveles de serotonina y dopamina y alivia la depresión. En general, es tomada para aliviar el estrés y estimular el estado de ánimo.

Isoflavones de soya. Los beneficios de la soya son derivados principalmente de sus isoflavones, compuestos que imitan la estructura molecular del estrógeno humano. Dependiendo del tipo de receptores de estrógeno en las células, los isoflavones pueden reducir o imitar la actividad estrógena, lo que convierte los suplementos de soya en poderosos agentes para equilibrar las fluctuaciones hormonales. La mejor manera de obtener isoflavones de soya es con su dieta, pero un suplemento con 80 miligramos diarios parece ayudar a muchas mujeres con síntomas de perimenopausia o menopausia. La soya es un tema controversial, por lo tanto, le recomiendo leer todo lo que pueda , incluyendo los artículos sobre soya en womentowomen.com, que están sustentados con numerosos artículos de investigación (fácilmente disponibles).

Taurina. Es un ácido orgánico que está constituido básicamente de bilis. Es necesario para el desarrollo adecuado de la estructura músculoesquelética y se ha descubierto que ayuda a estabilizar los niveles de glucosa y a promover la metabolización de la grasa. La taurina también parece tener efectos calmantes en el sistema nervioso central, ayudando a aliviar los síntomas de ansiedad.

Cúrcuma. La cúrcuma, o el ingrediente amarillo curcumina, es el ingrediente activo que ayuda a combatir los radicales libres y toxinas del cuerpo. Un potente agente desintoxicador y estimulador de la inmunización, la cúrcuma ayuda a la circulación, baja el colesterol, y mejora la salud cardiovascular. Muy útil para condiciones relacionadas con la inflamación, en especial, dolores en las articulaciones y artritis.

Tirosina. Un aminoácido no esencial adquirido mediante el consumo de proteína, en especial la caseína del queso, que también puede ser formada por el aminoácido fenila-lanina. Es un importante precursor de neurotransmisores de adrenalina y noradrenalina y de la hormona melanina que oscurece el cabello y la piel. También es precursor de las hormonas tiroides, incluyendo la tiroxina.

Gayuba o uva ursi. Una hierba diurética que apoya la función inmunológica mediante el fortalecimiento contra las infecciones del bazo, hígado, páncreas, vejiga y riñones. La uva ursi, también es útil para la diabetes y los trastornos de la próstata y ha sido usada durante años para tratar bacterias específicas GI.

Ñame silvestre o dioscorea villosa. Relaja los espasmos musculares, reduce la inflama-ción y promueve la desintoxicación a través de la transpiración. Tiene propiedades que imitan a la progesterona, las que ayudan a aliviar los síntomas de menopausia y desequi-librio hormonal.

Fórmulas de alimento medicinal

Me he referido a los alimentos medicinales a lo largo de este libro porque soy una firme creyente de su eficacia. Con un poco de investigación, podrá encontrar un médico que trabaje con alimentos medicinales, y si no lo encuentra, un proveedor que le enseñe un poco más. A la mayoría de las mujeres no les gusta tomar una gran cantidad de suple-mentos, pero si usted ya tiene una despensa llena de vitaminas y minerales, y quiere ensayar su propia fórmula, le daré la composición básica de vitaminas y minerales que yo uso en los alimentos medicinales; pero, por favor, sea consciente de que los alimentos medicinales empacados contienen una mezcla de nutrientes exclusivos que no puedo reproducir aquí. Para más información sobre alimentos medicinales, visite mi sitio en Internet. También tome nota de que siempre es preferible trabajar con un profesional de la salud cuando se trata de controlar un desequilibrio esencial; vea la sección de recomenda-ciones y recursos para ayudarla a encontrar uno. Si desarrolla su régimen de suplementos similar a un alimento medicinal, o si decide comprar una variedad previamente empacada (que viene con una serie de hierbas y fibras útiles), descontinúe el uso de la multivitamina diaria. Si toma una dosis completa de alimento medicinal durante los últimos 14 días de su plan personalizado, por favor, descontinúe el uso de su multivitamina y sustituya su alimento medicinal por el desayuno y su merienda de la tarde.

Alimentos medicinales para apoyar el manejo de problemas digestivos e inflamatorios, incluyendo dolores en las articulaciones:

Elemento	Cantidad
Vitamina A	2500IUs
Vitamina A	2500IUs
Vitamina C	180mgs
Calcio	300mgs
Hierro	1.4mgs
Vitamina D	45IUs
Vitamina E	100Ius
Tiamina	2mgs
Manganeso	3mgs
Cobre	1mg
Zinc	13mgs
Cromo	60mcgs
L-Glutamina	750mgs
Folate	80mcgs
Riboflavina	2mgs
Niacina	35mgs
Ácido pantoténico	5mgs
Magnesio	280mgs
Fósforo	430mgs
Vitamina B6	5mgs
Vitamina B12	3mcgs
Biotina	150mcgs
L-Lisina	770mgs
L-Treonina	34mgs

Extracto de raíz de jengibre	100mgs
D-Limoneno	100mgs
Extracto de hoja de romero	200mgs
Extracto de cúrcuma rizoma	316mgs
Sulfato	50mgs

Alimentos medicinales para ayudar en el manejo de los desequilibrios hormonales:

Elemento	Cantidad
Vitamina C	60mgs
Calcio	600mgs
Hierro	2.5mgs
Vitamina D	40lus
Vitamina E	11lus
Tiamina	0.8mg
Riboflavina	0.9mg
Manganeso	0.4mg
Cobre	1mg
Zinc	9mgs
Cromo	100mcgs
Folate	400mcgs
Isoflavones	17mgs
Niacina	10mgs
Ácido pantoténico	5mgs
Magnesio	160mcgs
Fósforo	500mgs
Vitamina B6	25mgs
Vitamina B12	30mcgs
Biotina	150mcgs
Yodo	75mcgs

Alimento medicinal para ayudar en la curación de la resistencia a la insulina, enfermedad cardiaca y síndrome metabólico:

Elemento	Cantidad
Vitamina A	1750IUs
Vitamina C	60mgs
Calcio	600mgs
Hierro	3mgs
Vitamina D	40IUs
Vitamina E	11IUs
Tiamina	0.8mg
Riboflavina	0.9mg
Manganeso	0.3mg
Cobre	1mg
Zinc	7.5mgs
Cromo	100mcgs
Folate	400mcgs
Isoflavones	17mgs
Niacina	10mgs
Ácido pantoténico	5mgs
Magnesio	150mgs
Fósfor	500mgs
Vitamina B6	25mgs
Vitamina B12	30mcgs
Biotina	150mcgs
Yodo	75mcgs
Esteroles de plantas	2000mgs

Alimentos medicinales para ayudar en el manejo de la fatiga suprarrenal, y capacidad de desintoxicación:

Elemento	Cantidad
Vitamina A	1000IUs
Vitamina A	4000IUs
Vitamina C	110mgs
Calcio	75mgs
Hierro	3.6mgs
Vitamina D	35IUs
Vitamina E	80IUs
Tiamina	2mgs
Manganeso	1.3mgs
Cobre	1mg
Zinc	10mgs
Cromo	50mcgs
L-Glutamina	100mgs
Folate	80mcgs
Riboflavina	2mgs
Niacina	7mgs
Ácido pantoténico	3.5mgs
Magnesio	140mgs
Fósforo	200mgs
Vitamina B6	3.4mgs
Vitamina B12	3.6mcgs
Biotina	135mcgs
Yodo	53mcgs
L-Cisteína	30mgs
L-Lisina	35mgs
L-Treonina	35mgs
DL-Metionina	50mgs
L-Glicina	100mgs

EXÁMENES DE DIAGNOSIS

Índice de estrés adrenal (ASI): esta prueba examina cuatro muestras de saliva en un período de 24 horas (probando niveles de cortisol a las 7 A.M., 12 P.M., 4 P.M., y entre 10 P.M. y 12 A.M.) para observar los niveles de cortisol y hormonas DHEA; también evalúa la sensibilidad al gluten.

ALCAT: este examen de sangre analiza en el suero los niveles de anticuerpos de inmunoglobulina G total (IgG) y anticuerpos de inmunoglobulina E (IgE), dependiendo de lo solicitado, que revelan sensibilidades y alergias a ciertos alimentos y sus combinaciones. Los anticuerpos son una especie de ataque molecular que surge cuando un cuerpo extraño u otra amenaza es detectada por el sistema inmunológico. Hay cinco clases principales de inmunoglobulina, clasificadas dependiendo de su forma (la forma individual de un anticuerpo determina la clase de amenaza que va a combatir). También puede pedir un panel de químicos y hongos o una prueba de permeabilidad intestinal.

Prueba del aliento para el crecimiento bacteriano y micótico en el intestino delgado: mide los niveles de hidrógeno y gas metano que pueden indicar un crecimiento excesivo de bacterias, incluyendo hongos (cándida), que puede conducir a la fermentación excesiva de alimentos en el intestino delgado.

Análisis completo de heces para problemas digestivos (CDSA): evalúa la digestión y absorción, equilibrio bacteriano y del metabolismo, niveles de hongos y estatus inmunológico, para pacientes con síndrome de intestino irritable, indigestión, mala absorción y otros problemas gastrointestinales.

Perfil metabólico completo: prueba casera de orina y sangre para deficiencia de aminoácidos.

Análisis parasitológico de heces, seriado por 2 veces (CP x 2): prueba de heces para identificar microflora intestinal anormal, tales como: hongos y otras bacterias y parásitos peligrosos.

Proteína C reactiva y proteína C reactiva de alta sensibilidad (CRP): un examen de sangre para medir la proteína llamada C-Reactiva (CRP), su presencia indica inflamación. Recomiendo solicitar la prueba más moderna de proteína C reactiva de alta sensibilidad (HS-CRP) en lugar de la versión antigua. Una lectura mayor de 1.0 significa que está inflamada. Si su prueba es normal, pero todavía tiene dolor u otros síntomas inflamatorios, existe la posibilidad de que tenga algún tipo de inflamación de grado bajo.

Niveles de azúcar e insulina en sangre, en ayunas y dos horas postprandial (FBS/2-horas glucosa/insulina): es un examen de sangre para medir los niveles de glucosa/insulina en ayunas y dos horas después de una comida alta en carbohidratos simples y azúcar (tal como panqueques y jarabe). Me gusta ver los niveles de insulina en ayunas por debajo de 14 y el nivel postprandial por debajo de 30. Los niveles de glucosa en ayunas deben estar alrededor de 85 y postprandial en 120 o menos.

Perfil genético: prueba de orina y sangre para la predisposición a ciertas condiciones, tales como: osteoporosis, enfermedad cardiovascular y cáncer de seno; le permite a la mujer controlar ciertas inclinaciones genéticas a través de la nutrición y del uso específico de suplementos.

Antígeno para *H. pylory*: prueba de heces para organismos tipo *Campylobacte*, cuya presencia ha sido relacionada con gastritis y úlceras pépticas, en especial, úlceras duodenales.

Perfil hormonal: usa muestras de saliva, sangre u orina para medir estriol, estrona, estradiol, progesterona, DHEA, testosterona, hormonas sexuales con globulina (SHBG) y hydroxyestrones 2, 4 y 16. La duración y el momento oportuno de la prueba dependen de si se encuentra o no en la menopausia. Si se encuentra en la menopausia, la prueba evaluará el estatus de sus hormonas. El perfil hormonal también le dirá si el estrógeno está siendo metabolizado de manera apropiada, lo que puede influir en el riesgo de desarrollar cáncer de seno.

Prueba del parche de yodo: puede hacerlo en su casa con una tintura de yodo comprada sin receta. Debe aplicar un parche pequeño sobre la piel y observarlo durante las siguientes 24 horas. La absorción total del yodo, en un lapso de 4 horas, podría indicar insuficiencia de yodo, sugiriendo la necesidad de exámenes adicionales.

Prueba del yodo: si la prueba del parche muestra insuficiencia de yodo, puede pedir la prueba de orina de 24 horas para deficiencia de yodo. Toma 4 tabletas de yoduro y la muestra de orina se toma a las 24 horas. Luego, la orina es examinada para establecer la cantidad de yoduro excretado. Me parece ideal que un 90% del yoduro consumido sea excretado, lo que prueba que el cuerpo contiene suficiente.

Perfil de desintoxicación hepática: este examen es realizado por el laboratorio de diagnósticos Génova y prueba la capacidad de desintoxicación en las fases uno y dos.

Prueba de neurotransmisores: usa una muestra de orina para evaluar los niveles de serotonina, dopamina, noradrenalina, epinefrina (adrenalina), GABA, PEA, histamina y creatinina. La prueba de neurotransmisores es de alguna manera controversial, pero puede ser usada para darle una visión general. Al mismo tiempo, puede solicitar un perfil de aminoácidos que le dará una buena idea de cualquier deficiencia.

Perfil metabólico completo estándar (CMP): prueba para electrólitos, azúcar y proteína en la sangre, nivel de pH y función del hígado y riñones. Disponible en la mayoría de los laboratorios.

Metales tóxicos en orina: una prueba de orina para metales tóxicos, tales como: plomo, mercurio y arsénico. La presencia de metales pesados en su orina puede indicar exposición previa y desconocida a metales pesados.

Referencias y lecturas recomendadas

Introducción

Notas

1. J. Kaput y R. L. Rodrigues, "Nutritional Genomics: The Next Frontier in the Post-Genomic Era," *Physiological Genomics* 16, no. 2 (2004): 166–177.

2. L. Cordain et al., "Origins and Evolution of the Western Diet: Health Implications for the 21st Century," *American Journal of Clinical Nutrition* 81, no. 2 (2005): 341–354.

3. A.S. Agaston, "The End of Diet Debates? All Fats and Carbs Are Not Created Equal," *Cleveland Clinical Journal of Medicine* 72, no. 10 (2005): 946–950.

Lecturas recomendadas

- Para una perspectiva general sobre medidas relacionadas con el peso y la masa corporal: Doctor Walter Willet, *Eat, Drink, and Be Healthy: The Harvard Medical School Guide to Healthy Eating* (New York: Fireside Editions, 2001).

- Si le interesa leer un texto completo usado por médicos funcionales: Jones, David, M.D., ed., *Textbook of Functional Medicine* (Gig Harbor, WA: Institute for Functional Medicine, 2005).

Capítulo uno: su acto de equilibrio

Notas

1. Kate Douglas, "Supersize Me?" *New Scientist,* no. 2588 (January 27, 2007).

2. Alex Spiegel "Hotel Maids Challenge the Placebo Effect," *Morning Edition,* NPR, January 3, 2008.

3. Thomas Holmes y Richard Rahe, "Holmes-Rahe Life Changes Scale," *Journal of Psychosomatic Research* 11 (1967): 213–218.

4. Dr. Herbert Benson, *The Mind/Body Effect* (New York: Simon & Schuster, 1979): 35.

5. Tor Wager, Stephan F. Taylor, e Israel Liberzon, "Functional Neuroanatomy of Emotion: A Meta-Analysis of Emotion Activation Studies in PET and fMRI," *NeuroImage* 16 (2002): 331–348. Tor Wager y sus colegas están desarrollando actualmente otros estudios específicos sobre las neuroimágenes de las emociones y sensaciones de dolor.

6. Jukka Westerbacka et al., "Body Fat Distribution and Cortisol Metabolism in Healthy Men: Enhanced 5ß-Reductase and Lower Cortisol/Cortisone Metabolite Ratios in Men with Fatty Liver," en *Journal of Endocrinology & Metabolism* 88 (October 2003): 4924–4931.

7. C. S. Fox et al., "Abdominal Visceral and Subcutaneous Adipose Tissue Compartments: Association with Metabolic Risk Factors in the Framingham Heart Study" *Circulation* 116 (2007): 39–48.

8. "Mechanism Behind Mind-Body Connection Discovered," *ScienceDaily,* July 16, 2008. http://www.sciencedaily.com/releases/2008/07/080715152325.htm

9. Eric Ravussin, "Rising Trend May Be Due to 'Pathoenvironment,'" *British Medican Journal* 311 (December 9, 1995): 1569.

10. F. Chaouloff et al., "Peripheral and Central Consequences of Immobilization Stress in Genetically Obese Zucker Rats," *American Journal of Physiology Regulatory, Integrative, and Comparative Physiology* 256, no. 2, (1989): 435–R442.

11. David Jones, M.D., ed., *Textbook of Functional Medicine,* (Gig Harbor, WA: The Institute for Functional Medicine 2005): 137–146.

Lecturas recomendadas

- Para mayor información sobre el concepto de metabolismo individual, consulte el libro del doctor Mark Hyman, *Ultrametabolismo,* (New York: Scribner, 2006).

- Para más información sobre los efectos nocivos del estrés en el ADN, lea el artículo: "Chronic Stress Accelerates Aging as Measured by Telomere Length," *Future Pundit,* November 30, 2004, www.futurepundit.com.

- La doctora Candace Pert es una pionera en el campo de la investigación psicosomática. Su descubrimiento en 1970 de las endorfinas y los sitios de células receptoras, revolucionaron la medicina cuerpo-mente. Para leer más sobre "las moléculas que transportan información" en su cuerpo, también conocidas como hormonas y péptidos o ligandos, por favor lea: *Molecules of Emotion: The Science Behind Mind-Body Medicine* (New York: Scribner, 1997); Louise Hay, *Sana tu cuerpo* (Carlsbad, CA: Hay House, 1984); y Deepak Chopra, *Cuerpos sin edad, mentes sin tiempo: la alternativa quántica al envejecimiento* (New York: Harmony Books, 1993). Información sobre física biológica: http://physics.wustl.edu/Research/ResearchInfoDocs/Biological-Physics.php.

Capítulo dos: su fisiología esencial

Notas

1. Boyd Eaton, "The Ancestral Human Diet: What Was It and Should It Be a Paradigm for Contemporary Nutrition?" *Proceedings of the Nutrition Society* 65, no. 1 (2006): 1–6.

2. Nicholas Wade, "Still Evolving, Human Genes tell new story" *New York Times,* March 7, 2006.

3. L. Cordain et al., "Origins and Evolution of the Western Diet: Health Implications for the 21st Century," *American Journal of Clinical Nutrition* 81, no. 2 (2005): 341–354.

4. Del documento sobre "Mitochondrial Fuels" presentado por doctor Jeff Bland en el 2004 Institute for Functional Medicine Symposium.

5. Michael Schwartz, M.D. y Randy J. Seeley, Ph.D., "Neuroendocrine Responses to Starvation and Weight Loss," *New England Journal of Medicine* 336 (June 1997): 1802–1811.

6. Nicholas Wade, "Ice Age Ancestry May Keep Body Warmer and Healthier," *New York Times,* January 9, 2004.

7. Eduardo Ruiz-Resini et al., "Effects of Purifying and Adaptive Selection on Regional Variation in Human mtDNA," *Science* 303, no. 5655 (January 2004): 223–226.

8. Rhawn Joseph, Ph.D., *Neuropsychiatry, Neuropsychology* (Philadelphia: Lippincott Williams & Wilkins, 1996): 161–270.

9. M. Bagnasco et al., "Evidence for the Existence of Distinct Central Appetite, Energy Expenditure, and Ghrelin Stimulation Pathways as Revealed by Hypothalamic Site-Specific Leptin Gene Therapy," *Endocrinology* 143 (2002): 4409–4421.

10. S. Q. Giraudo, C. J. Billington, y A. S. Levine, "Feeding Effects of Hypothalamic Injection of Melanocortin 4 Receptor Ligands," *Brain Research* 809 (1998): 302–306.

11. L. H. Storlien, "The Ventromedial Hypothalamic Area and the Vagus Are Neural Substrates for Anticipatory Insulin Release," *Journal of the Autonomic Nervous System* 13, no. 4 (August 1985): 303–310.

12. Dirk Hanson, "Neuroaddiction: The Reward Pathway," *Addiction,* http://www.dirkhanson.org/neuroaddiction.html.

Lecturas recomendadas

- Parte de la información de este capítulo fue extraída de textos médicos, específicamente: *Textbook for Functional Medicine* (Gig Harbor, WA: The Institute for Functional Medicine, 2005) y de *Harrison, Principles of Internal Medicine, 17th Edition* (New York: McGraw-Hill, 2008). Información adicional sobre estos sistemas: www.womentowomen.com.

- Para saber más sobre la evolución de nuestro ADN: Anderson S. Bankier et al., "Sequence and Organization of the Human Mitochondrial Genome," *Nature* 290 (1981): 457–465.

- Para más información básica sobre el hipotálamo, puede revisar los siguientes documentos de investigación esenciales: Anand & Brobeck, 1951; Hoebel & Tetelbaum, 1966; Teitelbaum, 1961.

- Para una explicación completa sobre el control hipotalámico del apetito y conversaciones cruzadas relevantes entre las hormonas, descubiertas por los investigadores hasta la fecha, vea el fascinante documento: "Appetite Control" por Katie Wynne, Sarah Stanley, Barbara McGowan, y Steve Bloom en el *Journal of Endocrinology,* volumen 184 (2005), páginas 291–318.

Capítulo tres: usted es lo que come

Lecturas recomendadas

- Una mirada interesante a la nutrición moderna: el visionario libro de los doctores Colin Campbell y Thomas M. Campbell, *The China Study: Startling Implications for Diet, Weight Loss, and Long-Term Health.* (Dallas, TX: BenBella Press, 2006). También recomiendo Eric Schlosser, *Fast Food Nation* (Boston: Houghton Mifflin, 2001) y Gary Taubes, *Good Calorie, Bad Calorie* (New York: Knopf Publishing Group, 2007).

- Para una completa visión de los micro y macronutrientes y su relación con nuestra salud a largo plazo: *Dietary Reference Intakes For Energy, Carbohydrate, Fiber, Fat, Fatty Acids, Cholesterol, Protein, and Amino Acids*, by the Institute of Medicine of the National Academies (Washington, DC: National Academies Press, 2005).

- El papel de los lípidos y la función cerebral es un tema fascinante, para más información: el documento de Toshio Ariga, W. David Jarvis, y Robert K. You, "Role of Sphingolipid-Mediated Cell Death in Neurodegenerative Diseases," *Journal of Lipid Research,* volume 39 (1998). También disponible en www.jir.org. En ese documento, los autores discuten el rol de las vías con señales lípidas y la regulación de la supervivencia de las células, relacionado con el cerebro y las enfermedades degenerativas como el Alzheimer y Parkinson.

Capítulo cuatro: El inicio

Notas

1. James W. Lyne y P. Barak, "Are Depleted Soils Causing a Reduction in the Mineral Content of Food Crops?" 2000 Annual Meetings of the ASA/CSSA/SSSA, November 5–9, 2000, Minneapolis MN, www.soils.wisc.edu.

2. Donald R. Davis et al., "Changes in USDA Food Composition Data for 43 Garden Crops, 1950 to 1999," *Journal of the American College of Nutrition* 23, no. 6 (2004): 669–682.

3. R. H. Fletcher and K. M. Fairfield, "Vitamins for Chronic Disease Prevention in Adults: Clinical Applications," *Journal of the American Medical Association* 287 (June 19, 2002): 3127–3129.

Lecturas recomendadas

- El trabajo de la doctora Diana Schwarzbein ha tenido gran influencia sobre mi forma de pensar a través de los años. Recomiendo la lectura de cualquiera de sus excelentes libros, empezando con: *The Schwarzbein Principle* (Florida: Health Communications Inc., 1999).

- Un excelente libro de referencia sobre nutrición, suplementos y valores nutricionales: *The Nutrition Almanac, 5th Edition*, editado por Lavonne J. Dunne (New York: McGraw-Hill, 2002).

- Para ver las tablas nutricionales a lo largo de los años The United States Department of Agriculture, Agricultural Research Service: USDA Nutrient Database for Standard Reference, Release 13, 1999. Nutrient Data Laboratory Home Page: http://www.nal.usda.gov/fnic/foodcomp.

- Para más información sobre la degradación de nuestros suministros alimenticios, también puede leer el artículo: "Our Decrepit Food Factories," por Michael Pollan, *New York Times,* December 16, 2007.

- Información sobre probióticos adaptada de material previamente publicado en mi sitio en Internet: www.womentowomen.com. Por favor, suscríbase gratis al boletín bimestral "Insight" y lecturas adicionales. Referencias sobre probióticos, disponibles en: www.womentowomen.com/

digestionandgihealth/probiotics-references. Vea también: "Probiotics: A Link to Permanent Weight Loss and Ultimate Health," por Ana Luque en *Well-Being Journal,* volumen 17, no. 4 (July/August 2008): 3–7.

- Para mayor información sobre la importancia biológica de los ácidos grasos esenciales:"Links Biological Significance of Essential Fatty Acids" en el *Journal of Association of Physicians of India,* volumen 54 (2006): 309–319.

- Muchas hierbas y especias afectan el metabolismo del cuerpo; un interesante estudio sobre los efectos estimulantes de la canela en la insulina, es analizado en el documento de Richard Anderson et al., en "Isolation and Characterization of Polyphenol Type-A Polymers from Cinnamon with Insulin-Like Biological Activity," en el *Journal of Agricultural and Food Chemistry,* volume 52 (2004): 65–70.

Capítulo cinco: plan básico de alimentación del equilibrio esencial

Notas

1. C. A. Daley et al., "A Literature Review of the Value-Added Nutrients Found in Grass-Fed Beef Products," 2004, www.csuchico.edu/agr/grassfedbeef/health-benefits.

2. P. J. H. Jones, N. G. Asp, y P. Silva, "Evidence for Health Claims on Foods: How Much is Enough? Introduction and General Remarks," *Journal of Nutrition* 138, no. 6 (June 1, 2008): 1189S–1191S.

Lecturas recomendadas

- Para más información sobre la sinergia de la relación entre usted y sus alimentos, lea el maravilloso artículo de Michael Pollan, "Unhappy Meals," en el *New York Times,* January 28, 2007.

Capítulo seis: plan básico de bienestar del equilibrio esencial

Lecturas recomendadas

- No soy una gran fanática de los libros de dieta, pero he mantenido uno durante todos estos años porque tiene excelente información sobre ejercicios: Christopher V. Guerriero, *Maximize su metabolismo* (San Diego, CA: Jodere Group, 2003).

- Para una interesante y asombrosa visión sobre el poder del ejercicio, lea el artículo de Jonathan Shaw, "The Deadliest Sin: From Survival of the Fittest to Staying Fit Just to Survive: Scientists Probe the Benefits of Exercise— and the Dangers of Sloth," *Harvard Magazine* (March/April 2004): 36–43. El artículo completo está disponible en http://harvardmagazine.com/2004/03/the-deadliest-sin.html.

- Hay numerosos estudios con información sobre la falta de sueño y el aumento de peso. Para empezar, lea R. Vorona et al., "Overweight and Obese Patients in a Primary Care Population Report Less Sleep Than Patients with a Normal Body Mass Index" in *Archives of Internal Medicine,* volume 165, no. 1 (2005): 25–30, y "Lack of Sleep Linked to Weight Gain" de Meridian Health (01.26.2005) disponible en: www.meridianhealth.com/index.cfm/NewsAndMedia/HealthNews/MindBody/2008Jun.cfm

- Para estudios científicos sobre el poder de la respiración del yoga: R. Brown y P. Gerbarg, "Sudarshan Kriya Yogic Breathing in the Treatment of Stress, Anxiety, and Depression: Part I—Neurophysiologic Model," en el *Journal of Alternative and Complementary Medicine,* volume 11, no.1 (2005): 189–201, y "Sudarshan Kriya Yogic Breathing in the Treatment of Stress, Anxiety, and Depression: Part II—Clinical Applications and Guidelines," en el *Journal of Alternative and Complementary Medicine,* volume 11, no. 4 (2005): 711–717.

- Para más información sobre DHEA, vitamina D, serotonina, y los beneficios del juego, visite www.womentowomen.com y busque los archivos del boletín "Insight".

Capítulo ocho: plan personalizado del desequilibrio digestivo

Notas

1. Vea los siguientes artículos: M. Kalliomaki, "Food Allergy and Irritable Bowel Syndrome" en *Current Opinion in Gastroenterology* 21, no. 6 (2005): 708–711, y I. Herzum et al., "Diagnostic and Analytical Performance of a Screening Panel for Allergy," *Clinical Chemical and Laboratory Medicine* 43, no. 9 (2005): 963–966.

2. T. S. Chen et al., "Effects of Sex Steroid Hormones on Gastric Emptying and Gastrointestinal Transit in Rats," *American Journal of Physiology: Gastrointestinal and Liver Physiology* 268 (1995): G171–G176.

Lecturas recomendadas

- Los siguientes libros son una excelente lectura de referencia sobre sensibilidades digestivas : Elizabeth Lipski, *Digestive Wellness, 3rd Edition* (New York: McGraw Hill, 2004); Michael Gershon, *The Second Brain* (New York: Harper Collins, 1989); Dr. Ellen Cutler, *The Food Allergy Cure* (New York: Random House, 2003); y Merla Zellerbach, *The Allergy Sourcebook: Everything You Need to Know* (New York: McGraw-Hill, 2000).

- Vea también los artículos de B. N. Ames "Delaying the Mitochondrial Decay of Aging," *National Academy of Science,* volume 1019, no. 1 (June 2004): 406–411; y "The Metabolic Tune-Up: Metabolic Harmony and Disease Prevention," en el *Journal of Nutrition,* volume 133, no. 5 (May 2003): 1544–1548.

Capítulo nueve: plan personalizado del desequilibrio hormonal

Notas

1. Wake Forest University Baptist Medical Center, "Exercise Important in Reducing Size of Abdominal Fat Cells," *ScienceDaily* (August 7, 2006) http://www.sciencedaily.com/releases/2006/08/060807154847.htm.

2. L. R. Simkin-Silverman et al., "Lifestyle Intervention Can Prevent Weight Gain During Menopause: Results from a 5-year Randomized Clinical Trial," *Annals of Behavioral Medicine* 26, no. 3 (December 2003): 212–220.

3. R. Azziz, "Reproductive Endocrinologic Alterations in Female Asymptomatic Obesity," *Fertility Sterility* 52, no. 5 (November 1989): 703–725.

4. J. Mann, "Meta-Analysis of Low-Glycemic Index Diets in the Management of Diabetes: Response to Franz," *Diabetes Care* 26 (2003): 3364–3365, http://care.diabetesjournals.org/cgi/content/full/26/12/3364.

5. D. Rogoff et al., "Abnormalities of Glucose Homeostasis and the Hypothalamic-Pituitary-Adrenal Axis in Mice Lacking Hexose-6-Phosphate Dehyrogenase," *Endocrinology* 148, no. 10 (October 2007): 5072–5080.

6. C. K. Sites et al., "Soy Linked to Less Belly Fat in Post-Menopausal Women," abreviado del estudio publicado en *Fertility and Sterility* 88, no. 6 (2007): 1609–1617. La soya ha causado mucha controversia en el mundo de la nutrición, pero mi investigación me ha llevado a creer que los beneficios contrarrestan los riesgos. Para más información sobre la soya, lo mismo que referencias adicionales, visite www.womentowomen.com y lea el artículo y referencias titulados "Health Benefits of Soy—Why the Controversy" de mi colega, la doctora Dixie Mills.

Lecturas recomendadas

- Libros para disfrutar: Dr. Susan Love, Menopause & Hormone Book: *Making Informed Choices* (New York: Three Rivers Press, 1998); Dr. John Lee y Virginia Hopkin, *What Your Doctor May Not Tell You About Menopause: The Breakthrough Book on Natural Progesterone* (New York: TimeWarner, 1996); *The Glucose Revolution: The Authoritative Guide to the Glycemic Index* de Jennie Brand-Miller, Ph.D.; Thomas Wolever, M.D., Ph.D.; Kaye Foster-Powell; y Stephen Colagiuri, M.D. (New York: Marlowe & Co, 1999); y *Women's Bodies, Women's Wisdom* de Dr. Christiane Northrup (New York: Bantam, 1998).

- Para una fantástica visión general sobre la cascada de hormonas femeninas,consulte el capítulo de la doctora Bethany Hays: "Hormonal Imbalances: Female Hormones: The Dance of the Hormones. Pt. I," en *Textbook of Functional Medicine* (Gig Harbor, WA: Institute for Functional Medicine, 2005): 215–234.

Capítulo diez: plan personalizado del desequilibrio suprarrenal

Notas

1. D. Rogoff et al., "Abnormalities of Glucose Homeostasis and the Hypotha-lamic-Pituitary-Adrenal Axis in Mice Lacking Hexose-6-Phosphate Dehy-drogenase," *Endocrinology* 148, no. 10 (October 2007): 5072–5080.

2. X. Belda et al., "The Effects of Chronic Food Restriction on Hypothalamic-Pituitary-Adrenal Activity Depend on Morning Versus Evening Availability of Food," *Pharmacology, Biochemistry and Behavior* 81 (2005): 41–45.

3. P. Björntorp, "Do Stress Reactions Cause Abdominal Obesity and Comor-bidities?" *Obesity Reviews* 2, no. 2 (2001): 73–86.

4. Kate Ramsayer, "Sweet Relief: Comfort Food Calms, with Weighty Effect," *Science News* 164, no. 11 (September 13, 2003): 165.

5. M. E. Gluck, A Geliebter, y M. Lorence, "Cortisol Stress Response is Posi-tively Correlated with Central Obesity in Obese Women with Binge Eating Disorder (BED) Before and After Cognitive-Behavioral Treatment," *Annals of the New York Academy of Science* 1032 (December 2004): 202–207.

Lecturas recomendadas

- Libros recomendados: *Feeling Fat, Fuzzy, or Frazzled?* de Dr. Richard Shames y Karilee Shames, Ph.D., R.N. (New York: Hudson Street Press, 2005); y *Your Fat Is Not Your Fault* de Carol M. Simontacchi con Margaret West (New York: Tarcher/Putnam, 1997).

- También me siento en deuda por la información obtenida sobre los desas-trosos efectos bioquímicos del estrés en el 14th International Symposium on Functional Medicine, titulado "The Weaver and the Web: Understand-ing the HPA and HPT Axes," que tuvo lugar en Tucson, Arizona, en mayo 2007.

Capítulo once: plan personalizado del desequilibrio neurotransmisor

Notas

1. E. G. Tafet, M. Toister-Achituv y M. Shinitzky, "Enhancement of Serotonin Uptake by Cortisol: A Possible Link Between Stress and Depression," *Cognitive, Affective, & Behavioral Neuroscience* 1, no. 1 (March 2001): 96–104.

2. M. M. Hagan et al., "The Effect of Hypothalamic Peptide YY on Hippocampal Acetylcholine Release in Vivo: Implications for Limbic Function in Binge-Eating Behavior," *Brain Research*, volume 805 (1998): 20–28.

3. D.M. Makina et al., "Effect of Hypericum Extract on the Hypothalamic-Pituitary-Adrenal System in Rats," *Bulletin of Experimental Biology and Medicine* 132, no. 6 (December 2001): 1180–1181.

Lecturas recomendadas

- Si está interesada en leer más sobre este tópico, le sugiero los siguientes libros: *The Mood Cure* de Julia Ross (New York: Penguin Books, 2003); *Potatoes Not Prozac* de Kathleen Desmaisons, (New York: Simon & Schuster, 1999); y *The Food-Mood Solution* de Jack Challem y Dr. Melvyn R. Werbach (New York: Wiley, 2008). Si está luchando con una forma compulsiva de comer que no responde a la dieta ni a cambios en el estilo de vida, también le recomiendo *Fat Is a Family Affair* de Judy Hollis, Ph.D. (Minnesota: Hazelden, 2003) y cualquiera de los trabajos de Geneen Roth. Uno de mis favoritos es, *Breaking Free from Emotional Eating* (New York: Plume/Penguin USA, 2003).

- Para más información sobre metabolismo y estado de ánimo, lea el artículo de R. Morriss y F. A. Mohammed titulado "Metabolism, Lifestyle, and Bipolar Affective Disorder," en el *Journal of Psychopharmacology*, volume 19, supplement 6 (November 2005): 94–101. Para un interesante vínculo entre la nutrición y la depresión, lea el artículo de Frederick Cassidy, M.D., Eileen Ahearn, M.D., Ph.D., y J. Carroll, M.B., Ph.D., titulado "Elevated Frequency of Diabetes Mellitus in Hospitalized Manic Depressive patients," en el *American Journal of Psychiatry*, volume 156 (September 1999): 1417–1420.

- Con frecuencia se ha denominado a la DHEA como la hormona de la "alegría" por muchos en el campo de la salud. Como la producción de DHEA empieza a disminuir en su juventud, el desequilibrio neurotransmisor de la mediana edad con frecuencia puede aliviarse con suplementos DHEA (bajo supervisión médica). Para más información sobre los efectos fisiológicos de la DHEA, lea H. A. Alhaj, A. E. Massey, y R. H. McAllister-Williams, "Effects of DHEA Administration on Episodic Memory, Cortisol, and Mood in Healthy Young Men: A Double-Blind, Placebo-Controlled Study." *Psychopharmacologia* (traducida del francés y publicada por Springer/Berlin), volume 188, no. 4 (November 2006): 541–551. En este documento los autores concluyen, que la administración de DHEA ocasiona la reducción de los niveles de cortisol vespertinos y mejora el estado de ánimo.

- La información general de este capítulo está basada en los datos presentados en el 9th International Symposium of Functional Medicine, llamado "Disorders of the Brain," y el 15th Symposium, llamado "Neurobiology of Mood and Cognitive Disorders."

Capítulo doce: plan personalizado del desequilibrio inflamatorio

Notas

1. Andreas Festa, M.D., et al., "Inflammation in the Prediabetic State Is Related to Increased Insulin Resistance Rather Than Decreased Insulin Secretion," *Circulation* 108 (2003): 1822–1830.

2. Earl S. Ford, "Body Mass Index, Diabetes, and C-Reactive Protein Among U.S. Adults," *Diabetes Care* 22, no. 12 (December 1999): 1971–1977.

3. Kathryn E. Wellen et al., "Obesity-Induced Inflammatory Changes in Adipose Tissue" publicado en el *Journal of Clinical Investigations* 112, no. 12 (December 2003): 1773–1914.

4. Zhuowei Wang et al., "Leptin Resistance of Adipocytes in Obesity: Role of Suppressors of Cytokine Signaling," *Biochemical and Biophysical Research Communications* 277 (2000): 20–26.

5. Nicoletta Botto et al., "Genetic Polymorphisms in Folate and Homocysteine Metabolism as Risk Factors for DNA Damage," *European Journal of Human Genetics* 11 (2003): 671–678.

6. Joseph L. Evans et al., "Oxidative Stress and Stress-Activated Signaling Pathways: A Unifying Hypothesis of Type 2 Diabetes," *Endocrinology Review* 23 (2002): 599–622.

7. Jennifer Acerman, "The Great Sunlight Standoff," *Psychology Today* (November/December 2007): 97–102.

Lecturas recomendadas

- Para lectura adicional sobre este tema, sugiero los siguientes libros: *The Perricone Prescription* de Nicholas Perricone, M.D. (New York: HarperCollins, 2004); *The Inflammation Syndrome* de Jack Challem (New Jersey: Wiley, 2003); y *Ultra-Longevity* de Mark Liponis, M.D. (New York: Little Brown, 2007).

- La conexión entre el tejido adiposo, la inflamación y la enfermedad crónica está siendo estudiada en detalle por investigadores en todo el mundo. Para más información, lea Stuart P. Weisberg et al., "Obesity Is Associated with Macrophage Accumulation in Adipose Tissue," publicado con un artículo de Wellen, artículo referenciado arriba en el *Journal of Clinical Investigations* 112, no. 12 (December 2003): 1773–1914. Los investigadores concluyen que "la obesidad altera el metabolismo del tejido adiposo y la función endocrina y conduce al incremento de la liberación de ácidos grasos, hormonas y moléculas proinflamatorias que contribuyen a las complicaciones asociadas con la obesidad".

- Para leer más sobre el efecto de la inflamación en nuestras hormonas del hambre, lea el documento de Peter Havel, "Control of Energy, Homeostasis, and Insulin Action by Adipocyte Hormones: Leptin, Acylation Stimulating Protein, and Adiponectin," del Department of Nutrition, University of California, Davis; publicado en *Current Opinion in Lipidology*, volume 13 (2002): 51–59.

- Información útil sobre suplementos y nutrientes para aliviar la inflamación adaptada de datos suministrados en el 11th International Symposium on Functional Medicine, llamado "The Coming Storm: The Rising Pandemic of Diabetes and Metabolic Syndrome."

- Más información sobre los efectos beneficiosos de la vitamina D sobre su inmunidad, estado de ánimo y longevidad: Richard Hobday, *The Healing Sun* (Tallahassee, FL: Findhorn Press, 1999).

Capítulo trece: plan personalizado del desequilibrio de la desintoxicación

Notas

1. "National Report on Human Exposure to Environmental Chemicals," Department of Health & Human Services, Center for Disease Control (July 2005), www.cdc.gov.

2. Vea el siguiente documento de investigación: C. Pelletier, P. Imbeault, y A. Tremblay, "Energy Balance and Pollution by Organochlorines and Poly-chlorinated Biphenyls," en el *Obesity Review,* volume 4, no. 1 (February 2003): 17–24

Lecturas recomendadas

- La desintoxicación es un tema muy popular en la actualidad, con abundantes fuentes de referencia. Para más información, le sugiero leer cualquier trabajo de Sherry Rogers, M.D., incluyendo *Tired or Toxic: A Blueprint for Health* (New York: Prestige Publications, 1990) y el de mi querido amigo Dr. Frank Lipman, incluyendo *Total Renewal* (New York: Tarcher/Putnam, 2003); y *Ultra-Prevention: A Six-Week Plan That Will Make You Healthier for Life,* de Mark Hyman, M.D., y Mark Liponis, M.D. (New York: Scribner 2003). También puede encontrar mucha información acerca de desintoxicación en mi sitio en internet: www.womentowomen.com.

- Para más información sobre la cantidad de químicos hechos por el hombre y nuestra exposición a ellos: documento de G. Y. Nicolau, "Pesticide Effects upon the Circadian Time Structure in the Thyroid, Adrenal, and Testis in Rats," en *Endocinologie,* volume 20, no. 2 (April/June 1982): 73–90; y "Curbing the Toxic Onslaught" de Donald E. Colbert, M.D., *NutriNews* Newsletter (Autumn 2005): 1–5.

- Para leer más sobre toxinas y metabolismo, vea el documento de C. Pelletier, P. Imbeault, y A. Tremblay llamado "Thermogenesis and Weight Loss in Obese Individuals: A Primary Association with Organochlorine Pollution," en el *International Journal of Obesity Obesity-Related Metabolic Disorders,* volume 28, no. 7 (July 2004): 936–939.

- Una mirada que causa temor sobre el impacto a largo plazo de las hormonas que desestabilizan el sistema endocrino, lea el fascinante artículo de W. Souder, "It's Not Easy Being Green: Are Weed-Killers Turning Frogs into Hermaphrodites?" en Harper's Magazine (2006 August): 59–66.

- Para aprender más sobre el impacto de los metales pesados: T. Eeva, E. Belskii E, y B. Kuranov's, "Environmental Pollution Affects Genetic Diversity in Wild Bird Populations, " en *Mutation Research*, volume 608, no. 1 (September 19, 2006): 8–15

- Lea el documento extenso, "Toxic Nation Report: A Report on Pollution in Canadians" de *Environmental Defense* (November 2005) para una impactante visión general de la cantidad de residuos químicos que circulan en el cuerpo humano occidental promedio. Disponible como PDF para descargar en www.environmentaldefence.com.

¿Ahora qué?

Notas

1. Para mayor información sobre estudios HCG: M. R. Stein, R. E. Julis, y C. C. Peck, "Ineffectiveness of Human Chorionic Gonadotropin in Weight Reduction: A Double-Blind Study," *Journal of the American Medical Association* 236 (1976): 2495–2497.

Lecturas recomendadas

- Para obtener mayor información sobre HCG, lea: W. Hinshaw, J. E. Sawicki, y J. J. Deller, Jr., "Human Chorionic Gonadotropin (HCG) Treatment of Obesity" en los *Archives of Internal Medicine,* volume 137 (1977): 151–155; y "Dieters Take a Jab at Fat With Injections For Weight Loss," de Alexandra Horowitz, Resident Publications (March 2008).

Capítulo catorce: el problema está en sus tejidos

Notas

1. Jeffrey Steingarten, *It Must've Been Something I Ate* (New York: Vintage Books, 2003): 6.

2. Dr. Alice Domar, *Healing Mind, Healthy Woman* (New York: Henry Holt, 1996): 11.

3. Andrew Harvey, The Direct Path: Creating a Journey to the Divine Using the World's Mystical Traditions (New York: Broadway Books, 2000): 13.

4. Candace Pert, *Molecules of Emotion* (New York: Scribner, 1997): 270.

5. Para obtener información sobre terapia de contacto, oxitocín y abrazos, vea el artículo de M. S. Carmichael et al., titulado, "Plasma Oxytocin Increases in the Human Sexual Response" en el *Journal of Clinical Endocrinology & Metabolism,* volume 64 (1987): 27–31.

Lecturas recomendadas

- Uno de mis libros favoritos sobre los desastrosos efectos de las emociones escondidas es el de Karol Truman titulado *Feelings Alive Never Die* (Phoenix, AZ: Olympus Distributing, 1991). Describe cómo ciertas partes del cuerpo son afectadas por diferentes emociones.

- Uno de los estudios pioneros de la conexión entre el trauma emocional y la salud física es el notable estudio ACE conducido por el doctor Vincent J. Felitti titulado "The Relation Between Adverse Childhood Experiences and Adult Health: Turning Gold into Lead" y fue publicado por primera vez en *The Permanente Journal,* volume 6, no. 1 (Winter 2002). Es una fascinante lectura para cualquiera que esté interesado en la ciencia detrás de esta conexión.

- Aprenda más sobre el poder del abrazo en el artículo, "A Hug A Day," de Jan McColm en *Endeavors* (University of North Carolina at Chapel Hill (Winter 2004).

Capítulo quince: revisión de su guión negativo

Lecturas recomendadas

- Para aprender más sobre las distorsiones cognitivas, lea el libro del Dr. David Burns, *Feeling Good: The New Mood Therapy* (New York: Harper, 1999).

- También recomiendo el trabajo de Byron Katie, incluyendo el creativo *Loving What Is* (New York: Three Rivers Press, 2002) y *I Need Your Love—Is That True?* (New York: Three Rivers Press, 2005).

- *The Artist's Way: A Spiritual Path to Higher Creativity* (New York: Tarcher/Putnam 1992/2002) de Julia Cameron es una lectura obligada para cualquiera que esté interesada en descubrir sus fuentes creativas.

Capítulo dieciséis: En conclusión

Lecturas recomendadas

- Para aprender más sobre los peligros de los químicos en los cosméticos, lea"The Dark Side of Beauty" de Rosemary Carstens en *Alternative Medicine* (January 2006), disponible en Internet en los archivos de www.natural solutionsmag.com. También puede accesar el "Skin Deep Report" para investigar sobre la seguridad de sus cosméticos y productos de belleza en el Environmental Working Group Website que encontrará en www.ewg.org.

- Para mayor información, consultoría de análisis de color e imagen, por favor contacte a Julie Cunningham en Julie Cunningham Color: 1717 Congress St., Portland, ME 04102 o llame al 207-773-5500.

Reconocimientos

Mi propio peregrinaje empezó con mi madre, Sonja, quien me enseñó a ver más allá de lo que se encontraba frente a mis ojos y a hacer siempre preguntas; y con mi padre, Thomas, quien siempre me motivó en mis búsquedas intelectuales. Me siento eternamente agradecida con ellos por haberme colocado en el rumbo correcto. También agradezco a mis hermanos: Ralph, por nunca haber dejado de creer en mí, y Evan, por su amor y apoyo incondicional. Me habría perdido en el camino si no fuera por Edgar Casey Cayce y la Association for Research and Enlightenment, donde aprendí a realizar grandes cuestionamientos y a no aceptar como dogma lo que me decían. A Dora Kunz y Delores Krieger en Pumpkin Hollow, quienes fueron las primeras en enseñarme el toque terapéutico y mostrarme que el cuerpo tiene un campo energético, un regalo invaluable. Me siento en deuda con Anne Rafter, con quien empecé a explorar la posibilidad de abrir un centro de salud integral para mujeres, cuando esto era algo fuera de lo común. Con ese fin, envío mis plegarias de agradecimiento a nuestra hermana pionera, la doctora Christiane Northrup, quien lideró el camino para todas las que la seguimos, y quien, junto con nuestra maravillosa colega la doctora Ellen Fenn, se unió a Anne y a mí para empezar Women to Women en 1980. Gracias también a la asistente de la doctora Northrup, Diane Grover. Gracias a mis mentores, el doctor Jeff Bland y la doctora Candace Pert, por enseñarme lo que saben y a mis queridas colegas: Liz Lipski, Louise Hay y Cheryl Richardson por la enorme influencia que han tenido en mi vida y en este campo. Mi sincero aprecio a Jeff McKinnon, Betsy Peters, y a todos en Concordia Partners por llevar mi mensaje al ciberespacio. Estoy muy agradecida con la doctora Dixie Mills, por poder contar con ella para escucharme y apoyarme en tantas transiciones. Una inconmensurable deuda de gratitud con el doctor Frank Lipman, por haber sido el discernidor de mis ideas y mi motivador personal. A Fern Tsao, Frank Gentile, Eileen Beasley, Aita Passmore, Robert Deutsche y Thea Fournier, por mantenerme en buena salud. Y, sobre todo, gracias, un millón de veces gracias a Donna Poulin, mi salvavidas, organizadora, amiga verdadera, y mente creativa detrás de muchas de las recetas en este libro. También estoy muy agradecida por la dedicación y esfuerzo de las profesionales de Women to Women: Marcy Holmes, Jay Riley y Carrie Levine, y por el impacto que están logrando marcar en la vida de muchas mujeres; y al resto de nuestro dinámico y dedicado personal. Y por supuesto, yo no sería nada sin mis espectaculares, valientes y sorprendentes pacientes. Ustedes son mi inspiración.

Un agradecimiento especial para mi agente, Stephanie Tade, por todo lo que ella hace, y a mi editora, Patty Gift, su asistente Laura Koch, y Anne Barthel, extraordinaria editora de redacción. Y por supuesto, un millón de gracias a Genevieve Morgan, gran escritora, colaboradora y amiga, estoy muy agradecida al universo por habernos permitido estar juntas. Gracias a Julie Cunningham por su incansable soporte, consejo, afecto y entusiasmo a través de los años. A mis queridísimas amigas: Laurie Chandler, Jane Honeck, Sally McCue y Linda Ward, gracias por permanecer a mi lado sin condiciones, por su apoyo y por su amor. Esto ha significado mucho. Mi amor y mi agradecimiento a mi esposo, Joseph y mi hijastro Joe, y a mis hijos, Micah y Joshua, quienes han sacrificado mucho en nombre de la salud de las mujeres y, en especial, a mi hija Katya. Este libro se gestó con el sueño de que pronto el mundo será un lugar diferente para ella y todas las jóvenes que empiecen su propio peregrinaje.

Marcelle Pick

Durante la preparación de este libro, he tenido la suerte de encontrarme con varios individuos que iluminaron mi camino o se detuvieron para darme indicaciones. Gracias a mi abuela y a mi madre por ayudarme a perder el miedo a viajar sola; a mis profesores, Gary Gurney, Kathleen Swinbourne, Brett Russman, Susan Conley, Aruni Nan Futoronsky y Stephanie Tade por su comprensión; y más allá de toda medida, a Marcelle, cuya luz ayudó a cambiar el rumbo de mi vida. También, con sincera gratitud a las valientes mujeres que compartieron sus, a veces, dolorosas historias personales conmigo. Tengo una gran deuda con Tess, Tabitha, Vicki, y Luanne, las maravillosas mujeres que mantuvieron mi vida y mi casa en orden mientras escribía este libro, y a mi padre y madrastra por ayudarme en los momentos difíciles. Gracias a todos mis sabios, inteligentes, y amorosos amigos por ayudarme con la carga y hacer mi viaje más entretenido. Pero, sobre todo, gracias a mis amados muchachos, Tom, Graham, y Wyeth, por ser quienes son y por estar conmigo.

Genevieve Morgan

Sobre las autoras

Marcelle Pick, posee una maestría en enfermería, es enfermera practicante en obstetricia y ginecología, cofundadora de Mujeres para Mujeres, y con una visión de cambio en el cuidado de la salud de la mujer. La clínica ha sido pionera en combinar la medicina convencional y alternativa dentro de un enfoque integral, que no sólo trata enfermedades, sino que ayuda a las mujeres a elegir opciones de vida para prevenirlas. Miles de mujeres de todas partes del mundo son atendidas por Mujeres para Mujeres cada año.

Marcelle Pick posee una licenciatura en enfermería y en psicología de la Universidad de New Hampshire y una maestría en enfermería del Boston College–Harvard Medical School. Está certificada como enfermera profesional, tanto para obstetricia y ginecología, como para pediatría. Marcelle Pick ha sido consultora médica de la revista *Healthy Living*, ha impartido conferencias sobre una variedad de tópicos y se ha presentado con regularidad en la televisión para discutir asuntos sobre la salud de la mujer.

Genevieve Anderson Morgan es autora de numerosas obras de no ficción, incluyendo *The Devil: A Visual Guide to the Demonic, Evil, Scurrilous, and Bad;* y su libro compañero, *Saints*. Participa como redactora con varias publicaciones nacionales y comerciales del país y trabaja actualmente en su primera novela. Vive con su familia en Portland, Maine.

notas

notas

notas

notas

notas

notas

notas

notas

notas

notas

notas

notas

notas

Esperamos que haya disfrutado este libro de Hay House.
Si desea recibir nuestro catálogo en línea donde ofrecemos información
adicional sobre los libros y productos de Hay House, o si desea obtener
mayor información sobre Hay Foundation, por favor, contacte:

Hay House, Inc.
P.O. Box 5100
Carlsbad, CA 92018-5100

(760) 431-7695 ó **(800) 654-5126**
(760) 431-6948 (fax) ó **(800) 650-5115 (fax)**
www.hayhouse.com®

<u>Dele unas vacaciones a su alma</u>

Visite **www.HealYourLife.com**® para centrarse, recargarse y reconectarse
con su propia magnificencia. En esta página se destacan boletines electrónicos,
noticias sobre la conexión entre la mente, el cuerpo y el espíritu y la sabiduría
transformadora de Louise Hay y sus amigos.

¡Visite **www.HealYourLife.com** hoy mismo!